令和2年度改訂版

旧法 公的年金の解説

付　法改正経過

健康と年金出版社

はしがき

《旧法公的年金の解説の改訂版の発行にあたって》

昭和60年５月に国民年金法等の一部を改正する法律(昭和60年法律第34号)が公布されてから丁度35年経過しました。人生百年時代と言われるなか、90歳を超える旧法年金受給者は平成29年度事業統計(厚生労働省)では約70万人となっています。

社会保険労務士法が施行されたのが昭和43年12月ですが、現役の社会保険労務士で新法施行日前に受験された方は稀で業務に携わった専門家も少ない状況があります。

そのようななかで、未統合記録問題や期間短縮の年金制度施行に伴い35年前に廃止された法律の例に基づく旧法年金の知識が必要となりました。本書は昭和61年３月当時の法令に基づいていますが、年金額は令和２年度の価格になっています。

《未統合の年金記録と旧法公的年金制度》

従来、国の会計法の適用で、年金の支払月に支払を受ける権利（支分権）は、権利発生から５年を経過した場合、年金の支払を受けられませんでした。ところが、国の事務処理の過程で、宙に浮いていたり、国の年金記録に統合管理されていない記録が相当あることが判り社会問題となりました。

そこで、いわゆる「年金時効特例法」が施行され、未統合の記録があった場合に限り、支払時効を特例で援用しないことになりました。また、大正15年4月1日以前生まれの方々については、昭和60年改正法附則で従前の例により支給されることになりました。その後、対象者はわずかでも平成29年８月施行の通算老齢年金等の受給資格期間の改正などもあり、旧法制度は今も生きております。

《旧制度受給権者の新法施行後の取扱》

年金額の他に制度改革により昭和61年４月以後に改正された事項であっても旧制度年金にも適用される事項については現行法令に基づく取扱いを掲載しています。

例えば、旧制度受給権者の障害年金の額改定、老齢年金等受給権者が死亡した場合の遺族年金、未支給を受ける遺族の範囲、脱退手当金(各種一時金)の取扱など旧制度受給権者の新法施行後の取扱を掲載しています。

《令和２年度価格の根拠》

令和２年度の年金額は、年金額改定に用いる物価変動率（0.5%）が名目手取り賃金変動率（0.3%）よりも高いため、新規裁定年金・既裁定年金ともに名目手取り賃金変動（0.3%）を用います。
さらに令和２年度は、名目手取り賃金変動率（0.3%）にマクロ経済スライドによる令和２年度のスライド調整率（▲0.1%）が乗じられることになり、改定率は0.2%となります。

なお、報酬比例部分の５％適正化前の平成６年水準の従前額保障に用いられる令和２年度従前額改定率(平成６年以降の通算した物価スライド等による改定率＝1.031×平成12年度以降の本来水準の改定率)は、旧法制度の適用を受ける昭和13年4月1日以前生まれの方は一律「1.002」と改正政令に定められております。

また、平成27年度に特例水準が解消したことにより、本来水準に戻った定額部分等の令和２年度改定率は「1.001」となったことにより、令和２年度の従前額改定率「1.002」と近似値になっているため留意が必要です。

令和２年９月編者

主な用語及び略称の定義

用語及び略称	この冊子で使われている主な用語及び略称の定義
遺族補償	労働基準法（昭和22法律第49号）による遺族補償
一元化法	被用者年金制度の一元化等を図るための厚生年金保険法等の一部を改正する法律（平成24年法律第62号）
カラ期間	年金額計算の対象とならない受給資格期間（通算対象期間）をいう。
旧○△共済組合法	昭和61年4月1日改正前の○△共済組合法
旧々厚年法	昭和29年5月1日全面改正前の厚生年金保険法(昭和16年法律第60号)
旧厚年法	昭和61年4月1日改正前の厚生年金保険法(昭和29年法律第115号)
旧国年法	昭和61年4月1日改正前の国民年金法(昭和34年法律第141号)
旧船保法	昭和61年4月1日改正前の船員保険法(昭和14年法律第73号)
旧通算対象期間	昭和61年4月1日に廃止された通算年金通則法に定める通算対象期間
旧通算年金通則法	昭和61年4月1日に廃止された通算年金通則法（昭和36年法律第181号）
共済組合	国民年金法第５条に定める法律で組織された各種共済組合、特に断り書きがないときは国家公務員共済組合法（昭和33年法律第128号）に基づく共済組合
国共済法	国家公務員共済組合法（昭和33年法律第128号）
公的年金制度	国民年金制度及び国民年金法第５条に定める被用者年金制度
旧交渉法	昭和61年4月廃止前の厚生年金保険及び船員保険交渉法（昭和29年5月19日法律第117号）
厚年法	厚生年金保険法（昭和29年法律第115号）
国年法	国民年金法（昭和34年法律第141号）
○改正法附又は附則	昭和○○年の関係整備法の附則
○○法附	○○法附則
障害補償	労働基準法（昭和22年法律第49号）による障害補償
船保法	船員保険法（昭和14年法律第73号）
施行日	特に断り書きがない場合は昭61年4月1日の国民年金法等の一部改正法の施行日
国の施行法	国家公務員共済組合法の長期給付に関する施行法(昭和33年5月1日法律第129号)
地共済法	地方公務員等共済組合法（昭和37年法律第152号）
地方の施行法	地方公務員等共済組合法の長期給付に関する施行法(昭和37年9月8日法律第153号)
旧農林共済法	平成14年廃止前の農林漁業団体職員共済組合法（昭和33年法律第99号）
派遣法	公益法人等への一般職の地方公務員の派遣等に関する法律(平成12年律第50号)
被用者年金制度	厚生年金保険法及び各種共済組合法に基づく年金制度
平成○○改正法附則	平成○○年の関係整備法の附則
平成12改正法附則	国民年金法等の一部を改正する法律（平成12年法律第18号）附則
平成16改正法附則	国民年金法等の一部を改正する法律（平成16年法律第104号）附則
平成16年度価格	平成16年４月改定額（平成16年10月改正後は特例水準額又は本来水準価格）
平成12国共済改正法附則	国家公務員等共済組合法の一部を改正する法律(平成12年法律第21号)附則
平成６年水準	平成６年度価格に再評価した後の平均標準報酬(月)額
○○法令	○○法施行令
○法第▽条②	○法第▽条第２項の略
補償法	国家公務員災害補償法（昭和26年法律第191号）
未治癒	「傷病が治癒（症状固定を含む。）していないこと」をいう。
令和２年水準	令和２年度価格に再評価した後の平均標準報酬(月)額
令和○○改正法附則	令和○○年の関係整備法の附則
60改正法附則	国民年金法等の一部を改正する法律(昭和60年法律第34号）附則
60国共済改正法附則	国家公務員等共済組合法の一部を改正する法律(昭和60年法律第105号)附則
61経過措置政令	国民年金法等の一部を改正する法律(昭和60年法律第34号)の施行に伴う経過措置に関する政令(昭和61年政令第54号)
61国共済改正法経過措置政令	国家公務員等共済組合法の一部を改正する法律(昭和60年法律第105号)の施行に伴う経過措置に関する政令(昭和61年政令第56号)
労災保険法	労働者災害補償保険法（昭和22年法律第50号）

【目　　　次】

【第１章】 旧制度における老齢年金及び通算老齢年金

序節　老齢・退職給付の新旧制度の適用区分について

昭和61年４月１日に新年金制度が発足し、基礎年金制度のしくみが導入されました。この新しい年金制度が発足して35年になり、旧制度の老齢・退職給付の受給者は相当少なくなりました。けれども、昭和61年４月１日以後に受給権者となる者のなかには、経過的に従前の例による老齢又は退職給付を受ける者がいます。

また、古い年金記録が判明した場合、来訪する者の年金が新旧いずれの制度に属するものなのかによって、説明がまるで違ってきます。次に旧制度（支給要件及び年金額）により支給される者の範囲をまとめてみました。【表.1】に掲げる者以外の方は、すべて新制度のしくみによることになります。

１　支給要件

⑴　旧国年法による老齢年金(通算老齢年金)、旧厚年法及び旧船保法による老齢年金(通算老齢年金)。

⑵　旧国年法による老齢年金受給資格期間満了者が死亡した場合の寡婦年金。(P.103参照)

２　年金額

⑴　施行日の前日に退職したものとみなして計算される場合の退職共済年金、障害共済年金及び施行日の前日に死亡したものとして計算される遺族共済年金。

⑵　一時金では、旧厚年法及び旧船保法による脱退手当金（支給要件も従前の例による）。

【表.1】　施行日（昭和61年４月１日）以後に旧制度の老齢給付を受ける者の区分

生年月日 / 制度名	大正15年４月１日以前に生まれた者	大正15年４月２日から昭和６年４月１日までの間に生まれた者	昭和６年４月２日以後に生まれた者
国民年金法（60改正法附則第31条①）	全て旧制度の老齢年金又は通算老齢年金の適用となります。	昭和61年３月31日に次の年金の受給権者（未請求者を含む。）であった者。 ①　共済組合が支給する退職年金又は減額退職年金。 ②　旧厚年法による老齢年金（男子の若齢老齢年金の受給権者を含む。）。 ③　旧船保法による老齢年金。	昭和61年３月31日に旧厚年法又は旧船保法による若齢老齢年金の受給権者である者に限られています。 【P.11参照】
厚生年金保険法（60改正法附則第63条①）	全て旧制度の老齢年金又は通算老齢年金の適用となります。	昭和61年３月31日に次の年金の受給権者（未請求者を含む）であった者 ①　共済組合が支給する退職年金又は減額退職年金 ②　旧船保法による小型漁船に乗組んだ者に係る漁船短期老齢年金	旧船保法による若齢老齢年金の受給権者になっている者に限られています。 【P.11参照】
旧船員保険法（60改正法附則第86条①）	全て旧制度の老齢年金又は通算老齢年金の適用となります。	前欄の①②に該当する場合 「旧厚生年金保険及び船員保険交渉法」の規定により旧船保法から支給される場合に限られます。	＊＊＊＊＊＊＊＊
共済組合の年金	退職共済年金の新旧適用区分の解説（P.30参照）		

【注】　施行日以降に長期共済組合員だった者の場合、大正15年4月1日以前生まれの者であっても、すべて「退職共済年金」と呼ばれます。また、平成29年8月施行の期間短縮の通算退職年金等の場合は平成27年10月に厚生年金制度に一元化されているため、通算退職年金や退職共済年金と云わず、老齢厚生年金と呼びます。

ただし、旧法該当者のため、支給要件、年金額、加給年金額の打ち切り及び併給調整はすべて旧法該当者と同じ要件になります。また、年金証書等の年金コードは、1号厚年の場合は1150、2号厚年は1120、3号厚年は1130、4号厚年は1140となっており、同じ老齢厚生年金の名称であっても区分されております。

3　厚生年金と共済年金の一元化法施行後の新旧区分

平成27年10月1日以後に受給権者となる場合の改正前の共済組合員期間を有する受給権者の老齢厚生年金等の取扱は次のようになります。

⑴　**大正15年4月1日以前生まれの者**

改正前であれば、通算退職年金又は退職共済年金として共済年金の保険者から支給される場合であっても、厚生年金保険法の規定により、老齢厚生年金として共済年金の実施機関から支給されます。

また、平成29年8月1日施行の期間短縮の老齢厚生年金に該当する場合も、旧通算年金通則法の規定による支給要件（ただし、旧通算対象期間は最短10年）が適用されます。旧法扱いですが、年金の呼称は老齢厚生年金となります。

⑵　**大正15年4月2日以後生まれの者**

①　平成27年10月1日以後に受給権者となる者

施行日以後に改正前の共済組合員期間を有する者が老齢厚生年金の受給権者となる場合は、新法の取扱いとなります。

②　施行日（平成27年10月1日、以下同じ。）前に特別支給の退職共済年金の受給権者となっている者

ア　施行日に65歳以上の受給権者

施行日前に、退職年金、通算退職年金、減額退職年金、退職共済年金の受給権者となっている65歳以上の者は、施行日以後もそのままの呼称で退職給付が支給されます。

イ　施行日に65歳未満の受給権者

施行日以後に65歳となり本来支給の退職共済年金を受ける場合は、実施機関ごとの組合員期間に基づき老齢厚生年金に裁定替えされて支給されます。

第１節　旧国民年金法

1　旧国民年金法による老齢年金

⑴　**老齢年金の支給要件**

老齢年金は、次の①又は②に該当する者が65歳に達したときから支給されます。

①　保険料納付済期間又は保険料納付済期間と保険料免除期間を合算して25年以上ある者。

②　昭和５年４月１日以前生まれの者で、保険料納付済期間又は保険料納付済期間と保険料免除期間を合算して次の期間以上ある者（期間短縮措置の該当者）

【表. 2】　昭和５年４月１日以前生まれの者に係る期間短縮一覧

生 年 月 日	期 間	生 年 月 日	期 間
明治44年４月１日以前生まれ【注】	**10年**	大正11年４月２日～大正12年４月１日	**17年**
明治44年４月２日～大正５年４月１日	**10年**	大正12年４月２日～大正13年４月１日	**18年**
大正５年４月２日～大正６年４月１日	**11年**	大正13年４月２日～大正14年４月１日	**19年**
大正６年４月２日～大正７年４月１日	**12年**	大正14年４月２日～大正15年４月１日	**20年**
大正７年４月２日～大正８年４月１日	**13年**	大正15年４月２日～昭和２年４月１日	**21年**
大正８年４月２日～大正９年４月１日	**14年**	昭和２年４月２日～昭和３年４月１日	**22年**
大正９年４月２日～大正10年４月１日	**15年**	昭和３年４月２日～昭和４年４月１日	**23年**
大正10年４月２日～大正11年４月１日	**16年**	昭和４年４月２日～昭和５年４月１日	**24年**

【注】 明治39年４月２日から明治44年４月１日の間に生まれた者が昭和36年４月１日から65歳到達日の前月までに、保険料納付済期間が10年あれば老齢年金が支給されます。いわゆる「10年年金」と呼ばれ、加入は任意で「高齢任意加入被保険者」と呼ばれていました。

(2) 老齢年金の額

① 保険料納付済期間と免除期間が25年以上ある者に係る年金額

(1)の①に該当する場合の年金額は、次の額とされています。なお、付加保険料納付者に「付加保険料納付済期間月数×200円」が支給されます。

{(2,501円×保険料納付済期間)+(2,501円×保険料免除期間×1/3)} ×1.001(令和２年度改定率)

② 保険料納付済期間と免除期間が25年未満の者に係る年金額

(1)の②に該当する場合の年金額は、①の額に次の計算による額が加算されます。(旧国年法第77条①-1、60改正法附則第32条、61経過措置政令第49条)

$$969円×(300ヵ月-被保険者期間月数)×\frac{保険料納付済期間月数+(保険料免除期間月数×1/2)}{被保険者期間月数}$$

【注】 969円=968円(平成16年10月価格)×1.001(令和２年度改定率)です。

(3) 旧国民年金法によるその他の老齢年金の額

① ５年年金・再開５年年金(60改正法附則第32条)

明治39年4月2日から明治44年４月１日までに生まれた者で昭和36年４月当時に任意加入しなかった者又は任意加入した者が５年間保険料を納付しないまま資格喪失していた場合で、再び被保険者となった後に５年間保険料を納付したときは65歳から支給されます。５年年金の額は、次の定額となっています。(44改正法附則第15条、第16条①、48改正法附則第19条①、第20条①)

年金額(本来水準の額)= 404,200円[=403,800円×1.001(令和２年度改定率)]

② 特例支給の老齢年金

旧法の老齢年金又は通算老齢年金(同時受発者を除く。)の受給権者とならない者で、保険料納付済期間が１年以上あり、しかも保険料納付済期間と保険料免除期間を合算して次表の期間以上ある場合には、特例的に老齢年金が65歳から支給されます。(旧国年法第78条)

なお、保険料納付済期間が１年未満で、保険料納付済期間と保険料免除期間を合算して、次表の期間を満たしている場合には、その者が老齢年金の受給権者とならないときに限り、老齢福祉年金(400,500円)が70歳から支給されます。(旧国年法第79条の2)

【表.3】 大正５年４月１日以前生まれの者に係る特別支給の老齢年金

生　年　月　日	昭和36年４月１日当時の年齢	期　間
明治45年４月１日以前生まれ	49歳を超える者	４年１ヵ月
明治45年４月２日～大正２年４月１日	48歳を超え、49歳を超えない者	５年１ヵ月
大正２年４月２日～大正３年４月１日	47歳を超え、48歳を超えない者	６年１ヵ月
大正３年４月２日～大正５年４月１日	45歳を超え、47歳を超えない者	７年１ヵ月

【注】年金額は(1)の①と同じです。なお、明治44年4月1日以前生まれの者に係る年金額は、次の額になります。(48改正法附則第12条②)(60改正法附則第32条②)

3,752円×1.001(令和２年度改定率)×(保険料納付済期間月数+保険料免除期間月数×1/3)

③ 高齢者・障害者の最低保障

保険料免除期間月数が多いため、70歳から支給される無拠出の老齢福祉年金の額を下回る場合があります。そこで、国民年金保険料を拠出した者の年金額の底上げを図るため、老齢福祉年金の支給開始年齢(70歳)以上の者及び65歳以上70歳未満の者で障害等級１級又は２級の状態にある者で、老齢年金の額が 400,500円(令和２年度価格)に満たない受給権者には、無拠出の老齢福祉年金と同額が保障されます。(旧国年法第77条、第78条②)(60改正法附則第32条②)

⑷　**老齢年金の失権**

老齢年金の受給権は、受給権者が死亡したときに消滅します。

2　旧令共済組合員期間を有する者の老齢年金

旧陸軍等共済組合令に基づく長期組合員期間を保険料免除期間とみなすことによって、老齢年金の受給資格期間を満たした場合に支給される老齢年金があります。(旧国年法附則第9条の3)

なお、旧令共済の長期組合員期間が退職年金の年金額や厚生年金保険法の特例老齢年金の受給資格期間計算の基礎となっている場合は、②の期間に算入されません。また、この制度は新法にも引き継がれ、名称は「老齢年金」と呼ばれています。(旧国年法附則第９条の３)

⑴　**旧陸軍等共済組合令による組合員期間を有する者の老齢年金の支給要件の特例**

次のいずれにも該当する者が65歳に達した場合は、老齢年金が支給されます。

①　保険料納付済期間と保険料免除期間を合算して１年以上あること。

②　旧陸軍共済組合[注1]等の期間と合算して25年以上[注2]あること。

③　老齢年金（老齢福祉年金を含む。）及び通算老齢年金の受給権を有していないこと。

【注.1】　陸軍、海軍、朝鮮総督府通信官署、台湾総督府専売局、台湾総督府交通局通信、台湾総督府交通局　鉄道共済令に基づく長期組合員期間を法第26条の保険料免除期間とみなして受給要件を見ますが年金　額には反映しません。(旧国年法施行令第13条)

【注２】　昭和５年４月１日以前生まれの者に係る老齢年金の受給資格期間の短縮措置(【資料１】参照)と同じ経過措置があります。

また、平成29年８月施行の国民年金法改正により、受給資格期間は年齢問わず短縮されて10年となりました。(改正後の国年法附則第９条の３)

【注.3】　旧令共済の組合員期間が他制度の年金額の計算の基礎となっている場合は、通算老齢年金が支給されることが確実のため特例の老齢年金は支給されません。

また、併給調整等の取扱は通算老齢年金又は老齢基礎年金(大正15年4月2日以後生まれの者に限る。)として取り扱われます。

⑵　**年金額**

旧国年法第77条の規定は適用せず、通算老齢年金の計算に準じた額になります。なお、旧令共済組合員期間は、年金額には反映されません。

【注】 旧令共済組合員期間のうち、昭和17年6月から昭和20年8月までの旧令共済組合員期間は、旧船員保険や厚生年金保険の被保険者期間が１年以上ある場合は年金額（定額部分）に反映します。

また、退職年金等の計算の基礎となる場合もありますが、他制度の受給資格や年金額の計算の基礎となっている期間は、対象となりません。

⑶　**失権**

特例の老齢年金の受給権は、次のいずれかに該当したときに消滅します。

①　老齢年金又は通算老齢年金の受給権を取得したとき。

②　老齢福祉年金の受給権者となったときは、受給権者の選択によりいずれかの年金が支給されますが、老齢福祉年金を選択し受給したときは、失権します。

③　受給権者が死亡したとき。

⑷　**施行日**

昭和42年1月1日

【表. 4】制度発足当時の国民年金の適用と給付の関係

<table>
<tr><th colspan="2">対象者の区分</th><th>10年年金</th><th>５年年金</th><th>10年～25年以上の年金</th><th>老齢福祉年金</th></tr>
<tr><td colspan="2">明治39年4月1日以前生まれの者、発足当時(昭和36. 4. 1) 55歳を超える者</td><td>適用除外</td><td>適用除外</td><td>適用除外</td><td>支給されるが公的年金との併給制限がある。</td></tr>
<tr><td rowspan="4">高齢者
明治39年4月2日～明治44年4月1日生まれの者（制度発足当時50歳以上55歳未満）</td><td>一般の自営業者等</td><td rowspan="3">任意加入
【申出期間】
昭和 35 年 10 月～
昭和 36 年 3 月</td><td rowspan="3">任意加入
【申出期間】
昭和 45 年 1 月～
昭和 45 年 6 月
【再開 5 年年金】
昭和 48 年 10 月～
昭和 49 年 3 月</td><td rowspan="4"></td><td rowspan="4">支給されるが公的年金との併給制限がある。

５年年金及び１０年年金の受給権者は対象外</td></tr>
<tr><td>被用者年金制度の加入者の配偶者</td></tr>
<tr><td>被用者年金制度の受給権者(受給資格期間満了者含む)の配偶者及び遺族給付の受給権者</td></tr>
<tr><td>被用者年金制度の加入者及び老齢・退職給付の受給権者及び受給資格期間満了者</td><td>加入できない。</td><td>加入できない。</td></tr>
<tr><td rowspan="4">若齢者
明治44年4月2日以後生まれの者（制度発足当時50歳未満)</td><td>一般の自営業者等</td><td></td><td></td><td>強制加入</td><td rowspan="4">無拠出の老齢福祉年金は原則支給されないが、大正５年４月１日以前生まれの者で、保険料納付済期間が１年未満で、【表３】に掲げる期間を満たしている場合に老齢福祉年金が支給される。
※公的年金との併給制限がある。</td></tr>
<tr><td>被用者年金制度の加入者の配偶者</td><td rowspan="3"></td><td rowspan="3"></td><td rowspan="3">任意加入
【申出期間】
昭和36年４月～</td></tr>
<tr><td>被用者年金制度の老齢・退職・障害・遺族給付の受給権者及び老齢・退職給付（通算年金を除く）の受給資格期間満了者</td></tr>
<tr><td>前欄に掲げる者（遺族給付を除く）の配偶者</td></tr>
</table>

【注1】適用除外＝拠出制国民年金制度に加入できないこと。被用者年金制度の加入者は全て適用除外。

【注2】被用者年金制度＝厚生年金保険法、旧船員保険法、共済組合法・恩給法等をいう。

3　旧国民年金法による通算老齢年金

⑴　通算老齢年金の支給要件

通算老齢年金は、老齢年金の受給に必要な期間が不足する者で、保険料納付済期間と保険料免除期間を合算して１年以上ある者が、次のいずれかに該当したあと65歳に達したときから支給されます。

なお、65歳以後に該当したときは、該当した翌月から支給されます。

① 通算対象期間が25年以上あること。（経過措置による機関短縮措置は、P. 123【資料１】参照）

② 被用者年金制度に係る通算対象期間が20年以上あること。

③ 他の公的年金制度又は恩給法等の老齢又は退職を支給事由とする年金の受給に必要な期間を満たしていること（支給開始年齢に達すれば当然受給権者となれる者であること。）。

④ 他の公的年金制度又は恩給法等から老齢又は退職を支給事由とする年金を受給できること。

⑤ 通算老齢年金の特例

明治44年4月1日以前生まれの者は、昭和36年4月1日前後の通算対象期間を合算して10年以上であること。（昭和46年11月1日施行）（46改正法附則第7条）

【注１】厚生年金被保険者期間のみで10年を満たす場合は、昭和44年11月1日から施行されています。

【注２】平成29年8月改正で通算老齢年金の受給資格期間が10年に短縮されたことにより、昭和36年4月1日前の厚生年金等の通算対象期間を含めて10年以上あれば通算老齢年金が支給されます。

⑵　**通算老齢年金の額**

通算老齢年金の額は、次の計算式による額です。なお、支給の繰下げはできません。

≪計算式≫

2,501円×1.001(令和２年度改定率）×(保険料納付済期間月数＋保険料免除期間月数×1/3)

⑶　**通算老齢年金の失権**

通算老齢年金の受給権は、老齢年金(交渉法による船員保険の老齢年金を含む。)の受給権者となったとき又は受給権者が死亡したときに消滅します。

4　老齢年金の繰上げ及び繰下げの要件

⑴　**老齢年金の繰上げ**（旧国年法第28条関係）

①　支給要件

老齢年金または通算老齢年金の受給資格期間満了者が65歳に達する前に、当時の社会保険庁長官に老齢年金の繰上げを請求して、希望するときから老齢年金を受給できました。

②　支給額

老齢年金の繰上げは、年単位で行なわれていたため、繰上げ請求当時の年齢によって、繰上げ減額率が定められていました。

なお、老齢年金の繰上げ請求をした場合の他年金の支給制限は、旧寡婦年金の失権、旧障害年金の事後重症制度の非適用などがあります。

【表. 5】　繰上げ減額率一覧

年　齢	６０歳	６１歳	６２歳	６３歳	６４歳
減額率	４２％	３５％	２８％	２０％	１１％
支給率	５８％	６５％	７２％	８０％	８９％

⑵　**老齢年金の繰下げ**（旧国年法第28条の２）

①　繰下げの要件

老齢年金の受給資格要件に該当する者が、65歳に達する前に予め市町村経由で社会保険庁長官に老齢年金の繰下げを申し出ることによって老齢年金の支給繰下げができます。

ただし、その者が65歳に達する前に他年金の受給権者となった場合は、老齢年金の支給繰下げができません。

【注】保険料納付済期間が不足する場合の任意加入制度がなかったため、65歳までに老齢年金の受給権者とならないときには繰下げができません。

②　支給開始日

原則は70歳に達したときですが、70歳に達する前に繰下げの申出を撤回した場合は、将来に向かって撤回したことになり、翌月から支給開始となります。また、他年金の受給権者となったときも、翌月から老齢年金の支給が開始されます。

なお、選択関係にある年金の受給権者となったときは、選択関係にある障害年金等の額が少ない場合であっても、繰下げを伸ばすことはできません。

③　支給額

年金額に次の**【表. 6】**に掲げる加算率を乗じた額が加算されます。

また、付加保険料を納付した受給権者には、同じ加算率を乗じた額が加算されます。

【表.6】　繰下げ加算率一覧

年　齢	66歳	67歳	68歳	69歳	70歳
① 加算率	12%	26%	43%	64%	88%
② 支給率	112%	126%	143%	164%	188%

第２節　旧厚生年金保険法

1　旧厚生年金保険法による老齢年金

⑴　**老齢年金の支給要件**

次のいずれかの被保険者期間がある者に老齢年金が60歳から支給されます。なお、在職者については、昭和40年６月前は全額支給停止となっていましたが、同月より65歳以上の被保険者に在職老齢年金が支給されます。また、昭和44年12月からは65歳未満の被保険者についても標準報酬月額の高低により支給されることになります。（旧厚年法第42条①）

①　被保険者期間が20年（240ヵ月）以上あること。

②　40歳以降（女子と坑内員35歳以降）の被保険者期間が15年（180ヵ月）以上あること。

③　昭和29年5月1日前の被保険者期間を有する坑内員で継続する15年間に16年（実期間12年）以上の坑内員であった被保険者期間（第三種被保険者）があること。（旧交渉法により第三種被保険者期間とみなされる旧船保被保険者期間はこの場合の期間に算入されません。）

⑵　**年金額**

①　被保険者期間が20年以上ある場合の基本年金額

⑴の①に該当する場合の老齢年金は、次の合算額が支給されます。（旧厚年法第43条関係）

ア　定額部分

3,053円（平成16年度価格）×1.001（令和２年度改定率）×被保険者期間月数（420ヵ月限度）

イ　報酬比例部分

平成15年４月前の被保険者期間(a)に係る額と平成15年４月以後の被保険者期間(b)に係る額を分けて算定した額の合算額が報酬比例部分の年金額になります。（60改正法附則第78条②）

(a)＝平均標準報酬月額（令和２年水準）×9.5/1,000×被保険者期間月数

(b)＝平均標準報酬額（令和２年水準）×7.308/1,000×被保険者期間月数

【注】旧法該当者は平成15年4月以降の被保険者期間を有することは稀と思われます。

ウ　報酬比例部分の額（従前額保障の場合、1.002＝令和２年度従前額改定率）

平成６年水準の再評価率（従前額保障用）及び平成12年４月改正前の給付乗率を適用して計算した次の年金額がイの額を超える場合は、次の(a)及び(b)の合算額が支給されます。

(a)＝平均標準報酬月額（平成６年水準）×10/1,000×被保険者期間月数(a)×1.002

(b)＝平均標準報酬額（平成６年水準）×7.692/1,000×被保険者期間月数(b)×1.002

【注】前記の特例は通算老齢年金及び旧船保による老齢年金、通算老齢年金も同じです。

②　被保険者期間が20年未満の場合の基本年金額

⑴の②及び③の場合の老齢年金は、次の合算額が支給されます。

ア　定額部分

3,053円×1.001（令和２年度改定率）×240ヵ月

イ　報酬比例部分

次のⅰ）又はⅱ）の額のうち多い額が、報酬比例部分の額となります。

ⅰ）本来水準の額

平均標準報酬月額（令和２年水準）×9.5/1,000×被保険者期間月数

ⅱ）従前額保障の額

平均標準報酬月額（平成６年水準）×10/1,000×被保険者期間月数×1.002（令和２年度従前額改定率）【注】　報酬比例部分の特例は、20年以上の場合と同じ取扱です。

③　加給年金額

ア　配偶者及び第１子、第２子（１人につき）　→　224,900円（令和２年度価格）

イ　第３子以下（１人につき）　→　75,000円（令和２年度価格）

⑶　**年金額の改定**

①　受給権者である被保険者が被保険者資格を喪失したときは、被保険者となることなく30日経過後に喪失日の前月までの被保険者期間に基づき年金額を改定します。

②　受給権者が被保険者期間中に65歳又は70歳に達したときは、それぞれの年齢に達した月の前月までの被保険者期間に基づき年金額を改定します。

⑷　**在職者の取扱（昭和55年6月～昭和61年3月）**

受給権者が被保険者（厚生年金の被保険者を含む。）である間、標準報酬月額の多寡により、年金の支給額が次の通り調整されます。

①　60歳未満は全額支給停止されます。

【注】被保険者資格を取得すると老齢年金の受給権を失う時期もありました。

②　60歳以上65歳未満の者は標準報酬月額16万円以上で全部、15万円以下は一部支給停止されます。

【注】在職老齢年金は請求により支給していましたので、標準報酬月額が支給基準以下に引下げられても、請求しなければ受給権が発生しないとされていました。受給権者が後に被保険者となったときは請求により支給停止解除ができた

③　65歳以上の者は標準報酬月額16万円以上で８割支給、15万円以下は全部支給されます。

【注】昭和40年6月1日改正前は65歳以上であっても在職中（被保険者期間）は受給権者とならなかった。

⑸　**老齢年金の失権**

老齢年金の受給権は、受給権者が死亡したときに消滅します。

２　旧厚生年金保険法による若齢老齢年金

⑴　**障害該当者の老齢年金の支給要件**（旧厚年法第42条②）

老齢年金の受給に必要な期間を満たしている者であって、支給開始年齢に達していない次の者から請求があった場合に、老齢年金を支給する制度がありました。いわゆる「若齢老齢年金（若年老齢年金ともいう。）」と呼ばれているものです。また、本来の支給開始年齢になるまでの特例支給です。

なお、請求年金であるため、請求日の翌月から支給開始されます。

①　老齢年金の被保険者資格期間要件を満たしていること。

②　本来の支給開始年齢（男子は60歳、女子及び坑内員は55歳）に達していないこと。

③　被保険者でないこと。

④　障害（治癒又は初診日から1年6ヵ月以上経過していること）の程度が３級（昭和44年11月1日前は２級）以上の状態にあること。

⑵　**年金額及び支給停止**

年金額は老齢年金と同額ですが、在職中又は障害の程度が３級未満となったときは、全額支給停止

となります。また、本来の支給開始年齢に達した月以後は、自動的に、一般の老齢年金の規定が適用されます。

【注】障害の原因となった傷病は、この制度が始まった当時（昭和29年5月）は、資格喪失後に初診日がある傷病のみが対象となっていました。なお、昭和51年改正からは被保険者期間に初診日のある傷病に起因する障害及び被保険者となる以前に初診日がある傷病に起因する障害に拡大され、事後重症者の場合でもよいことになりました。なお、障害年金の受給権者である場合はどちらかの年金を選択することになります。

3　旧厚生年金保険法による通算老齢年金

⑴　通算老齢年金の支給要件

老齢年金の受給に必要な資格期間が不足する者であって被保険者期間が１年以上ある者が、次のいずれかに該当したあと60歳に達したときに通算老齢年金が支給されます。（旧厚年法第46条の3）

なお、60歳以降に該当したときは、該当したときに受給権を取得し、被保険者期間中は老齢年金と同様に支給調整(標準報酬月額の高低による支給停止)があります。

①　通算対象期間が25年以上あること。（経過措置による機関短縮措置はP. 123参照）

②　被用者年金制度に係る通算対象期間が20年以上あること。

③　他の公的年金制度又は恩給法等から老齢又は退職を支給事由とする年金の受給に必要な期間を満たしていること。

④　他の公的年金制度又は恩給法等から老齢又は退職を支給事由とする年金を受給できること。

⑤　通算老齢年金の受給資格期間要件の特例

明治44年４月１日以前生まれの者は、昭和36年４月前後の被保険者期間を合算して10年以上あること。（昭和44年11月1日施行）

【注】他制度の通算対象期間を含めて10年を満たす場合は、昭和46年11月1日施行

⑵　通算老齢年金の額

通算老齢年金の額は、次の①定額部分及び②報酬比例部分の合算額です。（旧厚年法第46条の４）

①　定額部分（本来水準）

3, 053円×1. 001(令和２年度改定率）×被保険者期間月数

②　報酬比例部分

平均標準報酬月額（令和２年水準）×9. 5/1, 000×被保険者期間月数

なお、次の従前額を下回る間は、次の従前額が保障されます。

≪従前額の場合≫

平均標準報酬月額（平成６年水準）×10/1, 000×被保険者期間月数×1. 002(令和２年度従前額改定率)

⑶　在職者の取扱

受給権者が被保険者(船員保険の被保険者を含む。)である間の在職調整は、老齢年金と同じです。

なお、在職者の通算老齢年金は、昭和40年6月1日以前は被保険者となると失権していました。

⑷　通算老齢年金の失権

通算老齢年金の受給権は、受給権者が死亡したとき又は老齢年金の受給権者(「交渉法」による船員保険の老齢年金を含む。)となったときに消滅します。

4　旧厚生年金保険法による特例老齢年金

⑴　特例老齢年金の支給要件（旧厚年法附則第28条の3①）（40改正法附則第8条）

老齢年金及び通算老齢年金を受ける権利を有しない者であって、被保険者期間が１年以上ある者が、

次のいずれかに該当したあと60歳に達したときに特例老齢年金が支給されます。

また、60歳以降に該当した場合は、該当したときから特例老齢年金が支給され、年金額は通算老齢年金の額の計算方法に準じています。（旧厚年法附則第28条の3②）

① 被保険者期間と旧令共済組合員期間を合算して20年以上あること。

② 被保険者期間と旧船員保険の被保険者期間を3分の4倍した期間及び旧令共済組合員期間を合算して20年以上あること。【注】船員保険被保険者期間の分は船員保険制度から支給されます。

⑵ **在職者の取扱**

老齢年金の場合と同じ取扱いです。

⑶ **特例老齢年金の額及び失権**

① 年金額は、通算老齢年金の計算方法に準じて算出します。（旧厚年法附則第28条の3 ②）

なお、昭和17年6月から昭和20年8月までの陸軍共済組合等（旧令共済）の加入期間は、定額部分のみの計算の基礎となります。

【注】中高齢者の受給資格期間の特例で支給される老齢年金は、定額部分の計算において240月とみなして計算しますので、前述の旧令共済組合員期間を算入しても240ヵ月に満たない場合は算入の効果はありません。

② 特例老齢年金の受給権は、老齢年金や通算老齢年金の受給権者となったとき、又は受給権者が死亡したときに消滅します。

⑷ **施行日**　昭和40年6月1日

第3節　旧船員保険法

1　旧船員保険法による老齢年金

⑴ **老齢年金の支給要件**

旧船保法による老齢年金は、次のいずれかに該当したときに、55歳から支給されます。

ただし、60歳未満の在職者は支給停止、60歳から標準報酬月額の高低により一部支給されます。

なお、支給停止割合等は、厚生年金の老齢年金と同じです。（旧船保法第34条関係）

① 被保険者期間が15年（180ヵ月）以上あること。

② 35歳以降の被保険者期間が11年3ヵ月（135ヵ月）以上あること。

③ 小型漁船に乗り組んだ被保険者期間が11年3ヵ月（135ヵ月）以上あること。

【事例】　60改正法附則第86条①該当者

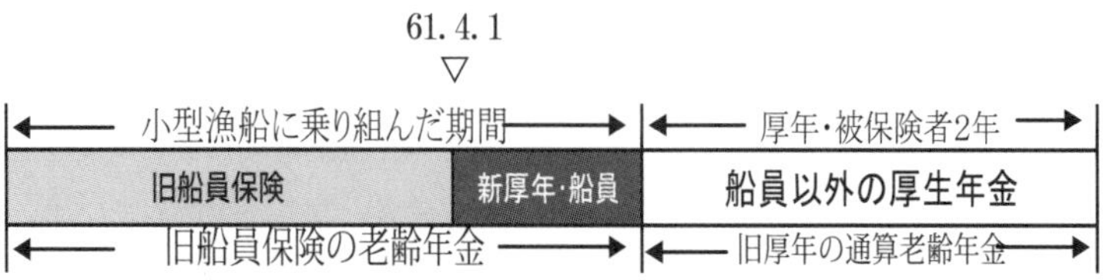

61.4.1
▽

←小型漁船に乗り組んだ期間→		←厚年・被保険者2年→
旧船員保険	新厚年・船員	船員以外の厚生年金
←旧船員保険の老齢年金→		←旧厚年の通算老齢年金→

【注.1】　昭和61年4月1日以後の厚年法の船員被保険者及び船員任意継続被保険者期間は、旧船保法による被保険者期間に算入されます。（61経過措置政令第113条）

【注.2】 ■ ＋ ■ ＝11年3ヵ月以上あるが厚年・被保険者期間を合算して、旧厚年法の規定で240ヵ月又は旧船保法の規定で180ヵ月以上ないときは、旧船保法独自の老齢年金（漁船短期老齢年金）と 旧厚年法の通算老齢年金がそれぞれ支給されます。

なお、 ■ の月数を9/10倍した月数が旧船保法による被保険者期間月数に換算されます。

⑵　**老齢年金の額**

①　被保険者期間が15年以上ある場合の額

⑴の①の場合、次の合算額に加給金が加算された額が支給されます。（旧船保法第35条）

ア　定額部分（令和２年度価格）

732, 720円×1. 001(令和2年度改定率)＋(48, 848円※×1. 001×1/12×15年を超える月数)

【注】733, 450円＋550, 091円＝1, 283, 541円(令和２年度価格）が限度となります。※１円未満端数処理

イ　報酬比例部分（60改正法附則第87条の２）

平成15年３月以前の被保険者期間に係る年金額と平成15年４月以後の被保険者期間に係る年金額を算定し、合算した額に令和２年度改定率を乗じた額が報酬比例部分の年金額になります。

ⅰ）平成15年３月以前の期間分

平均標準報酬月額(令和２年水準)×19/1, 500×被保険者期間月数

ⅱ）平成15年４月以後の期間分

平均標準報酬額(令和２年水準)×19/1, 950×被保険者期間月数

【注】　平成12年改正で報酬比例部分の給付乗率が５％適正化され、「1/75」に「95/100」を乗じて得た「19/1, 500」が改正後の給付乗率になります。ボーナス保険料導入後は、「19/1, 500」を1. 3で除して得た「19/1, 950」が乗率になります。

ウ　報酬比例部分**（従前額保障の場合）**

次の合算額が「イ」の額を上回る場合は、次の額が支給されます。

なお、1. 002（令和２年度従前額改定率）は、特例水準解消後は既裁定者の本来水準の改定率と同様の改定方法により毎年改定されますが、昭和13年4月1日以前生まれの者と昭和13年4月２日以後生まれの者とで、過去の改定時の賃金変動率と物価変動率の適用の違いにより0. 2%の差が生じています。

ⅰ）平成15年３月以前の期間分

平均標準報酬月額(平成６年水準)×1/75×被保険者期間月数×1. 002(令和２年度従前額改定率)

ⅱ）平成15年４月以後の期間分

平均標準報酬額(平成６年水準)×1/97. 5×被保険者期間月数×1. 002(令和２年度従前額改定率)

【注】「1/75」は、厚年法の10/1, 000に4/3 を乗じて得た「乗率」に相当します。
「1/97. 5」は、「1/75」を1. 3 で除して得た「乗率」に相当します。

②　被保険者期間が15年未満の老齢年金の額

⑴の②及び③の場合、次の合算額に加給金を加算した額が支給されます。

ア　定額部分.........732, 720円（15年みなし）×1. 001（令和２年度改定率）＝733, 450円

イ　報酬比例部分.....平均標準報酬月額（令和２年水準）×19/1, 500×被保険者期間月数

《従前額保障の場合》

平均標準報酬月額(平成６年水準)×１/75×被保険者期間月数×1. 002(令和２年度従前額改定率)

【注】平成15年４月以降の期間に係る乗率は、「15年以上」の場合と同じ「1/97. 5」です。

③　加給金

ア　配偶者及び第１子、第２子（１人につき）────► 224, 900円(令和２年度価格)

イ　第３子以下（１人につき）────► 75, 000円(令和２年度価格)

⑶　**年金額の改定**

①　受給権者が被保険者資格を喪失したときは、被保険者となることなく30日経過後に喪失前の被保険者期間に基づき年金額を改定します。

② 受給権者が被保険者期間中に65歳又は70歳に達したときは、それぞれの年齢に達した月の前月までの被保険者期間に基づき年金額を改定します。

⑷ **在職者の取扱(昭和55年6月〜昭和61年3月)**

受給権者が被保険者(厚生年金の被保険者を含む。)である間、標準報酬月額の多寡により、年金の支給額が次の通り調整されます。

① 60歳未満は全額支給停止されます。

【注】被保険者資格を取得すると老齢年金の受給権を失う時期もありました。

② 60歳以上65歳未満の者は標準報酬月額16万円以上で全部、15万円以下は一部支給停止されます。

【注】在職老齢年金は請求により支給していましたので、標準報酬月額が支給基準以下に引下げられても、請求しなければ受給権が発生しないとされ、請求が遅れると受給権の発生も遅れていました

③ 65歳以上の者は標準報酬月額16万円以上で８割支給、15万円以下は全部支給されます。

【注】昭和40年6月1日改正前は65歳以上であっても在職中(被保険者期間)は受給権者とならなかった。

⑸ **失 権**

老齢年金の受給権は、受給権者が死亡したときに消滅します。

2 旧船員保険法による若齢老齢年金

⑴ **障害該当者の老齢年金の支給要件**(旧船保法第34条④)

老齢年金の受給に必要な期間を満たしている者であって、支給開始年齢に達していない次の者から請求があった場合に、老齢年金を支給する制度がありました。いわゆる「若齢老齢年金(若年老齢年金ともいう。)」と呼ばれているものです。本来の支給開始年齢になるまでの特例支給です。なお、請求年金であるため、請求日の翌月から支給開始されます。

① 老齢年金の被保険者資格期間要件を満たしていること。

② 本来の支給開始年齢(55歳)に達していないこと。

③ 被保険者でないこと。

④ 障害（治癒又は初診日から1年6ヵ月以上経過していること）の程度が３級(昭和44年11月1日前は２級)以上の状態にあること。

⑵ **年金額及び支給停止**

年金額は老齢年金と同額ですが、在職中及び障害の程度が３級未満となったときは、全額支給停止となります。本来の支給開始年齢に達した後は、自動的に、一般の老齢年金の規定が適用されます。

【注】障害の原因となった傷病は、この取扱が始まった昭和年当時は、在職中に初診日がある傷病のみ対象となっていましたが、昭和51年からは被保険者期間に初診日のない傷病に起因する障害であってもよくなりました。なお、障害年金の受給権者である場合はどちらかの選択となります。

3 旧船員保険法による通算老齢年金

⑴ **通算老齢年金の支給要件**

老齢年金の受給に必要な期間が不足する者であって被保険者期間が１年以上ある者が、次のいずれかに該当したあと60歳に達したときに通算老齢年金が支給されます。(旧船保法第39条の2)

① 通算対象期間が25年以上あること。（巻末【資料１】参照）

② 被用者年金制度に係る通算対象期間が20年以上あること。

③ 他の公的年金又は恩給法等から老齢又は退職を支給事由とする年金の受給に必要な期間を満たしていること。

④ 他の公的年金制度又は恩給法等から老齢又は退職を支給事由とする年金を受給できること。

なお、60歳以降に該当したときは、該当したときに受給権を取得し、在職者については老齢年金の在職者の支給停止と同じ取扱があります。

また、旧船員保険から通算老齢年金を受給している者等の昭和61年4月1日以後の厚生年金保険法による船員たる被保険者期間及び船員任意継続被保険者期間は、旧船員保険法による被保険者期間に算入されます。（61経過措置政令第113条）

⑵ **通算老齢年金の額**

通算老齢年金は、次の合算額が支給されます。（旧船保法第39条の3)

① 732,720円×1.001（令和２年度改定率）×被保険者期間月数÷180

② 平均標準報酬月額(平成６年水準）×1/75×被保険者期間月数×1.002(令和２年度従前額改定率)

【注】平成15年４月以降の期間に係る乗率は、「老齢年金」の場合と同じ「1/97.5」です。

≪複数の通算老齢年金が支給される例≫

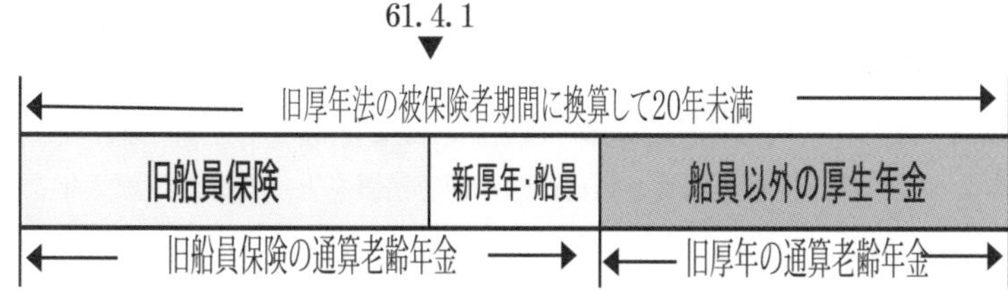

⑶ **年金額の改定**

老齢年金の場合と同じで、①退職時改定、②65歳改定、③70歳改定があります。

⑷ **在職者の取扱**

老齢年金の場合と同じ取扱いです。なお、昭和40年6月1以前は、在職老齢年金制度はありません。

⑸ **通算老齢年金の失権**

受給権者が死亡したとき又は老齢年金(「交渉法」による厚生年金の老齢年金を含む。)の受給権者となったときに消滅します。

4 旧船員保険法による特例老齢年金

⑴ **特例老齢年金の支給要件**

老齢年金及び通算老齢年金を受けられない者で被保険者期間が１年以上ある者が、次のいずれかに該当したあと60歳に達したときから特例老齢年金が支給されます。（40改正法附則第17条）

なお、60歳以降に特例老齢年金の支給要件に該当した場合は、該当したときから特例老齢年金が支給されます。【注１】実際の支払開始は翌月分からです。

① 被保険者期間を３分の４倍した期間と旧令共済組合員期間を合算して20年以上あること。

② 被保険者期間を３分の４倍した期間と旧厚年法の被保険者期間及び旧令共済組合員期間を合算して20年以上あること。

【注２】厚生年金被保険者期間分(厚生年金被保険者期間とみなされる期間を含む。)は厚生年金制度から支給されます。

【注３】①、②とも共済組合から受ける退職年金等の計算の基礎となっている期間は除きます。また、平成29年8月施行の期間短縮措置の適用はありません。)

⑵ **特例老齢年金の年金額及び失権**

① 年金額は、通算老齢年金の計算方法に準じて算出します。（40改正法附則第17条②)

② 特例老齢年金の受給権は、受給権者が死亡したとき又は老齢年金や通算老齢年金の受給権者となとなったときに消滅します。

(3) **在職者の取扱**

通算老齢年金の場合と同じです。

(4) **施行日**

昭和40年6月1日に施行されましたが、施行日に60歳以上で支給要件に該当している場合は、施行日に特例老齢年金の受給権を取得します。（40改正法附則第18条）

第４節　旧厚生年金保険及び船員保険交渉法による老齢年金

【旧交渉法の趣旨】

旧厚生年金保険法は、昭和29年5月19日法律第115号をもって公布され、同年5月1日から適用されました。

また、旧船員保険法をこの厚生年金保険法とほぼ同一の給付体系とする改正法は、昭和29年5月19日法律第116号をもって公布され、同年5月1日から施行されました。

なお、各種年金制度間の通算について、社会保障制度審議会などを始めとする関係者から強くだされ、取りあえず制度の似かよっている厚生年金保険と船員保険の通算措置をとったのが（厚生年金保険及び船員保険交渉法（昭和29年5月19日法律第117号）、以下「旧交渉法」という。）で同年5月1日から適用されました。

１　「旧交渉法」による老齢年金の支給主体及び年金額の特例

(1) **旧厚生年金保険法から支給されるとき**（旧交渉法第２条）

① 受給権発生時の直近の制度が厚生年金保険の場合

旧船保の被保険者期間が旧厚年の被保険者期間とみなされ、旧厚年法の規定により老齢年金が支給されます。

【留意①】　大正15年４月１日以前生まれの者及び60改正法附則第63条に該当するいわゆる「旧法該当者」に係る昭和61年４月１日以後の厚年法の船員被保険者期間は、旧船保の被保険者期間として旧交渉法が適用されます。（61経過措置政令第98条、第113条）

【留意②】　小型漁船（Ｄ船）に乗り組んだ被保険者期間が11年３ヵ月以上15年未満であれば、旧船保だけの被保険者期間に基づき55歳から支給されますが、その者の旧厚年・被保険者期間を旧船保の被保険者期間とみなして算入しても交渉法による老齢年金の受給権を満たさないときの旧厚年・被保険者期間（１年以上）に基づく老齢年金は、旧厚年法による通算老齢年金として支給されます。

② 旧船保法の被保険者期間が15年以上ある場合

旧厚年法から支給される老齢年金であっても船員と坑内員の期間を合算して15年以上となった場合は、旧厚年の被保険者期間分を含めて55歳から老齢年金が支給されます。

(2) **旧船保法から支給されるとき**

次の場合は、旧厚年の被保険者期間が旧船保の被保険者期間とみなされ、旧船保法の規定により老齢年金が支給されます。ただし、船員と坑内員の期間を合算して15年以上又は35歳以後の被保険者期間が11年３ヵ月以上ないときは、旧船保の被保険者期間分を含めて60歳（女子の特例を除く。）から支給されます。（旧交渉法第３条）

① 受給権発生時の直近の制度が旧船保法の被保険者であること。

② 船員年金任意継続被保険者期間があること。

【注】旧交渉法により年金受給資格期間を満たした後に、旧船保の年金任意継続被保険者となり、船員と坑内員の期間を合算して15年以上又は35歳以後の被保険者期間が11年3ヵ月以上になった場合は、60歳に達するまでの間、旧船保（坑内員・船員）の期間に基づく年金額のみが支給されます。また、旧厚年法の期間に基づく年金額は、60歳到達時に増額（改定）されます。

③ 旧船保法による戦時加算があること。

【注】**戦時加算**（昭和18年法律第27号船保法第22条の2）
戦時加算とは、太平洋戦争中船員の戦意を昂揚する目的で設けられた制度、昭和16年12月8日から昭和21年3月31日までの間に、被保険者が主として一定の戦争危険のはらんだ海域を航行する船舶に乗り組んだ場合に、その船員保険の被保険者期間に一定の割合で加算が行われることをいいます。この加算は、航行海域・航行期間に応じて異なりますが、概要は次のとおりです。

【表. 7】　戦時加算対象海域と加算率

戦時加算対象期間	加算（被保険者期間1ヵ月につき）	航行区域
自；昭和16年12月8日 至；昭和18年12月31日	1/3加算	太平洋及びインド洋（瀬戸内海を除く）
自；昭和19年1月1日 至；昭和21年3月31日	1ヵ月加算	日本海及び渤海（※中国北東部海域）
	2ヵ月加算	瀬戸内海を除く太平洋及びインド洋（日本海及び渤海を除く）

(3) 老齢年金の額（本来水準）

① 旧厚年法から支給されるとき（旧厚年法第43条関係）

ア　定額部分（本来水準）

{定額単価（3,143円）×1.001（令和2年度改定率）×（旧船保被保険者期間月数×4/3＋旧厚年被保険者期間月数＝420ヵ月を限度）}

イ　報酬比例部分　【注1】報酬比例部分の年金額はそれぞれの被保険者期間ごとに算定し合算されます。

≪本来水準≫　【注2】平均標準報酬月額は令和2年水準を用いられます。

{（旧船保平均標準報酬月額×19/1,500×旧船保被保険者期間月数）＋（旧厚年平均標準報酬月額×9.5/1,000×旧厚年被保険者期間月数）

≪従前額保障≫　【注3】平均標準報酬月額は平成6年水準を用いられます。

{（旧船保平均標準報酬月額×1/75×旧船保被保険者期間月数）＋（旧厚年平均標準報酬月額×10/1,000×旧厚年被保険者期間月数）}×1.002（令和2年度従前額改定率）

ウ　特別加給金

旧交渉法による老齢年金の額が昭和61年4月1日前の「厚老＋船老」、「厚通老＋船老」「厚老＋船通老」又は「厚通老＋船通老」の計算による額（加給年金額を除く。）より下回る場合は、旧交渉法による本来額によらず、旧通算年金通則法及び厚年法、旧船保法による年金額の合算額との差額が60歳以後に加算されます。（旧交渉法第13条の2 ①）

【参考】　α＞βの場合には、「α－β」が特別に加給されます。

α＝{（旧厚年の老齢年金の額又は通算老齢年金の額）＋（旧船保の老齢年金の額又は通算老齢年金の額）}

β＝旧交渉法（本来計算）による厚年の老齢年金の額

次の事例では、通則法適用の額から旧交渉法適用の本来額を控除した額の差額（45年－35

年＝10年）分の定額部分相当額が特別加給金として60歳から加給されます。

【計算事例】

α＝ 旧交渉法適用の場合の定額部分の被保険者期間月数

※ 船保(30年×4/3=40年)＋厚年10年＝50年(600ヵ月)、全体で35年限度となります。

β＝旧通則法適用の場合の定額部分の被保険者期間月数

※ 船保(30年×4/3=40年だが35年(＝420ヵ月)限度)＋厚年10年(＝120ヵ月)＝45年(540ヵ月)で両制度から支給される定額部分の年金額は45年分となります。

② 旧船保法から支給されるとき（旧船保法第35条）

ア 定額部分（15年未満で15年にみなされるものは15年として計算）

{754,320円＋(50,288円×1/12×15年を超える月数)}×1.001（令和２年度改定率）

【注】 厚年被保険者期間月数（315ヵ月が限度）×3/4 と船保期間を合算。

イ 報酬比例部分

≪本来水準≫ 【注１】平均標準報酬月額は令和２年水準を用いられます。

{(旧船保平均標準報酬月額×19/1,500×旧船保被保険者期間月数）＋（旧厚年平均標準報酬月額×9.5/100×旧厚年被保険者期間月数)}

【注２】平均標準報酬月額は令和２年水準を用いられます。

【注３】従前額保障及び平成15年４月以後の被保険者期間がある場合は、旧厚生年金及び旧船員保険のそれぞれの「老齢年金」と同様の乗率及び計算式を用いて算定されます。

≪従前額保障≫ 【注１】平均標準報酬月額は平成６水準を用いられます。

{(旧船保平均標準報酬月額×1/75×旧船保被保険者期間月数）＋（旧厚年平均標準報酬月額×10/100×旧厚年被保険者期間月数)}×1.002(令和２年度従前額改定率)

【注２】平均標準報酬月額は平成６年水準を用いられます。

【注３】従前額保障及び平成15年４月以後の取扱は、旧厚生年金及び旧船員保険のそれぞれの「老齢年金」と同様の乗率及び計算式を用いて算定されます。

ウ 特別加給金（旧交渉法第13条の2 ②)

旧厚年法から支給される場合と同じように（α－βの額）が60歳以後に加給されます。

α＝{(旧船保の老齢年金の額又は通算老齢年金の額）＋（旧厚年の老齢年金の額又は通算老齢年金の額)}

β＝旧交渉法(本来計算)による旧船保の老齢年金の額

次の(423ヵ月－315ヵ月＝108ヵ月)分の定額部分相当額が特別加給金として60歳から加給されます。

α＝旧交渉法適用の場合の定額部分の被保険者期間月数

【注】船保(360ヵ月)＋厚年(120ヵ月×3/4=90ヵ月)＝450ヵ月だが全体で315ヵ月が限度となります。

β＝旧通則法適用の場合の定額部分の被保険者期間月数

【注】船保(360ヵ月だが315ヵ月限度)＋厚年(120ヵ月×3/4＝90ヵ月)で両制度から支給される定額部分の年金額は405ヵ月分となります

2 「旧交渉法」による在職老齢年金のしくみ

旧法該当者は、新しい在職老齢年金のしくみ（年金額と報酬の合算額の多寡による支給停止額を決めるしくみ）の施行日（平成7年4月1日）には、既に65歳以上となっていますので、この制度の適用はありません。また、昭和61年４月１日以後は、65歳（平成14年度から70歳）を超えて一般の被保険者となることができません。

なお、平成27年10月以降は厚生年金の適用事業所に使用される被保険者は、老齢厚生年金や退職共済年金の在職調整と同様のしくみが導入されたため在職調整が復活しました。しかし、改正前から引続き同一事業所に勤務する者には激減緩和措置が適用されます。

【表. 8】　旧厚年、旧船保、新厚年の期間換算早見表

① 適用制度の種類			旧制度		新制度
② 右欄にみなす期間			旧・厚年	旧・船保	新・厚年
旧制度	旧・船保の被保険者だった期間		①=②×4/3		①=②×4/3
	旧厚年	第三種被保険者だった期間	①=②×4/3	①=②	①=②×4/3
		その他の被保険者だった期間		①=②×3/4	①=②
新・厚年	坑内員及び船員	昭和61年4月～平成3年3月	①=②×6/5	①=②×9/10	①=②×6/5
		平成3年4月～	①=②	①=②×3/4	①=②
	その他	昭和61年4月～平成3年3月	①=②	①=②×3/4	
		平成3年4月～	①=②	①=②×3/4	

【注】（網掛け）部分は、同一制度の同一被保険者期間のため換算不要な組み合わせです。

第５節　旧通算年金通則法による「通算対象期間」のしくみ

⑴　通算年金制度の目的

公的年金制度における老齢年金・退職年金の支給要件は、他制度の加入期間を通算するしくみがありませんでした。そのため、職業が変わることで制度が変わり、老齢年金に結びつかないことがあり、保険料が掛け捨てになる場合がありました。

そこで、通算年金通則法を制定し、各制度の加入期間を通算して一定期間に達した場合に「通算老齢年金」又は「通算退職年金」を支給することになりました。通算対象期間には、国民年金の適用除外だった被用者年金加入者の配偶者期間等もあり、保険料未納期間以外の期間を含めて、自制度の最短資格期間を満たすことができるようになりました。そのことによって、保険料の掛け捨てを防ぎ、かつ老後の保障を確立することができ易くなりました。

⑵　通算対象期間

昭和61年4月1日に廃止された旧通算年金通則法（以下「通則法」という。）による「通算対象期間」には、次のような期間があります。

① 国民年金の保険料納付済期間及び保険料免除期間（みなし免除期間を含む。【注】）

② 被用者年金制度の加入者期間及びその配偶者期間（20歳以上60歳未満の期間に限る。）

③ 被用者年金制度の老齢・退職年金の受給権者（恩給、受給資格期間満了者含む。）又は障害年金のの受給権者の期間並びにその者の配偶者の期間（20歳以上60歳未満の期間に限る。）

④ 被用者年金制度の遺族年金の受給権者期間（20歳以上60歳未満の期間に限る。）

【注】保険料免除期間とみなされる期間には、制度発足当時に全期間前納制度により保険料を納付した者がその後保険料額が改定され、その差額を期限までに保険料を納付しなかった期間などがあります。また、前記⑵～⑷の期間中に任意加入し、保険料を納付した場合は①の期間になります。

⑶　通算対象期間に含まれる期間の原則な考え方

① 国年法では、保険料納付済期間及び保険料免除期間である被保険者期間。

② 厚年法では、被保険者期間（法第75条該当期間及び脱退手当金支給済期間を除く。）

③ 旧船保法では、被保険者期間（法第51条の２該当期間及び脱退手当金支給済期間を除く。）

④ 昭和36年4月1日前の共済組合員は、昭和36年4月1日まで引き続く期間に限られています。

また、厚生年金及び旧船員保険の被保険者期間は、昭和36年4月1日以降に被用者年金制度に１ヵ月以上加入するか、国民年金保険料納付済期間等の通算対象期間を有することになった場合は、昭和36年4月1日前の期間も通算対象期間になります。なお、組合員期間に引き続く恩給公務員期間も通算対象期間となります。

⑤　1年未満の通算対象期間は、合算の対象となりません。また、共済組合員期間以外は同一制度の複数の通算対象期間（重複期間を除く。）を合算して1年以上あればよい。

【注】共済組合員期間の場合は、1年未満の共済組合員期間は通算対象期間としません。また、年金を支給する場合も組合員期間ごとに通算退職年金が支給されるので複数の年金証書が公布されます。

⑥　旧船保期間は、3分の4倍した期間ではなく実際に被保険者であった期間（戦時加算は実期間に算入する。）が1年未満である場合は、通算対象期間に算入されません。

⑦　経過措置による期間短縮の適用を受ける通算老齢年金の受給資格期間には、昭和36年3月以前の通算対象期間は算入されません。ただし、受給権者となった場合は、すべての期間（通算退職年金は1年未満の端数は切捨）で年金額が計算されます。

⑷　**昭和61年4月1日改正以後の「合算対象期間」との相違点**

新制度該当者には、通算通則法による「通算対象期間」の他に、次の期間（①から⑥は昭和36年4月1日から昭和61年3月31日までの間に限る。）が「合算対象期間」として新たに受給資格期間の範囲が広くなりました。その結果、従来の通算対象期間（カラ期間を含む。）よりも範囲が拡大され、年金権に結びつきやすくなりました。

ただし、施行日（明和61年4月1日）以降に受給権者となる場合であっても、旧法適用者（大正15年4月1日以前生れの者）には、次の合算対象期間（昭和36年4月以後の期間に限る。）は適用されません。

①　脱退手当金の受給済期間（昭和36年4月1日以後の60歳未満の期間で、かつ昭和61年4月1日から65歳前に保険料納付済期間又は保険料免除期間を有することになった場合に限る。）

②　65歳前に日本国籍を取得した者の海外在住期間（20歳以上60歳未満の期間に限る。）

③　65歳前に永住資格者（定住者を含まない。）となった在日外国人の国民年金適用除外期間（昭和57年1月前の期間で、かつ、20歳以上60歳未満の期間に限る。）

④　③に該当する在日外国人の海外在住期間（20歳以上60歳未満の期間に限る。）

⑤　国会議員のため国民年金に加入できなかった60歳未満の期間。なお、昭和55年4月1日以後は任意加入しなかった期間及び60歳未満の地方議会議員の期間（昭和37年12月～昭和61年3月）

⑥　都道府県知事の承認に基づき国民年金の被保険者とされなかつた期間（任意脱退した60歳未満の期間）

⑦　平成3年3月31日以前の学生等（国民年金適用除外）の期間（20歳以上60歳未満の期間）のうち、国民年金に任意加入しなかった期間（任意加入被保険者であった者、昭和57年1月前の在日外国人の期間を除く。）【注】60歳未満の永住者である外国人は③の該当者となる。

⑧　国会議員互助年金制度又は地方議会議員共済制度の退職年金受給者（支給停止中を除く。）で、昭和61年4月1日以後の国民年金に任意加入しなかった60歳未満の期間

第6節　脱退手当金

昭和16年4月1日以前生まれの者に限って経過的に支給される脱退手当金は、60歳に到達したとき又は60歳に到達したあと被保険者資格を喪失し、老齢厚生年金の受給権者となることができない者に支給されます。なお、請求権に係る時効の起算日は請求日の翌日からとなります。（平成8.10.29 庁文発

第3291号）

1　脱退手当金の支給要件及び支給額等

⑴　**脱退手当金の支給要件**（旧厚年法第69条）（旧船保法第46条）

脱退手当金は、昭和16年4月1日以前に生まれた者で、５年以上の被保険者期間があり、かつ老齢厚生年金の受給資格期間を満たすことなく退職している者が60歳に達したとき又は被保険者期間が５年以上ある被保険者が老齢厚生年金の受給権者となることなく60歳に達したあと退職したときに支給されます。ここでいう「被保険者期間５年以上」とは最終資格喪失時における全ての被保険者期間月数を合算して５年以上あることをいいます。したがって、60歳以降に被保険者資格を再取得した場合は、60歳到達時に取得した脱退手当金の受給権を失いますので、その後再び被保険者資格を喪失した場合は、最終の資格喪失前の被保険者期間はすべて含まれます。

また、旧船保法による被保険者期間が３年以上ある者が旧厚年法の規定により支給されないときは、旧船保法の脱退手当金に関する規定に基づき支給されます。なお、脱退手当金は、次に該当する場合は支給されません。（旧厚年法第69条、旧船保法第46条①）

①　受給権者が障害年金（障害厚生年金）又は通算老齢年金（老齢厚生年金）の受給権者（受給資格期間満了者を含む。）であるとき。

【注】カッコ書きの「障害厚生年金」「老齢厚生年金」の読替え規定は経過措置政令

②　既に支給された障害年金（障害厚生年金）又は障害手当金（旧船員保険の障害手当金及び障害差額一時金）の額が脱退手当金の額を超えているとき。　（61経過措置政令第91条）

③　旧船保法による脱退手当金については、現に傷病手当金又は失業保険金を受けているとき。

【注】昭和29年5月改正前は結婚により離職した場合は失業保険金の対象外になっていました。

④　旧船保法の被保険者である間（旧交渉法第29条①②）

⑵　**脱退手当金の支給額**（旧厚年法第70条①②）（旧船保法第47条）

支給額＝被保険者期間の平均標準報酬月額（再評価しない月額）×乗率【表.９又は表.10】

なお、平成15年４月１日以後に支給する場合において、平成15年４月１日前の被保険者期間があるときは、次により計算されます。（平成12経過措置政令第22条②）

①　平成15年４月１日前の各月の標準報酬月額の総和
②　平成15年４月１日以後の各月の標準報酬月額の総和÷1.3
③　平成15年４月１日以後の標準賞与額の総和÷1.3

} 合算額÷全被保険者期間×乗率
【乗率】＝【表.９】【表.10】参照

【注】既給の障害年金、障害厚生年金又は障害手当金の額を控除した後の額が支給されます。

【表.９】　厚生年金保険の脱退手当金の支給率

被保険者期間月数	率	被保険者期間月数	率
60月以上　72月未満	1.1	156月以上　168月未満	3.3
72月以上　84月未満	1.3	168月以上　180月未満	3.6
84月以上　96月未満	1.5	180月以上　192月未満	3.9
96月以上　108月未満	1.8	192月以上　204月未満	4.2
108月以上　120月未満	2.1	204月以上　216月未満	4.6
120月以上　132月未満	2.4	216月以上　228月未満	5.0
132月以上　144月未満	2.7	228月以上　240月未満	5.4
144月以上　156月未満	3.0		

【表.10】　旧船員保険の脱退手当金の支給率

被保険者期間月数	率	被保険者期間月数	率	被保険者期間月数	率
3年以上	0.9	7年以上	2.1	11年以上	3.7
4年以上	1.2	8年以上	2.5	12年以上	4.2
5年以上	1.5	9年以上	2.9	13年以上	4.7
6年以上	1.8	10年以上	3.3	14年以上	5.3

⑶　**脱退手当金の支給額の端数整理**

脱退手当金の支給額の50円未満は切り捨て、50円以上 100円未満は切り上げられます。ただし、次の脱退手当金は、50銭未満を切り捨て、50銭以上1円未満を1円に切り上げて支給されます。

①　昭和29年5月改正前の旧厚年法による脱退手当金

②　昭和51年8月改正前に支給すべき旧厚年法による脱退手当金

③　施行日（昭和61年4月1日）前に支給すべき旧船保法による脱退手当金及び施行日（昭和61年4月1日）以後に旧船保法の例により支給される脱退手当金

⑷　**脱退手当金の支給の効果**（旧厚年法第71条）（旧船保法第22条③）

脱退手当金の支給を受けた期間は、被保険者でなかったものとみなされます。

【留意】　脱退手当金の支払決議がされ、支払通知書を発送したあとに受給権者が現に受領しなかった場合又は小切手支払1年経過により歳入納付になった場合には、その脱退手当金の支給の基礎となった被保険者期間は、脱退手当金の支給済期間とならないので留意が必要です。（昭和37.10.12庁文発第3529号）

⑸　**脱退手当金の失権**（旧厚年法第72条）（旧船保法第49条）

脱退手当金は、被保険者の資格（昭和61年4月以降は新厚年の被保険者に限る。）を取得したとき又は通算老齢年金（老齢厚生年金）、障害年金（障害厚生年金）の受給権を取得したときは失権となります。（60改正法附則第75条）

例えば、60歳に到達し受給権者となった場合でも、手当金を請求しないまま厚生年金の被保険者となれば失権し、再び被保険者資格を喪失すれば、脱退手当金の受給権者となり、全被保険者期間に基づく手当金が支給されます。

2　特例支給の脱退手当金

⑴　**特例の脱退手当金の支給要件**

旧厚年法第69条の支給要件に該当しない者で、次のいずれかに該当する者には、特例的な脱退手当金が支給されます。（40改正法附則第17条①②）

①　明治44年4月1日以前に生まれた者で男子については、被保険者期間が5年以上あり、55歳到達後に退職したか、退職後55歳になったとき。また、女子については、被保険者期間が2年以上ある者が退職したとき。【注】退職時の年齢は問われません。

②　昭和29年4月30日以前の被保険者期間が5年以上で、その日以前に退職し、かつ、昭和29年4月30日に50歳未満の女子が、その後被保険者となることなくして55歳になったとき。

③　昭和40年6月1日から昭和53年5月31日までの間に 第二種被保険者（女子）の資格を喪失した者で、被保険者期間が2年以上あるとき。（40改正法附則第17条①）

④　昭和36年11月1日前から第二種被保険者（女子）であり、昭和41年10月31日までに被保険者資格を喪失し、かつ被保険者期間が2年以上あるとき。

⑤　昭和36年11月1日から昭和40年5月31日までの間に 第二種被保険者（女子）の資格を取得した者

で、昭和40年６月１日に被保険者でなく、かつ２年以上の被保険者期間があるとき。

⑵ **特例の脱退手当金の支給額**（旧厚年法附則第9条、昭和40年改正法附則第17条）

支給額＝全被保険者期間の平均標準報酬月額（再評価しない月額）×【表.11】の乗率

【表.11】　特例の脱退手当金の支給率

被保険者期間月数	支給率		被保険者期間月数	支給率	
種別	1，3	2	種別	1，3	2
24月以上　36月未満		0.6	132月以上　144月未満	2.7	3.6
36月以上　48月未満		0.9	144月以上　156月未満	3.0	4.0
48月以上　60月未満		1.2	156月以上　168月未満	3.3	4.4
60月以上　72月未満	1.1	1.5	168月以上　180月未満	3.6	4.8
72月以上　84月未満	1.3	1.8	180月以上　192月未満	3.9	5.2
84月以上　96月未満	1.5	2.1	192月以上　204月未満	4.2	5.7
96月以上　108月未満	1.8	2.4	204月以上　216月未満	4.6	6.2
108月以上　120月未満	2.1	2.8	216月以上　228月未満	5.0	6.7
120月以上　132月未満	2.4	3.2	228月以上	5.4	7.2

① ⑴の②の女子の特例による脱退手当金は、第四種被保険者期間を除いた期間で計算されます。

② 昭和44年11月１日以前の被保険者期間がある者が同日以後に脱退手当金の受給権者となったときは、１万円未満の標準報酬月額があるときは１万円とみなされます。

③ 旧々厚年法による被保険者であった期間（昭和29年５月１日前の期間）が５年以上あり、かつ、昭和29年５月１日において現に50歳以上の者に支給される脱退手当金の額は、同日前の被保険者期間に基づく旧々厚年法の計算による額（【表.13】参照）と同日以後の被保険者期間に基づく平均標準報酬月額に【表.12】の乗率を乗じて得た額を合算した額とされています。

なお、昭和29年５月１日以後に被保険者資格を喪失したときは、55歳未満であっても脱退手当金が支給されます。（旧厚年法附則第22条）

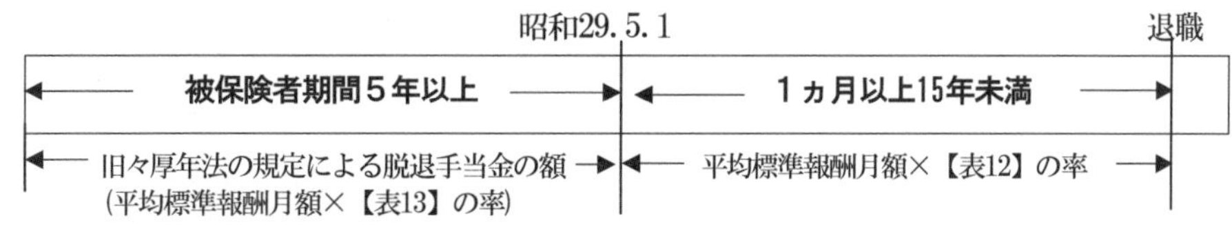

【表.12】　昭和29年５月１日前５年以上被保険者期間がある者の同日以後の被保険者期間に係る脱退手当金の支給率

旧厚生年金保険							
		支給率				支給率	
被保険者期間月数	種別	1，3	2	被保険者期間月数	種別	1，3	2
12月未満		0.2	0.2	96月以上　108月未満		1.8	2.4
12月以上　24月未満		0.3	0.4	108月以上　120月未満		2.1	2.8
24月以上　36月未満		0.5	0.6	120月以上　132月未満		2.4	3.2
36月以上　48月未満		0.7	0.9	132月以上　144月未満		2.7	3.6
48月以上　60月未満		0.9	1.2	144月以上　156月未満		3.0	4.0
60月以上　72月未満		1.1	1.5	156月以上　168月未満		3.3	4.4
72月以上　84月未満		1.3	1.8	168月以上		3.6	4.8
84月以上　96月未満		1.5	2.1				

⑶　**昭和29年５月１日前に支給すべき脱退手当金（男女共通）**

昭和29年５月１日前に支給すべき脱退手当金については、請求権の消滅時効がないため、今後は、いつでも請求することができます。（審査会裁決「平成７年」参照。）

なお、昭和29年５月１日前に支給すべき脱退手当金の支給率等は、次の通りです。

脱退手当金の額＝平均標準報酬月額×30分の１×【表. 13】に掲げる日数

【表. 13】　昭和29年5月1日改正前の脱退手当金の支給率

被保険者月数	日　数	被保険者月数	日　数	被保険者月数	日　数
６月以上	１５日	７年以上	１５０日	１４年以上	３４０日
１年以上	３０日	８年以上	１７５日	１５年以上	３７０日
２年以上	５０日	９年以上	２００日	１６年以上	４０５日
３年以上	７０日	１０年以上	２２５日	１７年以上	４４０日
４年以上	９０日	１１年以上	２５０日	１８年以上	４７５日
５年以上	１１０日	１２年以上	２８０日	１９年以上	５１０日
６年以上	１３０日	１３年以上	３１０日		

⑵　**昭和29年５月１日以後に支給すべき特例の脱退手当金**

①　被保険者期間　２年以上　第二種被保険者（女子）　　年齢要件なし

②　被保険者期間　５年以上　第一種被保険者（男子）　　年齢55歳以上

ア　昭和29年５月～昭和34年４月の間施行（旧厚年法附則第22条）

【注】　昭和29年５月前の被保険者期間が５年以上で、昭和29年５月１日に50歳以上の者には、55歳未満でも支給されます。

イ　昭和34年５月～昭和36年３月の間施行（旧厚年法第69条）

【注】アに該当する者は、55歳に到達するため旧法本則によって支給されます。

ウ　昭和36年４月～昭和46年３月の間施行（40改正法附則第17条）

【注】旧厚年法の改正で、支給要件の55歳以上が60歳以上に改められましたが、明治44年４月１日以前に生まれた者に係る脱退手当金は、従前の年齢以上で支給されることになりました。

これによって、該当者は、昭和46年３月31日までに60歳に達するため、以後この経過措置による受給権者は発生しません。（36改正法附則第９条）

⑶　**昭和36年４月１日から昭和61年３月31日までの間に支給すべき脱退手当金**

被保険者期間　５年以上　年齢要件　60歳以上　（旧厚年法第69条）

⑷　**昭和61年４月１日以後に支給すべき脱退手当金**

被保険者期間　５年以上　年齢要件　60歳以上　（60改正法附則第75条、旧厚年法第69条）

【注】　この脱退手当金は、社会保険庁通知がでる前まで、請求権が時効消滅したものとして取り扱われていたものです。

⑸　**現在廃止されている旧船保法の規定による脱退手当金**

被保険者期間　３年以上　年齢要件　60歳以上

【注】施行日（昭和61年４月１日）前に受給権者となっている者及び施行日以後の経過措置により、厚生保険特別会計から旧船保法の例により支給される脱退手当金になります。

【事例】旧船員保険の被保険者期間と厚生年金保険の被保険者期間を合算しても5年未満であるが、旧船員保険の被保険者期間で3年以上ある場合

３　特例支給の脱退手当金の請求権の時効の起算日の考え方

平成５年１月25日庁文発第277号により受給資格要件を満たす脱退手当金の受給権の時効の起算日は、今後請求した日の翌日から起算するものとして取り扱われ、更に、平成８年10月29日庁文発第3291号で

は、昭和29年５月１日から昭和36年３月31日の間に発生した脱退手当金や女子の特例等、今後発生する脱退手当金すべてについて、同様の考えに基づき事実上請求時に発生する取扱いになりました。

また、脱退手当金の受給権者が死亡した場合の未支給についても、死亡した日の翌日から時効を起算することになりました。

4　昭和61年４月の新年金制度の発足に伴う脱退手当金の取扱

昭和61年4月1日の新年金制度の発足に伴い脱退手当金の取扱が次の通り改められました。

⑴　脱退手当金の廃止

脱退手当金（旧船保法による脱退手当金を含む。）の支給は、基礎年金制度が確立されたことによって昭和16年４月１日以前生まれの者に対する経過措置を残し廃止されました。（60年改正法附則第75条，第78条①⑨⑩，第86条⑤，第87条①②⑪⑫）

≪参照条文≫　60年改正法附則

第75条　昭和16年４月１日以前に生まれた者については、旧厚生年金保険法中同法による脱退手当金の支給要件、額及び失権に関する規定は、その者について、なおその効力を有する。この場合において、老齢厚生年金は旧厚生年金保険法による老齢年金又は通算老齢年金と、障害厚生年金は同法による障害年金と、それぞれみなすものとするほか、これらの規定の適用に関し必要な技術的読替えは、政令で定める。

⑵　旧船員保険の厚生年金保険への統合に伴う脱退手当金

旧船保の職務外年金部門は、厚年へ統合されたことに伴い支給主体が厚年の管掌者に移換されて、費用の負担は、昭和61年４月１日前に支給すべき旧船保法による脱退手当金を含めて厚生保険特別会計に移換されました。（60改正法附則第87条②⑪⑫，第88条）

なお、旧船保法による脱退手当金の支給要件の最短年限が３年（厚年被保険者期間に換算して４年年）であることから、施行日前の旧船保の被保険者期間が３年以上あり、かつ、60改正法附則第75条の規定により、なおその効力を有するものとされた旧厚年法による脱退手当金の支給要件の最短年限５年を満たすことができない船員被保険者だった者については、旧船保法の支給要件、支給額、失権規定によります。（60改正法附則第86条⑤、61経過措置政令第114条）

⑶　旧船保の被保険者期間を厚年の被保険者期間にみなす取扱

昭和61年４月１日廃止前の旧交渉法では、老齢（通算老齢年金を除く。）及び遺族（通算遺族年金金を除く。）に限られていたみなし規定が、全ての給付において適用されることになったことに伴いい、経過的に残る「脱退手当金」の支給にあたっては、旧船保法による被保険者期間を合算して支給要件等をみることになります。（60改正法附則第47条、61経過措置政令第91条）

⑷　施行日（昭和61年４月１日）前に受給権が発生している脱退手当金の取扱

施行日前に受給権が生じている「脱退手当金」の支給については、従前の取扱によります。

また、施行日以後に再び被保険者期間を有することとなった場合は、従前の受給権が消滅し、退職後に再び脱退手当金の受給権が生じる場合がありますが、その場合は、経過措置による被保険者期間に係る規定が適用されます。なお、この場合の読替え規定は、次のみなし規定により取扱います。

①　旧船員保険の被保険者期間は、旧厚生年金の被保険者期間とみなす。

②　新厚生年金の被保険者期間は、旧厚生年金の被保険者期間とみなす。

⑸ **昭和61年4月1日改正以後の脱退手当金の支給決定について**

① 管　轄

現在は、最終適用事業所（最後が船員であった被保険者については最終船舶所有者）を管轄する社会保険事務所（現日本年金機構の年金事務所）になります。

② 脱退手当金の支給額

脱退手当金の支給額の計算にあたっては、旧船保の被保険者期間に係る標準報酬月額の総額と厚年の被保険者期間に係る標準報酬月額の総額を合算して、全被保険者期間（乗算する前の実期間）で除して得た「平均標準報酬月額」に支給率（旧船保及び施行日以後の船員及び坑内員被保険者期間等は乗算後の被保険者期間に基づくもの）を乗じて得た額に基づき支給額を算定します。

$$\textbf{平均標準報酬月額} = \frac{\text{（船保期間の総標準報酬月額＋厚年期間の総標準報酬月額）}}{\text{全被保険者であった期間の合計（乗算する前の期間）}}$$

⑹ **被保険者月数を計算する場合の取扱**

脱退手当金の支給額を決定する場合の期間計算の方法は、次によりますが、戦時加算等の被保険者期間に加算される月数のうち、旧船保法（改正／昭和18年３月８日法律第27号）第22条の２の規定による戦時加算（昭和16年12月８日から昭和18年12月31日の間における1/3ヵ月加算）については、脱退手当金の支給に関しては適用されません。

なお、旧厚年法附則第24条による戦時特例による加算（昭和19.1.1～昭和20.8.15 ）については、被保険者期間に算入されます。

① 旧厚年法の例により支給する脱退手当金

各種別の被保険者期間は、旧厚年、旧船保、新厚年の期間換算早見表（P.18参照）の期間通算に準じて取り扱われます。（60改正法附則第75条）（61経過措置政令第91条）

② 旧船保法の例により支給する脱退手当金

各種別の被保険者期間は、旧厚年、旧船保、新厚年の期間換算早見表の期間通算に準じて取り扱われます。（60改正法附則第86条⑤）（61経過措置政令第114条）

③ 施行日前に支給すべき脱退手当金

ア　旧厚年法（60改正法附則第78条⑨）................受給権発生当時の例によります。

イ　旧船保法（60改正法附則第87条⑪）................受給権発生当時の例によります。

第７節　脱退手当金支給の効果及び脱退手当金の未支給期間の取扱

1　脱退手当金及び一時金の支給効果

⑴ **脱退手当金の支給の効果**

① 厚生年金保険から支給された脱退手当金の額の計算の基礎となった被保険者期間は、被保険者でなかったものとみなされます。（旧厚年法第71条）（60改正法附則第75条）

② 被保険者が脱退手当金の支給を受けた場合における配偶者期間の合算対象期間（旧通算対象期間）には、影響を与えません。

③ 被保険者が脱退手当金の支給を受けた場合における国民年金第３号被保険者期間（被扶養配偶者期間）には影響を与えません。

⑵ **短期在留外国人に支給される脱退一時金の支給の効果**

短期在留外国人に支給される脱退一時金の額の計算の基礎となった被保険者期間又は組合員期間は、被保険者又は組合員でなかったものとみなされます。（国年法附則第９条の3の2④）（厚年法附則第29条④）（国共済法附則第13条の10）

【注】一時金支給済期間は、配偶者の新国民年金法による第３号被保険者資格には、影響を与えません。

2　脱退手当金未支給期間の取扱

⑴ **脱退手当金の未支給期間**

法的には、追加支給(時効特例法の適用)として取扱うべきです。ただし、社会保険庁通知（昭和38年9月5日付け庁文発第8473号社会保険庁年金保険部厚生年金保険課長通知）及び「脱退手当金支給もれ期間に係る被保険者期間としての取扱いについて（通知）」昭和50年８月20日付庁文発第2171号社会保険庁年金保険部厚生年金保険課長通知により、脱退手当金の未支給期間を生かして、老齢年金又は老齢厚生年金の受給権に結びつく者については、各年金の計算の基礎としてきました。

⑵ **新しい取扱の概略**

平成21年11月19日社会保険庁通知により、資料１のように取扱うことになりました。具体的には、次のとおりです。なお、新たに判明した被保険者期間を加えて脱退手当金の支給額を計算しても、支給額が変わらない場合の取扱は、この通知に書かれていませんが、未支給被保険者期間として被保険者期間を残すべきでしょう。

① 被保険者等から脱退手当金の追加支給の希望がある場合及び年金に結びつかないケースは脱退手当金の支給優先とすること。

② 老齢年金等の年金受給権者及び年金支給に結びつく可能性がある被保険者等から希望があった場合は、脱退手当金未支給期間を被保険者期間として生かすこと。

【注】年金記録統合により未支給期間が判明した場合は、時効特例の対象になるため、脱退手当金の支給日から５年を経過している場合でも追加支給が可能です。

⑶ **脱退手当金の支給が誤りであることが判明した場合**

脱退手当金は、支給決定日以降支払日までに被保険者資格を取得している場合は、脱退手当金の受給権が失権することになります。そのため、支給日に被保険者である場合等には、脱退手当金の支給決定が無効となります。その場合の脱退手当金の給付費は、国に返還となりますが、支払日から５年を経過している場合は、会計法の時効により返還を必要としません。

また、老齢年金、通算老齢年金(記録の未統合、他制度やカラ期間の存在に気がつかなかった場合)及び老齢厚生年金の受給資格期間満了者、障害年金受給権者であるにも拘わらず、誤って脱退手当金の支給がされている場合も、前記と同様の取扱となります。

＜通知１＞　厚生年金保険の脱退手当金支給記録の取扱いについて（通知）

（平成21年11月19日庁保険発第1119002号社会保険庁運営部年金保険課長から地方社会保険局長あて通知）

厚生年金保険の脱退手当金の支給にあたり、その計算の基礎とすべき被保険者期間の一部が把握できず、脱退手当金の計算の基礎から漏れた被保険者期間（以下「脱手未支給期間」という。）が生じた場合の取扱については、本人の意思を尊重した上で、できる限り被保険者期間として年金の受給権に結び付けることが望ましいこと等を踏まえ、下記により取扱いの明確化を図ることとしたので、遺漏のないよう取り扱われたい。

なお、本通知の発出に伴い、「厚生年金保険被保険者期間の疑義について」（昭和38年9月5日付け庁文発第8473号社会保険庁年金保険部厚生年金保険課長通知）（別添１）及び「脱退手当金支給もれ期間に係る被保険者期間としての取扱いについて（通知）」昭和50年８月20日付庁文発第2171号社会保険庁年金保険部厚生年金保険課長通知（別添２）を廃止することとしたので申し添える。

記

1　脱手未支給期間が判明した場合においては、本人に意思確認を行った上で、原則として、判明した脱手未支給期間を従前の脱退手当金の計算の基礎とせずに、被保険者期間として存続させ、保険給付の計算の基礎に算入すること。

2　上記１に関わらず、判明した脱手未支給期間を被保険者期間として存続しても年金受給権を満たさない可能性のある場合又は本人が脱退手当金の追加支給を希望する場合には、判明した脱手未支給期間を従前の脱退手当金の計算の基礎に算入し、従前の脱退手当金支給決定の更正を行なうこと。

ただし、更正により従前の脱退手当金の追加支給をうける権利が時効により消滅している場合には、当該期間を被保険者期間として存続させ、保険給付の計算の基礎に算入すること。

＜通知２＞　国民年金及び厚生年金（脱退手当金）に係る年金記録の確認申立てにおける社会保険事務所段階での記録回復について　（平成21年12月25日 社会保険庁通知）

国民年金に係る年金記録の確認の申立てについては、平成２０年４月２８日から、申立内容に対応する確定申告書（控）がある場合など、一定の要件に該当する事案については、処理の迅速化を図るために、年金記録確認第三者委員会（以下「第三者委員会」という。）に送付することなく、社会保険事務所段階において、記録回復を行っているところです。

今般、更なる処理の迅速化を図るため、社会保険事務所段階における記録回復の対象となる範囲を拡大することとし、下記Ⅰの内容の通知（以下「通知Ⅰ」という。）を社会保険事務局に発出しましたので、お知らせいたします。

また、厚生年金制度の脱退手当金に係る年金記録の確認の申立てについても、一定の要件に該当する事案については、社会保険事務所段階において年金記録の回復を行うこととし、下記Ⅱの内容の通知（以下「通知Ⅱ」という。）を社会保険事務局に発出しましたので、お知らせいたします。

記

Ⅰ　国民年金関係

1　通知Ⅰにより、社会保険事務所段階における年金記録の回復を行う対象事案は、申立期間のすべてが国民年金の申立てであって、以下の①又は②のいずれかに該当する事案とする。、、、　以下省略

Ⅱ 厚生年金（脱退手当金）関係

1　通知Ⅱにより、社会保険事務所段階における年金記録の回復を行う対象事案は、厚生年金保険の脱退手当金に係る申立てのうち、脱退手当金を受給していない旨の申立てであって、以下の①から④のいずれかに該当する事案とする（ただし、２に該当する事案を除く。）。

次のア及びイのいずれの要件にも該当するもの。

ア　申立人の婚姻等による改姓後６ヵ月を超えて脱退手当金の支給決定がされているが、被保険者名簿等には当該申立人の記録が旧姓表示のままとなっている場合（ただし、申立人が婚姻等の後も旧姓を使用していた旨の証言をしている場合を除く。）

イ　脱退手当金の支給決定当時又は支給決定後間もなく、申立人が国民年金等に加入し、保険料を納付している場合

申立人が所持する脱退手当金の支給決定当時発行済みの厚生年金保険被保険 者証に、脱退手当金を支給したことを示す表示がない場合（ただし、申立人の資格喪失後、6ヵ月以内に支給決定がなされている場合及び支給決定が昭和28年11月前である場合を除く。）

異なる年金手帳記号番号により管理されていた複数の厚生年金保険被保険者期間を対象として脱退手当金の支給決定がなされているにもかかわらず、これら複数の年金手帳記号番号の重複取消処理（当該脱退手当金の支給決定後１ヵ月以内に行われているものに限る。）が行われていない場合

脱退手当金の支給決定がなされた当時の制度では、一定年齢未満の男性には脱退手当金の受給権がないにもかかわらず、当時、当該一定年齢未満であった申立人の被保険者記録の性別が男性とされている場合

2　対象事案の年金記録に係る申立てについては、以下のいずれかに該当する場合を除き、第三者委員会に送付せず、社会保険事務所段階において年金記録の回復を行う。なお、申立ての内容が以下のいずれかに該当する場合には、通常の手続に従って、第三者委員会に送付する。

①　社会保険事務所において、脱退手当金が支給されたことをうかがわせる書類等が確認できる場合。

②　申し立て人が、脱退手当金の算定基礎とされている期間の一部について脱退手当金を受給したことを認めている場合。

第８節　併給調整

１　同一制度内の年金

(1)　旧国民年金制度内の場合（早見表）

旧・国民年金＼旧・国民年金	障害年金	母子年金	遺児年金	寡婦年金
老齢年金・通算老齢年金	選　択	選　択	選　択	選　択
障害年金	併合認定	選　択	選　択	選　択
母子・遺児・寡婦	選　択			

【注】現実にはあり得ない組み合わせもありますが法令通りに作成。

(2)　旧厚生年金制度内の場合（早見表）

旧・厚生年金＼旧・厚生年金	老齢・通老	障害年金		遺族年金
		１級、２級	３級	
老齢年金・通算老齢年金	併　給	選　択	選　択	併給　※1
障害年金（１級～３級）	選　択	併合認定	併合認定	選　択
遺族年金	併給　※1	選　択	選　択	併給　※2

【解説】支給事由の異なる年金同士は、原則選択となりますが、遺族年金を選択した場合は、次の通りです。

※1　遺族年金の基本年金額（死亡者の加給年金額を除いた老齢年金の額と同じ）の２分の１の範囲内で併給できます。つまり、死亡した夫の老齢年金の額が妻の老齢年金又は通算老齢年金よりも多い場合は、遺族年金を選択すれば最大夫の老齢年金額まで併給できることになります。

※2　支給事由の異なる遺族年金（死亡者の異なる場合）の併給調整は、額の多い方の遺族年金の基本年金額の範囲内で併給できますので、額の多い方の遺族年金を選択すれば全額併給できます。

⑶ 旧厚生年金と旧国民年金間の調整

① 原則として、支給事由の異なる年金同士は併給となります。

② 同一支給事由の場合で、遺族年金(厚年)と母子年金(国年)は、母子年金が2/5支給停止となります。

⑷ 旧共済年金と他制度間の調整

① 原則として、支給事由の異なる年金同士は併給となります。

② 同一支給事由の場合で、短期要件遺族年金(厚年又は共済)と通算遺族年金(共済又は厚年)は、短期要件の遺族年金が優先されます。この取扱は同一制度内でも同じです。

長期要件の遺族年金と通算遺族年金、通算遺族年金と通算遺族年金の組み合わせは、すべて併給されます。

③ 旧国民年金と旧共済年金はすべて併給されます。

④ 昭和61年4月の新法施行後は、新制度と旧制度の併給調整は一人一年金の原則から例外を除いて併給はできなくなっています。

⑸ 旧制度の年金と新制度の年金の併給調整(早見表)

一人一年金の原則により、原則は選択になりますが、次の場合は一部併給、障害年金給付は併合認定又は選択になります。

① 65歳以上の旧法老齢年金及び退職年金の2分の1と遺族厚生年金又は遺族共済年金は併給し、旧国民年金の障害年金と65歳以上の老齢厚生年金及び退職共済年金は平成19年4月より併給できます。

② 旧国民年金の障害年金と65歳以上の遺族厚生年金及び遺族共済年金は平成19年4月より併給できます。また、旧国民年金の老齢年金及び通算老齢年金は、遺族厚生年金と併給できます。

③ 障害年金(二級以上)と支給事由の異なる障害基礎年金(同一支給事由の障害厚生年金又は障害共済年金を含む。)は、併合認定

④ 基準障害による初めて二級の障害基礎年金等が発生する場合は、新年金とは選択関係になり、併合改定による旧障害年金と後発障害厚生年金(三級)とは選択になります。

		新法国民年金法による年金				新法厚生年金法による年金				
		老齢基礎年金		障害基礎年金	遺族基礎年金	老齢厚生年金		障害厚生年金	遺族厚生年金	
		65歳未満	65歳以上			65歳未満	65歳以上		65歳未満	65歳以上
旧国年	障害	▲	▲	△	▲	▲	◎	△OR▲	▲	◎
	母子	▲	▲	▲	―	▲	▲	▲	▲	▲
旧厚年	障害	▲	▲	△OR▲	▲	▲	▲	△OR▲	▲	▲
	遺族	▲	○	▲	▲	▲	▲	▲	▲	▲
旧船保	障害	▲	▲	△OR▲	▲	▲	▲	△OR▲	▲	▲
	遺族	▲	○	▲	▲	▲	▲	▲	▲	▲
旧共済	障害	▲	▲	△OR▲	▲	▲	▲	△OR▲	▲	▲
	遺族	▲	○	▲	▲	▲	▲	▲	▲	▲

【記号の説明】 ◎＝併給可能、▲＝選択 △＝併合認定

第２章　退職年金、減額退職年金及び通算退職年金

第１節　退職年金の新旧適用区分

1　退職年金又は減額退職年金の名称で受ける年金

施行日（昭和 61 年４月１日、以下この節において同じ。）の前日において、次の⑴及び⑵の要件に該当する組合員だった者は、退職年金又は減額退職年金の受給権者に該当します。

⑴　**240 ヵ月以上の組合員期間を有していること**

【注】組合員期間要件の特例により 240 ヵ月以上の組合員期間を有する者とみなされる者を含まれます。

⑵　**施行日の前日までに退職していること**

施行日前に退職したあと同日付けで再任用や出向していない場合に限られます。

なお、退職日と再任用日が国と地方の間で引き続いている場合は退職とみなされないため、退職日と再任用日との間が１日以上あいている必要があります。１日でも間があけば、そこで減額退職年金等の受給権が生じるので、若年停止又は在職停止のため、施行日前に年金の支給が開始されていない場合であっても「退職年金」になります。（国共済法第 126 条の２)

【注.1】 通算退職年金の受給権を有していた者（若年停止中）が新法施行日以後に退職共済年金の受給権を取得した場合は、前後の組合員期間を合算した組合員期間に基づく退職共済年金となり、再就職後の期間も含めて 240 ヵ月以上となるときは、加給年金額が加算されます。

【注.2】 昭和 61 年４月改正前の従前額が保障される退職年金には、自動物価スライドの適用がありませんが、通年方式により計算した退職年金の年金額がスライドし、従前額を超えるときは通年方式による年金額(特別支給の退職共済年金に準じた額) が支給されます。また、65 歳以上の場合は、退職共済年金と老齢基礎年金の計算例による額の合算額が退職年金として支給されます。この場合の給付乗率及び単価は大正 15 年４月２日から昭和２年４月１日までに生まれの者と同じになります。

2　退職共済年金の名称で受ける年金

施行日前に退職年金の受給に必要な組合員期間を満たし、施行日前に退職している者に係る退職給付は、昭和６年４月２日以後に生まれた者であって、老齢基礎年金の対象となる保険料納付済期間を有している場合でも、昭和 61 年４月１日前の組合員期間に基づく退職給付は「退職年金」又は「減額退職年金」として支給されます。したがって、施行日以後に退職給付の受給に必要な組合員期間月数を満たした次の者及び施行日以後に退職した者に限り、退職共済年金の受給権者ということになります。

⑴　**施行日前から引き続き 20 年以上組合員だった者が、施行日以後に退職し又は施行日以後に受給資格期間月数を満たし退職共済年金の支給要件に該当したとき**

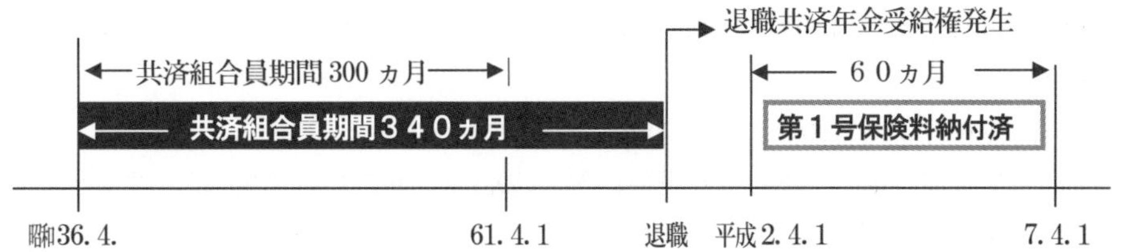

⑵　**施行日前に退職年金又は減額退職年金の受給権を有していた者が施行日前に再任用され、施行日以後も引き続き組合員で、かつ退職共済年金の支給要件に該当したとき**

施行日の前日に退職したものとみなされる退職年金又は減額退職年金の改定額と従前額との差額が、退職共済年金を上回る場合は、改定額との差額が支給されます。

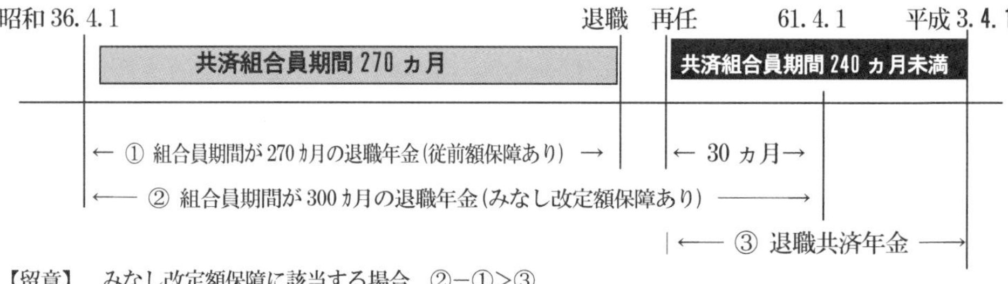

【留意】　みなし改定額保障に該当する場合　②−①>③

昭和6年4月2日以後に生まれた者が65歳以降に老齢基礎年金が支給される場合は、退職共済年金に老齢基礎年金を合算した額と比較します。)

⑶　**退職年金又は減額退職年金の受給権者が施行日以後に再び組合員となり、昭和61年4月1日改正以後の新共済組合法に定める退職共済年金の支給要件に該当しているとき**

【注1】再任用日以後の組合員期間のみ退職共済年金の計算の基礎となり前後の期間は合算されません。

【注2】この場合の加給年金額は、従前額保障を終えた前発の退職年金に包含されます。

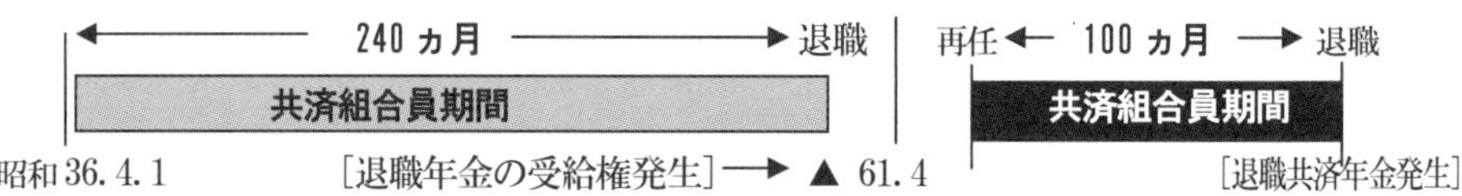

⑷　**施行日以後に、初めて組合員となった者が、退職共済年金の支給要件に該当したとき**

3　退職共済年金制度の新旧適用区分

⑴　退職共済年金の新旧制度の適用区分・図解の説明

この項の退職共済年金の新旧制度の適用区分の図解は、次のことを前提に説明しています。

①　退職年金、減額退職年金又は通算退職年金対象期間＝ ▭

②　退職共済年金（240ヵ月未満含む。）対象期間　＝ ■

③　前後の共済組合員期間は、同一制度（国と地方は同一とみなす。）であることを前提にしています。

前後の制度が異なる場合（国と私学、国と旧農林、私学と旧農林の組合せ）は、前後の組合員期間は、別途退職共済年金が計算され、それぞれの制度から支給されます。したがって、みなし改定額保障もありません。

④　施行日前に退職した者は、通算退職年金の受給権を有していることとします。

⑤　加給年金額加算改定＝退職年金を退職共済年金の計算方法で計算した額に改定するとき、加給年金額を含む額に改定される場合をいいます。

⑵ **大正15年4月1日以前生まれの場合**

① 施行日前から引き続き在職し、施行日以後に退職した場合

【注】この項の説明は、国家公務員共済組合法を基本にしています。

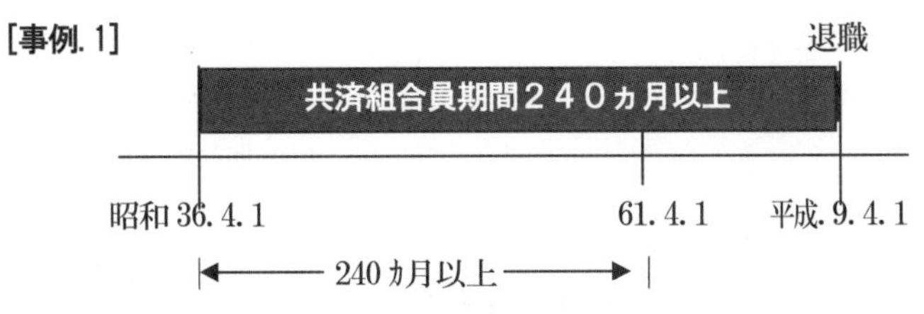

＜ 取扱の詳細 ＞

① 退職年金なし

② 退職共済年金

・退職みなし従前額保障あり

・旧退職年金の支給要件

・加給年金額あり（終身）

① 退職年金及び通算退職年金受給権なし

② 退職共済年金（60歳以降）

・退職みなし従前額保障なし

・旧通算退職年金の支給要件

・加給年金額なし

【注】 一部支給停止中の退職共済年金受給者に係る加給年金額は、［事例.1］の場合で低報酬のため在職中に一部支給される退職共済年金は、みなし従前額保障が適用されません。ただし、退職すれば、退職みなし従前額保障の適用を受けられます。なお、加給年金額については、次の計算式により算定した額（α）が加算されます。

$$(\alpha) = \text{本来の加給年金額} \times \frac{\text{退職みなし従前額保障額}}{\text{退職みなし従前額保障の適用がなかった場合の額}}$$

② 施行日前に退職した者が、施行日前に再任用されて施行日以後に退職した場合

［事例.3］の退職みなし従前額保障は、退職みなし改定額（昭和61年3月31日に退職したものとみなした①の退職年金の改定後の額）から退職年金の額を控除した額が、②退職共済年金の額を上回る場合の差額が②の退職共済年金として支給されます。（③－①>②の場合）

また、［事例.3］の場合は、退職年金と退職共済年金の二つの年金が支給されることになります。

なお、在職者に支給される退職共済年金には、［事例.3］［事例.4］とも従前額保障や、退職みなし従前額保障の適用がありません。

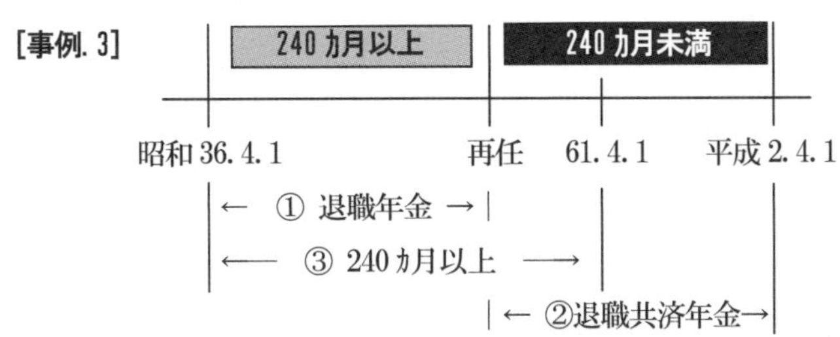

＜ 取扱の詳細 ＞

① 退職年金（再任前の期間分）

② 退職共済年金

・通算退職年金失権（60歳）

③ 退職みなし改定額保障あり

・旧退職年金の支給要件

・加給年金額あり（終身）

【注】 ①+②>③の場合は、スライドなしの従前額保障の退職年金と退職共済年金の支給になります。

[事例. 4]

240カ月未満
240カ月以上
昭和36. 4. 1
再任
61. 4. 1
平成15. 4. 1
2 40カ月未満
240カ月以上

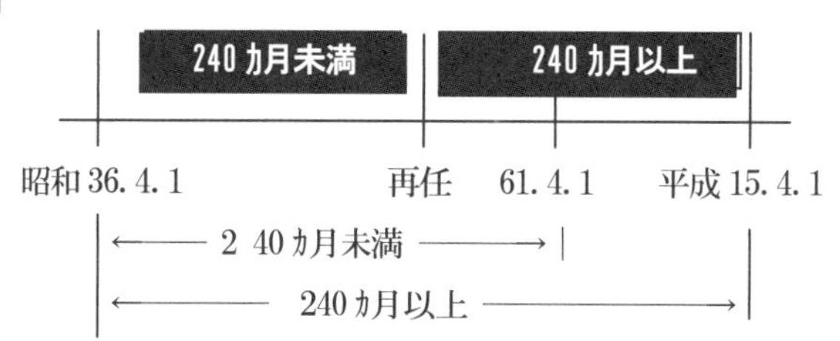

① 退職年金なし
・通算退職年金失権(60歳)
② 退職共済年金
・施行日前日の通算退職年金相当額保障あり
・旧退職年金の支給要件
・加給年金額あり（終身）

[事例. 5]

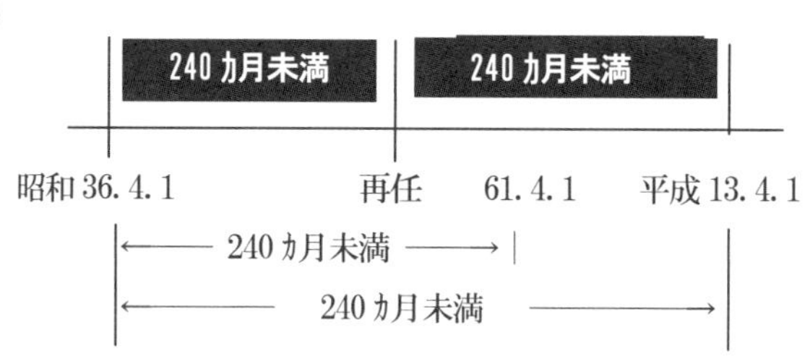

240カ月未満
240カ月未満
昭和36. 4. 1
再任
61. 4. 1
平成13. 4. 1
240カ月未満
240カ月未満

① 退職年金なし
・通算退職年金失権
② 退職共済年金
・施行日前日の通算退職年金相当額保障あり
・旧通算退職年金の支給要件
・加給年金額なし

③ 施行日前に退職し、施行日以後に再任用されて退職した場合

【注】事例は、退職年金と退職共済年金を支給する制度が同一の場合に限ります。

[事例. 6]

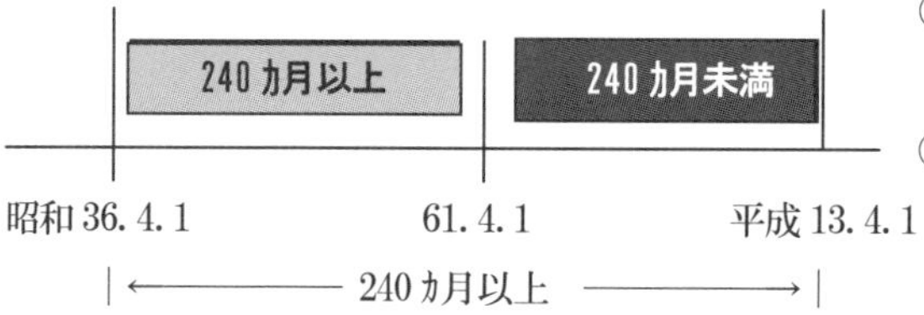

240カ月以上
240カ月未満
昭和36. 4. 1
61. 4. 1
平成13. 4. 1
240カ月以上

① 退職年金(従前額保障あり)
・加給年金額加算改定あり
② 退職共済年金（退職年金の対象期間を含む420カ月が定額部分の上限となります。）
・旧通算退職年金の支給要件
・加給年金額なし

[事例. 7]

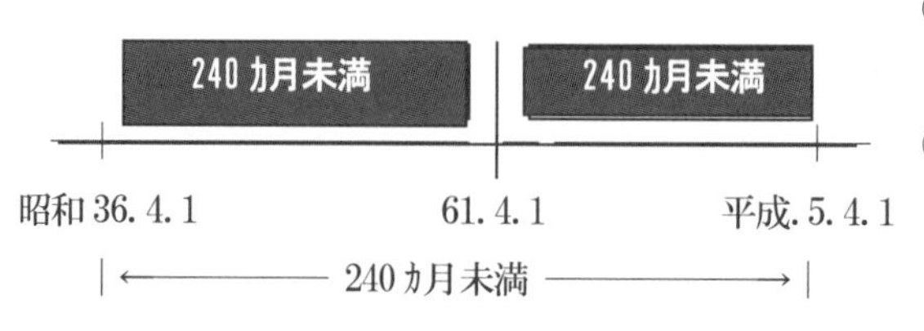

240カ月未満
240カ月未満
昭和36. 4. 1
61. 4. 1
平成. 5. 4. 1
240カ月未満

① 退職年金なし
・通算退職年金失権
② 退職共済年金
・施行日前日の通算退職年金相当額保障あり
・旧通算退職年金の支給要件
・加給年金額なし

【注】 事例1及び事例2は、国又は地方の共済組合間での再任用の場合です。
なお、国立大学の職員（国共済の組合員）が私立大学の職員（私立学校教職員共済制度の加入者）となった場合等は、それぞれの制度から退職年金（減額退職年金を含む。）又は退職共済年金が支給されます。
したがって、単独の制度で240カ月以上の組合員期間がなければ加給年金額も加算されません。

⑵ **大正15年4月2日以後生まれの場合**

次の事例は、前後の共済組合制度はすべて同一制度（国と地方は同一制度の取扱）であることを前提にしています。

① 施行日前から引き続き在職し、施行日以後に退職した場合

[事例. 8]

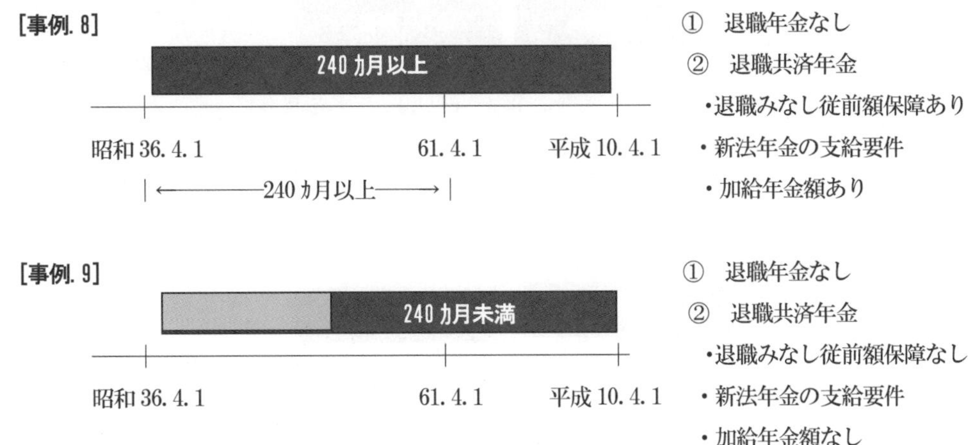

① 退職年金なし
② 退職共済年金
・退職みなし従前額保障あり
・新法年金の支給要件
・加給年金額あり

[事例. 9]

① 退職年金なし
② 退職共済年金
・退職みなし従前額保障なし
・新法年金の支給要件
・加給年金額なし

② 施行日前に退職し、施行日前に再任用されて施行日以後に退職した場合

《昭和６年４月１日以前生まれの者に限る事例》

[事例. 10]

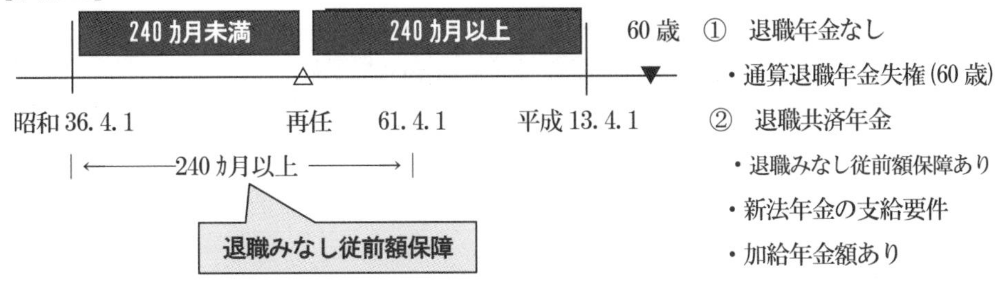

① 退職年金なし
・通算退職年金失権(60歳)
② 退職共済年金
・退職みなし従前額保障あり
・新法年金の支給要件
・加給年金額あり

《昭和６年４月２日以後生まれの者に限る事例》

[事例. 11]

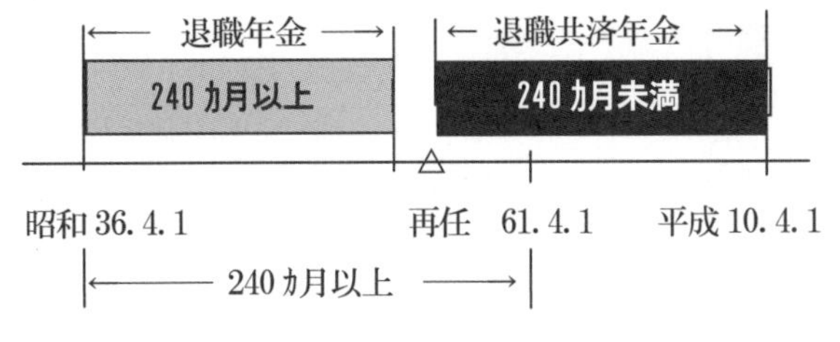

① 退職年金（従前額保障あり）
・加給年金額加算改定あり
② 退職共済年金（退職みなしの改定額の差額保障あり）
・再任以後は新年金の支給要件
・加給年金額なし

【留意】 旧退職年金と退職共済年金の二つの年金が支給されます。

[事例. 12]

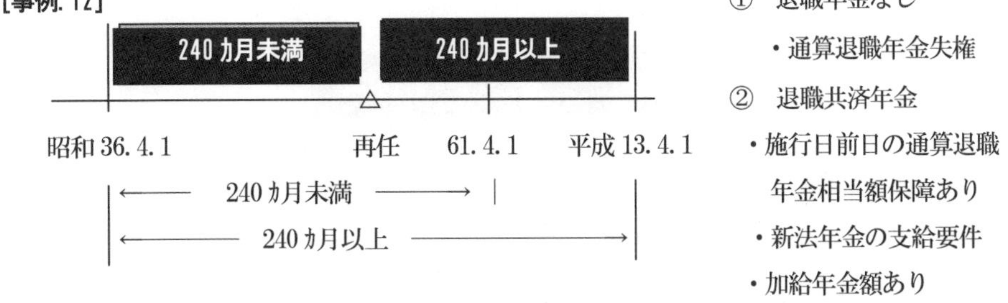

① 退職年金なし
・通算退職年金失権
② 退職共済年金
・施行日前日の通算退職年金相当額保障あり
・新法年金の支給要件
・加給年金額あり

[事例. 13]

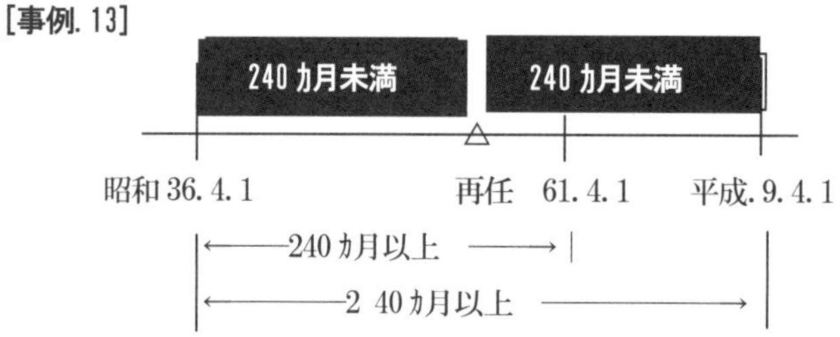

① 退職年金なし
・通算退職年金失権
② 退職共済年金
・退職みなし従前額保障あり
・新法年金の支給要件
・加給年金額あり

[事例. 14]

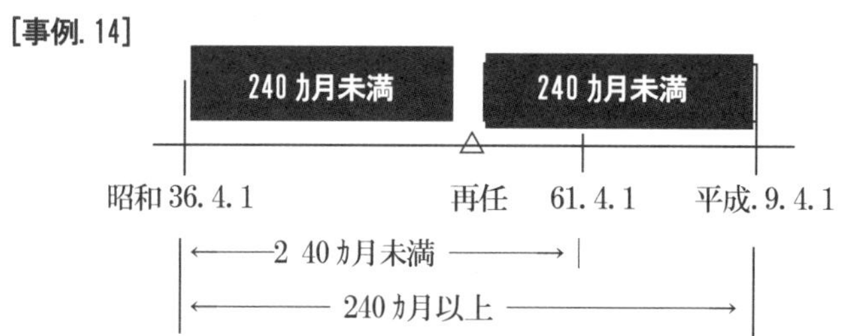

① 退職年金なし
・通算退職年金失権
② 退職共済年金
・施行日前日の通算退職年金相当額保障あり
・新法年金の支給要件
・加給年金額あり

[事例. 15]

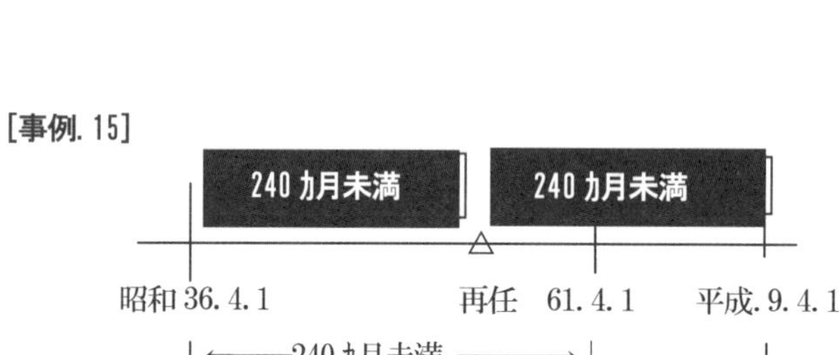

① 退職年金なし
・通算退職年金失権
② 退職共済年金
・施行日前日の通算退職年金相当額保障あり
・新法年金の支給要件
・加給年金額なし

③ 施行日前に退職し、施行日以後に再任用されて退職した場合

[事例. 16]

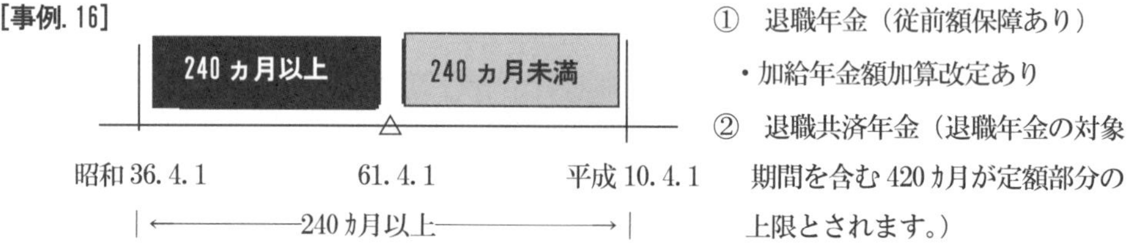

① 退職年金（従前額保障あり）
・加給年金額加算改定あり
② 退職共済年金（退職年金の対象期間を含む420カ月が定額部分の上限とされます。）

【留意】○ 新法年金の支給要件により支給されます。
ただし、昭和6年4月1日以前生まれの者に係る退職共済年金は旧通算退職年金の支給要件によります。
○ 退職共済年金には、加給年金額の支給はありませんが、退職年金が退職共済年金額の計算方法により裁定替えされ、加給年金額相当額が加算された退職年金が支給されます。ただし、従前額保障を受ける退職年金には、加給年金額の加算はありません。

[事例. 17]

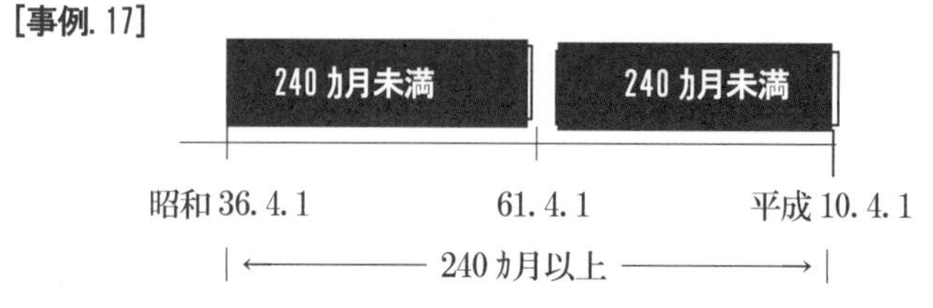

① 通算退職年金失権
② 退職共済年金
・施行日前日の通算退職年金相当額保障あり
・新法年金の支給要件
・加給年金額あり

［事例. 18］

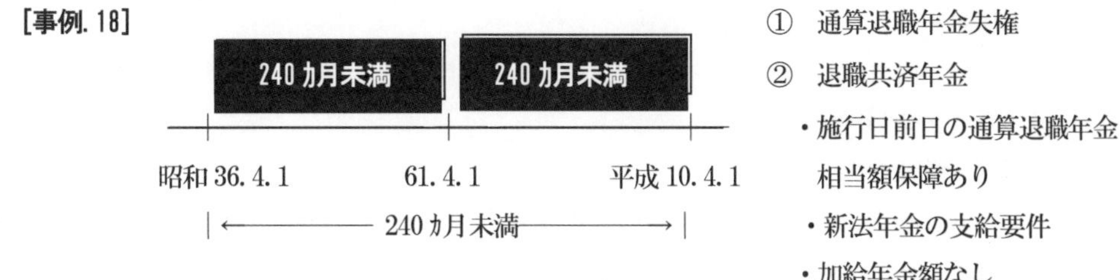

① 通算退職年金失権
② 退職共済年金
・施行日前日の通算退職年金相当額保障あり
・新法年金の支給要件
・加給年金額なし

第２節　退職年金（既裁定年金）の取扱について

1　施行日以後の年金額（改定）について

施行日前に退職給付の受給権者となった者は、生年月日にかかわらず施行日以後も退職年金又は減額退職年金という呼称で退職給付を受けることになります。なお、施行日以後における年金額の改定は、次のように取り扱われます。ただし、額の上限は俸給年額の 68. 075％（５％適正化後）とされています。

⑴　一般方式により退職年金を受給している者

昭和 61 年４月１日から従来の一般方式（次の点線内）により退職年金（減額退職年金を含む。）を受給している者は、次の通年方式による額（①に②を加えた額が改定後の退職年金の額）に改定されます。（60 国共済改正法附則第 35 条）

① ｛732, 720 円＋36, 636 円×20 年を超える組合員期間年数（15 年を限度，１年未満の端数切捨）｝×1. 001（令和２年度改定率）

②　俸給年額（令和２年水準）×0. 95/100×組合員期間年数（40 年を限度，１年未満の端数切捨）

【注】 改定額（令和２年水準の場合）の上限は、俸給年額の 68. 075％（５％適正化後）となります。

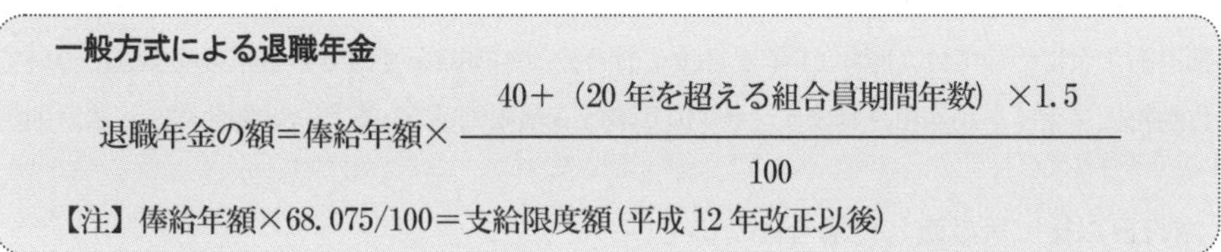

なお、減額退職年金については、昭和61年４月の施行日の前日における本来退職年金の額で除した割合を通年方式による額に乗じた額に改定されます。（60国共済改正法附則第37条）

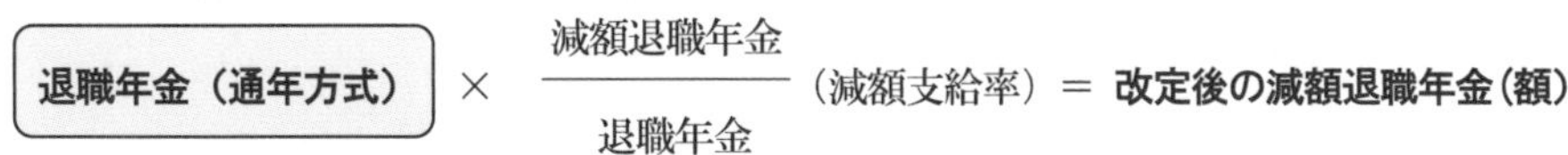

【従前額（昭和 61 年４月改正前）保障】

通年方式による年金額が昭和 61 年３月 31 日に権利を有していた一般方式による退職年金の額（従前額）に満たない場合は、通年方式で計算した年金額がスライドされて一般方式に追いつくまで年金額のスライド改定は据え置かれます。

⑵　通年方式により退職年金を受給している場合（令和２年度価格）

通年方式により支給される退職年金は、次の①と②の合算額になります。なお、年金額は俸給年額（平成６年水準）の70％（従前額保障の場合）を限度とされています。令和２年水準の俸給年額の適用を受ける場合は、68. 075％（５％適正化後）が上限になります。

① **定額部分**

{732,720円+36,636円×20年を超える組合員期間年数(15年を限度，1年未満の端数切捨)}×1.001（令和2年度改定率）

② **報酬比例部分**

平成16年改正後のアの報酬比例部分と平成12年4月改正前の平成6年水準の標準報酬月額に基づき、改正前乗率（10/1000）を用いて計算した俸給比例部分と比較して、イの額が多い間は、イの額が支給されます。（平成12年改正政令第182号附則第7条①-2、第8条①-2）

ア　本来水準（令和2年度価格）

俸給年額**（令和2年水準）×0.95/1,000**×組合員期間年数(40年を限度、1年未満の端数切捨)

イ　平成6年水準の従前額保障（令和2年度価格）

俸給年額**（平成6年水準）×10/1,000**×組合員期間年数(40年を限度、1年未満の端数切捨)×1.002(令和2年従前額改定率)

【注】1.002は昭和13年4月1日以前生まれの令和2年度従前額改定率。

⑶　**従前額保障（昭和61年4月改正前）を受ける者の老齢者加算、戦務加算の特例**

更新組合員（恩給準用適用者）等に支給される退職年金、減額退職年金は、施行日前日に60歳又は70歳、80歳に達していたものとみなして老齢加算（70歳及び80歳）又は戦務加算（60歳）を退職年金に加算した額が従前額として支給されます。（60国共済改正法附則第52条④、60地共済改正法附則第97条）

ここでいう「従前額保障」とは、平成6年水準の5%適正化前の従前額保障ではなく、昭和61年4月1日改正前の退職年金等の従前法令に基づく保障です。

⑷　**老齢者加算を受ける者の自動物価スライドの特例**

更新組合員（恩給準用適用者）等であった70歳以上の者で老齢者加算が適用される退職年金及び減額退職年金については、昭和61年4月改正前の従前額保障を受けている年金額部分についても特例で自動物価スライドが適用されます。（60国共済改正法附則第57条①、60地共済改正法附則第98条）

2　施行日以後に再就職した場合について

既裁定の退職年金受給権者が施行日（昭和61年4月1日、以下この節において同じ。）以降に再び国又は地方の組合員になったときは、標準報酬月額の高低に応じて支給停止率が定められ、平成7年4月からは年金額と標準報酬月額の合計額の増減により支給停止額が増減する新しい在職調整により取扱われます。（60国共済改正法附則第36条①）

3　施行日以後に再退職した場合の額改定について

既裁定の退職年金受給権者が再任用され、施行日以後に再退職した場合は、退職年金額算定の基になった組合員期間に基づき特別支給の退職共済年金の額の計算と同様の方法で算定した年金額に改定し、従前額に満たない間は従前額が保障されます。（60国共済改正法附則第36条②③）

なお、再任用後の組合員期間に基づく退職共済年金は別途支給されますが、既裁定の退職年金に加給年金額相当額が加算された額に改定されるため、再任用に係る組合員期間に基づく退職共済年金には、加給年金額が加算されません。（60国共済改正法附則第19条①②）（下図参照）

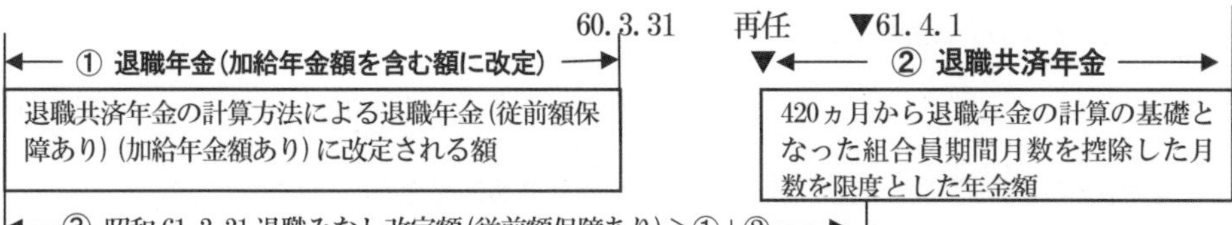

【注1】③>①+② の場合は退職みなし改定額（スライドなし）の退職年金、③<①+②の場合は①と②の年金を支給されます。

【注2】昭和6年4月1日以前に生まれた者に係る退職年金の額を特別支給の退職共済年金の額を計算する場合の例によって改定する場合及び再退職に係る組合員期間の退職共済年金の額を計算する場合には、旧厚年法の老齢年金とのバランスから定額部分の1ヵ月当たり単価を 3,056円（令和2年度価格）、報酬比例部分の乗率を9.5/1,000（5％適正化前の従前額保障のときは10/1,000）で計算されます。

4　通算退職年金の額改定について

既裁定の通算退職年金受給権者が施行日以後に再退職した場合の通算退職年金の額は、次の額（令和2年度価格）に改定れます。（60国共済改正法附則第40条）

【注】 組合員期間月数は1年未満の端数を切り捨てた年数に12を乗じます。

［改定額］ ｛732,720円×1.001（令和2年度改定率）＋俸給年額（令和2年水準）×1/12×9.5/1,000×240）｝×1/240×組合員期間月数

［従前額］ ｛732,720円×1.001（令和2年度改定率）＋（**俸給年額（平成6年水準）**1/12×10/1,000×240×1.002（令和2年度従前額改定率）｝×1/240×組合員期間月数

5　昭和61年4月1日前に有していた通算退職年金の受給権の取扱について

若年停止により通算退職年金の支給開始がされていない者が施行日以後60歳に達したときは、退職共済年金が支給され、通算退職年金は支給されません。（60国共済改正法附則第20条）

退職共済年金の額は、生年月日に応じた定額単価及び乗率が適用され、施行日の前日に受けるべきだった通算退職年金の従前額も支給されます。

なお、旧国年法や旧厚年法による老齢年金の支給を受ける者に支給される退職共済年金は、他法との釣り合いから退職年金を通算方式により計算する場合の定額単価と乗率が適用されます。

【関連条文】（60国共済改正法附則第15条③、第16条③④）

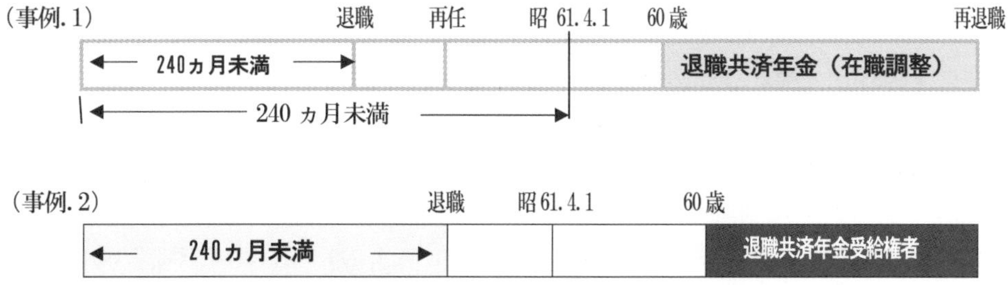

6　年金条例期間を有する者の地方公務員等共済組合法による退職共済年金の額

年金条例期間を有する者に係る退職共済年金の額を計算する場合は、次の⑴から⑷までの丈比べにより最も高い額が支給されます。また、⑴又は⑵の額が⑶及び⑷の額より多い間は、⑴又は⑵の退職みなしの従前額が保障されます。なお、平成16年10月改正後の本来水準の退職共済年金の額⑶が⑴及び⑵の額より多いが、⑷の額が⑶の額を上回るときは⑷の5％適正化前の従前額が保障されます。

（図例）　昭和９年４月２日生まれの者

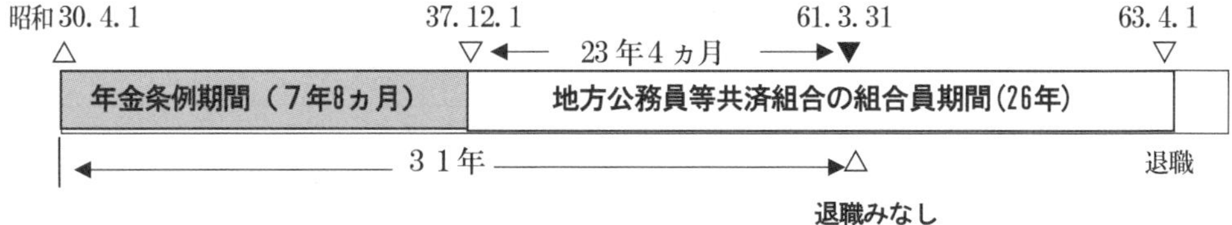

以下は、すべて上図例（昭和９年４月２日生まれの者の乗率等）を前提に解説しています。

⑴　**一般方式による退職みなし従前額の計算**（退職みなし従前額保障）

上の図例の場合、次の①から③までの合算額が退職共済年金の額となります。ただし、給料年額は再評価されないため昭和61年３月当時の額が用いられます。

①　給料年額×1/51×年金条例期間年数（７年)

②　給料年額×2/100×共済組合員期間年数＝勤務期間20年に達するまで（13年)

③　給料年額×1.5/100×勤務期間20年を超える組合員期間年数＝20年を限度（11年)

⑵　**通年方式による退職みなし従前額の計算**（退職みなし従前額保障）

通年方式による退職みなし従前額の場合は、次の①と②の合算額が退職共済年金の額になります。

ただし、平均給料年額及び定額部分相当の単価は、昭和61年３月当時の乗率及び物価スライド率(1.183) 並びに単価（昭和60年度価格）が用いられます。

①　582,036円＋｛24,600円×1.183×組合員（条例期間含む）期間月数｝（15年限度）

②　平均給料年額×1/100×組合員（条例期間含む）期間年数（40年限度）

【注】　⑴及び⑵のみなし従前額保障にも平成12年改正による５％適正化前の乗率（1/100）と改正後の乗率（0.95/100）による額計算で丈比べを行い、従前額（この場合の平均給料月額は昭和61年３月現在を使用）が保障されます。

⑶　**特例の退職共済年金の額（本来水準）**

本来水準の退職共済年金の額は、次の①から③までの合算額に加給年金額（224,900円）を加えた額になります。【注】乗率は昭和９年４月２日生まれの者の場合

①　1,628円×1.458×組合員(条例期間含む)期間月数(444ヵ月限度)×1.001（令和２年度改定率）

②　平均給料月額（令和２年水準）×8.4651/1,000×組合員(条例期間含む)期間月数（372ヵ月）

③　平均給料月額（令和２年水準）×0.979/1,000×組合員(条例期間含む)期間月数（372ヵ月）

⑷　**特例の退職共済年金の額（平成６年水準の従前額保障）**

平成６年水準の従前額がされる場合の退職共済年金の額は、次の①から③までの合算額に加給年金額(224,900円）を加えた額になります。　【注】乗率は昭和９年４月２日生まれの者の場合

①　1,628円×1.458×組合員(条例期間含む)期間月数(444ヵ月限度)×1.001（令和２年度改定率）

②　給料比例部分＝平均給料月額（平成６年水準）×8.91/1,000×組合員(条例期間含む)期間月数×1.002(令和２年度従前額改定率)

③　職域加算部分＝平均給料月額（平成６年水準）×1.03/1,000×組合員(条例期間含む)期間月数×1.002(令和２年度従前額改定率)

7　既裁定年金の「従前額保障」と「退職みなし従前額保障」

⑴　**既裁定年金の従前額保障**

裁定替えした通年方式の年金額（自動物価スライドあり）が低額の間、従前の一般方式による年金額が支給されます。

⑵ 退職共済年金の退職みなし従前額保障

昭和61年3月31日に退職したものとみなした場合の年金額（昭和61年3月当時の計算で一般方式又は通年方式のうちいずれか額の多い方が支給されます。）を保障するもので、⑴と異なり通年方式を選んでも施行日以後の物価スライド改定はありません。

この場合、退職までの全組合員期間に基づく退職共済年金の額が「退職みなし従前額」に追いつくまで「退職みなし従前額」が支給されます。

なお、本来の退職共済年金に移行したあとは、平成12年改正前の「５％適正化」前の給付乗率及び物価スライド特例の適用を受ける「従前額保障」の対象となります。

⑶ 退職給付と障害給付の調整

障害年金と退職年金の両方の支給事由に該当する場合は、いずれか有利な一つの年金を支給することになっています。また、一時金の調整は次の通りです。（旧国共済法第74条）

① 障害年金受給権者には、通算老齢年金及び退職一時金は支給されません。

② 退職年金及び減額退職年金受給権者には、障害一時金は支給されません。

8 旧船員組合員期間を有する者の取扱

官庁の船舶に乗り組んだ組合員期間は、旧船員保険法と国又は地方の共済組合法の両制度の適用を受け、年金額等は有利な制度の適用を受けます。また、官庁船に乗り組む前の民間船舶に乗り組んだ旧船員保険被保険者期間は官庁船の所有者たる国又は地方自治体の職員で構成される共済組合に年金原資が移換され、船員たる組合員期間と通算される制度になっていました。

年金額は次の（１）又は（２）の計算により有利な方が支給されます。なお、昭和61年4月1日以後の新年金制度発足後は、旧船員保険期間の原資移換制度がなくなり、旧船員組合員期間は4分の3倍した期間を一般組合員期間と合算して支給要件及び年金額を計算することになります。

⑴ 年金額＝１５年分の旧船員保険法による老齢年金＋１０年分の通算退職年金

⑵ 年金額＝５年分の旧船員保険法による通算老齢年金＋２０年分の退職年金

① 民間・船員保険期間	② 官庁船・船員組合員期間	③ 一般組合員期間
5年	１０年	１０年

【注】①～③の期間にかかる年金の支給主体は、全て共済組合になります。

第３節 共済組合から支給される経過的一時金制度

1 退職一時金等の改正経過

施行日前の共済組合員期間を1年以上有する者で、退職後に退職年金等の受給権者となることができない者が60歳に達したとき又は60歳に達したあと退職したことにより支給される退職一時金及び脱退一時金の施行区分は、次のようになっていました。

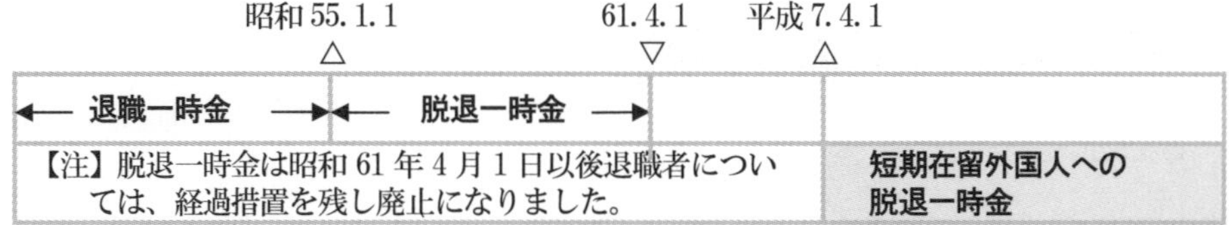

2　昭和 61 年４月１日前の一時金の取扱経過

⑴　退職一時金（昭和 55 年１月１日廃止）

①　支給要件

組合員期間を１年以上有する者が、昭和 54 年 12 月 31 日までに退職し、退職年金等の受給資格期間を満たすことなく 60 歳に達したときに支給されます。

なお、昭和 55 年１月１日前に退職し、その後 60 歳に達しても退職年金又は通算退職年金、退職共済年金のいずれも支給される見込みがないときは、従前どおり退職一時金が支給されることになっています。（54 国共済改正法附則第７条）

②　退職一時金の返還（昭和 55 年１月１日前の取扱）

通算退職年金の積立金原資（以下、「原資」という。）の控除を受けた者が、その後再任されて退職年金の受給権者となった場合には、原資を控除したにもかかわらず年金額の割愛（組合員期間１年につき俸給年額の 1.4%）を受けることになります。したがって、原資非控除の者とのバランスから控除された原資に利息を課した額が「返還一時金」として支給されていました。

ア　通算退職年金の原資控除を受けた者（昭和 55 年１月１日前の取扱）

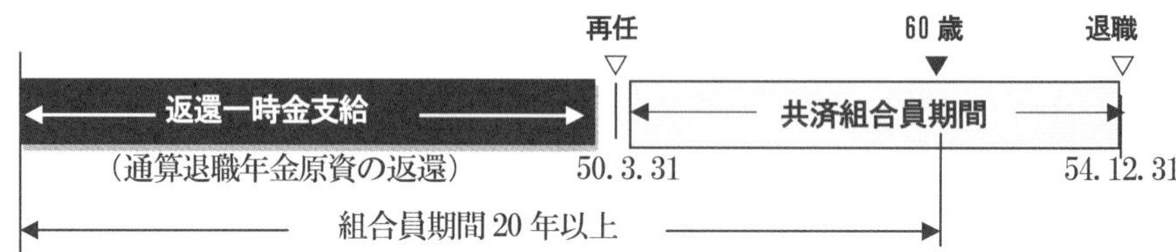

【留意】　組合員期間 20 年未満の通算退職年金受給権者には、通算退職年金が支給されるため返還一時金が支給されません。

イ　原資非控除の退職一時金支給済期間（昭和 55 年１月１日前の取扱）

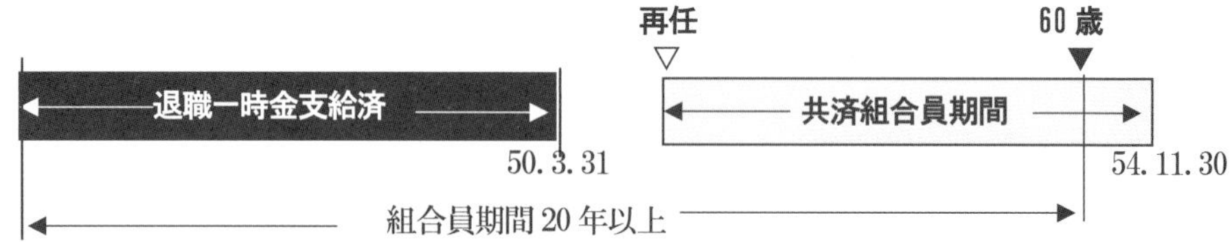

【留意】　組合員期間 20 年以上の退職年金受給権者となった場合は、退職一時金又は障害一時金の支給を受けた期間に応じて退職年金が減額されていました。なお、組合員期間 20 年未満の者については、原資非控除期間に係る通算退職年金は支給されません。

③　退職一時金又は返還一時金の当該組合への返還（既裁定者の昭和 61 年４月１日以後の取扱）

昭和 61 年４月１日以降は、退職一時金の支給を受けた組合員期間に係る退職年金額の減額制度の廃止に伴い、既裁定年金受給権者で退職一時金や返還一時金の支給を受けた者は、支給額に利息を付けて返還することになります。（60 国共済改正法附則第 62 条）（60 地共済改正法附則第 113 条）

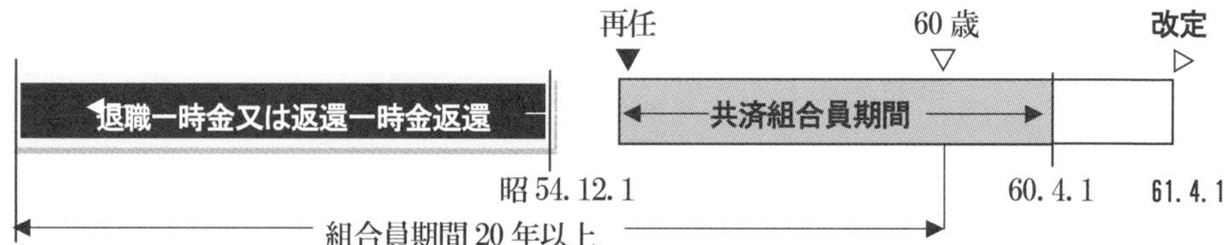

④　退職一時金支給済期間を有する者が、昭和 61 年4月1日以降に退職共済年金の受給権者となる場合の取扱

ア　組合員期間 20 年以上の退職共済年金

組合員期間が 20 年以上の退職共済年金の受給権者となったときは、支給済の退職一時金又は返還一時金の額に利息（P. 44 参照）を課した額を定期支払期に支払年金額の２分の１を限度に返還額に達するまで順次返還するか、１年以内に一括又は分割して当該組合に返還することになります。（国共済法附則第 12 条の 12、第 12 条の 13）

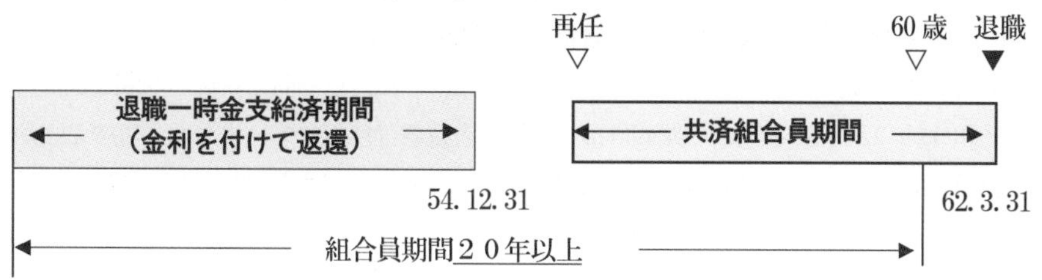

イ　組合員期間 20 年未満の退職共済年金

20 年未満の退職共済年金の場合、通算退職年金の原資を残していない組合員期間は年金額算定期間に算入されません。そのため、共済組合への退職一時金の返還は不要となります。（60 国共済改正法附則第 18 条）

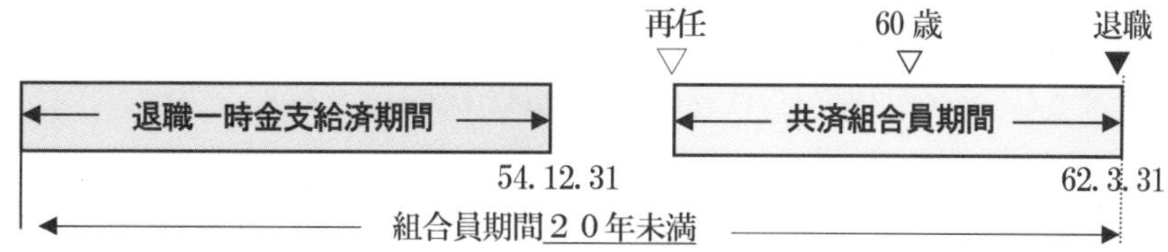

⑵　脱退一時金（昭和 55 年１月１日創設）

昭和 55 年１月１日以後に退職した者が、退職年金等の受給資格期間を満たすことなく退職し 60 歳に達したとき、又は受給資格期間を満たすことなく 60 歳以後に退職したときに、脱退一時金は支給されます。

施行日（昭和 61 年４月１日）以後は、施行日前の組合員期間を１年以上有する者が退職共済年金等の受給資格期間を満たすことなく退職し 60 歳に達したとき、又は受給資格期間を満たすことなく 60 歳以後に退職（脱退一時金）又は退職後 60 歳未満で死亡（特例死亡一時金）したときに支給されます。（60 国共済改正法附則第 61 条）（旧国共済法第 80 条）

【注】退職年金以外に通算退職年金又は退職共済年金、障害給付の受給権者となるか組合員だった者の遺族が遺族給付の受給権者となれる場合には、脱退一時金が支給されません。

⑶　返還一時金（昭和 55 年１月１日廃止）

退職一時金の額から通算退職年金の受給に必要な原資の控除を受けた者が、退職年金の受給権者となるか、又は 60 歳到達日以降も通算対象期間が不足し、通算退職年金の受給権者とならなかった場合に、組合員だった者に凍結した原資を返還一時金として支給していました。

なお、昭和 55 年１月１日前に退職した者が昭和 55 年１月１日以後に退職年金、通算退職年金、退職共済年金の受給資格期間を満たすことなく 60 歳に達したときも従前の例による退職一時金が支給されます。

⑷　**共済組合員に係る経過的脱退一時金の支給の効果**

施行日（昭和 61 年４月１日）前又は施行日以後に経過的に支給された脱退一時金の額の計算の基礎となった組合員期間は、組合員でなかったものとみなされます。（旧国共済法第 80 条の⑥）

⑸　**退職一時金の支給の効果**

通算退職年金、退職共済年金（20 年未満）の額計算の際、組合員期間に算入されません。

《参考 1》　公務員期間２０年未満の者に係る退職一時金の取扱

１　昭和 36 年４月１日前に退職した雇員だった期間の取扱

国家公務員共済組合制度では、昭和 34 年１月１日以降の組合員期間を新法の期間と位置付けられましたが、昭和 33 年 12 月 31 日以前の期間は旧法の期間と位置付けられていました。このことから、雇員として公務員であった期間は、旧法の期間となります。この旧法の期間を年金額に反映させるには、以下のいずれか条件にあてはまっていることが必要です。

⑴　昭和 36 年４月１日まで引き続いて公務員であること。

⑵　旧法の期間が昭和 36 年４月１日に引き続いている公務員の期間でなかった場合、その後の公務員の期間（国・地方を含む。）と合算して 20 年以上になること。

前記の旧法の期間（昭和 33 年 12 月 31 日以前の期間）において官吏として勤務されていた者は、国家公務員共済組合制度の適用ではなく、恩給制度の適用を受けていました。

新法施行日（昭和 34 年１月１日）以降、この恩給制度は国家公務員共済組合制度に引き継がれましたが、この恩給制度の適用を受けていた期間が退職共済年金等の額に反映させるには、前記の条件に該当するか、特例の退職給付の要件に該当しなければなりません。

２　通算退職年金の原資控除を受けずに退職一時金を満額受給した者の取扱

将来年金を受けるための原資を残すことを希望しなかった者の退職一時金については、年金額の算定においては、公務員の期間が 20 年以上となるときに限り、退職一時金の基礎となった期間を年金額算定の基礎となりますので、公務員の期間が 20 年に満たない者の場合、この期間は、年金に結びつきません。公務員の期間が１年以上 20 年未満で退職された場合は、退職一時金が決定されていますが、前記のとおり、その退職一時金が、将来年金を受けられるよう、原資を残したものであれば、公的年金制度に加入した期間（共済組合員期間、国民年金や厚生年金の被保険者期間）を合計した 25 年以上満たすことにより、年金に結びつきます。

３　退職一時金支給要件の推移とその取扱

将来年金を受けられるよう、年金のための原資を残し、その残り分として支給される退職一時金については、次の３種類に分かれていました。

⑴　**昭和 34 年１月１日前に退職した者の旧法退職一時金の支給要件**

雇員である公務員期間が６ヵ月以上ある者が退職し、退職年金等の受給権者になれないときに退職一時金が支給されます。なお、男女とも通算年金の原資控除はありません。

⑵　**昭和 34 年１月１日から昭和 36 年 10 月 31 日までに退職した者の新法退職一時金の支給要件**

退職一時金は次の①又は②に該当し、退職年金等の受給権者になれないときに支給されます。

なお、男女とも通算年金の原資控除はありません。

①　公務員であった期間が３年以上 20 年未満の者が退職したとき。

② 昭和34年1月1日に引続く旧法期間が6ヵ月以上20年未満の者が退職したとき。

⑶ **昭和36年11月1日から昭和54年12月31日までの間に退職した者の支給要件**

組合員期間（みなされる期間を含む。）が1年以上20年未満の者が退職し、退職年金等の受給権者になれない者に退職一時金が支給されます。ただし、60歳未満の女子の特例（原資非控除）は、昭和55年5月30日までに退職した者に限られています。（昭和40年改正法附則第23条）

4 厚生年金保険に統合された三共済（NTT, JR, JT）の退職一時金の取扱

⑴ 改正経過

【昭和31年7月1日制度発足】

公共企業体職員等共済組合法の制定当初は、組合員期間1年以上20年未満で退職された者には退職年金が支給されなかったため、共済組合に納めた掛金を退職一時金として支給されていました。

【昭和36年4月1日改正】

通算年金通則法の制定に伴い、 昭和36年4月以後は、共済の加入期間が1年以上 20年未満で旧三公社を退職された者で、他の公的年金と通算して一定期間以上となる場合、60歳から通算退職年金が支給されました。これに伴い、通算退職年金支給のための原資よりも多く掛金を納めていた者には、その差額を『退職一時金』として支給することに変更されました。

なお、この退職一時金制度は昭和54年12月31日まで存続しました。

【昭和61年4月1日改正】

昭和61年4月の年金法の改正により、過去に退職一時金の支給を受けた者であっても、退職年金の割落(【注】一時金の対象期となった期間分を一部減額すること。)と通算退職年金原資の返還が廃止され、退職一時金の支給を受けていない者と同じ退職共済年金が支給されることとなりました。

そこで、退職一時金と年金との重複支給をさけるため、退職一時金を受けた者は、退職一時金に利子相当額を加えて返還することに改正されました。

なお、平成9年4月の旧公共企業体の三共済年金の厚生年金保険への統合に伴い 、旧国鉄（日本鉄道共済組合）・旧日本電信電話公社（日本電信電話共済組合）・旧専売公社（日本たばこ産業共済組合）の加入期間の退職一時金の基礎となった期間については 、老齢厚生年金 として支給されることになりましたが、退職一時金及び利子相当額は、元の存続共済組合へ返還することになりました。

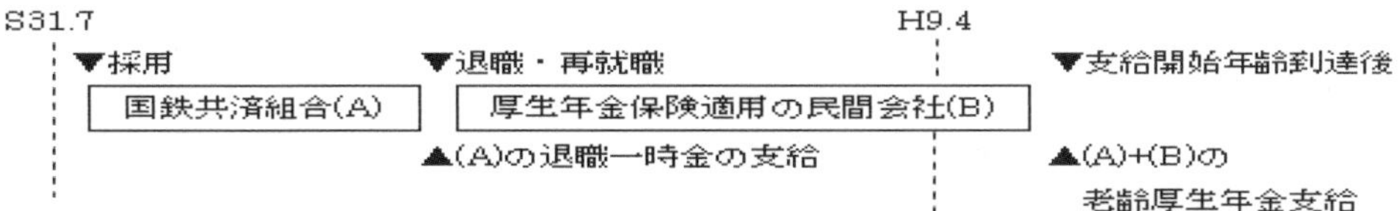

【注1】 (A)の期間に対して、退職一時金と老齢厚生年金の両方が支給されるため、退職一時金は、利子相当額を加えて返還することになります。

【注2】 退職一時金の返還対象となる者は、次のすべての条件を満たす者に限ります。なお、昭和53年5月30日までに退職した女子の特例等(昭和40年改正法附則第23条)により通算退職年金の原資控除を受けないで退職した組合員期間は、公務員期間と通算して20年以上の退職共済年金の受給権者とならない限り年金の支給対象になりません。

① 老齢厚生年金等の受給権が発生した者
② 退職時の年金原資（控除額）を残し、かつ、退職一時金の支給を受けた者
③ 昭和36年4月から昭和54年12月末までに、旧国鉄共済組合及び旧日本電信電話共済組合等の加入期間の合計(他の公務員期間を含む)が1年以上20年未満で退職した者

【注3】 退職一時金は旧三共済組合の給付金であり、旧国鉄や旧日本電信電話公社等が支給した国家公務員退職手当法による退職金とは異なるものです。

【注4】　退職一時金の返還は、旧三共済組合だけが行っている制度ではなく、国家公務員や地方公務員の共済組合も同様に適用されている制度です。

⑵ 退職一時金の返還額等について

返還額については、過去に支払いを受けた退職一時金の額に、退職一時金の支払いを受けた月の翌月から老齢厚生年金等の受給権が発生した月までの期間に応じて、政令で定める利率で複利計算 した利子を加えた額となります。（一元化法附則第 39 条、第 40 条、一元化国共済経令第 14 条）

⑶ 返還期限及び手続き

退職一時金は一括又は分割して返還します。

【表. 14】 既給一時金を返還する場合の期間及び利子の利率

期間　（退職共済年金等を受けるようになった日まで）	利率(%/年)
一時金の支給を受けた月の翌月から平成13年3月までの期間	5.5%
平成13年４月から平成17年３月までの期間	4.0%
平成17年４月から平成18年３月までの期間	1.6%
平成18年４月から平成19年３月までの期間	2.3%
平成19年４月から平成20年３月までの期間	2.6%
平成20年４月から平成21年３月までの期間	3.0%
平成21年４月から平成22年３月までの期間	3.2%
平成22年４月から平成23年３月までの期間	1.8%
平成23年４月から平成24年３月までの期間	1.9%
平成24年４月から平成25年３月までの期間	2.0%
平成25年４月から平成26年３月までの期間	2.2%
平成26年４月から平成27年３月までの期間	2.6%
平成27年４月から平成28年３月までの期間	1.7%
平成28年４月から平成29年３月までの期間	2.0%
平成29年４月から平成30年３月までの期間	2.4%
平成30年４月から平成31年３月までの期間	2.8%
平成31年４月から令和２年３月までの期間	3.4%
令和２年４月から令和３年３月までの期間	1.7%
令和３年４月から令和４年３月までの期間	1.7%
令和４年４月から令和５年３月までの期間	1.7%
令和５年４月から令和６年３月までの期間	1.6%
令和６年４月から令和７年３月までの期間	1.6%
令和７年４月から令和８年３月までの期間	1.7%
令和８年４月から令和９年３月までの期間	2.0%
令和９年４月から令和10年３月までの期間	2.1%
令和10年４月から令和11年３月までの期間	2.1%

【注１】令和２年４月現在

【注２】退職共済年金等の受給権者となった日の区分に応じて利率が異なります。

【第３章】　旧制度の障害年金

第１節　障害給付における用語の定義

1　障害の状態と傷病の定義

⑴　障害の定義

「障害」とは、次の事項に該当するものをいいます。

① 生理学的、解剖学的能力の欠損があること。

② 労働に制限を受けること。（厚年法施行令別表並びに各共済法施行令別表＝３級）

③ 日常生活に制限を受けること。（国年法施行令別表＝２級以上）

④ ①～③に永続性があること。

⑵　「傷病」と「起因する疾病」

① 「傷病」とは、疾病又は負傷及びこれらに起因する疾病を総称したものをいいます。

② 「起因する疾病」とは、前の疾病又は負傷がなかったならば後の疾病（負傷はあり得ないものであること。）が起こらなかったであろうというように、前の疾病との間に相当因果関係があると認められるもの(後遺症など)をいいます。（P. 52同一傷病の認定と社会的治癒の項を参照）

2　発病した日とその意義

⑴　発病日とは

その障害の原因となった疾病又は負傷の発生した日をいいます。一般には外傷性の傷病や先天的な病気については発病日を特定できますが、内部疾患や思春期に発病が多い「統合失調症」の発病日は特定しにくいものです。この場合、初めて医師に診てもらったときに述べた自覚的所見（カルテに記載）が重視されます。

また、後天的に顕れた統合失調症に代表されるような本人に自覚的所見がみられない疾病は家族や職場の同僚、最終的には精神科医などの他覚的所見によります。

⑵　発病日の意義

旧被用者年金制度の障害給付において、被保険者又は組合員である間に発生（発病）した傷病に係る障害については、発病日に帰属する制度の障害給付の対象とされてきました。

これは、従来の公的年金制度において、その年金集団に属する期間中に発生した傷病が原因で労働者が死亡し又は障害者となった場合、その年金集団に属する労働者（被保険者）が相互に労働者とその家族を共助することを目的としてきたことによります。昭和61年４月１日の新年金制度の発足からは、全国民が相互に支え合う全制度共通の基礎年金制度が導入されたことに伴い発病日主義から初診日主義（旧国民年金制度の障害給付制度）に統一されました。

なお、厚生年金保険の被保険者である間に発生した傷病であって、初診日が厚生年金を離脱（喪失）した日以後にある場合の障害給付に関する取扱は次によります。

① 発病日並びに初診日とも施行日前にあるものは、厚生年金保険の障害給付対象になります。

② 発病日が施行日前で、初診日が施行日以後にある傷病は、61年経過措置政令に具体的な規定はありませんが、初診日に拘わらず発病日が施行日前であれば法的には厚生年金保険の障害給付対象になります。

（例）　会社を退職した日の深夜（昭和61年３月31日）に交通事故を引き起こしたが、診療開始時間が翌日となり障害が残った場合には、「旧制度の発病主義」に該当することになるため、国民年金第１号又は３号被保険者期間に初診日がある場合も厚生年金保険の障害給付の対象になります。

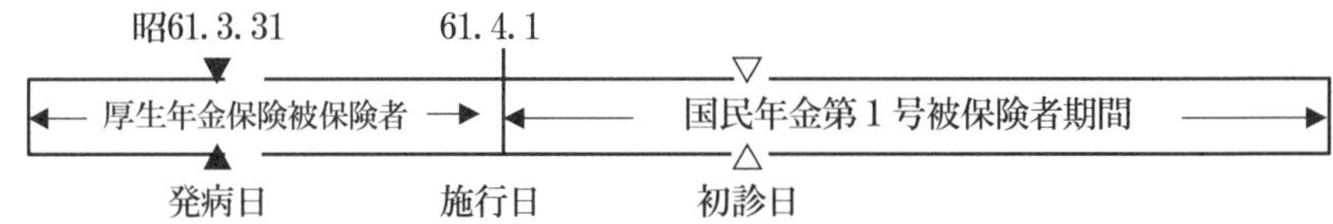

【解説】施行日前から血便があり受診していた者が、退職後に精密検査をしたら直腸癌と診断されたような場合又は「じん肺」などの労働災害に認定された場合のように、初診日（じん肺と診断された日）が施行日以後であっても、発病が明らかに施行日前の厚生年金保険の被保険者期間にあると認められる傷病による障害給付は、障害厚生年金の支給対象となります。（新法施行にあたっての社会保険庁の説明）

３　初　診　日

⑴　初診日とは

その障害の原因となった傷病について初めて医師又は歯科医師の診療（「診察、検査、処置、投薬、手術、その他の治療等」をいう。以下同じ。）を受けた日をいいます。

具体的には、次の日をいいます。

① 診療を受けた日

② 健康診断により異常が発見され、引き続き診療を受けた日

【注】健診後、ただちに受診しなかった場合でも、健診日に医師の診察を受け、療養の指示を面談又は文書により受けている場合は、その日(健診日)を初診日とみなすことができます。

③ 同一傷病で転医した場合は、最初の医師の診療を受けた日

④ 大動脈(弁閉鎖) 不全症については、心不全症が顕れ受診した日

⑤ 同一傷病であっても、旧症状が社会的に治癒したと認められた場合は、再発後の診療日

⑥ 先天的な疾病の初診日

ア　先天性股関節脱臼については、完全脱臼したままで生育した場合は、厚生年金保険の期間外の発病になります。それ以外のもので、厚生年金保険の被保険者期間内又は20歳以降になって変形性股関節症が発生した場合は、その日を発病日とし、それ以後に初めて医師の診察を受けた日が初診日になります。

イ　先天性心疾患や先天的疾病(遺伝病)である「網膜色素変性症」は20歳前に治療を受ける程の状態になく成人後に病変が著しくなった場合は、20歳以後の病変が著しくなり初めて医師の診療を受けた日になります。

また、他の遺伝病についても、潜在的な発病が認められたとしても、20歳前に明らかな病状が見られず、成人後に病変が著しくなり初めて医師の診療を受けた場合の障害給付は、先天的疾病であることだけを捉えて「20歳前障害」とする機械的な取扱をせず、新年金制度の初診日主義により取り扱うこととされています。

⑦ 誤診等による場合の初診日

障害とその原因となった傷病との相当因果関係の詳細は後述するとして、例えば、患者が訴える自覚症状に基づく診療を行った医師又は歯科医師が、正確な傷病名で診断していない場合であっても、その自覚的所見又は他覚的所見に基づき診療を行った場合は「初診日」とみなすことができま

す。しかし、障害の原因となった傷病とは明らかに別傷病で、その別傷病の自他覚的症状のみが訴えられていた場合は「初診日」とみなすことはできません。

前者の例としては、胃潰瘍と診断されたが実は「胃癌」であった場合とか、背中の痛みを訴えていた者に対して「背部痛」と診断したが他の医院で精密検査を受けたところ、その痛みの原因が「癌」の脊椎転移であることが判明した場合のように、初診日と推定できる日から「誤診」が判明するまでに、あまり日が経っていないなど、客観的にもその傷病の初診日とみなすことができる場合にのみ因果関係が認められます。

逆に、高熱で通院し医師の診断も「流行性感冒」でその診療を受けていたが、その後の精密検査等でベーチェット病と診断された場合のように、障害の原因となった傷病に対する診療も行われず、別傷病のみで診療を受けた場合のように、単に他の傷病で受診していた当時に障害の原因となった傷病が発病していたと推定されるだけでは「初診日」として認められません。

⑧　他の傷病の治療途上で発見された疾病の初診日

別の傷病で診療を受けていた当時に発見（診察）されなかった疾病は、発見され引き続き診療を受けた日が初診日になります。なお、障害の原因となった傷病を診察した医師の単純な診断傷病名の誤りについては、同一の傷病であることが事後に確認できれば「初診日」として認められます。

⑵　**障害給付における「初診日」の意義**

初診日は、新制度においては次の意義があります。

①　初診日における加入年金制度の適用を受けることになります。

②　初診日の前日における被保険者期間、保険料納付済期間など受給資格期間月数計算の基本になります。

③　初診日における年齢（20歳前、60歳前、65歳）要件の基本になります。

④　60改正法附則第23条②の規定による障害基礎年金の支給要件の基本になります。

⑶　**医師又は歯科医師の範囲**

一般に、医師法に基づく医師免許を有する者若しくは歯科医師法に基づく歯科医師免許を有する者をいい、いわゆる「接骨師」「柔整師」などは含まれませんが、外国で診療を受けた場合における現地の医師又は歯科医師は「医師の範囲」に含まれます。

4　療養の給付を開始した日

療養の給付を開始した日は、昭和49年８月１日前に初診日がある場合の厚生年金保険の障害認定日を決めるときの起算日及び労働者災害補償保険法の傷病補償年金に係る障害認定日を決めるときの起算日になります。

5　障害認定日と受給権発生の日

⑴　**障害認定日と受給権者発生の日**

障害認定日とは、初診日から起算して１年６ヵ月を経過した日（その期間内に治った場合はその日）をいいます。また、障害認定日における障害の程度が公的年金各法の政令に定める障害の状態に該当していれば、その日に障害給付を受ける権利が発生し、翌月から支給されます。

⑵　**障害認定日以後に障害に該当した場合の受給権発生日（支給開始日）**

障害認定日において、障害の程度が軽度で政令に定める障害の状態にない場合は、政令に定める害の状態に該当するに至った日以後、請求のあった日の翌月から支給されます。

なお、この場合の障害年金は「事後重症制度による障害年金」と呼ばれています。

⑶ **額計算の基礎となる被保険者期間**

障害認定日の属する月の翌月以後の厚生年金保険被保険者期間は、障害厚生年金の額計算の基礎に算入されません。

⑷ **障害基礎年金及び旧障害福祉年金の障害認定日**

障害基礎年金及び旧障害福祉年金において、障害の原因となった傷病の初診日が20歳前にある場合の障害認定日は、次のとおりです。（国年法第30条の4）(旧国年法第57条②)

① 障害認定日が20歳前にある場合 ――→ 20歳に達した日（誕生日の前日）

② 障害認定日が20歳以後にある場合 ――→ 1年6ヵ月経過日又は期間内に治った日

③ 20歳の誕生日以後、法別表の障害等級に該当した場合 ――→ 障害の等級に該当した日

④ 法律改正により該当した場合 ――→ 法律施行日[注]又は障害該当日

【注】法律施行日に受給権発生の場合は、受給権の発生月と年金支給開始月が同時の場合もあります。

6 「事後重症」による障害年金

障害認定日に、障害の程度が軽く政令に定める障害の状態になかった者が、障害認定日の後に障害の程度が増進し、障害の状態に該当するに至った者から請求のあった日に受給権が発生する障害年金のことを「事後重症制度による障害年金」といいます。

なお、新制度では全制度共通で65歳になる前日までに障害の状態に該当し、その期間内（65歳前）に請求した場合に支給されます。

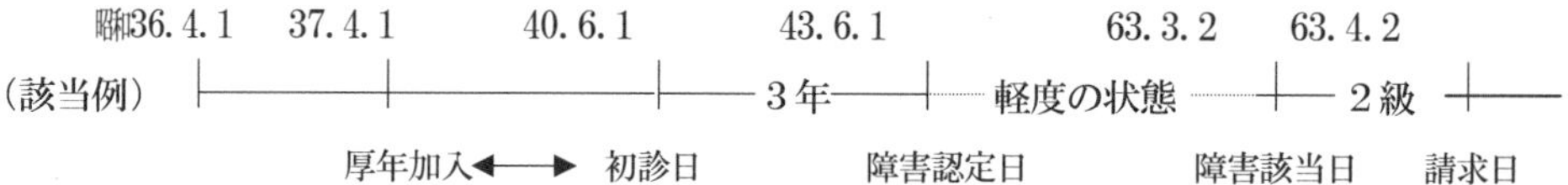

7 法改日（平成6年11月9日）前に障害の程度が軽減し障害等級に該当しなくなり、一度失権した障害給付の基になった傷病が再び増悪した場合の特例

⑴ **制度の趣旨**

この制度は、平成6年11月9日施行の法律改正により創設された障害基礎年金、障害厚生年金、障害共済年金の支給要件の特例です。

支給の要件は、平成6年11月9日の改正法施行日前に失権した障害年金の基になった傷病の増悪により障害の程度が増進し、再び障害等級に該当する程度の障害の状態になった場合に、本人の請求に基づき、それぞれの制度から新しい障害年金給付を行うものです。また、被用者年金制度の障害給付の受給権者だった者は、障害等級2級以上になったときに初めて障害基礎年金の受給権者になります。

（平成6改正法附則第4条、第14条、平成6国共済改正法附則第8条①）

⑵ **旧国民年金法による障害年金の失権者**

旧国年法による障害年金の受給権を有したことがある者については、障害等級2級に該当しないまま3年を経過し、既に失権している当該障害年金の支給事由となっていた傷病が再び増悪して、施行日（平成6年11月9日）から65歳到達日の前日までの間において障害等級に該当した場合で、しかも、65歳到達日の前日までに請求があったときに障害基礎年金が支給されます。（平成6改正法附則第4条②）

⑶　**旧国民年金法による障害福祉年金の失権者**

障害福祉年金の失権者は、⑴に準じて取り扱われます。ただし、昭和60年改正法附則第25条③の規定に基づき障害基礎年金に裁定替えされたことにより失権した障害福祉年金の失権者は、⑴の障害基礎年金の失権者として取扱われます。（平成６改正法附則第４条⑥）

⑷　**旧厚生年金保険法及び旧船員保険法による障害年金の失権者**

旧厚年法及び旧船保法による障害年金の受給権を有したことがある者については、障害等級３級に該当しないまま３年を経過し、既に失権している当該障害年金の支給事由となっていた傷病が再び増進して施行日（平成6年11月9日）から65歳到達日の前日までの間において障害等級に該当した場合で、65歳到達日の前日までに請求があったときに障害基礎年金及び障害厚生年金が支給されます。（平成６改正法附則第４条③、第14条②、平成６経過措置政令第１条）

⑸　**各種共済組合が支給する旧障害年金の失権者**

各共済組合から支給される旧障害年金の受給権を有したことがある者については、障害等級３級に該当しないまま３年を経過し、既に失権している当該障害年金の支給事由となっていた傷病が再び増進して施行日（平成６年11月16日）から65歳到達日の前日までの間において障害等級に該当した場合で、65歳到達日の前日までに請求があったときに障害基礎年金及び障害共済年金が支給されます。（平成６改正法附則第４条③）（平成６国共済改正法附則第８条②）

8　軽度のその他障害を加わると上位等級に併合改定できるしくみ

平成元年の法律改正により創設された制度で、従来は併給調整により複数の障害を「併合認定」する場合は、２級以上の年金に限られていたため、障害基礎年金・障害厚生年金の年金受給権者に更に２級未満の軽い障害が発生しても、併合して上位等級に改定されませんでした。

そこで、２級（２級以上の障害の状態にあった者が３級以下に軽減されている場合を含む。）の障害年金受給権者に２級未満の併合認定の対象とならないような軽度の障害が新たに加わり、複数の障害を併合すると障害の程度が上位等級に変わる場合、受給権者の請求により改定できるように改善されました。このしくみは旧制度の障害年金にも適用されることになりました。

9　傷病が治った（症状固定）状態

⑴　**治　癒**

治癒とは、医学的治癒のみならず症状が固定し療養の効果が期待されない状態をいいます。

⑵　**症状固定**

症状が固定し療養の効果が期待されない状態とは、障害認定の対象となる機能障害の区分等により障害認定基準が定められていますが一般に次の状態をいいます。

①　器質的欠損又は変形により、病状障害並びに機能障害を残しているが外科的治療が終了（骨折部の癒着又は創面治癒）し、これ以上の機能障害の回復が見込まれないとき

②　症状が長期にわたって安定（一進一退の状態も含む。）し、その傷病の固定性が認められ、かつ、当該療養を続ける限りでは療養の効果（保存的治療を除く。）が期待できない状態で、その傷病の不可逆性（残存する症状が自然経過により到達すると認められる最終の状態において固定し元の状態に戻らない状態をいう。）が認められるとき

なお、他の医療を施すことにより療養の効果が期待される場合であっても、その治療を続ける限りにおいては「症状固定」と判断します。

(3) みなし症状固定

障害認定基準で、障害の程度が減退する見込みのない傷病による障害については、療養中であっても、治癒（症状固定）とみなされ、初診日から起算し1年6ヵ月経過を待たずして、障害認定日とされる場合がありますが、主な事例を一覧にすると次のとおりになります。

なお、障害等級区分は、国民年金が1級～2級、厚生年金保険が1級～3級及び手当金、新法船員保険が1級～7級及び手当金、労災及び公務災害が1級～7級及び一時金となっているため症状固定とみなされたとしても、年金制度によって障害等級が異なるため、次の①又は②に該当したことだけをもって、当該制度の障害等級に該当する程度の障害の状態にあるとは限りません。

① 障害認定日の特例的取扱（その1）

人工臓器術の施行により症状固定とみなされ厚年法施行令別表第一に掲げる障害の状態（3級）に認定され、更に臨床症状及び検査成績等によっては国年法施行令別表の2級以上に認定される障害及び障害認定日は、次表のとおりです。

なお、旧制度の障害年金は当時の障害認定基準に基づき障害認定されますので、次表の障害認定日の取扱の適用を受けない場合があります。ただし、障害年金の額改定請求時における障害認定においては、旧法障害年金の認定にも適用されます。

【表.15】　障害認定日取扱一覧表（その1）

<table>
<tr><th></th><th>臓器部位</th><th>主な傷病名</th><th>人工医術</th><th>障害認定日</th></tr>
<tr><td>1</td><td>腎　臓</td><td>慢性腎不全・糖尿性腎症</td><td>人工透析療法</td><td>施行日から3ヵ月経過日</td></tr>
<tr><td rowspan="4">2</td><td rowspan="4">**心　臓**</td><td>**不整脈**</td><td>**心臓ペースメーカー**</td><td>**装着日**</td></tr>
<tr><td>心臓弁膜疾</td><td>人工弁装着</td><td>装着日</td></tr>
<tr><td rowspan="2">心不全等</td><td>心臓移植・人工心肺
（補助人工心臓含む）</td><td>移植日・装着日
（使用開始日</td></tr>
<tr><td>ＩＣＤ・ＣＲＴまたは
ＣＲＴ-Ｄ装着</td><td>装着日</td></tr>
<tr><td>3</td><td>大動脈</td><td>胸部大動脈解離</td><td>人工血管、ステントグラフ置換術</td><td>挿入置換日</td></tr>
<tr><td>4</td><td>四　肢</td><td>関節の疾患・骨折</td><td>人工骨頭・人工関節</td><td>挿入置換日</td></tr>
<tr><td>5</td><td>肛　門</td><td>糞瘻、直腸癌、直腸狭窄
鎖門、直腸又は肛門外傷</td><td>人工肛門造設</td><td>術の施行日から6ヵ月経過日</td></tr>
<tr><td rowspan="4">6</td><td rowspan="4">泌尿器</td><td rowspan="4">膀胱・前立腺疾患</td><td>人工膀胱・尿路変更</td><td>新膀胱造設の日又は尿路変更術の日から6ヵ月経過日</td></tr>
<tr><td>人工肛門＋人工膀胱</td><td>人工肛門造設の日から6ヵ月経過日または新膀胱造設日のうち遅い日</td></tr>
<tr><td>人工肛門＋尿路変更</td><td>術施行が遅い日から起算して6ヵ月経過日</td></tr>
<tr><td>人工肛門＋完全排尿障害状態</td><td>術施行が遅い日から起算して6ヵ月経過日</td></tr>
<tr><td rowspan="2">7</td><td rowspan="2">呼吸器</td><td>肺結核症・肺線維症</td><td>在宅酸素療法</td><td>療法施行日</td></tr>
<tr><td>現在の医学では根本的治療方法のない疾病</td><td>気管支切開下での人工呼吸器（レスピレータ）使用</td><td>初診日から6ヵ月経過日以後</td></tr>
<tr><td>8</td><td>そしゃく
嚥下機能</td><td>現在の医学では根本的治療方法のない疾病</td><td>胃ろう等の恒久的措置</td><td>措置から6ヵ月経過日</td></tr>
<tr><td>9</td><td>意識障害</td><td>交通事故・労働災害・脳血管障害</td><td>脳死状態または遷延性植物状態</td><td>遷延性植物状態が3ヵ月以上継続し、回復が見込めないとき</td></tr>
</table>

【注1】 厚生労働省は、平成14年度から認定基準の一部を改め、人工透析術施行中のもの又は喉頭全摘手術により言語を失ったものは、初診日が厚生年金保険加入中のものについても、障害基礎年金の取扱との均衡を図るため、障害等級2級以上に認定することになりました。また、在宅酸素療法を行っている場合は、その療法を開始した日を障害認定日としています。
【注2】ICD=植込み型除細動器　CRT=心臓再同期医療機器、CRT-D=除細動器機能付き心臓再同期医療機器。
【注3】人工肛門及び尿路変更は平成27年6月より術の施行日から6ヵ月経過日に変更になりました。
【注4】初診日から1年6ヵ月経過している場合は、上表の障害認定日ではなく、初診日から1年6ヵ月経過日が障害認定日となります。障害の状態が上表に該当しなくても構いません。
また、本来の障害認定日において障害が軽度であった場合で、後に重度になり上表に該当した場合は、事後重症制度の取扱になります。
なお、障害厚生年金3級の者が上表に該当し2級程度と見込まれる場合は、障害認定日から起算して1年以内であっても改定請求ができます。
【注5】「経過日以後」とあるのは、経過日以後に医師が症状固定を認めた場合、1年6カ月経過を待たずに障害認定できる場合です。どんな場合でも経過日に認定されるとは限りません。

② 障害認定日の特例的取扱(その2)

次表は、認定基準又は通達等で、不可逆性が医師によって証明される場合又は切断、創面治癒等をもって治癒(症状固定)と認定し、障害認定日とすることができる事例の一覧です。

【注】旧法障害年金と障害基礎年金(障害厚生年金)の認定基準は同じ基準が基本ですが、60年改正法の規定により、「なお、従前の例による」とされている旧法の障害年金の取扱は新法と異なる場合もあります。

【表.16】 障害認定日取扱一覧(その2)

	障害区分	部　位	主な傷病名	障害認定日
1	摘　出	眼球部　喉頭部	眼部疾患、眼部打撲 不根治喉頭癌(①の㊟参照)	摘出日又は用廃日 障害手当金=創面治癒日
2	切　断	四肢 五指及び五趾	事故による切断	原則として切断・離断日 障害手当金=創面治癒日
3	離　断	治療上やむを得ない患部(四肢等)の離断手術	事故による不完全切断部離断 バージャー氏病による離断 身体の壊疽部離断	原則として離断日又は用を廃した日 障害手当金=創面治癒日
4	運動機能回復不能及び機能不全	① 脳血管障害及び脊髄 ② 眼部 ③ 五指及び五趾	① 運動機能障害(片麻痺等)脊髄損傷、転移性脊椎腫瘍 ② 失明・視野狭窄 ③ 運動機能の用を廃したもの	① 症状固定日(6ヵ月経過日以後) ② 失明日等 ③ 用を廃した日

(4) 国民年金制度及び被用者年金制度における障害認定日の取扱の経過

四肢の切断、離断に伴う障害認定日について、昭和61年4月1日前の国年法では、上肢又は下肢の切断日、離断日又は用を廃した日を障害認定日としていましたが、旧厚年法等の旧被用者年金制度では、原則として、創面が治癒した日を障害認定日としていました。

これは、被用者年金制度の被保険者が健康保険法等の被保険者でもあり、不可逆性が認められる傷病であっても、現に就労せず療養に専念する場合は健康保険等から1年6ヵ月を限度として支給される休業補償制度(傷病手当金)があります。そのため、あえて1年6ヵ月を経過する前に障害年金を請求する必要がなかったことが挙げられます。

また、傷病手当金の額が障害年金の額を超える場合が多く、傷病手当金は毎月支給される等の優位性があったこともあります。

現在、基礎年金制度の導入に伴って、被用者年金制度の発病主義が初診日主義に統一されたほか、被用者年金制度と国民年金制度において異なっていた障害認定日の取扱も四肢の切断等における場合は、切断日又は用を廃した日に統一されています。

なお、障害手当金は被用者年金(厚生年金、旧船員保険、各種共済年金)独自の給付であることから創面治癒日をもって障害認定日とされています。

10　同一傷病の認定と社会的（通念上の）治癒

⑴　障害年金給付における相当因果関係にある同一傷病

傷病名が異なるが、医学的に前発（A）の傷病が進行し（B）という障害に至り、傷病（A）と障害（B）との間に相当因果関係があると認められるときは、公的年金制度各法に定める「これらに起因する疾病」と認定されています。

ただし、高血圧症や冠状動脈硬化症又は心疾患（期外収縮、狭心症、心房細動等）の一連の症状は、脳血管の発作との間に相当因果関係があったとしても別傷病扱いにされています。

また、「気管支喘息」や「てんかん」の疾病のように、長期間にわたり再発と改善を繰り返すが発作時以外は健常者と変わらない間歇的慢性疾患は、一度軽快したあとの再発作は別傷病扱いにされてきました。しかし、平成6年改正により、障害が軽減し障害等級に該当しないまま3年を経過しても65歳に達するまでは、障害給付の受給権を失なわないことになり、再度重症になったとしても新たな保険料納付要件を必要としないことになります。

⑵　一般に同一の傷病に起因すると認められる内部障害

次の疾病のように、原因となった疾病が進行増悪した結果、最右端の状態に至った場合は、原発疾病と同一傷病とみなし、原発疾病の初診日をもって保険料納付要件を審査します。

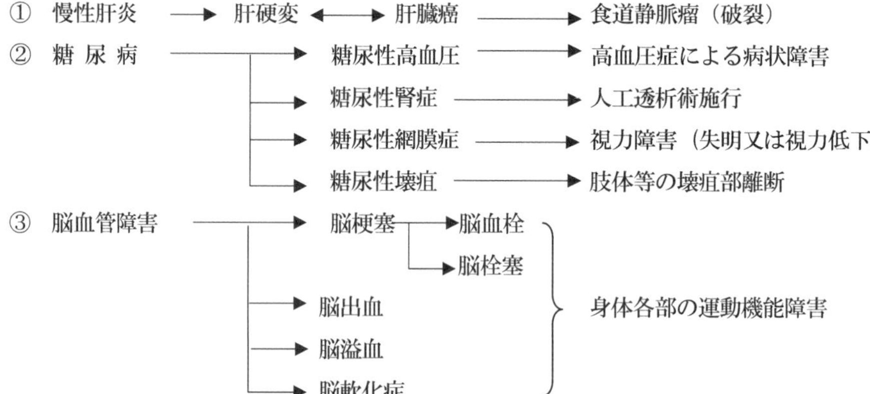

⑶　治療上から起きた傷病を元の傷病と同一の傷病とみる場合の例

次の事例のような現在の医療水準のなかではやむを得ない治療（手術等）の結果、障害を残した場合も、原発傷病と同一の傷病に起因するものとして取り扱うことが通念となっています。

なお、医師の重大な過失（いわゆる医療過誤）が認められるときは別傷病と判断される場合もありますが、その場合は障害年金と民法上の損害賠償との調整が必要となるでしょう。

①　その傷病の治療の過程で、機能不全となっている身体の一部を切除せざるを得ないと医師が判断し、離断、摘出又は切除したことにより障害が残った場合

○　ビュルガー氏病 ――→ 下肢等の離断 ――→ 運動機能障害又は器質的欠損

○　胃癌(ポリープ) ――→ 胃　切　除 ――→ ダンピング症候群（胃切除症候群）

○　眼球負傷・化膿 ――→ 眼　球　摘　出 ――→ 無眼（失明）

②　その傷病の治療行為の過程で、医師が社会通念上、特別の注意を払っても避けられなかったことにより後遺症を残してしまった場合

○ 原 発 傷 病 ──→ 手 術 ・ 輸 血 ──→ 輸血による血清肝炎
○ 薬 物 投 与 ──→ 長期服用 ──→ 薬物の副作用による後遺症
○ 血 友 病 ──→ 非加熱血液製剤投与 ──→ 後天性免疫不全症候群（エイズ）発症による病状障害

⑷ **社会的（又は社会通念上の）治癒の判断基準**

一般に次の条件のいずれにも該当した場合は、医学的に治癒していなくても「社会的又は社会通念上の治癒」と呼ばれています。

① 症状が固定し、医療を行う必要がなくなったこと。
② 長期にわたり自覚的にも、他覚的にも病変や異常が認められないこと。
③ 一定期間、普通に就労していること。

しかし、給付期間が定められている療養の給付や傷病手当金など医療保険給付では、被保険者の生活保障という観点から一時的な軽快を除いて比較的多く「社会的治癒」の認定が行われていますが、長期的給付である障害年金給付に適用するにはかなり困難な面があります。

また、医学会の学説ですら「人間の死の判定」をめぐって、「脳死」か「心臓停止」か、で意見が分かれているように、社会的治癒という概念は、医学的治癒と同義語（社会的治癒は医学的治癒にも通じるものとして）に扱っている人もいます。

⑸ **障害の程度が軽減したことによる支給停止と失権**

障害の程度が軽減し、障害等級に該当する障害の状態に該当しなくなれば、障害基礎年金及び障害厚生年金の支給が停止され、65歳に達する日の前日までに障害の程度が増進し再び各障害等級に定める程度の障害の状態に該当すれば支給の停止が解除されます。

なお、65歳に達する日又は障害等級に該当する障害の状態に該当しなくなって３年を経過した日のいずれか遅い日をもって障害年金の受給権を失います。

第２節　障害給付における新旧制度適用区分

1　受給資格期間要件の新旧適用区分

施行日前に初診日がある障害給付については、障害認定日が施行日以後にある場合であっても、障害認定日及び保険料納付要件等は、次によります。

⑴ **国民年金**

新制度の施行に伴い創設された基準障害により初めて２級以上（以下「初めて２級以上」）又はその他障害と併合して上位等級へ改定する「併合改定」の支給要件等を除いて、施行日前に初診日がある傷病に係る事後重症制度は、旧制度の保険料納付要件を踏襲しています。

⑵ **厚生年金保険**

新制度の施行に伴い創設された「初めて２級以上」「併合改定」の支給要件等を除いて、施行日前の厚生年金保険の被保険者期間に初診日がある傷病に係る事後重症制度は、旧制度の資格期間及び障害認定日等の要件を踏襲しています。なお、経過措置政令により障害基礎年金の支給対象にもされています。【注】厚生年金における初めて２級以上とは、初めて障害基礎年金に該当する場合と同じ。

⑶ **共済組合**

新制度の施行に伴い創設された「初めて２級以上」「併合改定」の支給要件等を除いて、施行日前の共済組合の組合員期間に初診日がある傷病に係る事後重症制度は、旧制度の資格期間及び障害認定日等の要件を踏襲しています。

なお、昭和61年３月以前の共済組合の組合員であった間に発病した傷病についても、障害基礎年金の支給対象とされ経過措置政令に読み替え規定が設けられています。

⑷　**昭和59年10月１日から昭和61年３月31日の間に初診日がある傷病に係る取扱**

障害認定日（昭和61年３月31日までに治癒したものを除く。）が施行日以後にある者に係る支給要件等は、施行日前の要件又は施行日以後の要件いずれでもよいことになっています。

ただし、障害認定日が治癒（症状固定）により昭和61年3月31日前になるときは、従前の規定によるため旧法の障害年金の要件によります。

２　年金額及び年金種別の新旧適用区分

⑴　**旧法該当者の要件**

旧制度の障害給付は、次の全ての条件に該当することが必要です。

①　発　病　日　……▶　新法施行日前であること　（全制度）

②　初　診　日　……▶　新法施行日前であること　（全制度）

③　障害認定日　……▶　新法施行日前であること　（全制度）

④　法別表該当日　……▶　新法施行日前であること　（全制度）

⑤　事後重症請求日　……▶　新法施行日前であること　（旧国年法を除く各制度【注】）

【注】　旧国年法における事後重症制度は、法別表に定める程度の障害に該当した日に受給権が発生し、請求した日の翌月から支給される規定になっています。そのため、新法施行日以後に請求した場合であっても、新法施行日の前日までに法別表に定める程度の障害の状態に該当していることを明らかにできる医師の診断書を提出できる場合は、旧法障害年金の受給権が発生します。

⑵　**新法該当者**

新法により支給される障害給付は、旧法障害年金に該当せず、受給権が新法施行日以後に発生するものであり、初診日や障害認定日が施行日前であっても事後重症制度による請求日が新法施行日以後にある場合は、⑴の解説に該当するものを除いて新法年金になります。

したがって、新法該当者は年金額のほか併給調整は全て新制度が適用されます。ただし、旧障害福祉年金裁定替分の障害基礎年金は、旧法年金との併給調整において公的年金の併給制限が適用され新旧の国年法の制度内では選択になります。

⑶　**新法施行日以後は初診日主義へ移行**

昭和61年４月１日以後は、新国民年金法に統一される形となり全制度が初診日を基準にして障害給付の受給要件をみることになりますが、発病が施行日前で初診日が施行日以後の障害については、発病日において被用者年金制度加入者であれば被用者年金制度の障害給付についても支給の対象になります。

なお、保険料納付要件は、初診日の前日における新法の保険料納付要件によります。

《新旧適用区分の図解》

○＝発　病　日

●＝初診日（初めてその傷病について医師等の診察を受けた日）

△＝障害認定日

▲＝障害該当日（再び障害の程度が増進して障害に該当した日を含む。）

▼＝失権日（障害等級に該当しなくなって３年を経過して受給権を失った日）

□＝請求日（障害給付の裁定を請求した日）

《一般的新旧適用区分》

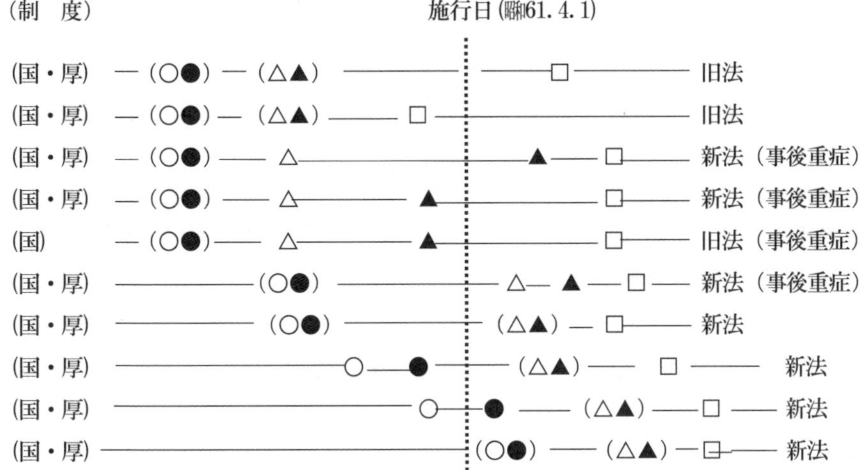

第３節　旧国民年金法による障害年金

1　旧法障害年金

(1)　支給要件（旧国年法第30条／昭和51年改正以後）

障害の原因となった傷病の初診日に国民年金被保険者である者が次のいずれかの要件に該当し、かつ、障害認定日における障害の程度が旧国年法別表の障害の状態に該当している場合に、障害年金が支給されます。

①　初診日の属する月の前月までの被保険者期間が15年以上あり、その期間のうち、初診日の前日までに保険料納付済期間が15年以上あること。（次図参照）

≪要件該当図例≫（昭和51. 6. 12 までに納付した保険料納付済期間15年）

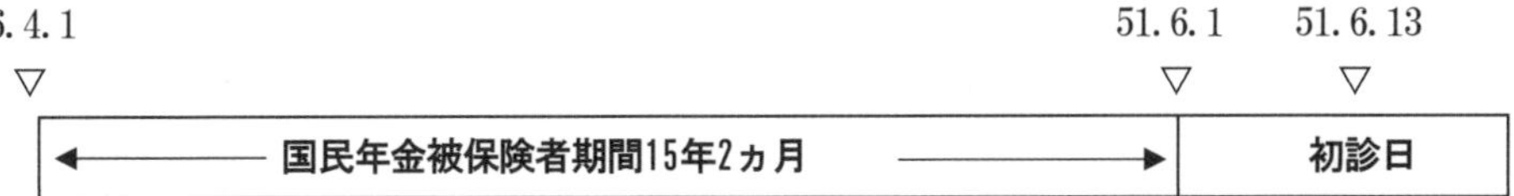

②　初診日の属する月の前月までの被保険者期間について、その期間のうち、初診日の前日までに保険料納付済期間が５年以上あり、かつ保険料免除期間を除いた被保険者期間のうち保険料納付済期間が３分の２以上を占めていること。（次図参照）

≪要件該当図例≫（昭和51. 4. 12 までに納付した保険料納付済期間10年）

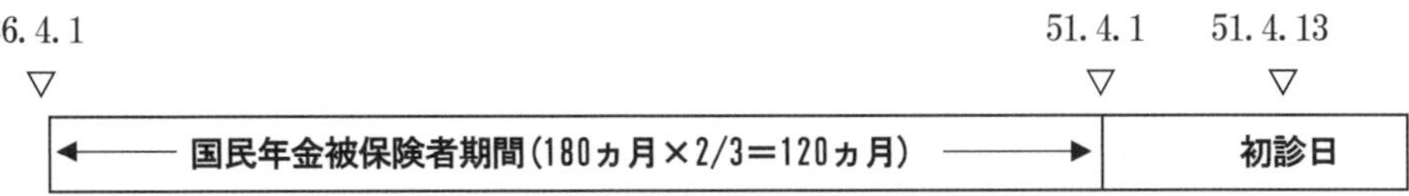

③　初診日の属する月前における直近の基準月の前月までの被保険者期間について、その期間が３年以上あり、直近の３年間が初診日の前日までに「保険料納付済期間」又は「保険料納付済期間と保険料免除期間」で満たされていること。

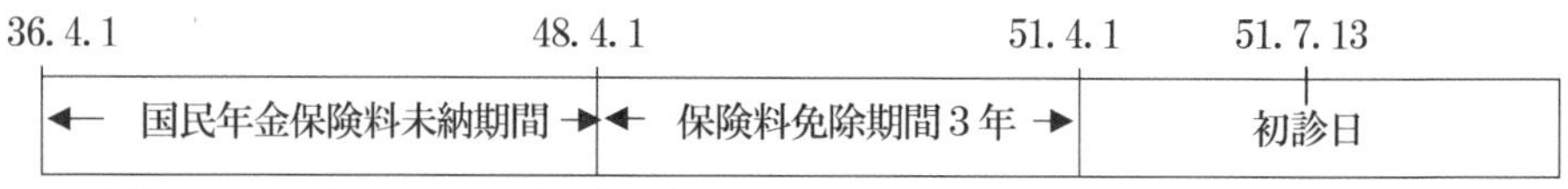

【注】　昭和37年４月28日に保険料納付済期間のみによる３年が緩和されました。

④　初診日の属する月前における直近の基準月の前月までの通算年金通則法第４条第１項各号に掲げる期間を合算した期間が１年以上あり、かつ、同月までの１年間に保険料納付済期間以外の被保険者期間（未納期間と保険料免除期間）がないこと。

⑤　初診日の属する月の前月までの被保険者期間について、初診日の前日までに保険料納付済期間と保険料免除期間を合算して25年以上あること。（昭和５年４月１日以前生まれの者は、生年月日に応じて10年から24年に短縮されている。）

〔大正14年10月10日生まれの場合〕

【注】通算老齢年金の受給資格者はこの事例に該当しません。

⑥　初診日に被保険者でないときは、初診日において65歳未満であり、かつ、初診日の前日までに老齢年金の受給資格期間（前項⑤と同様）を満たしていること。

⑵　**年金額（本来水準）**

旧老齢年金と同じ計算方法で行われます

〔１級〕　977, 125円［＝2級の額（781, 700円）×1. 25］　【注】１円未満四捨五入

〔２級〕　781, 700円（＝780, 900円(平成12年度価格)×1. 001（令和２年度改定率））

⑶　**事後重症制度**(旧国年法第30条の2①③)

障害認定日において、障害が軽度であった者が65歳に達する日の前日までに、障害等級に該当した場合は、該当日に受給権を取得し、請求のあった日の翌月から支給されます。

【注】　昭和61年3月31日までに障害等級に該当すれば、該当日で受給権者となりますので、請求は65歳到達後でも、昭和61年4月1日以降でも構いません。

⑷　**20歳前後の障害を併合して障害等級に該当する場合の障害年金**（旧国年法第30条②）

①　**支給要件その1**

初診日が20歳に達する日前にある傷病により障害の状態にある者が、20歳に達した日以後更に発した傷病に係る障害認定日において、前後の障害を併合した障害の程度が旧国年法別表に定める障害の状態に該当するときは、その者に前後の程度による障害年金が支給されます。

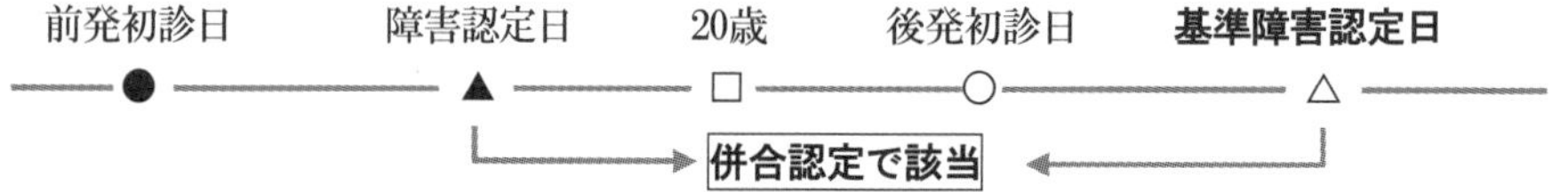

② 支給要件その２（事後重症の場合）

障害認定日に複数の障害の程度を併合しても旧国年法別表に該当しなかった場合において、同日以後65歳に達する日の前日までに障害の程度が旧国年法別表に定める障害の状態に該当したときに支給されます。（旧国年法第30条の２②）

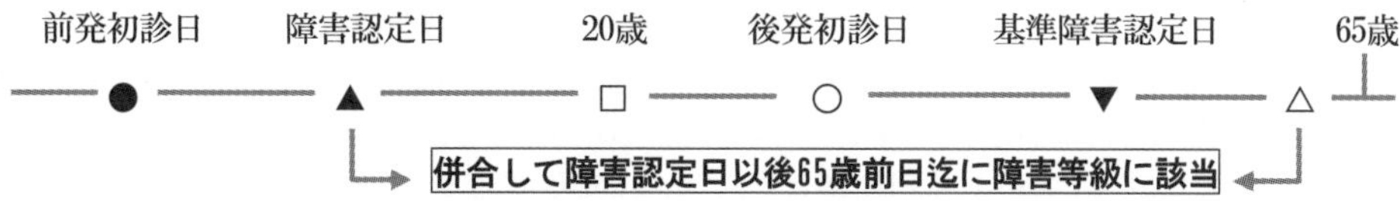

③ 前発障害及び後発障害に係るその他の要件

ア　新たな障害に係る保険料納付要件は、旧国年法第30条第１項又は第２項に定める障害年金の支給要件に該当すること。

イ　新たな傷病に係る障害が厚生大臣が定める程度（併合認定の対象となる新たに発した傷病に係る障害の程度を定める件“最終改正昭和57年８月31日厚生省告示第159号”一般に「基準障害」という。）以上であること。

ウ　新たな傷病に係る障害認定日において、前発障害と後発障害とを併合した障害の程度が法別表に定める障害の状態に該当すること。

エ　前発障害の初診日に、被用者年金制度の被保険者でないこと。

なお、前発障害の程度はイと異なり問われません。（旧国年法附則第９条の２）

④ 事後重症の場合（旧国年法第30条の2②③）

基準障害の障害認定日に併合した障害が軽度であった者が65歳に達する日の前日までに、障害等級に該当した場合は、該当日に受給権を取得し、請求のあった日の翌月から支給されます。

【注】　昭和61年3月31日までに障害等級に該当すれば、該当日で受給権者となりますので、請求は65歳到達後でも、昭和61年4月1日以降でも構いません。

⑸ 併給の調整（併合認定）

障害年金受給権者に更に、障害年金を支給すべき事由が発生した場合は、前後の障害を併合した障害の程度により障害年金が支給され、前発障害年金は失権になります。

なお、期間を定められて支給停止されている障害年金との併合や労働基準法による補償を事業主から受けていることにより支給を停止されている障害年金との併給調整に関する取扱は、障害基礎年金と同様です。

⑹ 年金額の改定

障害の程度が変わった場合は、国（年金機構）が診査し、随時年金額を改定することができます。

また、受給権者の請求に基づいてこの改定を請求できますが、国（年金機構）の診査を受けた日又は改定請求をした日から１年を経過しないときは、この請求ができません。

2　旧国民年金法による障害福祉年金

⑴ 障害福祉年金の趣旨と支給要件

障害福祉年金には、拠出年金制度の発足（昭和36. 4. 1施行）前に初診日がある者並びに施行日当時既に高齢のため被保険者となることができなかった者の障害を支給事由とする「経過的な障害福祉年金」と20歳前に初診日がある者並びに被保険者期間等が短いなどの理由で拠出制障害年金の支給対象とならない者に支給される「補完的な障害福祉年金」とがあります。

なお、補完的障害福祉年金は、保険料納付済期間又は20歳前に初診日がある傷病を支給要件としているため、拠出年金制度の発足（昭和36．4．1施行）前の障害又は20歳前に初診日がある障害との併合を除き、障害の原因となった傷病について個々に給付の対象とされています。

また、経過的障害福祉年金は、経過的に受給権を取得する時点で現にある障害が複数の事故により生じたものであっても、これら全ての障害を総合的に認定対象としています。

【解説】 昭和36年４月１日前及び20歳に達する日前にある傷病の初診日が、被用者年金制度の加入期間にある場合は、この要件から除かれます。（旧国年法附則第９条、第９条の２①②）

ただし、昭和34年11月１日以前に傷病が治癒した者（20歳前に初診日がある者を除く。）に支給される障害福祉年金（旧国年法第81条①及びその事後重症制度）については、初診日において被用者年金制度に加入中の場合であっても、被用者年金制度から同一支給事由による障害年金が支給されない限り障害福祉年金が支給されます。（旧国年法附則第９条）

しかし、これらの20歳前の被用者年金被保険者期間（組合員期間を含む。）に初診日がある傷病であっても、被用者年金制度から障害給付が全く支給される見込みのない場合（資格取得直後に初診日があるため資格期間要件を満たさないもの。）については、「旧国年法第57条①の適用があるものと解す」という社会保険審査会裁決に伴い、旧社会保険庁は裁決に添った取扱に改めました。（平成５年３月８日庁文発第848号）

なお「難民の地位に関する条約等への加入に伴う出入国管理令その他関係法律の整備に関する法律」の施行日前に、不支給又は失権すべきものについては、従前のとおりとしているため、この法律により国籍要件が撤廃された日（昭和57年1月1日）以後に障害認定日又は障害等級該当日がある者若しくは20歳に達する者に対して、日本に住所を有する間、障害福祉年金が支給されます。（56年改正法附則第５項参照）

⑵ 補完的障害福祉年金（支給要件そのⅠ）（旧国年法第56条①）

〔趣　旨〕

制度発足後間もない時期や国民年金制度に加入して短期間のうちに障害となった者で、保険料納付済期間が短く拠出制の障害年金に該当しない者にも障害福祉年金が支給されます。

〔要　件〕

障害の原因となった傷病の初診日に被保険者であった者が、その初診日の前日において拠出制障害年金（旧国年法第30条）の保険料納付要件に該当しなくとも、次のいずれかの要件に該当し、かつ、障害認定日における障害の程度が旧国年法別表（以下「法別表」という。）に定める障害の状態に該当するときは、障害福祉年金が支給されます。

① 初診日の属する月の前月までの被保険者期間のうち保険料免除期間を除いた期間が５年以上あり、その期間の保険料納付済期間が３分の２以上を占めること。

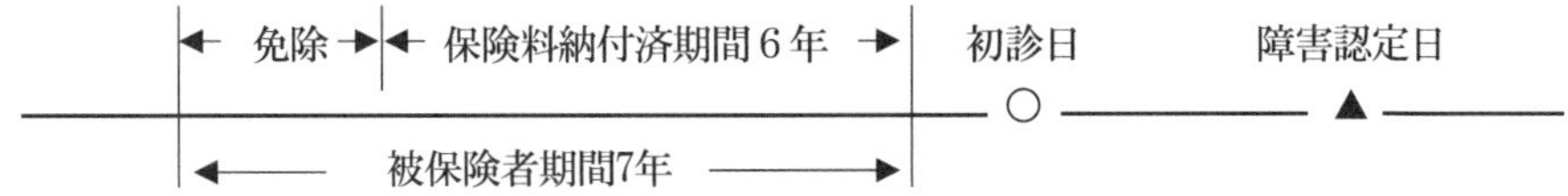

② 初診日の前日まで引き続く被保険者期間に係る保険料の滞納期間がないこと。

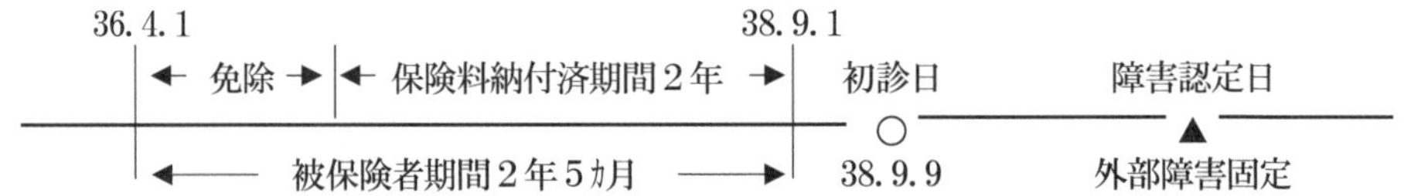

【注】 制度発足当初の昭和36. 7. 31 までに初診日がある傷病に係る障害もこれに該当します

⑶　補完的障害福祉年金（支給要件そのⅡ）（旧国年法第56条②）

〔趣　旨〕

20歳前後の障害を併合した障害等級により障害年金が支給されますが、後発障害の保険料納付要件が問われ、支給要件そのⅠと同様の趣旨で旧国年法第30条②の拠出制障害年金に該当しない者に対して支給される障害福祉年金です。

〔要　件〕

20歳前に初診日がある傷病による障害と20歳に達した日以後に初診日がある傷病による障害とを併合認定する場合は、20歳到達日以後に発した後発障害（基準障害）の保険料納付要件が拠出制の要件に該当しなくとも、旧国年法第56条①に該当するときは障害福祉年金が支給されます。

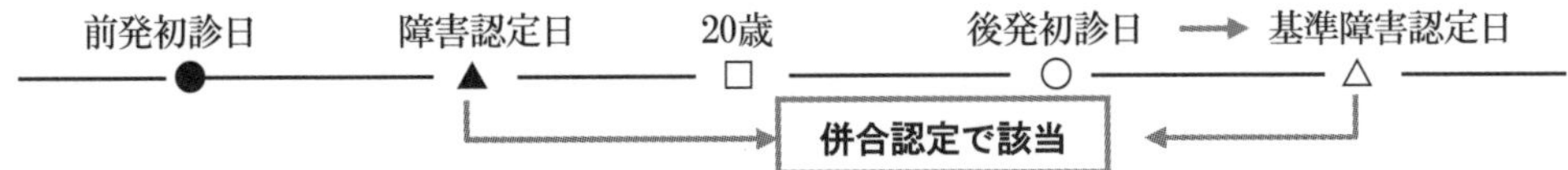

⑷　補完的障害福祉年金（支給要件そのⅢ）（旧国年法第56条の２）

〔趣旨及び要件〕

補完的障害福祉年金の事後重症制度になります。

支給要件そのⅠの場合は、障害認定日（20歳前後の障害を併合して支給する支給要件そのⅡの場合は、後発障害の障害認定日）において法別表に該当しなかった者が、65歳に達する日の前日までに法別表に該当したとき、その者に障害福祉年金が支給されます。

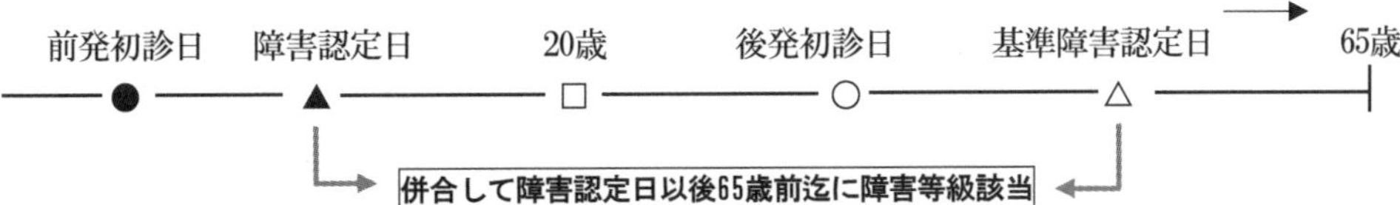

⑸　補完的障害福祉年金（支給要件そのⅣ）（旧国年法第57条①）

〔趣　旨〕

20歳に達する日前に傷病の初診日がある者に支給される障害福祉年金です。

〔要　件〕

20歳前の傷病に係る障害認定日（20歳前に障害認定日がある者については、20歳に達した日）において、法別表に定める障害の状態に該当する者及び20歳前の傷病により障害認定日に障害の状態にない者が65歳に達する日の前日までに障害の状態に該当したとき、その者に障害福祉年金が支給されます。

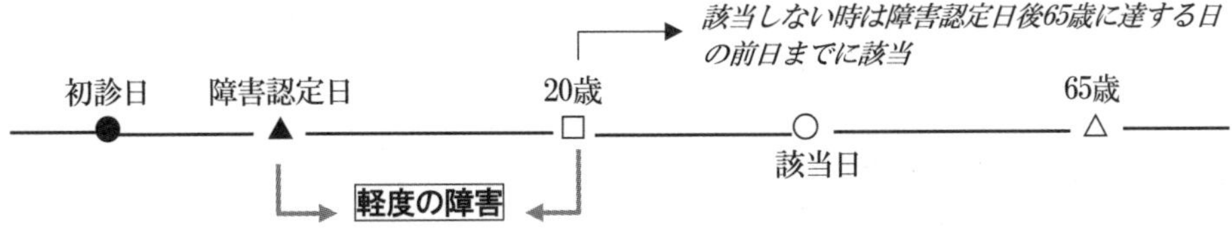

⑹　補完的障害福祉年金（支給要件そのⅤ）（旧国年法第79条の３①②④）

〔趣　旨〕

初診日に被保険者でなく、保険料納付済期間等が短く拠出制老齢年金の支給要件を満たしていない者が、特例の老齢福祉年金の納付要件を満たしている場合に支給される障害福祉年金です。

【注】　65歳前に初診日がある老齢年金受給資格者は旧国年法第30条に該当します。

〔要　件〕

① 傷病の初診日に被保険者でなかった者であって、初診日において70歳未満であり、かつ、初診日の前日において老齢福祉年金の支給要件（旧国年法第79条の２）に該当した者が障害認定日において法別表に定める障害の状態に該当する場合に障害福祉年金が支給されます。

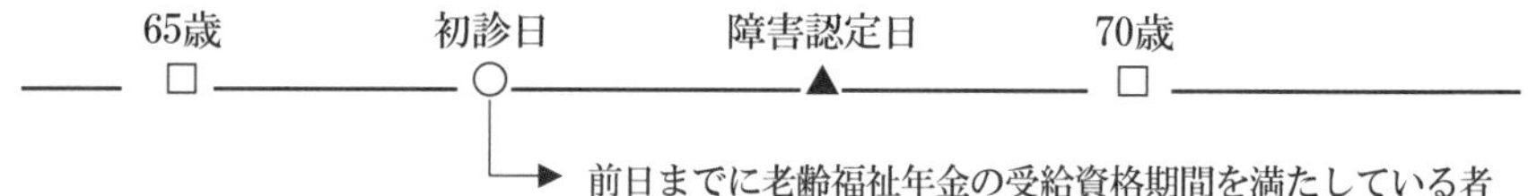

② 初診日が昭和36年４月１日前にある傷病により障害の状態にある者にあっては、①の障害と併合して障害の程度を認定することになります。

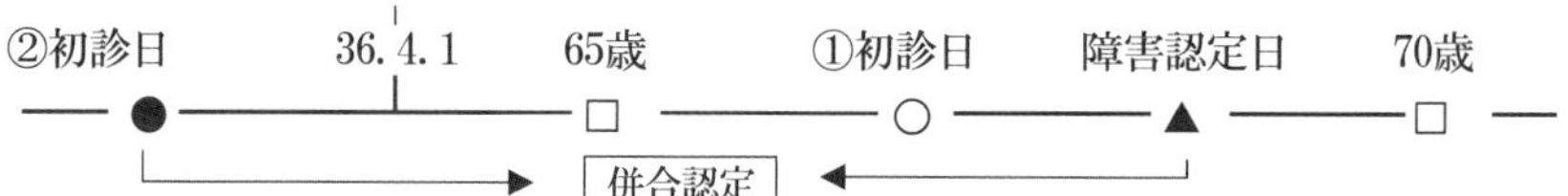

【注】 後発傷病の初診日の前日までに老齢福祉年金の受給に必要な保険料納付済期間等を満たしている者に限られます。

③ ①及び②（後発障害の障害認定日に限る。）の障害認定日において、法別表に該当しなかった者が70歳に達する日の前日までに法別表に定める障害の状態に該当した場合、障害福祉年金が支給されます。なお、保険料納付済期間等の短縮期間要件は次表のとおりです。

【表17】 特例の障害福祉年金の支給要件

生年月日の区分	必要な期間
明治39年４月２日から明治45年４月１日までの間に生まれた者	４年１ヵ月以上
明治45年４月２日から大正２年４月１日までの間に生まれた者	５年１ヵ月以上
大正２年４月２日から大正３年４月１日までの間に生まれた者	６年１ヵ月以上
大正３年４月２日から大正５年４月１日までの間に生まれた者	７年１ヵ月以上

(7) 経過的障害福祉年金（支給要件そのⅥ）（旧国年法第81条）

〔趣　旨〕

拠出年金制度の発足（昭和36年４月１日施行日）前に傷病の初診日がある者並びに施行日当時すでに高齢のため被保険者となれなかった者が障害となったときに支給される障害年金です。

〔要　件〕

① 無拠出制の施行日（昭和34年11月１日）に、すでに20歳を超えていた者（昭和14年11月１日以前生まれの者）が、昭和34年11月１日前に治癒（症状が固定している状態を含む。）している傷病により、昭和34年11月１日における障害の程度が法別表の第１級の状態にあるときに障害福祉年金が支給されます。（旧国年法第81条①）

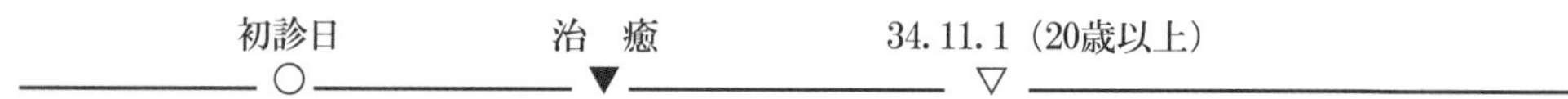

② 初診日が昭和34年11月１日前にある傷病で、かつ、昭和39年７月31日までの間に治癒した者又は初診日が昭和34年11月１日から昭和36年３月31日までにある傷病で、かつ、昭和39年７月31日までの間に治癒した者が、その治癒した日において障害の程度が法別表の第１級の状態にあるときに障害福祉年金が支給されます。（旧国年法第81条②）

ただし、初診日に20歳未満の者及び障害認定日に70歳を超えていた者及び昭和34年11月1日以後の被用者年金制度の加入中に初診日がある場合は除かれます。（旧国年法附則第9条）

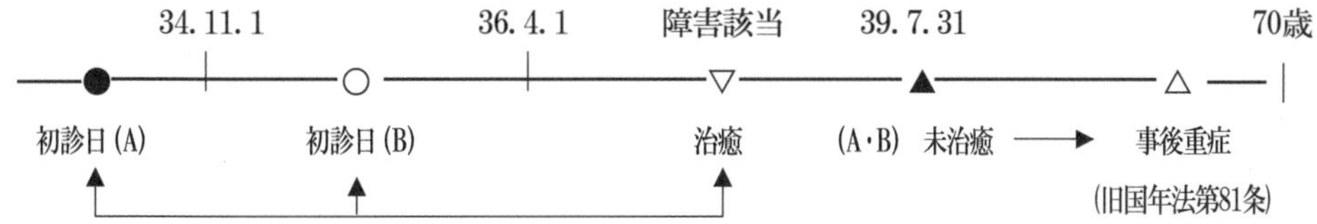

③ 前項②の事後重症制度（旧国年法第81条③）

前項の事後重症制度は、昭和41年の法改正で制度化され、新制度の施行以後は昭和60年法附則第23条②に引き継がれました。

④ 明治44年4月1日以前に生まれた者が、昭和36年4月1日以後に初診日があり、その傷病に係る障害認定日（70歳前に限る。）において、障害の程度が法別表の第1級の状態にあるときに障害福祉年金が支給されました。（旧国年法第81条④）

⑤ 前項④の事後重症制度（旧国年法第81条④）

この対象年齢の者は、すでに、昭和56年3月31日で70歳以上に達しています。

(8) **経過的障害福祉年金の経過措置** （39改正法附則第6条①）

① 明治27年8月3日から昭和19年8月1日までの間に生まれた者（昭和39年改正法施行日に70歳を超える者及び20歳未満の者を除く。）が、昭和39年8月1日前に治った傷病により障害の状態にあり、昭和39年8月1日において障害の程度が法別表の第1級に該当しているときは、障害福祉年金が支給されます。ただし、20歳前の障害と20歳以後に初診日のある障害を併合して法別表の第1級の状態にある者は除かれます。（他の支給要件に該当するため。）

② 明治27年8月3日から昭和19年8月1日までの間に生まれた者が昭和39年8月1日において初診日が昭和36年7月31日以前にある傷病が3年以上経過するも未治癒で障害の状態にあり、法別表の第1級に該当している場合に障害福祉年金が支給されます。(39改正法附則第6条②)

第4節　障害福祉年金の施行日以後の取扱

1　新法施行後の障害福祉年金の取扱

(1) 旧障害福祉年金の障害基礎年金への裁定替え

① 施行日（昭和61年4月1日）の前日において旧障害福祉年金の受給権者であった者で、施行日における障害の程度が国年法施行令別表に掲げる障害等級に該当する状態にある者については、国年法第30条の4①に定める障害基礎年金が支給されます。（60改正法附則第25条①）

② 施行日において旧国年法に定める障害等級に該当する程度の障害の状態にない者が、施行日以後（旧国年法別表に該当しなくなった日から起算して3年以内に限る。）に該当するに至ったときに、障害基礎年金が支給されます。（60改正法附則第25条②）

③ ①の障害基礎年金に係る支給は、受給権発生と同じ昭和61年4月から開始し、初回の支払は、同年8月になります。（60改正法附則第25条④⑤）

したがって、障害福祉年金は施行日（昭和61年4月1日）に失権し、支給は同年3月で終了しています。（60改正法附則第25条③）

⑵ 裁定替え分障害基礎年金の支給調整

裁定替え分の障害基礎年金に係る支給調整は、原則として次のように取り扱われます。（60改正法附則第26条）

① 旧障害福祉年金から裁定替えされた障害基礎年金は、併給調整において後発障害として取り扱いません。

② 旧障害福祉年金（支給停止中）と後発障害の併合認定は行われません。

③ 裁定替えされた障害基礎年金は併合認定により失権しません。（60改正法附則第26条②）

④ 裁定替えされた障害基礎年金受給者に更に障害基礎年金の支給すべき事由が発生し、その年金が労働基準法による障害補償が受けられることで支給停止となる場合、停止の間は併合認定をしないことになっています。しかし、裁定替えされた障害基礎年金は併合認定により失権しないことになっているため、併合認定された障害基礎年金との選択により、前発年金を受給できます。

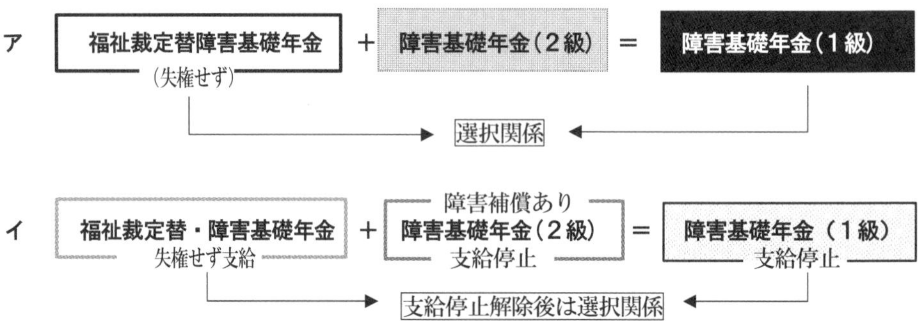

【注】労働基準法の障害補償を受ける場合は７年間の支給停止があり、併合認定による障害基礎年金も同様に７年間支給停止となる。

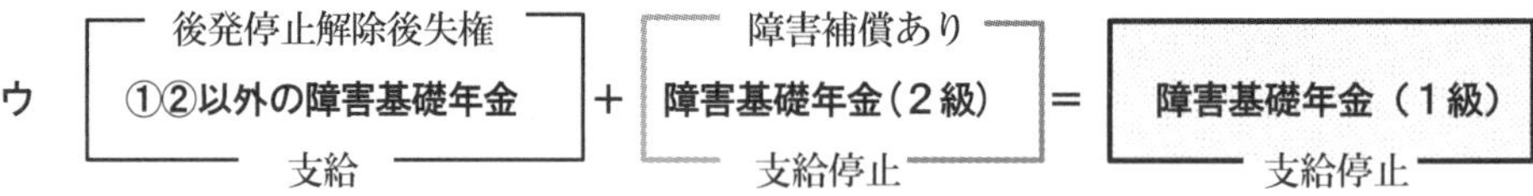

⑶ 旧障害給付と同一支給事由の障害基礎年金の取扱

事後重症制度による障害基礎年金（国年法第30条の２①）は、同一の傷病による障害により、次の障害年金の受給権を有していたことがある者には支給されません。（60改正法附則第22条）

① 旧国年法による障害年金

② 旧厚年法による障害年金及び旧船保法による障害年金

③ 共済組合が支給する障害年金

平成６年改正法の施行日（平成６年11月９日）以後に障害等級に該当する程度の障害の状態にあるときは、その者の65歳到達日の前日までの請求により国年法第30条①に規定による障害基礎年金が支給されることになりました。（平成６改正法附則第４条関係）

⑷ 旧障害給付と同一支給事由の障害厚生年金

事後重症制度による障害厚生年金（厚年法第47条の２①）は、同一の傷病による障害により次の障害年金の受給権を有していたことがある者には支給されません。（60改正法附則第66条）

① 旧国年法による障害年金

② 旧厚年法による障害年金及び旧船保法による障害年金

平成６年改正法の施行日（平成６年11月９日）以後に障害等級に該当する程度の障害の状態にあ

るときは、その者の65歳到達日の前日までの請求により厚年法第47条①に規定による障害厚生年金が支給されることになります。（平成６改正法附則第14条）

第５節　旧厚生年金保険法による障害年金

⑴　**支給要件**(P. 82 改正経過参照)

①　障害年金

旧厚生年金保険の被保険者期間中に発した傷病が、初診日より１年６ヵ月を経過する日（それ以前に治癒又は症状が固定したときは、その日）において、旧厚生年金保険法別表第１に定める障害の状態にあるときは、その障害の程度に応じて障害年金が支給されます。

なお、被保険者期間は、当該傷病の初診日の前月までに旧通算年金通則法に定める他の公的年金制度の期間を含めて６ヵ月以上あることが必要とされています。

②　障害手当金

厚生年金保険の被保険者である間に発した傷病の初診日から５年以内に傷病が治癒した場合において、障害の程度が厚年法別表第２に定める障害の状態にある場合に支給されます。

なお、当該傷病の初診日の前月までに旧通算年金通則法に定める他の公的年金制度の期間を含めて６ヵ月以上あることが必要とされている点は、障害年金と同様とされます。

⑵　**年金額**

①　障害年金の額(本来水準)

【基本年金額】定額部分と報酬比例部分を合算した額

定　額　部　分＝3, 056円(令和２年度価格)×被保険者期間月数(420月限度)

報酬比例部分＝平均標準報酬月額(令和２年水準)×9. 5/1000×被保険者期間月数

〔１級〕　基本年金額の125％に相当する額に加給年金額を加算した額

〔２級〕　基本年金額に相当する額に加給年金額を加算した額

〔３級〕　基本年金額の75％に相当する額。その額が 781, 700円に満たないときは、781, 700円が支給されます。

〔手当金〕　基本年金額の150％に相当する額

②　被保険者期間２０年未満の障害年金の額

基本年金額を計算する場合において、被保険者期間が240ヵ月に満たないときは、定額部分及び報酬比例部分とも240ヵ月として計算されます。

なお、420ヵ月を超えるときは定額部分についてのみ420カ月を限度として計算されます。

【平成16年10月改正に伴う年金額の従前額保障の考え方】

平成12年改正法により標準報酬月額の改定については、受給権者が65歳以後は物価スライドのみとされ、更に、給付乗率を５％適正化（引下げ）されましたが、報酬比例部分相当額が従前額に満たない場合は、従前額が支給されます。

また、平成16年10月の改正後は、平成６年水準の年金額に1. 031(平成11年度・12年度物価スライド率)を乗じたあと、平成12年度以降の通算改定率を乗じた額が支給されます。

○　平均標準報酬月額は、平成６年水準の額を用いて計算されます。

○　給付乗率は、平成12年４月改正前の規定に基づく乗率（10/1, 000）が用いられます。

報酬比例部分の従前額＝平均標準報酬月額(平成６年水準)×10/1000×被保険者期間月数

③　加給年金額

ア　配偶者 ……………………▶　224,900円（令和２年度価格）

イ　第１子、第２子（１人につき）……▶　224,900円（令和２年度価格）

ウ　第３子以下（１人につき）……▶　75,000円（令和２年度価格）

【注】加給金は、受給権発生当時から引き続き生計維持関係のある配偶者及び子に限られていましたが、平成23年４月から受給権者になった翌日以後に配偶者及び子が生じた場合にも加算されます。
なお、新たな該当事由として、結婚（配偶者）、出生（子）、18歳の年度末以降20歳前に障害該当（子）、生計維持要件に該当（配偶者・子）が考えられます。

⑶　**併合認定**

障害年金受給権者が、更に、別傷病による障害年金の受給権を取得した場合は、前後の障害の程度を併合した等級に基づく障害年金が支給され、この場合前発の障害年金は失権になります。

⑷　**年金額の改定**

障害の程度が変わった場合は、国（年金機構）がいつでも診査をし、年金額を改定することができます。

また、受給権者の請求に基づいてこの改定請求をできますが、受給権を取得した日又は国（日本年金機構）の診査があった日から起算して１年を経過しない間は改定請求ができません。

⑸　**事後重症制度**

昭和51年の改正で創設された事後重症制度は、障害認定日において障害の状態が軽かったため、法別表に定める障害等級に該当しなかった者が初診日から５年を経過する日の前日までに障害の程度が法別表に定める障害の状態にあり、その期間内に請求が行われた場合に支給されます。

⑹　**失　権**　【①は平成6年11月9日改正】

①　受給権は、障害の程度が障害等級３級未満の状態に軽減し、再び障害等級の３級以上になることなく３年を経過した日（65歳未満の者を除く。）又は65歳に達した日（再び障害等級の３級以上になることなく３年未経過の者を除く。）に消滅します。（60改正法附則第78条⑥）

②　受給権者が死亡したときに受給権は消滅します。

第６節　旧船員保険法による障害年金

１　職務上の旧法障害年金

⑴　**職務上の事由による障害年金の支給要件**

①　職務上障害年金（治癒）（旧船保法第40条①）

職務上障害年金は、旧船員保険の被保険者が職務（通勤災害を含む。）に起因する傷病により障害となったときに支給されます。具体的には、当該傷病が治癒した日（又は症状固定日）において、障害の程度が旧船員保険法別表第四に掲げる障害等級（１級～７級）に該当する障害の状態にあるときに、その障害の程度に応じて職務上の障害年金が支給されます。

②　職務上障害年金（未治癒）（旧船保法第40条②）

未治癒の障害年金は、旧船員保険の被保険者が職務（通勤災害を含む。）に起因する傷病が初診日より１年６ヵ月を経過する日において未だ治癒せず、旧船員保険法別表第四に掲げる障害等級の１級から３級までの障害の状態にあるときに支給されます。

なお、未治癒の障害年金は、労災保険や公務災害でいえば、傷病補償年金に相当する年金にあたり、①の職務上障害年金と同額が支給されます。

③　職務上障害手当金（治癒）（旧船保法第40条④）

職務上障害手当金は、旧船員保険の被保険者が職務（通勤災害を含む。）に起因する傷病により障害年金に該当しない軽度の障害が残った場合に支給されます。具体的には、治癒した日（又は症状固定日）において、障害の程度が旧船員保険法別表第五に掲げる障害等級（１級～７級）に該当する障害の状態にあるときは、その障害の程度に応じて職務上の障害手当金が支給されます。

(2)　職務上の事由による障害年金及び障害手当金の額

①　障害年金の額（本来水準の額）

治癒、未治癒の別に関係なく次のアからエまでの額を合算した額が支給されます。

ア　最終標準報酬月額（自動賃金スライド制）×障害の程度に応じて定める月数（【表.18】ア参照）

イ　{366,360円×1.001（令和２年度改定率）＋平均標準報酬月額（令和２年水準）×1.14}×障害の程度に応じて定める率（【表.18】イ参照）（旧船保法第41条①）

【注1】366,360円＝732,720円（15年分の老齢年金の平成16年度価格）×1/2
【注2】1.14＝57/50（条文の表現はこのようになっています。）
なお、1.14の乗率は、改正前の乗率を５％適正化したあとの乗率です。（1.14＝1.2×0.95）

ウ　15年を超える被保険者期間１年につき平均標準報酬日額（令和２年水準）の６日分

エ　加給金（厚生年金保険でいう加給年金額のことで、６級以下には加算されません。）

○　配偶者　224,900円（令和２年度価格）
○　一人目、二人目　224,900円（令和２年度価格）
○　三人目以下一人につき　75,000円（令和２年度価格）

【表.18】　障害年金の支給率一覧

障害等級	アの月数	イの率	職務外
１　級	10.4 ヵ月	1.25	１級相当
２　級	9.2 ヵ月		
３　級	8.2 ヵ月	1.00	２級相当
４　級	7.1 ヵ月		
５　級	6.1 ヵ月		
６　級	5.2 ヵ月	0.75	３級相当
７　級	4.4 ヵ月		

②　障害年金の額（5%適正化前の従前額保障の場合）

治癒、未治癒の別に関係なく次のアからエまでの額を合算した額が支給されます。

ア　最終標準報酬月額（自動賃金スライド制）×障害の程度に応じて定める月数（【表.18】ア参照）

イ　{366,360円×1.001（令和２年度改定率）＋平均標準報酬月額（平成６年水準）×1.2×1.002（令和２年度従前額改定率）}×障害の程度に応じて定める率（【表.18】イ参照）

ウ　15年を超える被保険者期間１年につき**平均標準報酬日額（平成６年水準）**の６日分×1.002（令和２年度従前額改定率）

エ　加給金（厚生年金保険でいう加給年金額のことで、６級以下には加算されません。）
支給額は①の加給金と同じです。

③　職務上による障害手当金の額（旧船保法第41条ノ３①）

最終標準報酬月額に支給月数（【表.19】参照）を乗じた額が支給されます。

【表. 19】　職務上の障害手当金支給率一覧

障害等級	支給月数	障害等級	支給月数
1　級	20.0 ヵ月	5　級	6.0 ヵ月
2　級	15.0 ヵ月	6　級	4.0 ヵ月
3　級	12.0 ヵ月	7　級	2.0 ヵ月
4　級	9.0 ヵ月		

⑶ 障害差額一時金

船員法（船員に適用される労働基準法に相当する法律）に規定する障害手当金の額（船員法施行規則第59条に定める標準報酬月額に下表の月数を乗じた額）を補償する趣旨から、この額に達する前に障害年金の受給権を失った場合、その者に船員法に基づき支給されるべき災害補償（障害手当金）との差額が支給されるもので、次の障害年金差額一時金も同様の趣旨です。

① 障害差額一時金の支給要件

障害年金の受給権者（傷病が治癒しない障害年金を除く。）の障害が回復して、その障害の程度のまま３年を経過し、なお一定の障害の状態（障害手当金の支給要件に該当する程度）にあるときに障害差額一時金が支給されます。

② 障害差額一時金の支給額

船保法に基づく最終標準報酬月額に【表. 20】の月数を乗じた額から、すでに支給を受けている船員保険法による障害年金の総額を差し引いた額が支給されます。

ただし、控除後の額が回復した後の障害の程度に応じて支給される障害手当金の額を超えるときは、その障害手当金の額（【表. 19】参照）となっています。（船保法第42条）

【表. 20】船員法に規定する災害補償月数

等　級	月　数	等　級	月　数
1　級	４８ヵ月	5　級	３３ヵ月
2　級	４２ヵ月	6　級	３０ヵ月
3　級	３９ヵ月	7　級	２５ヵ月
4　級	３６ヵ月		

⑷ 障害年金差額一時金

① 支給要件

障害年金の受給権者が職務外の事由により死亡し、遺族年金の支給を受けられる遺族に該当する者がいない場合であって、船員保険法による障害年金の支給期間が短い場合に、障害年金差額一時金が支給されます。

② 支給額

船員法の災害補償（手当金）の額から障害年金の総支給額を差し引いた額が支給されます。

⑸ 障害前払一時金

① 目的及び支給要件

障害前払一時金は、障害年金受給権者に障害年金を前払することにより、その者の生活の安定をはかることを目的として、障害年金の受給権者（傷病が未治癒の者を除く。）が障害年金の受給権発生後２年以内に請求したときに支給されます。

② 支給限度額

船員法の災害補償額（障害手当金）に相当する額が支給限度額【表19】になります。

③ 障害年金の一部支給停止

障害前払一時金の支給を受けた場合は、各月に受けるべき障害年金が障害前払一時金の額に達するまで障害年金の支給が停止されます。

2　職務外の旧法障害年金

⑴　職務外の事由による旧法障害年金の支給要件

旧船員保険の被保険者期間中に発した傷病により、初診日より１年６ヵ月を経過する日（それ以前に治癒又は症状が固定したときはその日）において、旧船員保険法別表第四（職務外の欄）に掲げる障害の状態にあるときは、その障害の程度に応じて支給されます。

なお、当該傷病の初診日の前月までに旧通算年金通則法に定める他の公的年金制度の期間を含めて６ヵ月以上あることが必要とされています。

⑵　職務外の事由による旧法障害手当金の支給要件

旧船員保険の被保険者である間に発した傷病の初診日から５年以内に傷病が治癒し、その日において、旧船保法別表第五（職務外）に定める障害の状態にある場合、障害の程度に応じて支給されます。

なお、当該傷病の初診日の前月までに通算年金通則法に定める他の公的年金制度の期間を含めて６ヵ月以上必要とされている点は、障害年金と同様です。

⑶　職務外の事由による旧法障害年金及び旧法障害手当金の額

①　障害年金及び障害手当金の額

［１級］　基本年金額の125％に相当する額に加給金を加算した額

［２級］　基本年金額に相当する額に加給金を加算した額

［３級］　基本年金額の75％に相当する額

ただし、その額が781,700円（令和２年度価格）に満たない間は、781,700円が最低保障額として支給されます。

［手当金］　基本年金額の150％に相当する額（物価スライド改定の適用なし。）

②　基本年金額（本来水準の額）

基本年金額は、次の定額部分と報酬比例部分の合算額とされています。

［定額部分］

①732,720円×1.001×1.001（令和２年度改定率）＋｛(②48,848円×1.001）×1/12×15年を超える被保険者月数｝　【注】①733,450円(10円未満端数処理)　②48,897円(1円未満端数処理)

［報酬比例部分］

平均標準報酬月額(令和２年水準)×19/1,500×被保険者期間月数

また、基本年金額を計算する場合、被保険者期間月数が180ヵ月に満たないときは、定額部分及び報酬比例部分とも180ヵ月とみなされます。

なお、315ヵ月以上を超えるときは定額部分についてのみ315ヵ月を限度とされています。

③　平成12年４月改正後の年金額（従前額保障の場合）

平成12年改正法により、標準報酬月額の改定については、受給権者が65歳以後は物価スライド率のみにし、給付乗率を５％適正化（切下げ）することになりましたが、従前額に満たない場合は、従前額が支給されます。

【従前額保障の場合】

平成16年10月の改正により、平成６年水準の従前額保障の年金額(本来水準)は、名目手取り賃金や物価変動に伴う可処分所得スライドにより改定されます。また、いわゆる「マクロ経済スライド」

も適用されます。

具体的には、平成６年水準再評価率に基づき算出した平均標準報酬月額に旧乗率及び被保険者期間月数を乗じて得た額に平成７年度以降の物価スライド率（1.031）×平成12年度以降の物価スライド特例による改定率を乗じて得た額が報酬比例部分の基本年金額になります。

また、平成27年度からは特例水準が解消したため、1.031に平成12年度以降の本来水準の通算改定率を乗じて算出した従前額改定率を乗じた額が報酬比例部分の額になります。

［報酬比例部分の額］

平均標準報酬月額(平成６年水準)×1/75×被保険者期間月数×1.002(令和２年度従前額改定率)

【注】基本年金額を計算する場合、被保険者期間が 180ヵ月に満たないときは、定額部分及び報酬比例部分とも180ヵ月とみなされます。

④　加給金

老齢年金と同じで、配偶者及び第１子及び第２子は 224,900円、第３子以下は、１人につき75,000円が加給されます。

【注】加給金は、受給権発生当時から引き続き生計維持関係のある配偶者及び子に限られていましたが, 平成23年４月から受給権者になった翌日以後に配偶者及び子が生じた場合にも加算されます。
新たな該当事由として、結婚（配偶者）、出生（子）、18歳の年度末以降に障害該当（子）、生計維持要件に該当（配偶者・子）が考えられます。

⑹　**複数の障害年金の支給調整**（旧船保法第41条③④⑤）

①　障害年金受給権者が、更に別傷病により障害年金に該当する程度の障害となった場合は、前後の障害の状態を併合した障害の程度（障害等級）により年金額が改定されます。

ただし、改定後の年金額が従前の年金額に満たない場合は、従前額が支給されます。

②　職務上の事由による障害年金同士、職務外の事由による障害年金同士は、前後の障害の状態を併合したものにより査定し、併合した後の障害等級による年金額に改定されます。

③　職務上障害年金と職務外障害年金は原則として選択となりますが、職務上相当額（最終標準報酬月額×障害の程度に応じた月数）は、どちらの障害年金を選択しても支給されます。

⑺　**年金額の改定**

①　資格喪失による改定

被保険者である障害年金受給権者が資格を喪失したときは、資格を喪失した月の前月までの期間を合算して年金額を再計算し増額となるときに改定されます。（旧船保法第45条の２①）

②　障害程度の増進による改定

基本的には、旧厚生年金保険の場合と同じです。

③　年金額のスライド改定

ア　職務上障害年金は、厚生労働省が作成する「毎月勤労統計」の平均給与額の変動に応じた自動賃金スライド改定が行われます。（旧船保法附則⑥、同法施行令第13条）

イ　職務外障害年金及び職務上障害年金の職務外相当部分は、旧国年法や旧厚年法の年金額の改定と同様に、物価変動及び賃金変動に基づく新しい改定方法により改定が行われます。（国年法第16条の2）（厚年法第34条）（60改正法附則第87条①③）（平成16年政令第298号第7条）

【注】物価スライドは平成元年改正、賃金スライドは平成２年労災法改正に伴い自動改定となりました。

⑻　**事後重症制度**

昭和51年の改正で創設された事後重症制度は、障害認定日において障害の程度が軽かった者が初診日から５年以内に障害の状態に該当し、期間内に請求した場合に支給されます。

⑼　**失　権**　（60改正法附則第87条⑦）

平成６年11月９日の法改正で、障害等級（職務上７級、職務外３級）非該当３年経過により失権していた規定が、「65歳に達するまでは失権せず、障害等級に該当せず３年を経過した日に65歳以上の者は、支給停止後３年を経過する日に受給権が消滅する。」に変わりました。

なお、職務上の障害年金は途中で治癒すると、他の一時金等に振り替わる場合もあります。そのうち、障害差額一時金を受ける場合の請求は、障害等級に不該当の日より起算して３年を経過したときの障害の状態に係る医師等の診断書を添付することになります。

【平成６年11月９日の改正前の取扱】

職務外障害年金の場合、障害の程度が軽くなり、障害等級非該当となったあと、３年以内に再び法法別表の障害状態に該当すれば失権せず、支給停止後３年経過するも再び障害等級に満たない軽い障害の状態にある場合は失権することになっていました。

第７節　旧共済組合法による障害年金

⑴　**公務上の旧法障害年金**

①　平成16年10月改正に伴う通年方式による年金額及び従前額保障の考え方

平成12年改正法により、俸給年額の改定については、受給権者が65歳以後は物価スライドのみとされ、更に、給付乗率を５％適正化（引下げ）されましたが、報酬比例部分相当額が従前額に満たない場合は、従前額が支給されます。

また、平成16年10月の改正後は、次により基本年金額（平成６年水準）を算定した後に平成７年度以降の物価スライド率（＝1.031）に物価スライド例措置による特例水準改定率を乗じた額が支給されてきましたが、平成27年度以降は物価スライド特例が解消されたため、平成６年水準の俸給年俸に旧乗率(10/1000)を乗じて算出した年金額に従前額改定率（1.031×平成12年度以降の本来水準の改定率）を乗じた額に改定します。【注】令和２年従前額改定率＝1.002(昭和13.4.2以後生まれの者は1.001)

○　俸給年額は、平成６年水準の額を用いて計算されます。

○　給付乗率は、平成12年４月改正前の規定に基づく乗率（10/1,000）が用いられます。

また、一般方式の場合も給付乗率が５％適正化され、次表のように改正されています。

障害等級	従前乗率	改正後の乗率
１　級	30/100	28.5/100
２　級	20/100	19.0/100
３　級	10/100	9.5/100

②　公務上の旧法障害年金の支給要件

公務による障害年金は、組合員が公務により病気又は負傷し、その傷病の結果として、退職時に法別表に掲げる程度の障害の状態にある者に、その者がその障害の状態にある間支給されます。退職から５年以内に障害の状態に該当した場合で、その期間内に組合に請求があったときは、請求のあった月に受給権が発生し、翌月より支給されます。（事後重症制度）

また、退職の際に症状が固定していないときは、症状が固定したとき又は国家公務員災害補償法による傷病補償年金（初診日から１年６ヵ月経過で未治癒の場合に支給される。）が支給されることになったときを「退職の日」として取り扱われます。（次図参照）

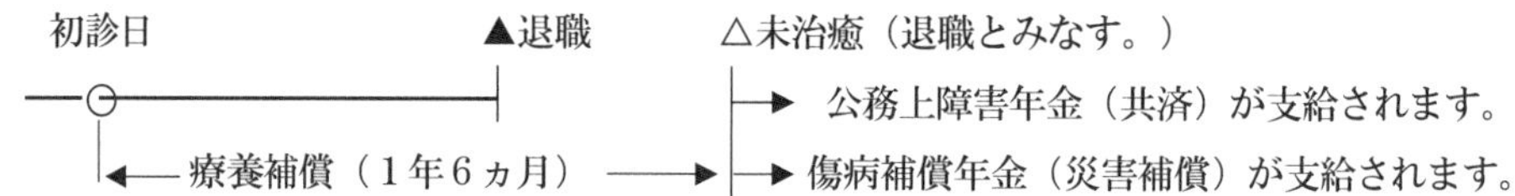

③　公務上障害年金の額（通年方式は従前額保障の場合）

次の式の一般方式又は通年方式によって計算した額のうち高い方の額が支給されます。

【１級】（通年方式（本来水準）は、30/100→28.5/100、令和２年度改定率＝1.001）

一般方式＝（俸給年額×80/100）＋（俸給年額×1.5/100×20年を超える組合員期間年数）

通年方式＝｛（定額部分＋報酬比例部分）×1.25＋（俸給年額×30/100）｝×従前額改定率

【２級】（通年方式（本来水準）は、20/100→19/100、令和２年度改定率＝1.001）

一般方式＝（俸給年額×60/100）＋（俸給年額×1.5/100×20年を超える組合員期間年数）

通年方式＝｛（定額部分＋報酬比例部分）×1.00＋（俸給年額×20/100）｝×従前額改定率

【３級】（通年方式（本来水準）は、10/100→9.5/100、令和２年度改定率＝1.001）

一般方式＝（俸給年額×40/100）＋（俸給年額×1.5/100×20年を超える組合員期間年数）

通年方式＝（定額部分＋報酬比例部分）×0.75＋（俸給年額×10/100）×従前額改定率

通年方式の場合の定額部分（令和２年度価格）、報酬比例部分及び俸給年額

定　額　部　分：733,450円＋36,673円×20年を超える組合員期間の年数（15年限度）

俸給比例部分：俸給年額×20/100＋俸給年額×1/100×20年を超える組合員期間の年数

俸　給　年　額：俸給年額(平成６年水準)×1.002（従前額改定率）　→ **20年が限度**

※　一般方式（昭和61年４月改正前）の額には、昭和61年４月以後物価スライドは適用されません。

④　最低保障額及び最高限度額

俸給年額を超える時は俸給年額を限度とし、次の額に満たない時は次の額が保障されます。

【１級】＝5,134,000円（令和２年度価格）

【２級］＝3,349,100円（令和２年度価格）

【３級】＝2,323,000円（令和２年度価格）

【注】障害共済年金の最低保障額に障害基礎年金の額を加えた額が、旧障害年金の最低保障額（上限額は、俸給年額の97.25%）です。（60国共済改正法附則第42条①関係）

⑤　扶養加給

受給権者の退職の当時から主として組合員の収入により生計を維持する被扶養者（健康保険法と同趣旨）がいる場合は、前項④の最低保障額に、次の区分に応じて扶養加給された額が最低保障額になります。（60国共済改正法附則第42条、61国共済経過措置令第42条②）

ア　配偶者 ……→ 208,300円（令和２年度価格）

イ　その他の被扶養者（【　】内は配偶者がいないときの額）

１人目 ……→ 65,100円【141,300円】（令和２年度価格）

２人目 ……→ 65,100円【 65,100円】（令和２年度価格）

３人目から１人につき ……→ 14,400円【 14,400円】（令和２年度価格）

⑥　障害補償年金との調整（従前額の場合）

公務による障害年金は、原則として国家公務員災害補償法（民営化された旧三公社の共済組合員が労災法による補償給付を受ける場合も含まれる。）による障害補償年金が支給されている間は、共済組合から支給される次の額が支給停止されます。（国共済法第87条の４）

【１級】 俸給年額（平成６年水準）×30/100
【２級】 俸給年額（平成６年水準）×20/100
【３級】 俸給年額（平成６年水準）×10/100
（各級共通）×1.002（令和２年度従前額改定率）

【注】 平成12年4月改正後の新給付乗率は、1級（28.5/100）、2級（19/100）、3級（9.5/100）になります。

⑵ 旧法による公務外の障害年金

① 公務外の旧法障害年金の支給要件

公務外の障害年金は、組合員が公務によらないで病気又は負傷し、その傷病の結果として、退職時に法別表に掲げる障害の状態にある場合に、その者がその障害の状態にある間支給され、退職の日から５年以内に障害の状態に該当した場合は、その期間内に組合に請求があったときは、請求のあった月に受給権が発生し、翌月より支給されます。

また、退職の際、私傷病について共済組合から療養の給付又は療養費の支給（老人保健法に定める医療給付を含む。）を受けており、かつ、その受給期間が初診日から１年６ヵ月を経過していないときは、厚生年金保険法と同じく１年６ヵ月を経過した日（その期間内に治癒又は症状が固定したときはその日）を「退職の日」として取り扱うことになります。

なお、初診日において組合員期間（他の公的年金制度に係るカラ期間以外の旧通算対象期間を含む。）が１年以上あることが要件となっていますが、１年未満のとき（下図参照）は障害一時金が支給されます。

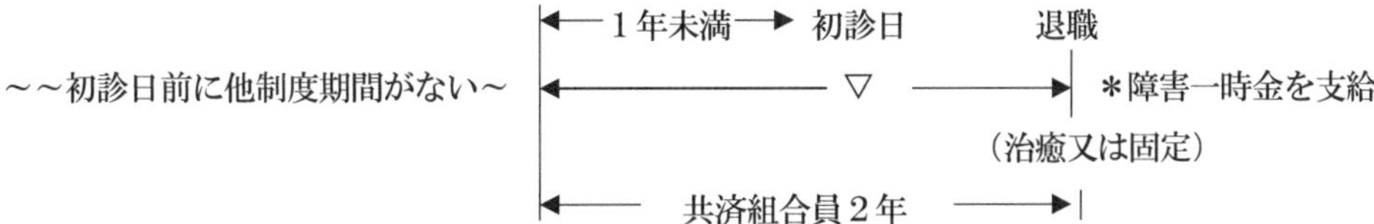

② 公務外障害年金の額（通年方式は従前額保障の場合）

次の式の一般方式又は通年方式によって計算した額のうち多い額が支給されます。

【１級】

一般方式＝（俸給年額×50/100）＋（俸給年額×1/100×10年～20年の組合員期間年数）＋（俸給年額×1.5/100×20年を超える組合員期間年数）

通年方式＝（定額部分＋俸給比例部分）×125/100

ア　定額部分（令和２年度）＝733,450円＋36,673円×20年を超える組合員期間の年数（15年限度）

イ　俸給比例部分＝（ｉ＋ⅱ）×1.002（令和２年度従前額改定率）

ｉ） 俸給年額（平成６年水準）×20/100

ⅱ） 俸給年額（平成６年水準）×1/100×20年を超える組合員期間の年数（１年未満切り捨て、20年を限度）

【２級】

一般方式＝（俸給年額×40/100）＋（俸給年額×1/100×10年～20年の組合員期間年数）＋（俸給年額×1.5/100×20年を超える組合員期間年数）

通年方式＝（定額部分＋俸給比例部分）×100/100　※定額部分及び本俸比例部分の額は第１級参照

【３級】

一般方式＝（俸給年額×30/100）＋（俸給年額×1/100×10年～20年の組合員期間年数）＋（俸給年額×1.5/100 ×20年を超える組合員期間年数）

通年方式＝（定額部分＋俸給比例部分）×75/100　※定額部分及び本俸比例部分の額は第１級参照

【注】一般方式（昭和61年４月改正前）の従前額には、昭和61年4月以後物価スライドは適用されません。

③　最低保障額（60国共済改正法附則第42条関係）

次の各段（１級から３級まで）に掲げる額(令和2年度価格)が、旧障害年金の最低保障額です。

〔１級〕 1,289,800円
〔２級〕 1,054,300円
〔３級〕 781,700円
＝平成16年度価格×1.001（令和２年度改定率）

⑶　**在職者の支給停止額**（60国共済改正法附則第44条、61経過措置政令第43条）

①　**一元化前の在職調整**

障害年金受給権者が再び組合員（地方を含む）となった場合において、障害共済年金と同じように、支給調整を行ないますが、基本月額の算定は、当該障害年金の計算の基礎となった組合員期間を基に、平成27年10月改正前国公共済法第82条第１項に定める「障害共済年金」の額を用いて計算した額になります。すなわち、障害年金には、定額部分（障害基礎年金相当額）が含まれていたため、新法による障害共済年金の支給停止額とのバランスを考慮した額とされています。

②　**一元化後による在職停止の廃止**

障害給付の在職調整は、厚生年金保険制度にない制度でしたので、平成27年10月の被用者年金制度の一元化により廃止となりました。

⑷　**障害一時金**

組合員期間が１年以上ある者については、その傷病が治癒したあとに、障害の状態が障害年金に該当しない程度の場合又は組合員期間等が１年未満であるため障害の状態は法別表に該当しているにもかかわらず障害年金が支給されない場合には、障害一時金が支給されます。

また、退職後３年を経過するも症状が固定しないときは、３年を経過した日に障害一時金が支給されます。

①　一時金の額

障害一時金は、組合員期間に関係なく一律俸給（年俸の12分の１）の12ヵ月分です。

②　退職給付との調整

障害一時金は、通算退職年金と併給とされますが、退職、減額退職年金を受けられる者には支給されません。

③　通勤災害による障害補償給付との調整

国家公務員災害補償法等による通勤災害に係る障害補償が行われるとき、障害一時金は、支給されません。

⑸　**昭和51年６月３日（法律第52号）による障害年金に係る改正措置**

①　障害認定日は、初診日から「３年」が「１年６ヵ月」に短縮されました。

②　組合員期間要件に旧通算年金通則法による他の公的年金制度加入期間（カラ期間を除く。）を算入できることになりました。

⑹　**年金額の改定**

障害の程度が増進した場合は、公務上及び公務外いずれの障害年金についても受給権者の請求により、障害程度に応じた年金額に改定されます。

⑺ **障害年金受給権者の再任改定**

受給権者が再任用され、再退職した場合において、障害等級に該当しているときは、前後の組合員期間を合算して、再計算した額に改定されます。ただし、再退職時に障害等級が減退している場合には、従前の等級ではなく退職時の障害の状態に基づく等級により改定されます。

⑻ **失　権**

旧厚生年金保険と同じです。（60国共済改正法附則第43条②-3）

第８節　施行日前に発生した傷病に係る障害基礎年金等の経過措置

1　施行日前の国民年金の被保険者等であった間に初診日がある傷病に係る経過措置

⑴ **昭和59年９月30日までの国民年金被保険者であった間に初診日がある傷病に係る障害基礎年金の支給要件に関する経過措置**（61経過措置政令第31条）

障害認定日において障害の程度が軽度で、障害認定日以後に旧法別表に定める障害の状態に一度も該当しなかった者又は障害の状態に該当していたが施行日前に請求しなかった者（65歳未満である者に限る。）に係る障害基礎年金の保険料納付要件は、昭和51年改正法（法律第63号）によります。

したがって、傷病に係る初診日又は障害認定日において、当時の保険料納付要件に該当しなかったことにより改正前の障害年金に該当しなかった者は、施行日（昭和61年４月１日）以後の障害基礎年金の支給要件に該当しないことになります。（61経過措置政令第31条）

⑵ **施行日前に発生した傷病による障害で、初診日に国民年金被保険者であった者又は被保険者でなかった者に係る障害基礎年金の支給要件に関する経過措置**（60改正法附則第23条①）

① 昭和61年４月１日前に発病（初診日が施行日前に限る。）し、かつ、65歳前に初診日がある次の傷病を障害基礎年金の支給対象とする措置（61経過措置政令第29条①）

ア）初診日に旧国年法の被保険者であった者又は初診日に旧国年法の被保険者でなく、かつ、65歳に達する日の前日までの間に初診日がある傷病。

イ）施行日前の被用者年金制度の被保険者又は共済組合の組合員だった間に発した傷病。

【留意】　厚年の被保険者の資格を喪失後に初診日がある場合を含みます。
ただし、昭和40年５月１日前の旧厚年法による第四種被保険者及び同日前の旧船保法による船員年金任意継続被保険者期間である間に発した傷病は除かれます。なお、初診日が施行日以後にある場合は、272頁⑹を参照願います。

② 昭和59年10月１日から昭和61年３月31日までの間に初診日があり、かつ、旧国年の被保険者期間に初診日がある傷病に係る保険料納付要件（61経過措置政令第29条②）

改正前の保険料納付要件と併用になります。ただし、障害認定日が昭和61年３月31日までにある場合は、障害年金が旧法扱いとなるため改正前の支給要件によります。

③ 昭和59年10月１日から昭和61年３月31日までの間に初診日があり、初診日に旧国年の被保険者でなかった者の保険料納付要件（61経過措置政令第29条③）

初診日に被保険者でなく、かつ、60歳以上65歳未満である者の障害基礎年金の支給要件は、旧国年法第30条①又は60改正法附則第20条①（初診日の属する前々月以前の直近の被保険者期間に係る月までの１年間に保険料滞納期間がないこと。）に規定されています。なお、施行日前の初診日において旧国年の被保険者でない者は、旧国年法に定める老齢年金の受給資格（短縮措置含む。）を満たしている場合に限り、障害基礎年金が支給されます。

④　昭和59年10月１日から昭和61年３月31日までの間に初診日があり、かつ、厚年の被保険者又は旧船保の被保険者期間にある傷病に係る保険料納付要件（61経過措置政令第29条④）

改正前の被保険者期間要件（初診日の前月までにカラ期間以外の旧通算対象期間を６ヵ月必要とすること。）と改正後の保険料納付要件（被保険者期間の３分の１を超える保険料滞納期間がないこと。）が併用されます。

ただし、障害認定日が昭和61年３月31日までにある場合は、障害年金が旧法扱いとなるため改正前の支給要件に限られ、昭和40年５月１日前の第四種被保険者及び同日前の船員保険年任意継続被保険者であった間に発した傷病は除外されます。

⑤　昭和59年10月１日から昭和61年３月31日までの間の組合員（農林漁業団体職員共済組合の任意継続組合員を含む。）であった間に初診日がある傷病に係る保険料納付要件

この場合は、改正前の要件（旧通算対象期間が１年以上）と改正後の保険料納付要件が併用されます。ただし、受給権発生日（障害認定日）が昭和61年３月31日までにある場合は、障害年金が旧法の支給要件となります。（61経過措置政令第29条⑤）

⑥　初診日が昭和60年７月１日前にある者等の事後重症制度の適用（61経過措置政令第30条）

新年金制度の施行に伴い事後重症制度は、国民年金制度に合わせて「５年以内に該当及び請求」の条項が撤廃された代わりに、「65歳に達する日の前日までに障害等級に該当し、かつ請求があった場合」に改められました。ただし、次に該当する者は経過的に65歳以後も請求できます。

なお、この場合、前段の「初診日から５年」は「障害を認定すべき日から５年」に読み替えられます。（国共済法34条①　地共済法35条①　私学共済法36条①　旧農林共済法37条①）

ア　厚年及び旧船保に係る傷病については、昭和60年7月1日（事後重症制度の施行日）前に初診日がある場合は、初診日から５年以内に障害に該当し、かつ、請求があったとき。

イ　施行日（昭和61年4月1日）前の共済組合員であった間に発症した傷病により障害の状態にあるとき。

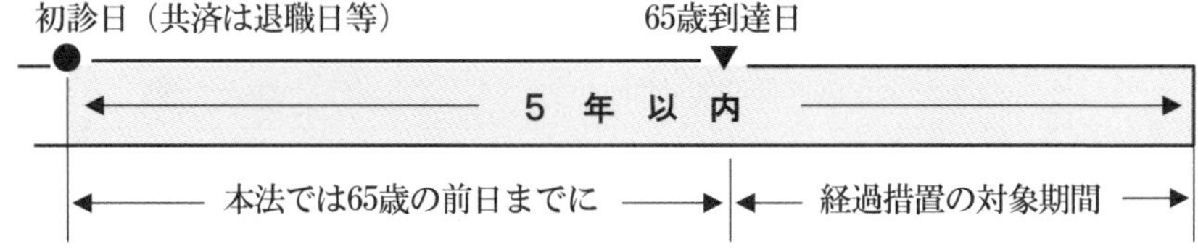

(3) **基準障害の原因となった傷病の初診日が施行日前の被用者年金制度の加入中にあり、基準障害と併合して初めて障害基礎年金に該当する場合の経過措置**（61経過措置政令第39条）

被用者年金制度の被保険者又は組合員（農林共済の任意継続組合員を含む。）であった間に基準傷病の初診日がある基準障害についても、新国年法第30条の３①に該当するものとみなされ、基準障害と併合して初めて２級以上となった場合、障害基礎年金の支給対象になります。

(4) **初診日が20歳前の被用者年金制度加入中であって、かつ、施行日前にある傷病の取扱**

施行日前の被用者年金制度加入中に初診日がある場合は、20歳前障害による障害基礎年金を支給しないことになっています。（61経過措置政令第40条）

なお、昭和61年４月以後の20歳前に初診日のある傷病による障害基礎年金の事後重症制度（旧国年

法第30条の４第２項）では、被用者年金制度の被保険者又は組合員である間に初診日のある傷病によるものを除外しています。ただし、旧国年法第30条又は30条の２に該当するため、被用者年金の障害厚生年金等と障害基礎年金が併給されます。

⑸ **20歳前に初診日のある傷病による障害が複数併存する場合の取扱**

国年法第30条の４第１項では、20歳前に初診日がある傷病による障害が複数併存する場合、最後に初診日がある障害に係る障害認定日（20歳前に障害認定日がある場合は20歳到達日）において、20歳到達日以後に初診日がある障害基礎年金の支給要件でいえば、「国年法第30条の２（事後重症）又は第30条の３（基準障害により初めて該当）あるいは、第34条④（その他障害による併合改定）」に該当する場合であっても、国年法第31条の併合認定に該当する場合を除いて、20歳到達日において、障害認定日のある障害の程度を全て併合した障害等級に基づき20歳前の障害基礎年金が支給されます。

例. 1)　所得制限のある障害基礎年金が20歳到達日に発生する事例

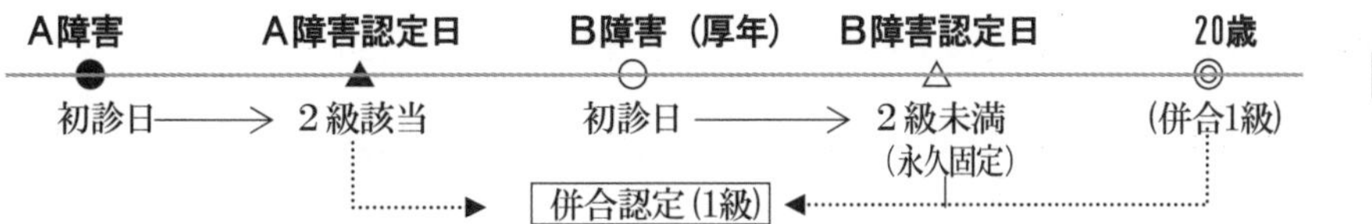

【注】障害厚生年金（３級）が発生する場合は障害基礎年金（１級）と選択関係になる。

例. 2)　国年法第30条の４②が適用されないため、20歳到達日においてＢ障害を含めて２級以上に該当するか、20歳以後に国年法第31条に該当し併合認定となる事例

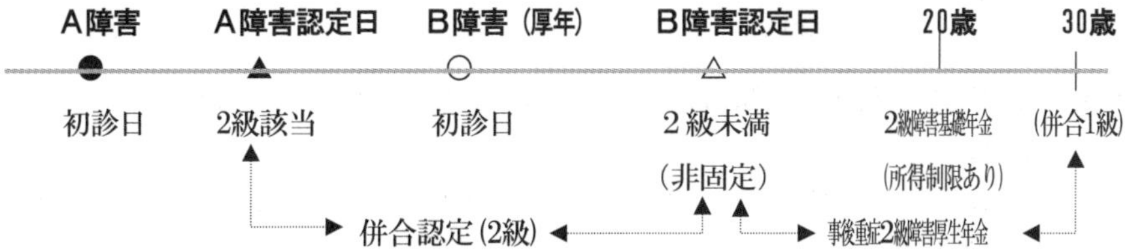

例. 3)　20歳前障害基礎年金と障害厚生年金の併合認定で障害厚生年金（１級）が発生する事例

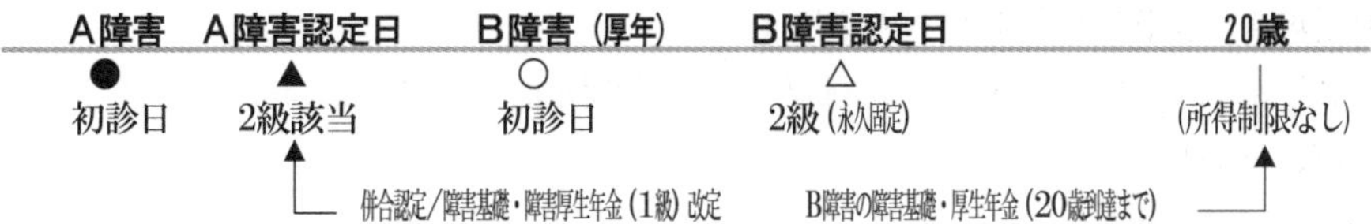

⑹ **初診日（昭和61年４月１日以後に限る。）が60歳以上65歳未満の間にある傷病に係る障害基礎年金の経過措置**

国年法第30条①-2の適用にあたって、施行日前の被用者年金制度の被保険者又は組合員（旧農林共済組合の任意継続組合員を含む。）期間を有する者は、国年の被保険者（施行日以後の２号被保険者を含む。）期間を有することなく、施行日以後に初診日がある傷病により障害の状態となった場合、国年の被保険者であった者とみなされます。（61経過措置政令第41条）

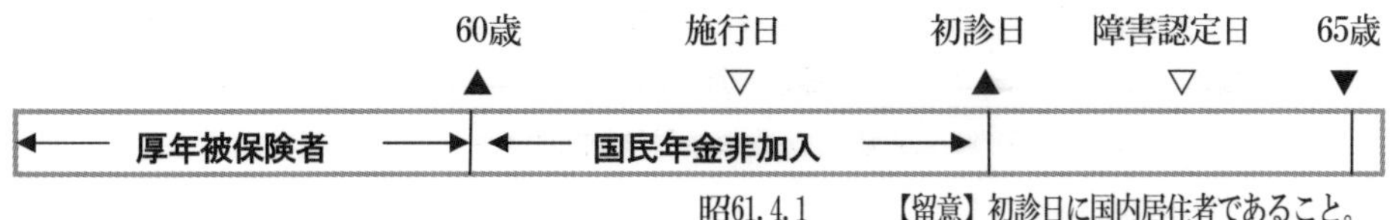

【留意】初診日に国内居住者であること。

(7) 経過的「障害福祉年金」の施行日以後における経過措置 (60改正法附則第23条②)

旧国年法第81条③（昭和39年改正の障害対象疾病の範囲拡大及び未治癒である傷病に対して支給される障害福祉年金の支給要件）を引き継いだもので、昭和36年３月31日以前に初診日のある傷病が昭和39年８月１日において未治癒であり、かつ、障害の程度が旧法別表に該当しなかった者が施行日以後に重度となり、70歳に達する日の前日までに新国年法令別表に定める障害等級に該当する程度の障害の状態になったときに障害基礎年金が支給されます。

ただし、初診日において20歳未満だった者（他の支給要件で支給される為）及び昭和34年11月１日から昭和36年３月31日までの間におけるその傷病の初診日において被用者年金制度の被保険者だった者は、厚生年金保険加入期間が短いため厚生年金保険法から障害年金が支給されない場合であっても障害基礎年金は支給されません。

【注】 この年金は、70歳到達日の前日までの障害等級に該当した日に受給権を取得し、請求のあった月の翌月から支給開始されます。（61経過措置政令第42条）

【例. 1】 20歳前に初診日がある傷病については、国年法30条の４に引き継がれました。

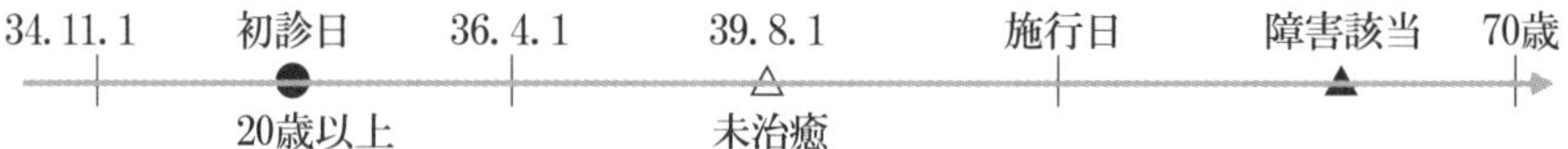

【例. 2】 施行日前に法別表に該当している場合は、60改正法附則第25条該当になります。

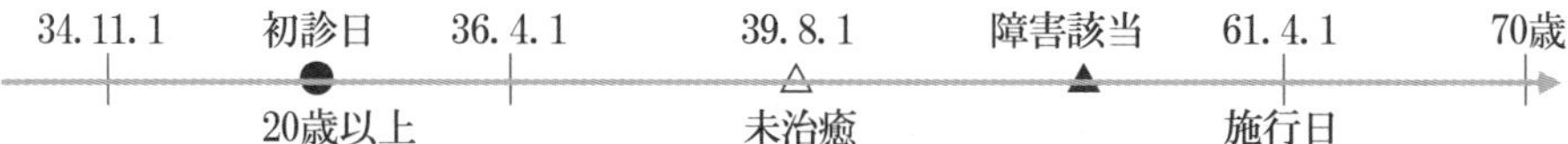

【例. 3】 被用者年金制度の期間に初診日がある場合、その制度の障害年金を受けられない場合に限られています。

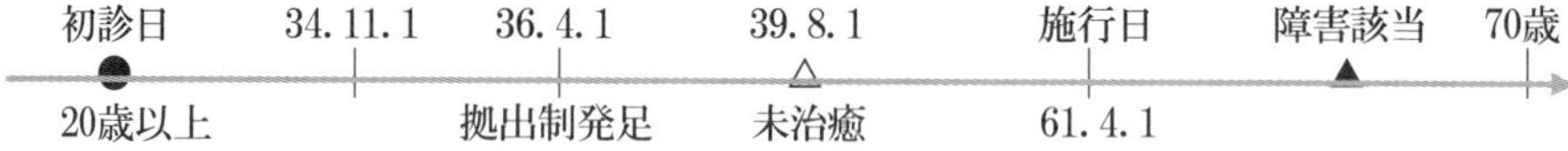

2 旧国年法による保険料納付要件の改正経過

旧国年法による障害年金の保険料納付要件に係る制度発足から新国民年金法の施行日前までの改正経過は次のとおりです。

【制度制定当時／昭和34. 11. 1 】

旧国年法制定当時の障害年金の支給要件のうち、保険料納付要件（現行の事後重症制度による障害基礎年金の場合を含む。）は、次の①又は②に該当すればよいことになっていました。

① 被保険者中に初診日があり、かつ、初診日の前日において次のいずれかに該当すること。

ア 初診日の属する月の前月までの被保険者期間に係る保険料納付済期間が15年以上あること。

イ 初診日の属する月の前月までの被保険者期間に係る保険料納付済期間が５年以上であり、かつその被保険者期間のうち保険料免除期間を除いたものの３分の２以上を占めること。

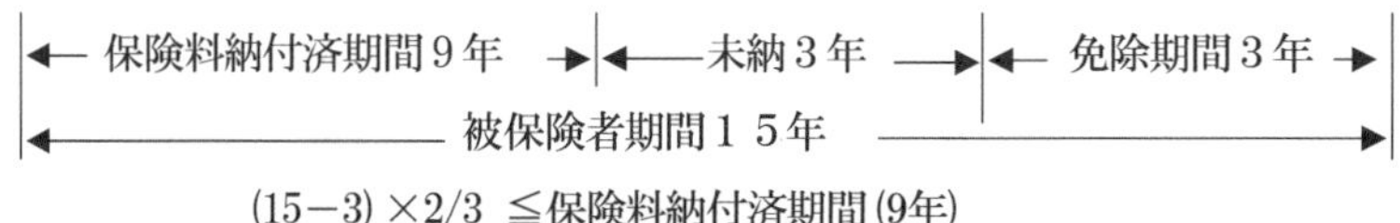

ウ 初診日の属する月前における直近の基準月（１月，４月，７月，10月）の前月まで引き続き３年以

上被保険者期間があり、その期間の全てが保険料納付済期間又は１年６ヵ月を超えない保険料免除期間で満たされていること。

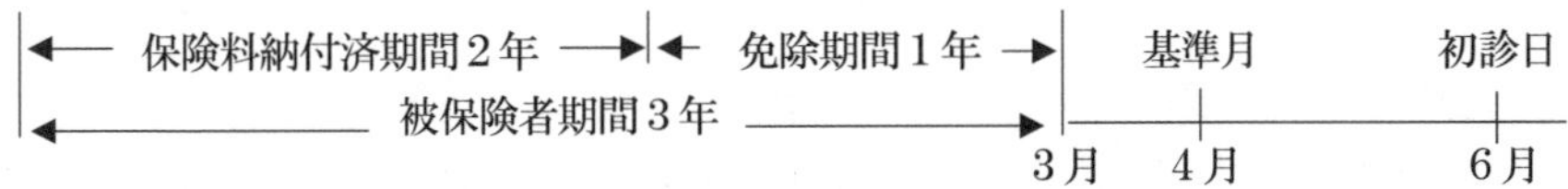

エ　初診日の属する月の前月までの被保険者期間で、老齢年金（経過措置による短縮含む。）の保険料納付要件を満たしていること。

②　初診日において被保険者でなかった者は、次のア及びイのいずれにも該当すること。

ア　初診日において65歳未満であること。

イ　初診日の前日において、老齢年金（経過措置による短縮含む。）の保険料納付要件を満たしていること。

【昭和36.4.1改正】

制度発足当時の保険料納付要件は、保険料納付が始まると同時に次の改正ありました。

①　老齢年金の支給繰上げ者に対する権利の制限

当該傷病の初診日において、老齢年金の支給の繰上げを受けている者は、障害年金の支給を受けられないこと。

②　保険料納付要件の緩和

短期間で受給権が満たせるように、次の保険料納付要件が新設されました。

○　初診日の属する月前における直近の基準月（１月、４月、７月,、10月）の前月まで引き続き１年以上被保険者であって、その期間の全てが保険料納付済期間であること。

【昭和37.4.28 改正】

《保険料納付要件の緩和》

制度発足当時の旧国年法第30条第１項１号（ロ）の「初診日の属する月前における直近の基準月（1月,4月,7月, 10月）の前月まで引き続き３年以上被保険者期間があり、その期間の全てが保険料納付済期間又は１年６ヵ月を超えない保険料免除期間で満たされていること。」の規定から＿＿線部分が削除されました。

【昭和41.12.1 改正】

①　保険料納付要件の基準日の変更

保険料納付要件等をみる基準日を「初診日」から「障害認定日」に改正されました。そのため、傷病に罹ってからでも、障害認定日までに保険料を納付すれば障害年金を受給できることになりました。

②　旧国年法第30条第１項１号（ハ）の規定の改正

○　障害認定日の属する月前における直近の基準月（1月、4月、7月、10月）の前月までの被保険者期間が１年以上あり、かつ、その被保険者期間のうち最近の１年間が保険料納付済期間で満たされていること。　【注】＿＿＿線部分が改正部分

【解説】この改正の趣旨は、季節労働者のように国民年金と厚生年金保険の間を転々としたり、漁船員のように国民年金と船員保険の間を乗下船の都度移り変わる者の救済措置として改正されました。例えば、次図のように基準月の前月まで引き続く被保険者期間が１年以上ない場合であっても、通算して１年以上あり、最近の１年間（$\alpha + \beta = 1$年）が保険料納付済期間であればよいことになります。

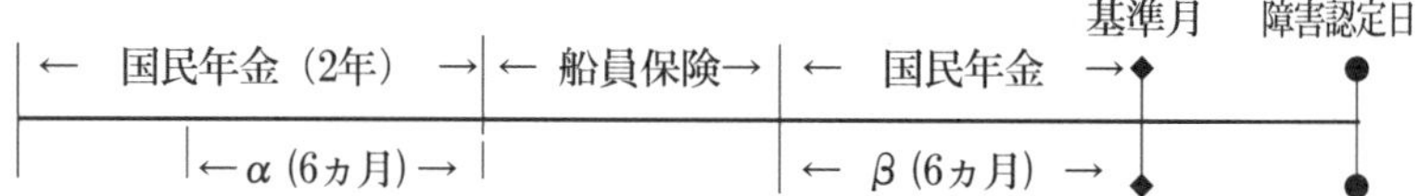

③　老齢年金繰上げ受給者の権利の制限の撤廃

初診日において、老齢年金の支給の繰上げを受けている者に係る障害年金の受給権は発生しないこととされていましたが、この条項が削除されました。これによって、老齢年金を繰上げ支給を受けていても障害年金が支給されることになりました。

④　事後重症制度の創設

障害認定日における障害の状態になかった者が、65歳に達する日の前日までに障害の状態に該当した場合に、障害年金が支給されることになりました。

【昭和51.10.1 改正】

《保険料納付済期間に他制度期間を通算》

保険料納付要件として、「初診日の属する月前における直近の基準月の前月までの通算年金通則法第4条第1項各号に掲げる他の公的年金期間（カラ期間は除く。）を合算した期間が1年以上であり、かつ、同月までの1年間のうちに保険料納付済期間以外の被保険者期間がないこと。」が新たに加わりました。

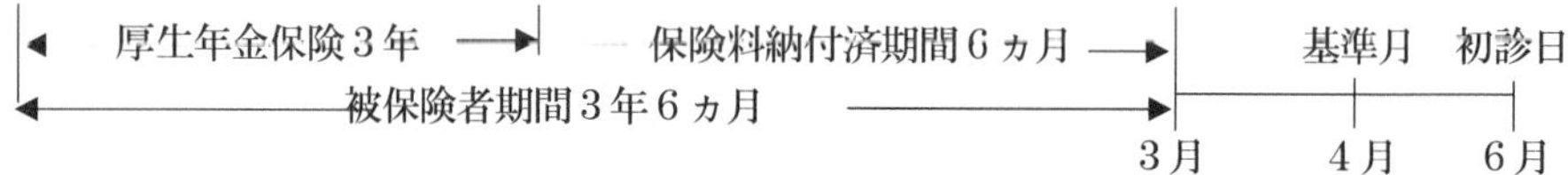

【注】直近の基準月の前月までの1年間に未納期間又は免除期間がないこと。

【昭和52.8.1改正】

①　初診日から 障害認定日までの期間の変更

障害認定日が「傷病の初診日から3年経過日」から「傷病の初診日から1年6ヵ月経過日」に改正されました。なお、次の経過措置がとられましたが、保険料納付要件は②のただし書きのとおり、昭和51年9月30日以前に初診日のある傷病については、従前の通りです。

ア　初診日が昭和49年8月1日から昭和51年1月31日までにある場合の障害認定日は、傷病の初診日から1年6ヵ月経過日を障害認定日とすること。なお、昭和51年8月1日に法別表に該当する場合は、昭和51年8月1日に受給権が発生し、当月から支給されること。

イ　初診日が昭和51年2月1日から昭和51年9月30日までにある場合の障害認定日は、傷病の初診日から1年6ヵ月経過日とすること。なお、障害認定日に法別表に該当する障害の状態にある場合は、障害認定日に受給権が発生し、翌月支給されること。

②　保険料納付要件の基準日の変更

昭和41年12月1日に改正された保険料納付要件の基準日は、傷病の発生後に保険料納付要件等を満たすのでは不合理であることから、「障害認定日」から「初診日」に変更されました。

ただし、経過措置により昭和51年9月30日以前に初診日のある傷病については、従前の「障害認定日」を基準とします。

【昭和60.7.1改正】

《事後重症制度の請求期限の撤廃》

新年金制度の施行に先駆けて、被用者年金の事後重症制度の請求期限（初診日から5年以内の限定を撤廃）の改正が行われました。

なお、被用者年金制度加入中に発した傷病に係る国年法の事後重症制度による障害基礎年金の支給に関する取扱は、昭和61年４月１日から施行されました。

【表. 21】昭和51年改正法（法律第63号）における旧国年法による障害年金の経過措置一覧

初　診　日	障害認定日	納付要件をみる時期	受給権発生日及び支給開始日
昭和36. 4. 1～ 昭和41. 11. 30	初診日から ３年経過日	A. 初診日の前日	←41. 11. 30以前の初診日 (A) 初診日　障害認定日 ●――△―― ←３年→　49. 8. 1 (B) 41. 12. 1以後初診日→　→支給開始
昭和41. 12. 1 ～ 昭和49.　7. 31		B. 障害認定日の前日	
昭和49. 8. 1～ 昭和51.　1. 31	初診日から １年６ヵ月 経過した日	障害認定日の前日	昭和52. 8. 1前に障害認定日があり、法別表に該当している時は、受給権発生と支給開始月が同一で、昭和52年8月分から支給されます。 初診日　51. 2. 1　障害認定日　→支給開始 49. 8. 1　←１年６ヵ月→　52. 8. 1 ←１年６ヵ月→
昭和51. 2. 1～ 昭和51.　9. 30	初診日から １年６ヵ月 経過した日	障害認定日の前日	障害認定日に、法別表に該当している場合は同日に受給権が発生し、翌月から年金が支給されます。 初診日　51. 10. 1　障害認定日　→支給開始 51. 2. 1　←１年６ヵ月→　52. 10. 1 51. 3. 4　52. 9. 4
昭和51. 10. 1 ～	初診日から １年６ヵ月 経過した日	初診日の前日	障害認定日に法別表に該当している場合は同日に受給権が発生し、翌月から年金が支給されます。 初診日　52. 8. 1　障害認定日　→支給開始 51. 10. 1　←１年６ヵ月→　53. 7. 1 51. 12. 4　53. 6. 4

【表. 22】 旧国年法による障害年金の主な改正経過一覧表

施行年月日 法律公布番号	障害の範囲拡大	障害認定日	事後重症制度	要件の基準日	法別表非該当	保険料納付要件等の改正経過
昭36年4月1日 36年法律第167号	外部障害のみ ○視覚障害 ○聴力障害 ○平行機能障害 ○咀嚼機能障害 ○音声言語機能の障害 ○肢体不自由	治癒した日 又は 症状固定日	なし	初診日の前日	失権	△外部障害は原因が内部でも現れた障害が外部障害であればよかった。 △併合認定制度
昭37年4月28日 37年法律第92号						△納付要件の緩和 P. 79参照
昭39年8月1日 39年法律第87号	内部障害に拡大 ▲附2-8 ○結核性疾患障害 ○換気機能障害 ○非結核性の呼吸器の機能障害 ○精神の障害（精薄&神経症除く）	初診日から3年を経過した日（その前に治癒又は症状が固定した時はその日） ▲附6				納付要件の緩和はなし。
昭40年8月1日 40年法律第93号	精神薄弱に拡大 ▲附2-5, 6, 8, 9					納付要件の緩和はなし。
昭41年12月1日 41年法律第92号	全障害に拡大 ▲附2, 3-5, 6, 9, 10 ○心機能障害 ○腎臓機能障害 ○肝臓機能障害 ○血液疾患等障害等が追加される		事後重症制度の導入 ▲附3 ▲附9	障害認定日の前日 ▲附3 ▲附9		△納付要件の緩和 P. 79参照
昭45年7月1日 45年法律第86号					失権支給停止 ▲附5	納付要件の緩和はなし。
昭46年11月1日 46年法律第13号						△障害を支給事由とする老齢年金の
昭49年1月1日 48年法律第92号						△障害を支給事由とする老齢年金の創設【注】▲附7 △障害を理由とする老齢年金の最低保障創設（▲附2）
昭49年3月1日 48年法律第92号						
昭51年10月1日 51年法律第63号		初診日から1年6ヵ月経過した日 ▲附23		初診日の前日 ▲附20	被用者年金制度の事後重症の初診日から5年以内撤廃	△経過措置の概要は、P. 78参照 ▲附20、19
昭52年8月1日 51年法律第63号				初診日の前日 ▲附20		納付要件の緩和はなし。
昭60年7月1日 60年法律第34号		初診日から1年6ヵ月経過した日 ▲附23				

【注】障害者である70歳未満の者に係る老齢福祉年金の支給の特例
老齢福祉年金の受給資格者で、65歳以上70歳未満である者が障害認定日以後70歳に達する日の前日までに法別表に定める障害の状態（1級、2級）に該当した場合、70歳未満であっても、老齢福祉年金が支給されます。

3　施行日前の厚生年金保険の被保険者であった間に発生した傷病に係る経過措置

⑴　施行日前に発病日又は初診日がある傷病に係る事後重症の取扱（60改正法附則第23条①）

障害の原因となった傷病が、旧厚年の被保険者であった間に発生し、その傷病の発病日又は初診日が施行日前にある場合の事後重症制度による障害基礎年金及び障害厚生年金に係る障害認定日並びに被保険者期間要件に関する経過措置は次のとおりです。

いずれも、その傷病の発病が旧厚年の被保険者期間（旧船保の被保険者期間を除く。）であった期間にあり、初診日又は療養の給付開始日当時の厚年の被保険者期間要件に該当する場合に限ります。(61経過措置政令第32条)

なお、発病が施行日前で、初診日が施行日以後にある傷病に係る障害基礎年金並びに障害厚生年金の支給要件は次の項⑵を参照願います。

① 昭和17年10月１日前に初診日（健保の被保険者であった厚年の被保険者については療養の給付開始日をいい、以下は「初診日等」という。」）があるもの。

ア　障害認定日

初診日等から１年を経過した日

イ　被保険者期間要件

障害認定日（初診日等から１年経過日）前の５年間に厚年の被保険者期間（みなされた旧船保の被保険者期間を除く。）が３年以上あること。

② 初診日等が昭和17年10月１日から昭和22年８月31日までにある傷病及び初診日等が昭和22年９月１日から昭和27年４月30日までの間にあって昭和22年9月1日前に発病したもの。

ア　障害認定日

初診日等から２年を経過した日

イ　被保険者期間要件

障害認定日（初診日等から２年経過日）前の５年間に厚年の被保険者期間（みなされた旧船保の被保険者期間を除く。）が３年以上あること。

③ 初診日等が昭和22年９月１日から昭和26年10月31日までの間にあって昭和22年９月1日以後に発病したもの。

ア　障害認定日

初診日等から２年を経過した日

イ　被保険者期間要件

障害認定日（初診日等から２年経過日）前の厚年の被保険者期間（みなされた旧船保の被保険者期間を除く。）が６ヵ月以上あること。

④ 初診日（健保で療養の給付を受けた者は療養給付開始日）が昭和26年11月１日以降であり、かつ初診日が昭和49年８月１日前にある傷病（初診日が昭和27年５月１日前であって、昭和22年９月１日前に発病したものを除く。）

ア 障害認定日

初診日（健保で療養の給付を受けた者は療養給付開始日）から３年を経過した日

イ 被保険者期間要件

障害認定日（初診日又は療養の給付開始日から３年経過日）前の厚年の被保険者期間（みなされた旧船保の被保険者期間を除く。）が６ヵ月以上あること。

⑤　初診日が昭和49年８月１日から昭和51年９月30日までの間にある傷病

ア　障害認定日

初診日から１年６ヵ月を経過した日

イ　被保険者期間要件

障害認定日（初診日等から１年６ヵ月経過日）前の厚年の被保険者期間（みなされた旧船保の被保険者期間を除く。）が６ヵ月以上あること。

⑥　初診日が昭和51年10月１日から昭和59年９月30日までの間にある傷病

ア　障害認定日

初診日から１年６ヵ月を経過した日

イ　被保険者期間要件

初診日の属する日の前月までの旧通算年金通則法（昭和36年法律第181号）第４条①各号に掲げる通算対象期間（カラ期間を除く。）が６ヵ月以上あること。

⑦　初診日が昭和59年10月１日から昭和61年３月31日までの間にある傷病

新制度の保険料納付要件か前項⑥に該当すると、障害基礎年金及び障害厚生年金の保険料納付要件に該当します。なお、昭和61年４月１日前に治癒した場合、旧法障害年金になります。

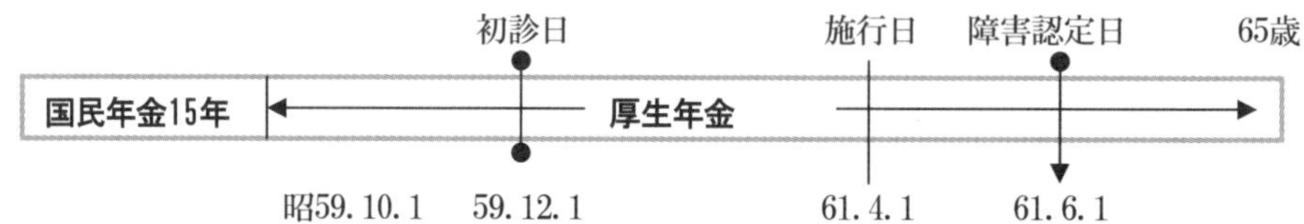

【注】　この取扱は、旧船保の被保険者及び各共済組合の組合員である間に発生した傷病についても同様です。　(61経過措置政令第29条④、第78条②)

⑵　**発病が施行日（昭和61年４月１日）前にあり、<u>初診日が施行日以後にある傷病</u>に係る障害基礎年金並びに障害厚生年金の経過措置**(61経過措置政令第29条①　第78条①)

旧厚年の被保険者（旧船保の被保険者を含み、昭和40年５月１日前における第四種被保険者及び船員年金任意継続被保険者を除く。）期間に発した傷病であって、施行日以後に初診日がある場合も障害基礎年金及び障害厚生年金の支給対象となりますが、その場合は、新法の保険料納付要件等に基づき支給されます。（60改正法附則第64条①）

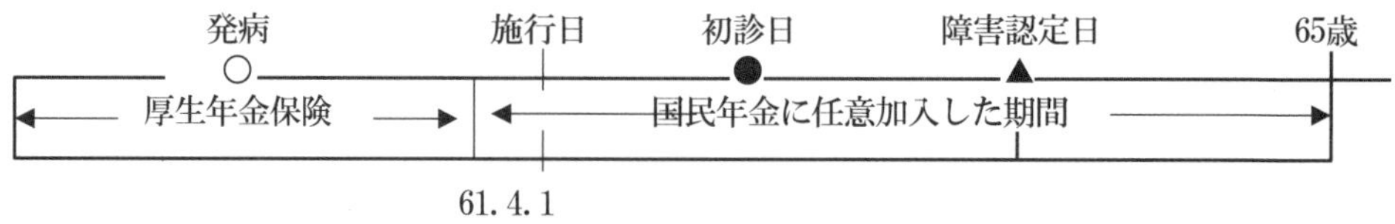

⑶　**施行日前の国年の被保険者（又は公的年金非加入）であった間に発生した傷病で、初診日が施行日前の厚年の被保険者であった間にある傷病に係る経過措置**

①　旧厚年法では、被保険者となる前に発生した傷病は、障害給付の対象となりません。

また、初診日に被保険者でない者の旧国年法による障害年金は、65歳未満で、かつ、旧老齢年金の受給資格期間を満たしている者（短縮措置含む。）に限られています。

［図例.1］　昭和２年４月２日生まれの者の事例

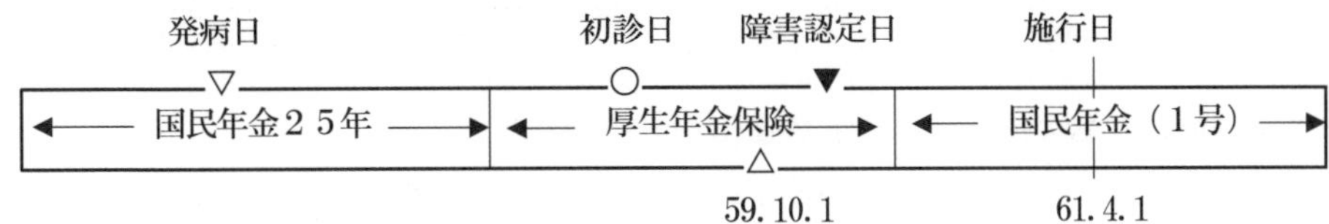

② 初診日が昭和59年10月１日以後にある傷病は、施行日前に治癒した場合を除いて障害認定日が施行日以後になり、新制度（障害基礎年金及び障害厚生年金）の適用になります。

なお、施行日前に治癒し、障害認定日がある場合は、①と同様に旧国年法第30条１項２号の適用になります。

［図例.2］　昭和２年４月２日生まれの者の事例

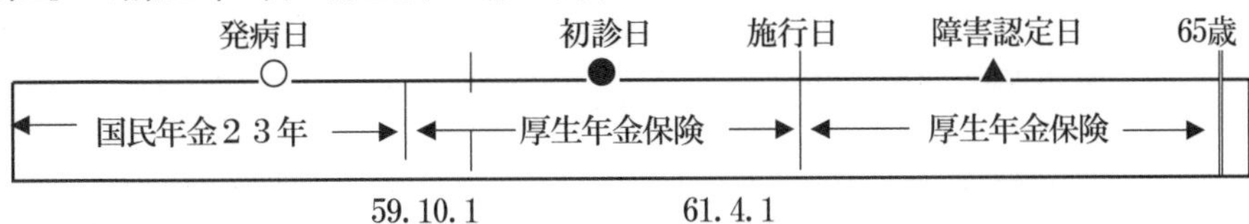

(4) 初診日が昭和60年７月１日前の厚年又は旧船保の被保険者であった間にある傷病に係る事後重症制度の経過措置

施行日前の事後重症制度では、初診日から起算し５年を経過する日までの間に障害の状態に該当しかつ、請求した場合に限られていました。新制度の事後重症（昭和60年７月１日施行）では「初診日から５年以内」が撤廃され、国民年金と同じく65歳に達する日の前日までに障害の状態に該当し、かつ、65歳前に請求があった場合に支給されます。

この事後重症制度の改正に伴う経過措置として、昭和60年７月１日前に初診日のある傷病に係る障害は、初診日から５年以内であれば65歳に達した日以後に障害の状態に該当し、かつ、65歳前に請求があった場合でもよいこととされています。（61経過措置政令第79条）

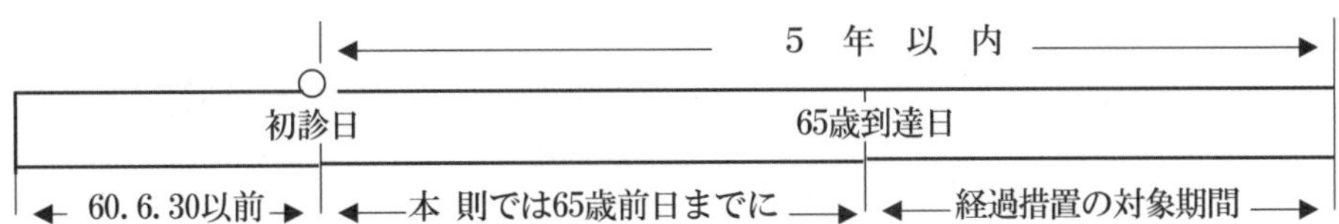

● 障害認定日が施行日前にある傷病に係る事後重症による障害基礎年金・障害厚生年金の図例

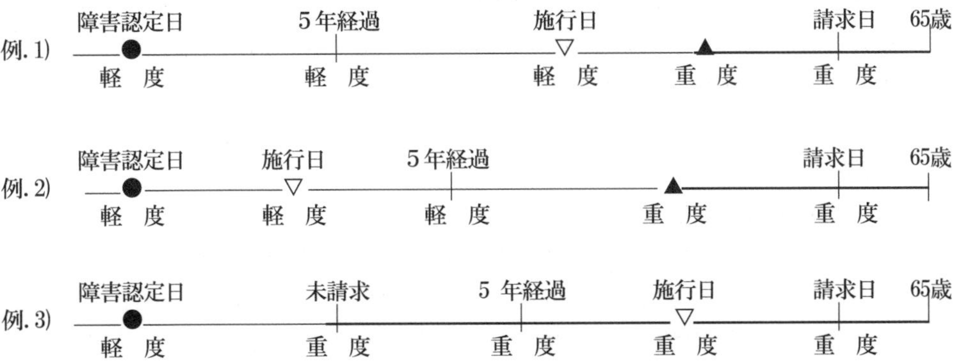

⑸　**初めて２級の特例**（61経過措置政令第39条、第82条）

施行日前の厚年の被保険者（みなされる旧船保の被保険者を含む。）であった間に、基準障害の原因となった傷病（以下「基準傷病」という。）の初診日があり、初めて２級以上の障害等級に該当する場合は、「国年法第30条の３①及び厚年法第47条の３①」に該当するものとみなして基準障害による障害基礎年金並びに障害厚生年金の支給対象になります。

なお、保険料納付要件は、61経過措置政令第29条関係及び同令第31条並びに第78条において、準用規定がないため障害基礎年金及び障害厚生年金とも新法の保険料納付要件によります。

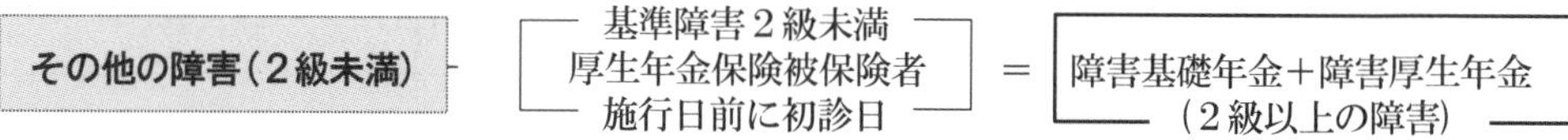

【留意】　基準障害の障害認定日が施行日前にあり、２級以上の障害の状態に該当している場合はこの適用を受けることができません。施行日以後に障害認定日があるか、施行日以後に基準障害の程度が増進したことにより初めて２級に該当する場合に限られます。

⑹　**旧厚年法による障害年金の「その他障害」との併合による額の改定**

①「その他障害」の初診日が施行日（昭和61年４月１日）前の場合は、その他障害の初診日において次のいずれかに該当することが必要です。（60改正法附則第78条⑦）

ア　国民年金、厚生年金保険、旧船員保険の被保険者又は共済組合の組合員であること。

【留意】　保険料納付要件を満たしていれば、資格取得の手続きが未了であっても、国民年金の強制被保険者となるべき期間に初診日があればよいとされています。

イ　初診日において、日本国内に住所を有し、かつ、60歳以上65歳未満であること。

ただし、国民年金の被保険者期間を有する者に限られます。

【留意】　当該初診日前に旧国民年金の被保険者期間を有していた者に限られますが、資格取得の手続きが未了であっても、国民年金の強制被保険者となるべき期間が施行日前にあればよく、資格取得の手続き未了者は、届出のうえ改定請求することになります。

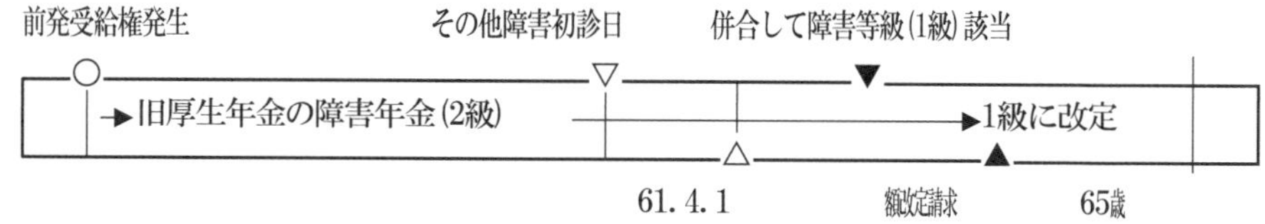

②「その他障害」の初診日が施行日（昭和61年４月１日）以後の場合、その他障害の初診日において次のいずれかに該当するものであることが必要です。（元年経過措置政令第15条）

ア　国民年金の被保険者（１号～３号）であること。

イ　日本国内に住所を有し、かつ、60歳以上65歳未満であること。

【該当しない者の例】

ⅰ）初診日に65歳以上の者

ⅱ）初診日に60歳以上65歳未満で、外国に居住する公的年金非加入者

ⅲ）初診日に60歳未満で、公的年金非加入者（被用者年金の老齢年金受給者で国民年金に任意加入しない者又は国民年金を任意脱退した者が考えられます。）

⑺ 旧船保法による障害年金（職務外）の「その他障害」との併合による額の改定

① 「その他障害」の初診日が施行日（昭和61年４月１日）前の場合は、その他障害の初診日において、次のいずれかに該当することが必要です。（60改正法附則第87条⑧）

ア　国民年金、厚生年金保険、旧船員保険の被保険者又は共済組合の組合員であること。

【注】保険料納付要件を満たしていれば、資格取得の手続きが未了であっても、国民年金の強制被保険者となるべき期間に初診日があればよいとされています。

イ　日本国内に住所を有し、かつ、60歳以上65歳未満であること。ただし、国民年金被保険者期間を有する者に限られています。

【注】　当該初診日前に旧国民年金の被保険者期間を有していた者に限られますが、資格取得の手続きが未了であっても、旧国民年金の強制被保険者となるべき期間が施行日前にあればよく，資格取得の手続き未了者は、届出のうえ改定請求することになります。

② 「その他障害」の初診日が施行日（昭和61年４月１日）以後の場合、その他障害の初診日において、次のいずれかに該当することが必要です。（元年経過措置政令第19条）

ア　国民年金の被保険者（１号～３号）であること。

イ　日本国内に住所を有し、かつ、60歳以上65歳未満であること。

⑻ 厚生年金保険の被保険者であった間に発生し、初診日が昭和26年11月１日前にある傷病の事後重症による障害厚生年金等の取扱（61経過措置政令第80条③）

初診日が昭和26年11月１日前にある傷病は、厚生年金保険の被保険者である間の発病又は初診日がある場合でも、61経過措置政令第32条①上欄に掲げる傷病（次の①～③）以外については、障害基礎年金及び障害厚生年金に係る事後重症制度を適用されません。

なお、初診日等が昭和17年10月１日前にある傷病は、被保険者期間要件に該当する者があり得ないため、障害基礎年金並びに障害厚生年金の支給を受けられません。

①〔昭17. 10. 1 ≦初診日等≦昭22.　8. 31〕かつ〔発病日≦昭22.　8. 31〕にある傷病

②〔昭22. 9 . 1 ≦初診日等≦昭27.　4. 30〕かつ〔発病日≦昭22.　8. 31〕にある傷病

③〔昭22. 9 . 1 ≦初診日等≦昭26. 10. 31〕かつ〔昭22.　9.　1≦発病日〕にある傷病

【注】　旧厚生年金制度では、障害年金の対象となる障害の原因となった傷病の取扱が、発病日と初診日又は健康保険の療養給付開始日との兼ね合いが異なっていた改正経過があり、新制度の事後重症については、その当時の対象傷病による障害のみに適用されます。

4　施行日前の旧船保の被保険者であった間に発生した傷病に係る経過措置

⑴ 施行日前の旧船保の被保険者であった間に発病又は初診日がある傷病の事後重症制度による障害基礎年金及び障害厚生年金に係る経過措置（61経過措置政令第33条 第81条①②）

旧船保の被保険者（疾病任意継続被保険者を除く。）であった間に発生した傷病であって施行日前に初診日があるものに係る障害基礎年金並びに障害厚生年金の支給要件は次によります。

【注】旧船保の被保険者期間は厚年の被保険者期間とみなされます。（60改正法附則第47条）

①　昭和20年４月１日前に被保険者資格喪失した者の資格喪失前に発病した傷病

ア）障害認定日

被保険者資格喪失の日から９ヵ月を経過した日。

イ）被保険者期間要件

被保険者資格喪失前の直近の６年間に、被保険者期間が３年以上あること。

② 旧船保法による療養の給付開始日が昭和18年10月１日前にある傷病

ア）障害認定日

療養の給付を受けた日から６ヵ月を経過した日。

イ）被保険者期間要件

被保険者資格喪失前の直近の６年間に、被保険者期間が３年以上あること。

③ 旧船保法による療養の給付開始日が昭和18年10月１日から昭和19年６月30日までの間にある傷病

ア）障害認定日

療養の給付を受けた日から９ヵ月を経過した日。

イ）被保険者期間要件

被保険者資格喪失前の直近の６年間に、被保険者期間が３年以上あること。

④ 旧船保法による療養の給付開始日が昭和19年７月１日から昭和20年11月30日までの間にある傷病

ア）障害認定日

療養の給付を受けた日から２年を経過した日。

イ）被保険者期間要件

被保険者資格喪失前の直近の６年間に、被保険者期間が３年以上あること。

⑤ 旧船保法による療養の給付開始日が昭和20年12月１日から昭和26年10月31日までの間にある傷病

ア）障害認定日

療養の給付を受けた日から２年を経過した日。

イ）被保険者期間要件

障害認定日前の被保険者期間が６ヵ月以上あること。

⑥ 旧船保法による療養の給付開始日が昭和26年11月１日から昭和37年４月30日までの間にある傷病

ア）障害認定日

療養の給付を受けた日から３年を経過した日。

イ）被保険者期間要件

障害認定日前の被保険者期間が６ヵ月以上あること。

⑦ 旧船保法による療養の給付開始日（療養の給付を受けていない場合は初診日）が、昭和37年５月１日以後にあり、かつ、初診日が昭和49年８月１日前にある傷病

ア）障害認定日

療養の給付開始日（療養の給付を受けていない場合は初診日）から３年を経過した日。

イ）被保険者期間要件

障害認定日前の被保険者期間が６ヵ月以上あること。

⑧ 初診日が昭和49年８月１日から昭和51年９月30日までの間にある傷病

ア）障害認定日

初診日から１年６ヵ月経過した日。

イ）被保険者期間要件

障害認定日前の被保険者期間が６ヵ月以上あること。

⑨ 初診日が昭和51年10月１日から昭和59年９月30日までの間にある傷病

ア）障害認定日

初診日から１年６ヵ月経過した日。

イ）被保険者期間要件

初診日の属する日の前月までの旧通算年金通則法（昭61.4.1廃止）に定める旧国民年金に任意加入しなかった期間（以下「カラ期間」という。）以外の通算対象期間（以下「旧通算対象期間」という。）が6ヵ月以上あること。

⑵ 初診日が昭和59年10月1日から昭和61年3月31日までの間にある傷病

旧厚年の被保険者期間に初診日がある傷病に係る経過措置と同様です。

【関係条文】 60改正法附則第47条、61経過措置政令第78条～第87条

⑶ 旧船保の被保険者であった間に発生した傷病による障害厚生年金の経過措置

事後重症制度の支給要件は、障害基礎年金の技術的読替表（61経過措置政令第33条）を用いますが、その他は、施行日前の旧船保の被保険者期間に発生した傷病に係る旧障害年金の支給要件をふまえたものになります。（61経過措置政令第81条①）

⑷ 旧船保の被保険者であった期間に発生した傷病で、初診日が昭和37年5月1日前にある傷病に係る事後重症制度について

旧船保の被保険者であった間に発病日又は初診日があっても、61経過措置政令第33条①の表の上欄に掲げる傷病以外では障害厚生年金の事後重症制度は適用されません。（61経過措置政令第81条①）

【注】厚生年金保険の被保険者に係る同様の取扱はP.82参照。

5 施行日前の各種共済組合の組合員であった間に発生した傷病に係る経過措置

⑴ 旧国家公務員等共済組合

施行日（昭和61年4月1日）前の国家公務員等共済組合の組合員であった間で、かつ、施行日前に発生した傷病に係る事後重症による障害基礎年金（及び障害共済年金）の保険料納付要件等は次によります。（61経過措置政令第34条）

① 昭和51年9月30日までの間に発生した傷病

国家公務員等共済組合の組合員となって1年以上経過後に発生した傷病であること。

② 昭和51年10月1日以後に発生し、初診日が昭和59年9月30日までにある傷病

発病日前の旧通算対象期間（カラ期間を除く。）が1年以上あること。

⑵ 旧地方公務員共済組合

施行日（昭和61年4月1日）前の地方公務員共済組合の組合員であった間で、かつ、施行日前に発生した傷病に係る事後重症による障害基礎年金（及び障害共済年金）の保険料納付要件等は次によります。（61経過措置政令第35条）

① 昭和51年9月30日までの間に発生した傷病

地方公務員共済組合の組合員となって1年以上経過後に発した傷病であること。

② 昭和51年10月1日以後に発生し、初診日が昭和59年9月30日までにある傷病

発病日前の旧通算対象期間（カラ期間を除く。）が1年以上あること。

⑶ 旧私立学校教職員共済組合

施行日（昭和61年4月1日）前の私立学校教職員共済組合の組合員であった間で、かつ、施行日前に発生した傷病に係る事後重症による障害基礎年金（及び障害共済年金）の保険料納付要件等は次によります。（61経過措置政令第36条）

① 昭和36年12月31日までの間に発生した傷病

私立学校教職員共済組合の組合員となって6ヵ月以上経過後に発生した傷病であること。

② 昭和37年1月1日から昭和51年9月30日までの間に発生した傷病

私立学校教職員共済組合の組合員となって1年以上経過後に発生した傷病であること。

③ 昭和51年10月1日以後に発生し、初診日が昭和59年9月30日までにある傷病

発病日前の旧通算対象期間（カラ期間を除く。）が1年以上あること。

⑷ **旧農林漁業団体職員共済組合**　（61経過措置政令第37条）

施行日（昭和61年4月1日）前の農林漁業団体職員共済組合の組合員又は任意継続組合員であった間で、かつ、施行日前に発生した傷病に係る事後重症による障害基礎年金（及び障害共済年金）の保険料納付要件等は次によります。

① 昭和39年9月29日までの間に発生した傷病

農林漁業団体職員共済組合の組合員となって6ヵ月以上経過後に発生した傷病であること。

② 昭和39年9月30日から昭和51年9月30日までの間に発生した傷病

農林漁業団体職員共済組合の組合員となって1年以上経過後に発生した傷病であること。

③ 昭和51年10月1日から昭和59年9月30日までの間に発生した傷病

発病日前の旧通算対象期間（カラ期間を除く。）が1年以上あること。

⑸ **旧公共企業体職員等共済組合**

旧公共企業体職員等共済組合の組合員であった間で、かつ、施行日前に発生した傷病に係る事後重症による障害基礎年金の保険料納付要件等は次によります。（61経過措置政令第38条）

① 昭和51年9月30日までの間に発生した傷病

旧公共企業体職員等共済組合の組合員となって2年以上経過後に発生した傷病であること。

② 昭和51年10月1日から昭和59年3月31日までの間に発生した傷病

昭和59年3月31日以前に退職し、発病日前の旧通算対象期間（カラ期間を除く。）が2年以上あること。【注】 昭和59年4月1日以後の傷病は、国家公務員等共済組合の項参照

⑹ **組合員期間に初診日がある場合の障害認定日の特例**

施行日（昭和61年4月1日）前の共済組合員期間に初診日がある傷病で「障害の程度を認定すべきとき（障害認定日）」は、次のとおりになります。

なお、退職及び在職の区分は施行日（昭和61年4月1日）が基準になります。

【表. 23】　障害の程度を認定すべきとき

初診日	昭和59年9月30日以前にあるもの	昭和59. 10. 1 ～昭和61. 3. 31
退職者	初診日から1年6カ月経過日又は退職日のうち遅い日	1年6ヵ月経過日
在職者	昭和61年3月31日	1年6ヵ月経過日

6　旧船保法の職務上による未治癒傷病に係る障害基礎年金等の経過措置

⑴ 職務上の事由に起因する傷病が未治癒で施行日に障害の状態にある者に係る経過措置

旧船保法では、職務上の事由に起因する傷病により障害認定日（1年6ヵ月経過日）に障害の状態にあったとしても、傷病が未治癒であり、かつ、障害の程度が3級未満だと障害年金を支給されず、傷病手当金が支給されていました。

新年金制度の施行（旧船保法の職務外部分の厚年法への統合）により、昭和61年4月1日以後は、国年令別表又は厚年令別表に定める程度の障害の状態にある場合、障害基礎年金及び障害厚生年金の支給対象となり、旧船保法の被保険者期間に初診日がある傷病による障害については、次の経過措置

が取られました。なお、旧船保の障害年金の受給権者である場合は、障害基礎年金及び障害厚生年金が支給されません。（60改正法附則第24条、第68条）

① 船員保険の障害年金（１級～２級相当） → １級障害基礎年金及び障害厚生年金

② 船員保険の障害年金（３級～５級相当） → ２級障害基礎年金及び障害厚生年金

③ 船員保険の障害年金（６級～７級相当） → ３級障害厚生年金

なお、施行日（昭和61年４月１日）以後に障害認定日（１年６ヵ月経過日）が到来する場合は、障害認定日における障害の程度に応じて、障害基礎年金・障害厚生年金が支給されます。

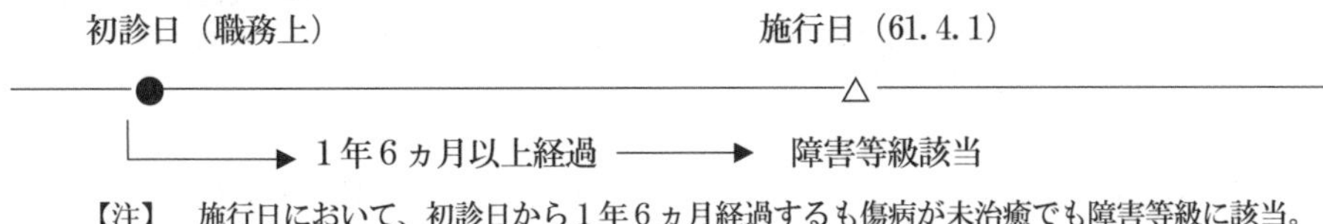

【注】 施行日において、初診日から１年６ヵ月経過するも傷病が未治癒でも障害等級に該当。

⑵ **初診日が施行日前にある船保法による障害給付と障害基礎年金等の支給**

施行日以後に受給権が発生する新船保法による障害給付は、職務上の負傷又は疾病に起因する障害に限られ、同一の障害による職務上の障害給付は次のように取り扱われます。

① 治癒（症状固定）障害　　（括弧内は等級）

新船員保険（１級～５級）＝新船保障害年金⑴～⑸＋障害基礎年金⑴⑵＋障害厚生年金⑴⑵

新船員保険（６級～７級）＝新船保障害年金⑹⑺　＋障害厚生年金⑶

② 未治癒障害（１年６ヵ月経過）

新船員保険（１級～３級）＝新船保障害年金⑴～⑶＋障害基礎年金⑴⑵＋障害厚生年金⑴⑵

新船員保険（４級～５級）＝（新船保受発せず。）＋障害基礎年金⑵＋障害厚生年金⑵

新船員保険（６級～７級）＝（新船保受発せず。）＋障害厚生年金⑶

【注】 船員保険法において未治癒で請求できる障害年金は、新旧とも３級以上に限られています。

第９節　旧障害給付と新障害給付の併給調整

1　併給調整と選択

⑴ **選　択**

新旧制度間における障害年金の支給調整は、原則として選択になります。なお、併合認定により上位等級の障害厚生年金が生じても従前の障害年金受給権は、消滅しません。

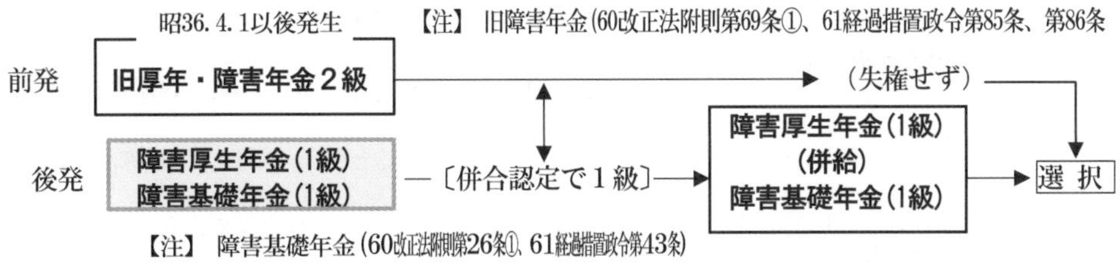

⑵ **併合認定及び旧障害年金の改定**（60改正法附則第26条① 第69条①②）

① 昭和36年４月１日以後に支給事由の発生した旧障害年金（２級以上）受給権者が、新たに障害基礎年金又は障害厚生年金の受給権を取得した場合の併給調整は次によります。（61経過措置政令第43条、第85条、第86条）

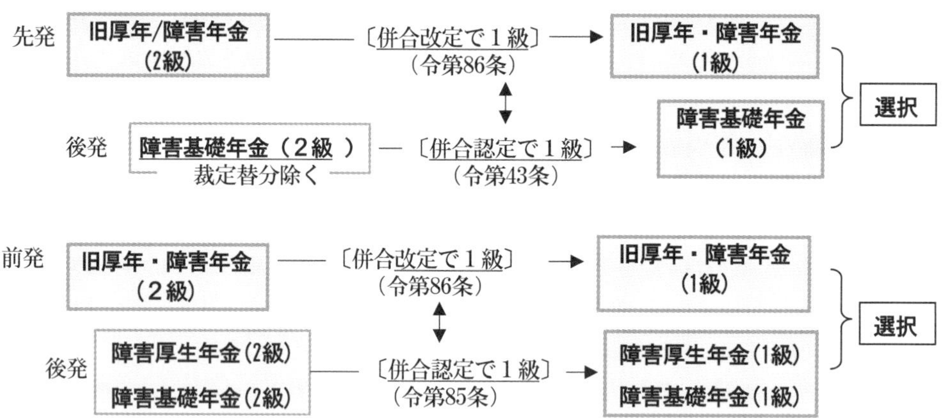

② 昭和36年３月31日以前に支給事由の発生した旧障害年金（２級以上）との併給調整は次によります。（60改正法附則第69条②、61経過措置政令第87条）

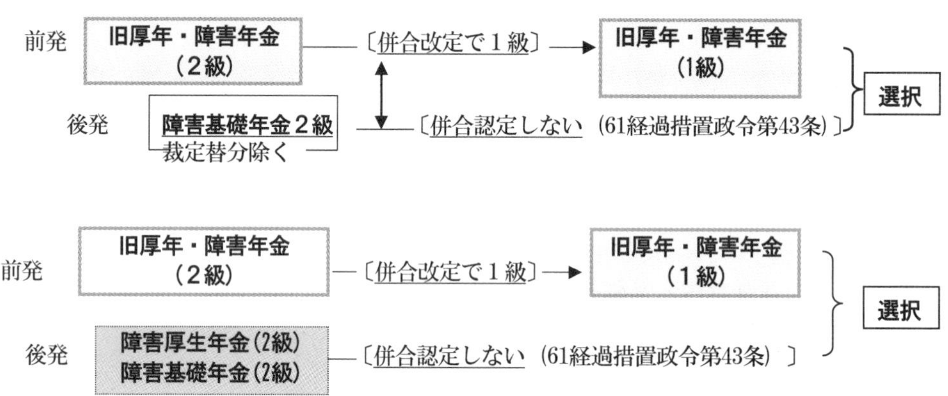

⑶ **基準障害による初めて該当**（61経過措置政令第39条 第82条）

基準障害の初診日は、旧法障害年金の傷病に係る初診日以後である場合に限られます。

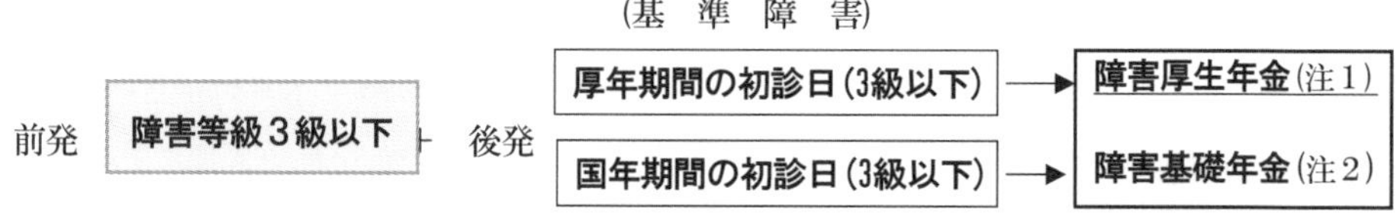

【注.1】 前発年金が旧厚生年金保険の障害年金(3級）であるときは、失権せず基準障害による併合された障害年金(2級以上)との間で選択関係になります。

【注.2】 基準障害の初診日が国民年金被保険者期間にあるときは、障害基礎年金のみの受給権を取得します。

(4) **併合改定**

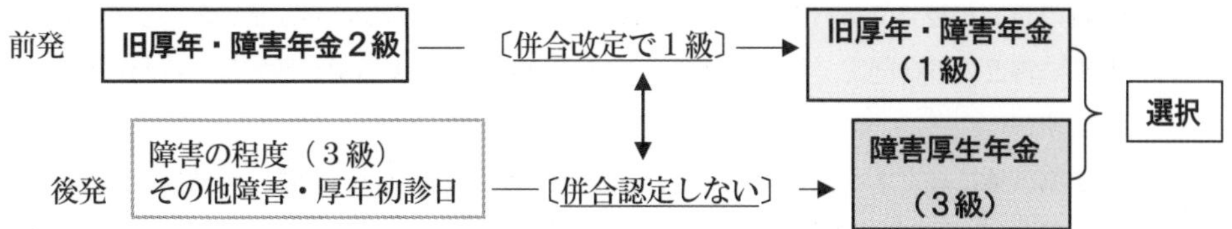

【関連条文】　旧国年法による障害年金（60改正法附則第32条⑥）、旧厚年法による障害年金（60改正法附則第78条⑦）、旧船保法による障害年金（60改正法附則第87条⑧）

2　旧障害福祉年金から移行分の障害基礎年金に係る併給調整の特例

(1) **裁定替え障害基礎年金の失権の特例**

旧障害福祉年金裁定替分の障害基礎年金（前発）は、併合認定による障害基礎年金の受給権を取得した場合でも失権しません。（60改正法附則第26条②）

(2) **裁定替え障害基礎年金の併合認定の特例**

旧障害福祉年金裁定替分の障害基礎年金の支給事由となった障害が後発であっても、基準障害やその他障害として取り扱われません。（国年法第33条の3第34条 第36条②）

(3) **旧障害福祉年金は併合認定・併合改定の対象外**

旧障害福祉年金（基礎年金不該当分）は、併合認定・併合改定の対象となりません。

(4) **旧被用者年金制度の障害年金との支給調整**

旧被用者年金制度の障害年金の受給権者に、更に旧障害福祉年金裁定替分の障害基礎年金の受給権が発生しても、国年法第31条に定める併合認定の規定が適用されないため、被用者年金制度の旧障害年金とは公的年金受給による併給制限の適用になります。

ただし、旧国年法による障害年金とは国年法第31条の適用によって併合認定となり、併合認定前に下位等級だった裁定替分の障害基礎年金は、併合認定後の上位等級に決定され、旧国年法による障害年金との選択関係になります。（60改正法附則第26条①②）

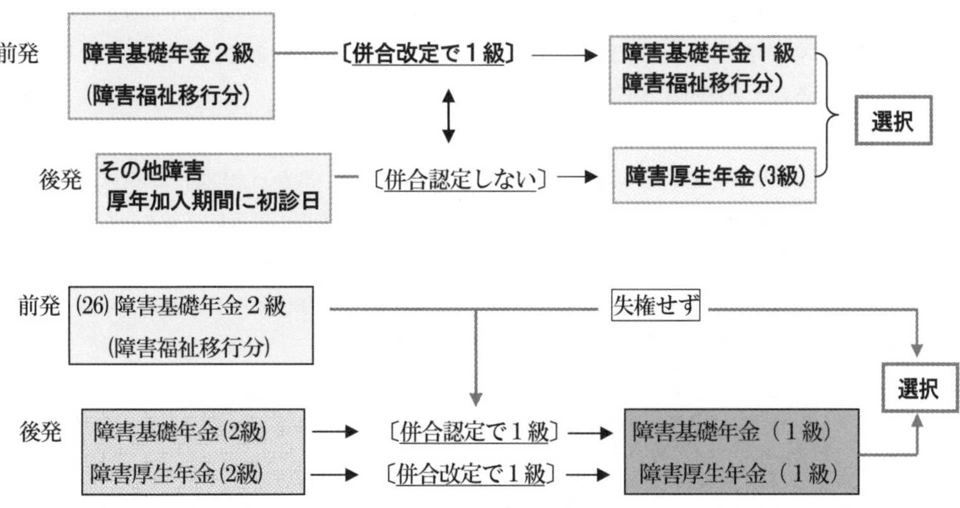

(5) **その他の留意事項**

① 受給権の発生が後発であっても、障害の原因となった傷病の初診日が他の障害より先にある場合は、基準障害との併合認定（初めて２級）又はその他障害による併合改定は、行われないことになっています。

② 国年法第31条に規定する併合認定における後発障害基礎年金は、初診日の時期に関係なく、受給権の発生が後である障害基礎年金をさします。

③ 旧国民年金法の障害年金と旧障害福祉年金の組み合わせは、両年金とも施行日前に受給権が発生したものなので旧制度の併合認定や併給調整の規定によります。（旧国年法第60条）

第10節 特別障害給付金制度

1 特別障害給付金制度とは

この制度は、平成16年12月10日公布された「特定障害者に対する特別障害給付金の支給に関する法律」に基づく障害者に対する公的年金に準じた給付制度です。その概要は２のとおりです。

この制度は、学生期間に任意加入しなかったために、障害無年金者となった人々が集団訴訟に及び全国各地の地裁で国側が敗訴したことを背景に議員立法で法制化されたものです。しかし、この制度は、原告団が求める公的年金制度ではなく「福祉的措置」として成立したものです。

具体的には、初診日が20歳から60歳未満の間の国民年金の適用除外期間にあり、かつ任意加入していなかった期間にある傷病が原因で障害となった者を救済することを目的としています。

しかし、任意加入した被保険者期間に初診日がある者は対象外です。そのため、任意加入したにもかかわらず保険料未納により障害無年金者となってしまった者がいるものと思われます。また、在日外国人は、適用除外であり任意加入すらできなかったにもかかわらず、今回の給付制度の対象外となっています。

2 特定障害者に対する特別障害給付金の支給に関する法律の概要

(1) **特別障害給付金制度の趣旨**

国民年金制度の発展過程において生じた特別な事情にかんがみ、障害基礎年金等を受給していない障害者に対する特別な福祉的措置を講じる観点から特別障害給付金を支給することにより、その福祉の向上を図ることを目的としています。

(2) **対象者**

次に掲げる国民年金適用除外期間であって、任意加入していなかった期間（20歳以上60歳未満の間に限る。）に初診日があり、現在、障害基礎年金１級、２級相当の障害に該当するものとして認定を受けた者が対象になります。

① 昭和61年３月以前の国民年金任意加入対象であった被用者年金制度等の配偶者であった期間

【注】 被用者年金制度等の配偶者とは、次の者をいいます。
ア 厚生年金保険、共済年金、恩給制度の加入者の配偶者
イ アの制度から老齢・退職を支給事由とする年金を受けている者の配偶者
ウ アの制度から老齢・退職を支給事由とする年金を受けるに必要な被保険者期間（組合員期間）を満たしている者の配偶者
エ アの制度から障害を支給事由とする年金を受けている者の配偶者

② 昭和61年３月以前の国会議員の配偶者であったことにより、国民年金任意加入対象であった期間

③ 昭和61年３月以前（昭和37年12月～昭和61年３月に限る）の地方議員の配偶者であったことによ

り、国民年金任意加入対象であった期間

④　平成３年３月31日以前の国民年金任意加入対象であった学生又は生徒であった期間

⑶　**支給額（令和２年度価格）**

１級＝月額　52,450円（２級の1.25倍）

２級＝月額　41,960円

⑷　**政令事項**

対象者の範囲及び支給額等を除いては、拠出制障害基礎年金の趣旨を損なうことなく、福祉的措置として配慮を行い政令で措置が定められます。

①　完全自動物価スライドを行うこと

②　所得による支給制限を行うこと。

⑸　**費用負担**

全額国庫負担になります。

⑹　**実施主体**

①　国が対象者の認定及び給付金の支給の事務を行います。

②　市区町村が支給申請の窓口になります。

⑺　**その他**

①　「日本国籍を有していなかったため障害基礎年金の受給権を有していない障害者その他の年金を受給していない障害者に対する福祉的措置については、今後引き続き検討が加えられ、必要があると認められるときは、その結果に基づいて所要の措置が講じられるべきものとする」となっています。

②　特別障害給付金を受給している場合には、国民年金保険料の申請免除が可能になります。

⑻　**施行日**

平成17年４月１日

【第４章】 旧制度における遺族給付

第１節　旧制度における遺族給付の一般的事項

１　遺族の範囲と定義

遺族の範囲に含まれる者は、各年金制度によって異なりますが概ね次のとおりです。

⑴　旧国民年金法

遺族給付の遺族の範囲は、被保険者又は被保険者だった者が死亡した当時[注1]に、その者によって生計を維持していた次の者になります。

ただし、母(死亡した者の妻、以下同じ)にあっては、母と生計を同じくする父又は母の子（18歳未満であるか又は障害等級２級以上の状態にある20歳未満の者、養子縁組をしていない配偶者の子を含む。以下同じ。）がいる母に限られます。

【注1】死亡した当時とは、死亡日に身分関係及び生計維持関係が存在すればよく、同居期間の基準はない。全制度共通の解釈になります。

【注2】新年金制度と異なり生計維持と云っても、収入基準はなく生計同一であればよく、収入の多寡は問われない。極端に言えば、行方不明や離婚を前提とした別居状態でなければ生計維持を認められていた。

①　母子状態にある母と子

死亡した夫の子又は妻の子と生計を同じくする死亡した者の妻に「母子年金」が支給されます。なお、支給要件は、母の保険料納付要件によります。

②　準母子状態にある女子（子の祖母又は姉、以下同じ。）

死亡した者の子・孫又は弟妹と生計を同じくする死亡した者の祖母又は死亡した者の姉に「準母子年金」が支給されます。なお、支給要件は、女子の保険料納付要件によります。

③　子(遺児年金の場合)

死亡した父又は母の子であって、父又は母が死亡した当時父又は母によって生計を維持されていた子に「遺児年金」が支給されます。ただし、遺された父又は母と生計維持関係がないこと（遺児の状態）が条件です。なお、支給要件は、死亡した父又は母の保険料納付要件によります。

【注】旧国民年金法において、「配偶者」、「夫又は妻」とあるのは、事実上婚姻関係と同様の事情にあるものを含みます。また、母子年金等において、父の子又は母の子とあるのは配偶者の連れ子を含みます。

⑵　厚生年金保険法

遺族年金の遺族の範囲は、被保険者又は被保険者だった者が死亡した当時[注]に、その者によって生計を維持していた次の者になります。障害の状態にある遺族（年齢制限なし）については受給権者となった当時から引き続き障害であることが必要です。

①　妻(事実婚を含む。)

年齢は問われません。

②　夫(事実婚を含む。)

60歳以上の夫又は障害等級２級以上の状態にある夫(年齢不問)。

③　子

18歳未満の子又は障害等級２級以上の状態にある子(年齢不問)。

【注】被保険者等が死亡当時胎児だった場合の取扱は、新法施行後に出生した場合であっても、旧法の規定が適用されます。また、障害等級2級以上の状態にある子は、国民年金と異なり終身該当します。

④　父母

60歳以上の父母、障害等級２級以上の状態にある父母(年齢不問)。

⑤　孫

18歳未満の孫又は障害等級２級以上の状態にある孫(年齢不問)。

⑥　祖父母

60歳以上の祖父母、障害等級２級以上の状態にある祖父母(年齢不問)。

⑶　**共済組合（公務等）**

遺族年金の遺族の範囲は、組合員又は組合員だった者が死亡した当時に、その者によって生計を維持していた次の者になります。

①　妻(事実婚を含む。)

年齢は問われません。

②　夫(事実婚を含む。)

年齢は問われません。（ただし、障害者以外の場合は若年停止あり。）

③　子

18歳未満の子又は組合員等が死亡当時から障害等級２級以上の状態にある子(年齢不問)。

④　父母

年齢は問われません。（障害者以外の場合は若年停止あり。）

⑤　孫

18歳未満の孫又は組合員等が死亡当時から障害等級２級以上の状態にある孫(年齢不問)。

⑥　祖父母

年齢は問われません。（障害者以外の若年停止あり。）

⑷　**共済組合（公務外）**

公務等による遺族の範囲と同じです。

⑸　**船員保険（職務上）**

遺族年金の遺族の範囲は、被保険者又は被保険者だった者が死亡した当時に、その者によって生計を維持していた次の者になります。

①　妻(事実婚を含む。)。

年齢は問われません。

②　夫(事実婚を含む。)。

60歳以上の夫又は被保険者又は被保険者だった者が死亡した当時から引き続き障害等級１級～５級の状態にある夫 (年齢不問)。

③　子

18歳未満の子又は被保険者又は被保険者だった者が死亡した当時から引き続き障害等級１級～５級の状態にある子(年齢不問)。

④　父母

60歳以上の父母又は被保険者又は被保険者だった者が死亡した当時から引き続き障害等級１級～５級の状態にある父母(年齢不問)。

⑤　孫

18歳未満の孫又は被保険者又は被保険者だった者が死亡した当時から引き続き障害等級１級～５級の状態にある孫(年齢不問)。

⑥　祖父母

60歳以上の祖父母又は被保険者又は被保険者だった者が死亡した当時から引き続き障害等級１級

～５級の状態にある祖父母(年齢不問)。

⑦　兄弟姉妹

ア　若年者、、18歳未満の兄弟姉妹

イ　高年者、、60歳以上の兄弟姉妹

ウ　障害者、、被保険者又は被保険者だった者が死亡した当時から引き続き障害等級１級～５級の状態にある兄弟姉妹。【注】旧船員保険の障害等級１級～５級は旧国年法別表の１級～２級と同じ。

2　遺族の範囲に関する通達

(1)　近親婚である事実上の婚姻関係

叔父と姪のように届出をしても適法な婚姻関係の成立しないものまで事実上婚姻関係と同様の事情にある者として保護する趣旨でない。（昭和28. 11. 16保文発8035）

【注】平成19年3月8日最高裁判決では近親婚であっても事実婚の実態が特段の事情が見られるとして、認められたケースがあります。なお、旧社会保険庁通知によりこの場合の具体的取扱いが示されています。

【判決文の抜粋】

「、、、上記内縁関係の反倫理性，反公益性は，婚姻法秩序維持等の観点から問題とする必要がない程度に著しく低いものであったと認められる。そうすると，上告人と○○との内縁関係については，上記の特段の事情が認められ，上告人は，法３条２項にいう「事実上婚姻関係と同様の事情にある者」に該当し，法第59条第１項本文により遺族厚生年金の支給を受けることができる配偶者に当たるものというべきである。」

(2)　複数の女子との事実上婚姻関係

死亡した被保険者が届出による妻を有せず、２人以上の女子と内縁関係があったとしても、届出をすることによって法律上の妻の地位を取得するのは１人のみ存するであるから、被保険者と２人の女子との生活関係に関する諸種の具体的事実を十分勘案の上、配偶者とすべき者を認定すべきである。(昭和31. 1. 30保文発626)

(3)　事実上婚姻関係にある者の認定

事実上婚姻関係にある者とは、①当事者間に、社会通念上、夫婦の共同生活と認められる事実関係を成立させようとする合意があること、②当事者間に、社会通念上、夫婦の共同生活と認められる事実が存在すること。

反倫理的な内縁関係である場合、民法第734条（近親婚の制限）、第735条（直系姻族間の婚姻禁止）又は第736条（養親子関係者間の婚姻禁止）の規定のいずれかに違反するような内縁関係にある者については認定しないものとする。重婚的内縁関係については、届出による婚姻関係がその実体を全く失ったものとなっているときに限り認定するものとする。内縁関係が重複している場合については、先行する内縁関係がその実体を全く失ったものとなっているときを除き、先行する者とする。（昭和55. 5. 16庁保発15)

(4)　遺族年金裁定後に内妻の子が出生した場合の取扱

被保険者Ａが死亡し、その子Ｂが遺族年金の受給権を取得したところ、死亡後１年を経過した時点でＡの内妻の子ＣがＡの子として認知の裁判が確定した場合、Ｃについて遺族年金の裁定を行うべきであるが、Ｂに係る遺族年金の額の改定は、認知裁判確定の時点以前にさかのぼってできない。（昭和33. 1. 25保文発299)

⑸　**本籍が全く不明な者が死亡した場合の遺族年金の取扱**

遺族年金の請求者が内縁の妻であって、死亡した被保険者の本籍地が全く不明の場合において被保険者と請求者との身分関係が戸籍謄本等によって明らかにされないときは、遺族年金は支給できない。（昭和38.8.17庁文発7522）

⑹　**他家の養子となっている子・孫の取扱**

法第59条に規定する子及び孫には、被保険者死亡前に他家に養子に行っている者も当然含まれる。（昭和40.9.3庁文発6738）

3　生計同一と生計維持関係

⑴　生計同一とは

生計同一とは、同一の世帯に属し生活を共にしていることをいいます。一般的には「一緒に暮らしている」又は「寝食を共にしている」ともいいますが、単身赴任や病気入院、親族の看護等のやむを得ない事情により別世帯の状態にある場合であっても、経済的な相互依存関係にあり生計が一体ならば生計同一と認められます。

⑵　生計維持の意義

昭和61年4月1日前に支給事由の発生した遺族給付の生計維持関係の認定は、収入基準はなく、相互依存関係があればよいとされていました。ただし、死亡した者より親等の近い生計同一の者がいる場合は、生計を維持される者としていません。例えば、父親の被扶養者となっている子が祖父の死を支給事由として孫が遺族年金を請求する場合等です。（次の⑶参照）

⑶　単なる同一世帯にあるだけでなく具体的な生計維持・依存関係を必要とする場合

生計維持の認定は、単に厚生労働大臣が定める年収以下であればよいのではなく、主たる生計維持者が他にいる場合、例えば、父又は母が扶養する子が祖父母の死を保険事故とした遺族給付においては、親等の近い者に主として生計を維持されていないことが条件となります。

なお、孫と祖父母の間で養子縁組をしている場合についても同様ですが、請求者が死亡した者に生計を依存していたか否かは、個々の事例に応じて判断することになり、請求者が死亡者と同居していた場合は、生計維持に関し否定的な状況がない限り生計維持が認定されます。

①　死亡者の子が遺族給付の受給権者となれないからという理由で孫が請求する場合

【留意】　父母が生活保護基準以下の収入（父又は母が病気又は失業）のため、孫が祖父又は祖母の収入に現に依存していた場合（相互依存関係を含む。）に限られます。

②　配偶者（夫）の収入が多いため妻（死亡者）に扶養されていない妻の父母が請求する場合

【留意】　遺族年金は被保険者又は被保険者だった者が死亡した為にその者の収入によって生計を維持していた遺族の減収を補てんすることを目的とするものです。

それゆえ、主たる生計維持者又はその者の収入抜きに生計が成り立たない扶養義務者等の死亡を保険事故として遺族給付が支給されるものであり、子の収入に依存していた場合（相互依存関係を含む。）に限られます。

③　父母が遺族年金の受給権者となれないという理由で祖父母が請求する場合

【留意】　自分の子が病気又は失業のため、子の収入だけでは生活ができず現に孫の収入に生計を依存していた場合（相互依存関係を含む。）に限られます。

④　父に扶養される母が子の死亡に係る遺族年金を請求する場合

【留意】　請求者の配偶者が生活保護基準以下の収入（父又は母が病気又は失業等により）のため現に母の生計を子（娘）の収入に依存していた場合（相互依存関係を含む。）に限られます。

⑷　夫婦間等における経済的な相互依存関係について

昭和30年4月21日保文発第3640号で「..社会通念上普通の生活水準を保持するための相互維持の関

係も含まれる。」の通達があります。

このため、夫婦いずれか一方が他の一方に仕送りを行なう等、扶養の事実があればよいのですが、子に全面的に扶養されている者や離婚を前提とした別居中の夫婦は厳密には生計維持関係があるとは認められないことになります。

4 死 亡 日

⑴ 死亡日の意義

死亡日とは被保険者又は被保険者だった者が死亡した日（推定される日を含む。）であり、遺族給付の保険事故の発生日、即ち、受給権発生日となります。

【通達】 被保険者が月の末日に死亡した時は、被保険者の資格喪失日は翌月の１日になるが、遺族年金の受給権は死亡した日に発生する。（昭和40.9.3保文発第6738号）

⑵ 死亡認定と死亡推定

① 死亡認定とは、台風、水害、火災等の危難に遭遇した者について、取調べに当たった官公署が死亡したものと認定した場合、死亡地の市区町村へ報告し、市区町村長がこの報告に基づいて戸籍に死亡の事実を記載し抹消できることをいいます。（戸籍法第89条，第91条）

また、民法第30条第１項又は第２項の規定による失そうした者については、家庭裁判所の失そう宣告（民法第31条）により死亡したものとみなされることをいいます。

② 死亡の推定とは、民法上の死亡認定が行われる前であっても、遺族基礎年金・遺族厚生年金の支給にあたって死亡したものと推定することです。

また、この規定は、死亡の推定のみならず死亡した日も推定するものです。

具体的には、海難事故や航空機事故による行方不明者の遺族を一刻も早く救済する目的で事故から３ヵ月間生死不明の場合における死亡推定と死亡日推定及び３ヵ月以内に死亡が確認されたが死亡日が不明である場合の死亡日を推定するものです。これにより、戸籍上抹消される前でも保険給付を受けるうえにおいて、死亡したものとして取り扱われます。

なお、死亡推定日は、①船舶の事故については「被保険者が乗っていたその船舶が沈没し、転覆し、滅失し、若しくは行方不明となった日」に、②航空機事故については「被保険者が乗っていたその航空機が墜落し、滅失し、若しくは行方不明となった日」に、死亡したものと推定されます。（国年法第18条の2、厚年法第59条の2）

この取扱は、昭和40年６月１日からですが、その前に死亡推定されたときはその該当月分まで遡及して遺族年金が支給されます。（昭和40.6.5庁保発第22号）

⑶ 「民法上の死亡認定」と「公的年金各法の死亡推定」の取扱上の相違点

公的年金制度上の死亡推定は、海難事故等により行方不明となりその生死が３ヵ月間わからないときは、死亡したものと推定し保険給付を行います。したがって、海難事故等の発生と３ヵ月間生死不明である旨の関係当局者（海上保安庁、航空機会社、船長等）の証明をもって遺族年金の請求が可能になります。これに対して、民法上の死亡認定は単に７年間行方が判らないだけでなく家庭裁判所の失そう宣告や海上保安庁等の死亡認定によって初めて死亡したものとみなされます。そのため、死亡認定及びこれに基づく戸籍法上の戸籍簿抹消手続きが終了した後でないと遺族年金を請求できません。

なお、失そう宣告によって死亡とみなされる保険事故に対しても遺族年金を支給することになったのは、昭和51年改正で「失そうした当時に被保険者又は被保険者だった者によって生計を維持していればよい」ことになってからです。（国年法第18条の３，厚年法第58条①）

5　被保険者等が死亡当時に胎児だった者が出生した場合

⑴　胎児だった者が出生した場合の受給権

公的年金各法では、被保険者等が死亡当時すでに出生している子に限らず、胎児だった者も被保険者又は被保険者だった者が死亡当時、その者によって生計を維持していた者として認められ出生時に受給権を取得します。

⑵　胎児だった者が出生した場合の父母、孫等の受給権

被保険者等が死亡当時に胎児だった子が出生し受給権者となった場合、父母、孫又は祖父母が有していた受給権は消滅します。（厚年法第63条③）

⑶　認知された子の受給権

被保険者又は被保険者だった者が死亡後に認知された子についても、被保険者又は被保険者だった者が死亡当時その者によって生計を維持していた場合は、民法第787条の規定に基づきその効果が遡及するため、認知された子が被保険者の死亡時に遡って遺族給付の受給権を取得することになります。（P. 96「⑷遺族年金裁定後に内妻の子が出生した場合の取扱」参照）

6　遺族給付に関する通達

⑴　厚年法第58条各号に規定する遺族年金の受給資格は、被保険者又は被保険者だった者の死亡の事実に基づき、その者の帰属に対して与えられるものであるから、失そうの事実をもってこれにかえることはできない。（昭和35. 1. 23保険発第11号）

⑵　住民票又は住民票記載事項証明書では施行規則第60条第３項第４号に規定する死亡の事実の証明はできない。また同条同項第３号に規定する身分関係については、住民票等では証明がなされないものであるので、戸籍の謄本の提出が必要である。（昭和36. 4. 8保文発第2788号）

⑶　第四種被保険者が資格取得申出中に死亡した場合は、申出が受理されるべきものであるときは、遺族年金を支給して差し支えない。（昭和40. 9. 3保文発第6738号）

【解説】　未納保険料については、当然民法の規定等により相続人である遺族が支払うことになりますが、法定納入期限までに納付しなかったことにより、資格喪失又は資格取消処分がなされた場合はこの限りではなくなります。この通達の趣旨は手続き中に死亡した場合においても、受理すべきときは被保険者中の死亡として取り扱ってもよいものと考えられます。

⑷　障害年金を未請求のまま死亡した者に係る遺族年金の請求は、障害年金の受給権を有するかどうか不明のまま、直接遺族年金の請求を行い得るものではないので、手続きとして未支給保険給付請求書に必要な関係書類を添付させ次に遺族年金裁定請求書を同時に提出すればよい。

その際の添付書類で事項が重複するものは省略して差し支えない。（昭和44年12月質疑応答）

第２節　年金額及び年金種別の新旧制度適用区分の取扱

1　新旧制度の適用区分

遺族年金は、死亡した日に受給権が発生するため、死亡日が新法施行日（昭和61年４月１日）以後である場合は、新法の適用となります。

なお、昭和61年３月31日に死亡した場合は、被保険者資格の喪失は翌月の４月１日となりますが受給権は３月31日に発生します。

【通知】被保険者が月の末日に死亡したときは、被保険者の資格喪失日は翌月の１日になるが、遺族年金の受給権は、死亡した日に発生する。（昭和40. 9. 3庁文発第6738号）

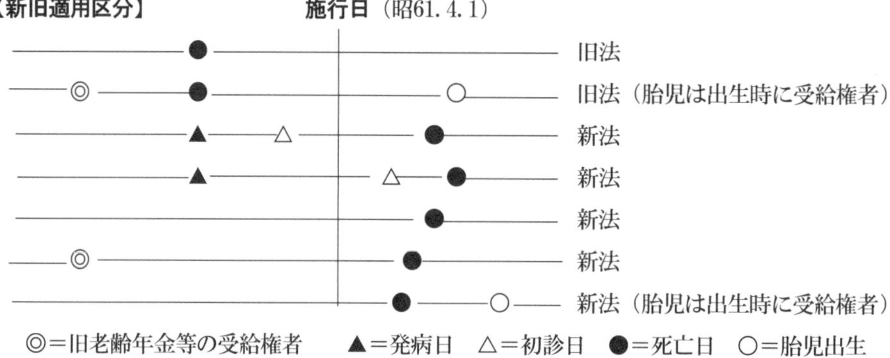

2　被保険者だった間に初診日がある傷病の取扱

被用者年金制度では、被保険者又は組合員の資格喪失後に死亡した場合であっても、被保険者又は組合員である間に発生した傷病が原因で初診日から５年を経過する前に死亡した時、当該被用者年金制度から遺族厚生年金又は遺族共済年金が支給されます。

⑴　旧制度は発病日に被保険者

昭和61年４月１日前の保険事故は、被用者年金制度の加入中に発した傷病が原因で、初診日から５年を経過する前に死亡した場合に遺族年金が支給されます。

ただし、死亡日前に通算年金通則法に定める通算対象期間（カラ期間を除く。）が６ヵ月以上あることが条件となります。【注】「カラ期間」とは年金額計算の対象とならない通算対象期間。

なお、共済年金の支給要件にあっては通算対象期間（カラ期間を除く。）が１年以上あることが条件となります。

⑵　新制度は初診日に被保険者であること

昭和61年４月１日以後の保険事故は、被用者年金制度の加入中に初診日がある傷病が原因で被保険者資格喪失後の初診日から５年を経過する前に死亡したとき、遺族厚生年金又は遺族共済年金が支給されます。（被保険者期間に発病しても初診日がない傷病は含まれません。）

ただし、遺族厚生年金については、死亡日の前々月までに国民年金法による被保険者期間（みなされる他制度の期間を含む。）がある場合、３分の２以上が保険料納付済期間又は保険料免除期間で占められていることが必要です。

⑶　旧制度の被保険者期間に発病し、新制度の施行日以後に死亡した場合の支給要件

遺族基礎年金及び遺族厚生年金の支給要件によります。

第３節　旧国民年金法による遺族給付

1　母子年金等の支給要件

昭和61年４月１日前における直近の旧国民年金法による「母子年金、準母子年金、遺児年金」の支給要件及び支給停止等の取扱は次のとおりです。

なお、生計維持関係は寡婦年金を含めて収入等の制限がないため事実上、死亡した者と生計を同じくしていれば死亡した者によって生計を維持されていたとして認められています。

【注】　これらの死亡を支給事由とする給付の支給要件は遺族基礎年金の支給要件と異なり、死亡者の保険料納付要件ではなく、請求者（受給権者）の保険料納付要件によります。なお、遺児年金については、死亡者（父又は母、義父又は義母でもよい。）の保険料納付要件によります。

【表. 24】　受給権者の範囲及び組み合わせ早見表

年金種別	死亡者		受給権者		支給要件又は加算対象者となる者	
母子年金	夫（父、母の夫）		妻（母、父の妻）		子、夫の子、妻の子	
準母子年金	準父	夫(祖父)	準母	妻(祖母)	準子	孫
		夫(義兄)		妻(姉)		弟　妹
		男子たる子(父)		母(祖母)		孫
		父（父）		子(姉)		弟　妹
		祖父(祖父)		孫(姉)		弟　妹

⑴　**母子、準母年金（支給要件その１）**

死亡日の前日において被保険者であった者（母子年金においては妻、準母子年金においては死亡した者によって生計を維持していた女子である被保険者）については、死亡日の前日において、次のいずれかに該当していること。

①　死亡日の属する月の前月までの被保険者期間に係る保険料納付済期間が15年以上あること。

②　死亡日の属する月の前月までの被保険者期間に係る保険料納付済期間が５年以上あり、かつ、その被保険者期間のうち保険料免除期間を除く期間の３分の２以上を占めていること。

[事例]

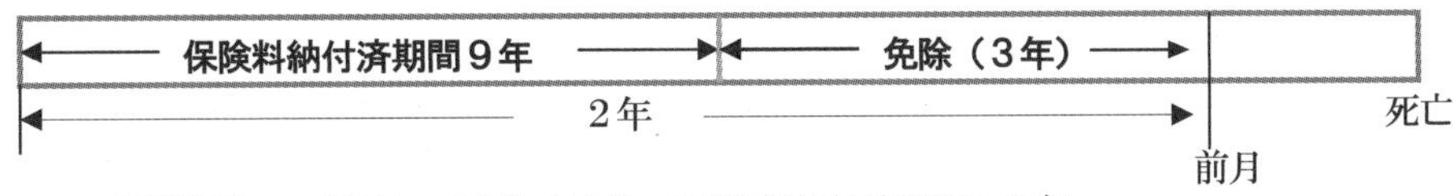

〔計算式〕　（12年－３年）×2/3 ≦保険料納付済期間≧５年

③　死亡日の属する月前における直近の基準月の前月までの被保険者期間が３年以上であり、かつ、その被保険者期間のうち最近の３年間が保険料納付済期間又は保険料免除期間で満たされていること。（最近の３年間に保険料未納期間がないこと。）

④　死亡日の属する月前における直近の基準月の前月までの被保険者期間が１年以上であり、かつ、その被保険者期間のうち最近の１年間が保険料納付済期間で満たされていること。

⑤　死亡日の属する月の前月までの被保険者期間につき、老齢年金の受給に必要な保険料納付済期間等を満たしていること。

⑵　**母子、準母子、遺児年金（支給要件その２）**

死亡日において被保険者でなかった者（母子年金においては妻、準母子年金においては死亡した者によって生計を維持していた女子）については、死亡日において65歳未満であり、かつ、死亡日の前日において老齢年金の受給に必要な保険料納付済期間等を満たしている場合に、遺族の範囲に該当する者に支給されます。

⑶　**遺族の範囲**

①　母子年金

夫が死亡した場合において、夫の死亡当時夫に生計を維持されていた妻が夫又は妻の子（18歳未満又は障害等級２級以上の状態にある20歳未満の子）と生計を同じくしているときは、妻に母子年金が支給されます。（旧国年法第37条①）

なお、夫の死亡当時胎児だった子が出生した場合は、死亡当時生計維持関係があったものとみなして出生したときから母子年金の受給権が発生します。（旧国年法第37条②）

【注】死亡した夫は厚生年金の被保険者又は共済組合員でもよい。厚生年金から遺族年金が支給されるときは母子年金の支給調整が行われます。

② 準母子年金

夫、男子たる子、父又は祖父が死亡した場合において、その者の死亡当時その死亡者によって生計を維持されていた女子が準母子状態（ア～ウに該当する状態）にあるとき、その者に準母子年金が支給されます。

ただし、次の場合に限られています。（旧国年法41条の２①、第41条の２②）

ア 夫が死亡した場合には、孫又は弟妹と生計を同じくすること。

【注】女子が孫又は幼い弟妹と一緒に暮らしていたが、夫が死亡したため準母子家庭になったとき。

イ 男子たる子が死亡した場合は、孫と生計を同じくし、かつ、配偶者がいないこと。

【注】夫のいない祖母が息子と孫と三人で暮らしていたが、子が死亡したため孫と二人の準母子家庭になったとき。

ウ 父または祖父が死亡した場合は、弟妹と生計を同じくし、かつ、配偶者がいないこと。

【注】父と弟妹又は祖父と弟妹と暮らしていた独身の女子が同居の父又は祖父が亡くなり、準母子家庭になったとき。

③ 遺児年金

父又は母の死亡当時、父又は母によって生計を維持されていた18歳未満の子、又は障害等級２級以上の状態にある20歳未満の子がいたとき、その子に遺児年金が支給されます。（旧国年法第42条）

(4) 母子年金等の額

780,900円×1.001（令和２年度改定率）≒781,700円（50円以上100円未満を100円に、50円未満切捨て）

① 母子年金

ア 基本額＝781,700円（令和２年度価格）

イ 加算額（旧法第39条①） ………▶ 子が２人以上あるとき（【表.25】参照）

② 準母子年金

ア 基本額＝781,700円（令和２年度価格）

イ 加算額（母子の準用） ………▶ 子が２人以上あるとき（【表.25】参照）

③ 遺児年金

ア 基本額＝781,700円（令和２年度価格）

加算額（母子の準用） ………▶ 子が２人以上あるとき（【表.25】参照）

【表.25】 母子、準母子、遺児年金の支給額早見表 〔令和２年度価格・単位/円〕

子・孫の人数	基本額	母子年金		準母子年金		遺児年金	
		加算額	合計額	加算額	合計額	加算額	合計額
１人	781,700		781,700		781,700		781,700
２人	781,700	224,900	1,006,600	224,900	1,006,600	224,900	1,006,600
３人	781,700	299,900	1,081,600	299,900	1,081,600	299,900	1,081,600

【注】 遺族基礎年金では、妻と子が受給権者である場合は、子が１人でも加算されます。

(5) 失 権

次の事項のいずれかに該当したときに、母子、準母子又は遺児年金の受給権を失います。

① 死亡したとき。

② 婚姻したとき。（事実婚を含む。）

③　直系血族又は直系姻族以外の者の養子となったとき。（事実上の養子縁組を含む。）

④　離縁によって死亡した被保険者との親族関係が終了したとき。

⑤　子、孫又は弟妹が18歳に達した日以後最初の３月31日が終了したとき。（障害等級２級以上の状態にある者を除く。）

⑥　18歳に達した日以後の最初の３月31日が終了している障害等級２級以上の障害の状態にある子、孫、弟妹である受給権者が20歳に達したとき。

⑦　障害を事由に受給している子、孫、弟妹が障害の状態に該当しなくなったとき。

⑧　母子年金又は準母子年金については、全ての子、孫又は弟妹が①から⑤までのいずれかに該当したとき。

3　寡婦年金の支給要件等

⑴　寡婦年金の支給要件

老齢年金受給期間満了者が昭和61年４月１日前に死亡した場合か、旧法による老齢年金受給資格者が昭和61年４月１日以後に死亡したときで、次の支給要件に該当した場合は、寡婦年金が支給されます。（60年改正法附則第31条①）

①　死亡日の前日において、死亡日の属する月の前月までの被保険者期間につき、旧老齢年金（短縮措置による老齢年金含む。）の受給に必要な保険料納付済期間等を満たしている夫が死亡したこと。

②　夫の死亡当時、夫に生計を維持されている妻（事実婚を含む。以下同じ。）がいること。

③　死亡当時、夫との婚姻関係（事実婚を含む。）が10年以上継続している妻であること。

④　妻は65歳未満であること。

⑤　死亡した夫が旧老齢年金又は旧障害年金（旧障害福祉年金を除く。）の受給権者であったことがないこと。

⑵　寡婦年金の支給期間及び支給額

①　60歳未満で受給権を取得した妻には、60歳に達した月の翌月から支給されます。

②　寡婦年金の支給額は、死亡日の属する月の前月までの保険料納付済期間及び保険料免除期間に基づき老齢年金の額を計算した場合の２分の１に相当する額です。（旧国年法第50条）

③　昭和61年４月１日以後に支給する従前の例による旧寡婦年金の額は、２分の１を４分の３と読み替えた額に改定されます。（60改正法附則第32条）

⑶　失　権

寡婦年金を受ける権利は、次のいずれかに該当したときに消滅します。

①　死亡したとき。

②　65歳に達したとき。

4　旧母子福祉年金等の遺族基礎年金への裁定替え

⑴　遺族基礎年金への裁定替え（60改正法附則第28条①）

施行日の前日に、旧国年法から母子福祉年金及び準母子福祉年金を受給していた者は、施行日（昭和61年４月１日）に新国年法第37条に該当する者とみなされ遺族基礎年金が支給されます。

⑵　旧母子福祉年金及び準母子福祉年金の裁定替えに伴う失権

施行日の前日において旧母子福祉年金及び準母子福祉年金の受給権者であった者が、施行日に遺族基礎年金の受給権を取得すると従前の年金は失権となります。（60改正法附則第28条②）

⑶　**旧母子福祉年金等の支給終了月**

旧母子福祉年金及び準母子福祉年金の支給は、権利の消滅した日（昭和61年４月１日）の前月で終わります。（60改正法附則第28条②）

⑷　**裁定替えされた遺族基礎年金の支給開始日**

⑴の遺族基礎年金に係る支給は、受給権の取得月（昭和61年４月）から開始し、初回の支払は同年８月となります。（60改正法附則第28条④）

⑸　**旧国民年金法による遺児年金**

旧国年法による遺児年金については、従前どおり、その効力を有することとされ、遺族基礎年金への裁定替えは行われません。（60改正法附則第28条⑪）

第４節　旧厚生年金保険法による遺族給付

１　遺族年金

⑴　**遺族年金の支給要件**

次の各要件に掲げる被保険者又は被保険者だった者（以下、「被保険者等」という。）が死亡した場合において、被保険者等が死亡当時その者によって生計を維持していた遺族に遺族年金が支給されます。

①　老齢年金の受給に必要な被保険者期間を満たしている者が死亡したとき。

②　通算年金通則法に定める通算対象期間（カラ期間を除く。）が６ヵ月以上ある被保険者（失踪の宣告を受けた被保険者であった者で行方不明となった当時被保険者であった者を含む。）が死亡したとき。

③　通算年金通則法に定める通算対象期間（カラ期間を除く。）が６ヵ月以上ある被保険者が被保険者資格を喪失したあとに、被保険者期間に発生した傷病が原因でその傷病の初診日から５年以内に死亡したとき。

④　障害等級１級又は２級の障害年金の受給権を有する者が死亡したとき。

⑵　**遺族の範囲と順位**

①　妻(事実婚を含む)

②　夫（受給権発生当時に60歳以上であるか、障害等級２級以上の状態にあるもの。）

③　子（受給権発生当時に18歳未満であるか、障害等級２級以上の状態にあるもの。）

④　父母（受給権発生当時に60歳以上であるか、障害等級２級以上の状態にあるもの。）

⑤　孫（受給権発生当時に18歳未満であるか、障害等級２級以上の状態にあるもの。）

⑥　祖父母（受給権発生当時に60歳以上であるか、障害等級２級以上の状態にあるもの。）

【注】旧厚年法には、転給がないため、父母は配偶者又は子がいるとき、孫は配偶者、子又は父母がいるとき、祖父母は配偶者、子、父母及び孫がいるときは、受給権者となることができません。
　なお、被保険者等が死亡した当時に胎児だった子が出生した場合は、④～⑥の受給権者はその月に失権します。

⑶　**遺族年金の額**

次の基本年金額の２分の１に加給年金額を加給した額になります。なお、受給権者が２人以いる場合の年金額は受給権者の数で除した額です。（旧厚年法第34条⑤，第60条①）

【給付の５％適正化と従前額の保障】

平成12年改正で、65歳以後の標準報酬月額の改定は、物価スライドのみとなり、給付乗率も５％適正化（引下げ）されたことにより、改定額が従前額に満たないケースがしばらく続くことになりますが、旧法年金についてもこの取扱を受けるため、賃金上昇により改定額が従前額を超えるまでは、当分の間、従前額が保障されることになります。

1　基本年金額（定額部分＋報酬比例部分）

①　平成16年10月改正後の定額部分の額

{（3,053円×1.001(令和2年度改定率)×被保険者期間月数）＋（平均標準報酬月額[令和２年水準]×9.5/1,000×被保険者期間月数）} ×1/2

【注】定額部分は被保険者期間が240ヵ月未満のときは240ヵ月とします。

②　平成16年10月改正後の報酬比例部分の額

ア　本来水準の額

（平均標準報酬月額**[令和２年水準]**×9.5/1,000×被保険者期間月数）×1/2

イ　平成６年水準の従前額

（平均標準報酬月額**[平成６年水準]**×10/1,000×被保険者期間月数×1.002）×1/2

【注】1.002＝(令和２年度従前額改定率)

2　妻に支給する遺族年金の加給年金額（令和２年度価格）

妻が受給権を取得した当時に妻と生計を同じくする遺族年金の受給権者となる子があるときは、次のとおり加給年金額が加給されます。（旧厚年法第62条①②、第62条③）

なお、死亡当時胎児だった子が出生した場合は、その出生の翌月から加給されます。

①　子があるとき、２人目まで（１人につき）　▶ 224,900円

②　子２人以上あるとき、３人目以降（１人につき）　▶ 75,000円

③　子が死亡又は遺族年金の受給権を失ったときは、その翌月から年金額が改定されます。

3　子に支給する遺族年金の加給年金額（令和２年度価格）

子に支給する遺族年金に加給される加給年金額は、１人を除いた子の数に応じて次のとおり支給されます。（旧厚年法第60条②④、第62条③）

①　１人を除いた子のうち２人目まで（１人につき）　▶ 224,900円

②　１人を除いた子のうち３人目以降（１人につき）　▶ 75,000円

③　子が死亡又は遺族年金の受給権を失ったときは、その翌月から年金額が改定されます。

4　寡婦加算額（令和２年度価格）

①　加給年金額の対象となる子がある場合で、妻が他の制度から遺族年金や恩給法による扶助料を受けない場合に次の額が加算されます。

なお、死亡当時胎児だった子が出生した場合は、その出生の翌月から加給されます。

ア　加算額（子が１人あるとき）　▶ 149,800円

イ　加算額（子２人以上あるとき）　▶ 262,400円

②　妻が60歳以上であり、アに該当しない場合で、妻が他の制度から遺族年金や恩給法による扶助料を受けない場合に次の額が加算されます。

加算額　▶ 149,800円

③　寡婦加算額の支給停止

妻が政令に定める老齢、障害を支給事由とする年金（全額停止中を除く。）を受給する間は、寡婦加算額の支給が停止されます。

④　寡婦加算額の支給停止に関する経過措置

妻が老齢年金等と遺族年金を受給している場合であって、昭和55年改正法の公布日（昭和55年8月1日）から施行日（昭和55年10月1日）の前日までの間のいずれかの日に寡婦加算額が加算されている遺族年金（旧寡婦年金含む。）を受給していた妻に支給される寡婦加算額（従前から受けている次の額）については施行日後も引き続き支給されます。

i　加算額（子が1人あるとき）……▶ 60,000円
ii　加算額（子2人以上あるとき）……▶ 84,000円
iii　60歳以上の寡婦（子がない者に限る。）……▶ 48,000円
（i～iii）自動スライド改定なし。

⑷　**遺族年金の失権及び支給停止等**

①　失　権

次のいずれかに該当したときは、遺族年金の支給を受ける権利は消滅します。

ア　死亡したとき

イ　婚姻したとき（事実婚を含む。）

ウ　直系血族又は直系姻族以外の者の養子となったとき（事実上の養子縁組を含む。）

エ　離縁によって被保険者との親族関係が終了したとき

オ　子又は孫が18歳に達した日以後の最初の3月31日が終了したとき（被保険者等が死亡当時から引き続き障害等級2級以上の状態にあるものを除く。）

カ　障害を事由に受給権者となっている子又は孫が障害の状態でなくなったとき

キ　障害を事由に受給権者となっている夫・父母又は祖父母が障害の状態でなくなったとき

②　労働基準法による遺族補償があるときの支給停止

労働基準法による遺族補償の支給が行われる場合は、死亡の日から6年間その支給が停止されます。（旧厚年法第66条）

③　共済組合制度から遺族年金が支給されるときの支給停止

遺族年金（老齢年金の受給に必要な被保険者期間を満たしていることにより支給する遺族年金を除く。）受給権者が、国、地方、私学、農林の共済組合から同一の支給事由に基づく遺族年金の支給を受けることができるときは、その間支給が停止されます。

ただし、旧厚年法から支給される遺族年金が各共済組合から支給される遺族年金（組合員期間月数が20年以上である者に係る遺族年金を除く。）の額を超える場合は、その超える額が支給されます。（旧厚年法第65条）

④　子に支給する遺族年金の支給停止（旧厚年法第66条）

子に支給する遺族年金は、配偶者が受給権者である間、支給停止になります。

ただし、配偶者に対する支給が停止されている間（所在不明又は他の年金を選択したことによる場合を含む。）は子に支給されます。

⑤　受給権者が行方不明のとき

配偶者が1年以上所在不明であるときは、子の申請によってその支給が停止されます。

なお、配偶者はいつでも停止の解除を申請できます。

⑥　第四種被保険者期間に発生した傷病が原因で死亡した場合等の支給調整（旧厚年法第68条）

旧厚年法の第四種被保険者期間に発生した傷病が原因で死亡した場合やその傷病が原因で障害年金（1級又は2級）を受給している者が死亡したことにより発生する遺族年金（老齢年金の受給に必要な被保険者期間を満たしていることにより支給される遺族年金を除く。）は、同一の支給事由により共済組合から遺族年金の支給を受けることができる者がいるときは支給されません。

2　通算遺族年金

⑴　通算遺族年金の支給要件等

①　支給要件

通算老齢年金の受給権者又は被保険者期間が１年以上あり、通算老齢年金の受給に必要な期間要件を満たしている者が死亡した場合に配偶者、子、父母、孫、祖父母に支給されます。

また、生計維持の要件や遺族の範囲と順位は「遺族年金」の取扱と同じになっています。

②　他の制度から遺族年金が支給される場合

船保法又は共済組合が支給する遺族年金（老齢又は退職年金相当の期間を満たしている者が死亡したことによる遺族年金を除く。）の支給を受けられる間、通算遺族年金は支給停止となります。（旧厚年法第68条の５）

③　遺族年金の準用

失権、配偶者から子への転給、死亡の推定及び支払期（昭和61年４月以降）等は遺族年金に準じています。（旧厚年法第68条の６）

⑵　通算遺族年金の額

通算老齢年金額を計算する例によって算出した額の２分の１となっています。

⑶　施行日　　昭和51年10月１日

3　特例遺族年金

⑴　特例遺族年金の支給要件等

①　支給要件（旧厚年法附則第28条の4 ①）

特例老齢年金の受給権者又は被保険者期間が１年以上あり、特例老齢年金の受給に必要な期間要件を満たしている者が死亡した場合に配偶者、子、父母、孫、祖父母に支給され、生計維持の要件や遺族の範囲と順位は「通算遺族年金」の取扱と同じになっています。

なお、特例遺族年金は、通算遺族年金が支給されるときは支給されません。

②　通算遺族年金の準用

特例遺族年金の額及び失権、配偶者から子への転給、死亡の推定及び支払期（昭和61年４月以降）等は通算遺族年金に準じています。（旧厚年法附則第28条の4 ②③）

⑵　特例遺族年金の額

特例老齢年金を計算する例によって算出した額の２分の１となっています。

⑶　施行日

昭和51年10月1日

第５節　旧船員保険法による遺族給付

1　遺族年金（職務外）の支給要件等

⑴　支給要件

旧船員保険法による職務外遺族年金は、次の要件に掲げる被保険者又は被保険者だった者（以下、「被保険者等」という。）が施行日（昭和61年４月１日）前に死亡した場合において、被保険者等が死亡当時、死亡者によって生計を維持していた遺族に支給されます。

①　老齢年金の受給に必要な被保険者期間を満たしている者が死亡したとき。

② 旧通算年金通則法に定める通算対象期間（カラ期間を除く。）が６ヵ月以上ある被保険者（失踪の宣告を受けた被保険者であった者であって、行方不明となった当時被保険者であった者を含む。）が死亡したとき。

③ 旧通算年金通則法に定める通算対象期間（カラ期間を除く。）が６ヵ月以上ある被保険者が被保険者資格を喪失したあとに、被保険者期間に発生した傷病が原因でその傷病の初診日から５年以内に死亡したとき。

④ 障害等級１級又は２級の障害年金の受給権を有する者が死亡したとき。

⑵ **遺族の範囲と順位**

① 妻

② 夫（受給権発生当時に60歳以上であるか、職務外の障害等級２級以上の状態にあるもの。）

③ 子（受給権発生当時に18歳未満であるか、職務外の障害等級２級以上の状態にあるもの。）

④ 父母（受給権発生当時に60歳以上であるか、職務外の障害等級２級以上の状態にあるもの。）

⑤ 孫（受給権発生当時に18歳未満であるか、職務外の障害等級２級以上の状態にあるもの。）

⑥ 祖父母（受給権発生当時に60歳以上であるか、職務外の障害等級２級以上の状態にあるもの。）

⑶ **遺族年金の額**

老齢年金の基本額（定額部分＋報酬比例部分）の２分の１に加給金と寡婦加算額を加算した額とされます。なお、平成16年10月改正以後の額が従前額に満たない場合の報酬比例部分の従前額保障額を計算するときは、平成６年水準の平均標準報酬月額及び従前の給付乗率(1/75)が用いられます。

【最低保障額】 781, 700円（=平成16年度価格×1. 001）（平16改正法附則第27条）

1 **基本額**（平成16年10月改正後の令和２年度価格）

（定額部分＋報酬比例部分）×1/2＋加給金＋寡婦加算額（旧船保法第35条、第50条の２）

【最低保障額】 781, 700円（令和２年度価格）

【注】780, 900円×1. 001（令和２年度改定率）（旧船保法第50条の2③）

① 定額部分の額（令和２年度価格）

732, 720円×1. 001＋（48, 848円×1. 001×1/12×15年を超える被保険者期間月数）

※1. 001＝（令和２年度改定率）

② 報酬比例部分（令和２年度価格）

ア 本来水準の額

平均標準報酬月額（令和２年水準）×19/1, 500×被保険者期間月数

イ 平成６年水準の従前額

平均標準報酬月額（平成６年水準）×1/75×被保険者期間月数×1. 002（令和２年度従前額改定率）

2 **加給金**（令和２年度価格）

① 妻に支給する遺族年金の場合

妻が受給権を取得した当時に妻と生計を同じくする遺族年金の受給権者となる子があるときに次のとおり加給されます。（旧船保法第50条の3 ①②）

なお、死亡当時胎児だった子が出生した場合は、その出生の翌月から加給されます。

ア 子があるとき、２人目まで１人につき ……→ 224, 900円

イ 子３人以上あるとき、３人目以降１人につき ……→ 75, 000円

ウ 子が死亡又は遺族年金の受給権を失ったときは、その翌月から改定されます。（旧船保法第

23条及び第23条の２参照）

② 子に支給する遺族年金の場合

子に支給する遺族年金に加給する年金額は、１人を除いた子の数に応じて次のとおり加給されます。（旧船保法第50条の3 ①②）

ア １人を除いた子のうち２人目まで１人につき ……▶ 224,900円

イ １人を除いた子のうち３人目以降１人につき ……▶ 75,000円

ウ 子が死亡又は遺族年金の受給権を失ったときは、その翌月から改定されます。

3 寡婦加算（令和２年度価格）

① 加給金の対象となる子がある場合で、妻が他の制度から遺族年金や恩給法による扶助料を受けない場合に次の寡婦加算が加給されます。（旧船保法第50条の３の３）

ア 子が１人あるとき ……▶ 149,800円

イ 子が２人以上あるとき ……▶ 262,400円

【注】平成16年改正後の新価格は資料６参照）

② 妻が60歳以上であり、①に該当しない場合で、妻が他の制度から遺族年金や恩給法による扶助料を受けない場合に次の額が加給されます。

加給金 ……▶ 149,800円

③ 寡婦加算の支給停止

妻が政令に定める老齢、障害を支給事由とする年金（全額停止中を除く。）を受給する間は、寡婦加算の加給が停止されます。

④ 寡婦加算の支給停止に関する経過措置

妻が老齢年金等と遺族年金の複数の年金を受給している場合であって、昭和55年改正法の公布日（昭和55年８月１日）から施行日（昭和55年10月１日）の前日までの間のいずれかの日に寡婦加算が加給されている遺族年金（旧寡婦年金含む。）を受給していた妻に加算される寡婦加算は従前から加給されている次の額については支給停止となりません。

ア 子が１人あるとき ……▶ 60,000円

イ 子が２人以上あるとき ……▶ 84,000円

ウ 60歳以上の寡婦（子がいない者に限る。） ……▶ 48,000円

（ア～ウ）自動物価ｽﾗｲﾄﾞ適用なし。

(4) 遺族年金の失権及び支給停止等

① 失 権

遺族年金を受ける権利は、次のいずれかに該当したときに消滅します。

ア 死亡したとき。

イ 婚姻したとき。（事実婚を含む。）

ウ 直系血族又は直系姻族以外の者の養子となったとき。（事実上の養子縁組を含む。）

エ 離縁（養子縁組の解消）によって被保険者との親族関係が終了したとき。

オ 子、孫が18歳に達した日以後の最初の３月31日が終了したとき。（受給権を取得した当時から引き続き障害等級２級以上の状態にある障害の状態にあるときを除く。）

カ 障害を事由に受給権者となっている子又は孫が障害の状態でなくなったとき。

キ 障害を事由に受給権者となっている夫・父母又は祖父母が障害の状態でなくなったとき。

② 受給者が１年以上所在不明のとき

遺族年金を受ける者が１年以上所在不明の場合はその間支給を停止し他の同順位者に、同順位者

がいないときは、次順位者に支給されます。したがって、遺族年金を受けるべき者が現れたときは停止が解除されます。（旧船保法第50条の５）

③　年金任意継続被保険者期間に発生した傷病により死亡した場合等の支給調整

旧船員保険法の年金任意継続被保険者期間に発生した傷病が原因で死亡した場合やその傷病が原因で障害年金（２級以上）を受給している者が死亡したことにより発生する遺族年金（老齢年金の受給に必要な被保険者期間を満たしていることにより支給する遺族年金を除く。）は、同一の支給事由により共済組合から遺族年金の支給を受けることができる者があるときは支給されません。（旧船保法第50条の６）

④　労働基準法による遺族補償があるときの支給停止

同一の死亡により、労働基準法による遺族補償の支給が行われる場合は、死亡の日から６年間支給停止となります。（旧船保法第50条の７）

⑤　共済組合制度から遺族年金が支給されるときの支給停止

遺族年金（老齢年金の受給に必要な被保険者期間を満たしていることにより支給する遺族年金を除く。）受給権者が、国、地方、私学、農林の共済組合から同一の支給事由に基づく遺族年金の支給を受ける間、その支給が停止されます。

ただし、共済組合から支給される遺族年金（組合員期間月数が20年以上である者に係る遺族年金を除く。）の額を超える場合はその超える額が支給されません。（旧船保法第50条の7の2）

⑥　旧厚年法と旧船保法による遺族年金の受給資格の調整

厚年と船保の期間を合算して遺族年金を支給する場合は、最後の制度から遺族年金が支給されるのが原則です。けれども、旧船保法の遺族の範囲等が旧厚年法と異なるため、所要の措置が取られています。すなわち、旧船保法に基づく被保険者期間のみで老齢年金受給資格期間を満たしている場合は、旧船保法の被保険者期間のみに基づく遺族年金が支給されます。

なお、旧厚年法から遺族年金が支給される場合は、旧船保法の遺族年金は支給停止となります。（旧交渉法第23条）

⑦　旧厚年法の遺族年金と旧船保法による遺族年金との調整

ア　旧厚年法の短期遺族年金と旧船保法による短期遺族年金の受給権を有する場合は、高額の方の年金が支給されます。

イ　同額の場合は最後の制度から支給されます。　**【参考条文】**　旧交渉法第22条～第27条参照

(5)　通算遺族年金

①　支給要件（旧船保法第50条の8の2）

通算老齢年金の受給権者又は被保険者期間が１年以上あり通算老齢年金の受給に必要な期間要件を満たしている者が死亡した場合に、配偶者、子、父母、孫、祖父母に支給されます。

また、生計維持の要件や遺族の範囲と順位は、職務外遺族年金と同じ取扱になります。

②　年金額

通算遺族年金の額は、通算老齢年金の額を計算する場合と同じ計算式で算出した額の２分の１になります。（旧船保法第50条の8の3）

【注】　平成16年10月改正後の額が、従前額に満たない場合の従前額を計算する場合は、平成６年再評価後の平均標準報酬月額及び従前の給付乗率(1/75)が用いられます。

③　遺族年金が支給される場合の支給停止

船員保険から支給される通算遺族年金は、厚年法又は共済組合が支給する遺族年金（老齢又は退

職年金相当の期間を満たしている者が死亡したことによる遺族年金を除く。）の支給を受ける間、その支給が停止されます。（旧船保法第50条の8の4）

④　遺族年金の範囲等

遺族の範囲、失権の規定及び配偶者から子への転給等の規定は、旧厚年法と同一の取扱となっています。（旧船保法第23条④）

⑤　施行日

昭和51年10月1日

⑹　特例遺族年金

①　支給要件（51改正法附第18条①）

特例老齢年金の受給権者又は被保険者期間が１年以上あり、特例老齢年金の受給に必要な期間要件を満たしている者が死亡した場合に配偶者、子、父母、孫、祖父母に支給され、生計維持の要件や遺族の範囲と順位は「通算遺族年金」の取扱と同じになっています。

なお、特例遺族年金は、遺族年金又は通算遺族年金が支給されるときは支給されません。

②　年金額

特例遺族年金の額は、通算遺族年金の額を計算する場合と同じ計算式で算出した額になります。（51改正法附第18条②）

③　通算遺族年金の準用

特例遺族年金の額及び失権、配偶者から子への転給、死亡の推定及び支払期（昭和61年4月以降）等は通算遺族年金に準じています。（51改正法附第18条③）

④　施行日

昭和51年10月1日

2　遺族年金（職務上）の支給要件等

⑴　支給要件【職務上の事由によるもの】

旧船員保険法による職務上の遺族年金は、旧船員保険の被保険者又は被保険者だった者が職務に起因（通勤災害によるものを含む。以下「職務上等」という。）し、施行日（昭和61年4月1日）前に死亡又は職務等による負傷、疾病がもとで死亡した場合において、死亡した者の遺族に対して遺族年金又は遺族一時金が支給されます。（旧船保法第50条）

⑵　遺族の範囲と順位【職務上の事由によるもの】

旧船員保険法による職務上遺族年金の範囲は、被保険者又は被保険者であった者の死亡当時その者の収入によって生計を維持していた次の者とされています。（旧船保法第23条①②）

また、支給を受けるべき順位は次に並べられた順のとおりです。（旧船保法第23条の２）

①　配偶者（夫にあっては60歳以上であるか、職務上の障害等級５級以上の状態にあるもの。）

②　子（受給権発生当時に18歳未満であるか、職務上の障害等級５級以上の状態にあるもの。）

③　父母（受給権発生当時に60歳以上であるか、職務上の障害等級５級以上の状態にあるもの。）

④　孫（受給権発生当時に18歳未満であるか、職務上の障害等級５級以上の状態にあるもの。）

⑤　祖父母（受給権発生当時に60歳以上であるか、職務上の障害等級５級以上の状態にあるもの。）

⑥　兄弟姉妹（受給権発生当時に18歳未満であるか、60歳以上であること又は職務上の障害等級５級以上の状態にある者）

【注】被保険者等の死亡当時その者の収入によって生計を維持していた者とは、遺族厚生年金と異なり、生計

が同一であればよく、収入による認定を必要としません。
ただし、別世帯で生計を依存していない場合や小遣銭程度の仕送りでは生計を維持されていたとは認められません。

⑶ **遺族年金の額【職務上の事由によるもの】**

次の①から⑥までの額を合算した額です。

【職務上相当額】

① 最終標準報酬月額×加給金の対象となる子の数によって定める金額

最終標準報酬月額を被保険者資格喪失日により定められた賃金スライド率に基づき改定し、改定された最終標準報酬月額に基づき年金額が改定されます。

【表. 26】 遺族年金の年金額 **（平成７年８月改正）**

⑴ 子の数	⑵ 年 金 額	備 考
0 人	最終標準報酬月額×5.5ヵ月	（職務上寡婦加算） 55歳以上又は政令に定める障害の状態にある妻は、更に 0.3ヵ月分が加給されます。ただし、子の加給がある場合は除きます。
1 人	最終標準報酬月額×6.7ヵ月	
2 人	最終標準報酬月額×7.4ヵ月	
3人以上	最終標準報酬月額×8.2ヵ月	

② 定額分

183,290円≒183,110円（平成16年度価格）×1.001（令和２年度改定率）

③ 平成16年10月以降の報酬比例分（令和２年度価格）

次のア又はイのうち高い方の額が支給されます。【注】参照

ア 平均標準報酬月額(令和２年水準)×57/100×被保険者期間月数

イ 平成６年水準の従前額

平均標準報酬月額(平成６年水準)×60/100×1.002(令和２年度従前額改定率)

【注】 平成16年10月改正前の報酬比例分（職務外部分に限る。）の平成16年10月改定額が従前額に満たない場合、従前額が支給されます。また、従前額保障額の算定には、平成６年再評価後の平均標準報酬月額及び従前の給付乗率(60/100)並びに平成17年度以降の従前額改定率が用いられます。

【職務外相当額】

④ 15年を超える被保険者期間１年につき平均標準報酬日額×３日分×(令和２年度従前額改定率)

⑤ 加給金（職務外の節参照）

職務外の遺族年金の加給金の額に次の額を加えた額になります。

ア 子１人の場合→最終報酬月額×1.2ヵ月
イ 子２人の場合→最終報酬月額×1.9ヵ月
ウ 子３人以上の場合→最終報酬月額×2.7ヵ月
（ア～ウ）【表. 26】の⑵欄の年金額に算入済です。

⑥ 寡婦加算額（職務外参照）

⑷ **遺族年金の額**【職務上の事由による障害年金受給権者が職務外の事由で死亡したもの】

前記の職務上相当分の①～③の金額が½になり、職務外相当分の④～⑥は全額加算されることになります。したがって、職務上寡婦加算は 0.15カ月となります。

⑸ **遺族年金の失権と支給停止**

① 失 権

遺族年金を受ける権利は、次のいずれかに該当したときに消滅します。

ア 死亡したとき。

イ　婚姻したとき。（事実婚を含む。）

ウ　直系血族又は直系姻族以外の者の養子となったとき。（事実上の養子縁組を含む。）

エ　離縁（養子縁組の解消）によって被保険者との親族関係が終了したとき。

オ　子、孫又は兄弟姉妹が18歳に達した日以後の最初の３月31日が終了したとき。（受給権を取得した当時から引き続き職務上の障害等級５級以上の状態にある者を除く。）

カ　障害を事由に受給権者となっている子、孫又は兄弟姉妹が18歳に達した日以後の最初の３月31日が終了したあとに障害の状態に該当しなくなったとき。

キ　障害を事由に受給権者となっている60歳未満の夫、父母、祖父母又は兄弟姉妹が障害の状態に該当しなくなったとき。

②　遺族年金の支給停止と転給

ア　遺族年金を受ける者が１年以上所在不明の場合はその間支給を停止し他の同順位者に、同順位者がいないときは、次順位者に支給されます。（旧船保法第50条の５）

イ　⑵の規定により先順位者が失権した場合は、次順位者に権利が移ります。（転給）

2　「遺族一時金と遺族年金差額一時金」及び「遺族前払一時金」

⑴　遺族年金一時金の支給要件

遺族一時金は、遺族補償年金を受けられる遺族がいないときに支給されます。

⑵　遺族年金差額一時金の支給要件

遺族年金差額一時金は、遺族年金を受けられる遺族が死亡したが次順位者がおらず、かつ、既に受けるべき遺族年金の額が遺族一時金の額に達していないときに支給されます。

⑶　遺族一時金及び遺族年金差額一時金の遺族の範囲と順位

①　配偶者

②　被保険者の死亡当時その者の収入によって生計を維持していた子。

③　被保険者の死亡当時その者の収入によって生計を維持していた父母。

④　被保険者の死亡当時その者の収入によって生計を維持していた孫。

⑤　被保険者の死亡当時その者の収入によって生計を維持していた祖父母。

⑥　被保険者の死亡当時その者の収入によって生計を維持していた者。（兄弟姉妹等）

⑦　②に該当しない子。

⑧　③に該当しない父母。

⑨　④に該当しない孫。

⑩　⑤に該当しない祖父母。

【注】　被保険者等の死亡当時その者の収入によって生計を維持していた者とは、遺族厚生年金と異なり、生計が同一であればよく、収入による生計維持の認定を必要としません。

⑷　遺族一時金及び遺族年金差額一時金の額

①　遺族一時金

最終標準報酬月額の36ヵ月分　（旧船保第42条ノ3 ①）

なお、５年以上１年を増す毎に平均標準報酬日額の36日分を加算した額が支給されます。（旧船保第42条ノ3②）

②　遺族年金差額一時金

最終標準報酬月額の36ヵ月分から遺族年金の支給額の合計を控除した額が支給されます。

⑸　**遺族前払一時金の支給要件**

一家の働き手を失った家族が、遺族年金を前倒しでき受給きるのが遺族前払一時金制度です。

①　支給要件

遺族年金受給権者が、遺族年金の受給権発生日（死亡日）以後２年以内に、遺族前払一時金を請求できます。

ただし、遺族年金の請求と同時に行うか、遺族年金の裁定後の初回支払月以後１年以内に請求しなければなりません。（旧船保法施行規則第82条ノ17ノ７）

②　支給限度額

最終標準報酬月額の36ヵ月分

③　遺族前払一時金を受けた場合の遺族年金の支給停止

遺族前払一時金の支給を受けた場合は、各月に支給すべき遺族年金の額が遺族前払一時金の支給を受けた額に達するまで支給を停止されます。

第６節　旧共済組合法による遺族給付

1　遺族年金の支給要件等

⑴　**支給要件**

遺族年金は、次に掲げる組合員又は組合員だった者（以下「組合員等」という。）が死亡した場合において、組合員等が死亡当時その者によって生計を維持していた遺族に支給されます。

[公務上による遺族年金]

公務上による遺族年金は、職員が公務傷病により、組合員として在職中又は退職後に死亡した場合に生計を維持されていた遺族に支給されます。公務外による遺族年金と異なる点は、一定の組合員期間を必要としないことであり、新法共済組合の支給要件と同様とされています。

[公務外による遺族年金]

①　退職年金に必要な組合員期間を満たしている者が私傷病により死亡したとき。

②　組合員期間が１年以上20年未満である組合員（在職中）が私傷病により死亡したとき。

③　障害年金（３級を含む。）の受給権を有する者が私傷病により死亡したとき。

【注】　新法では、１級及び２級の障害共済年金受給権者の私傷病死亡に限られています。

④　通算年金通則法に定める通算対象期間（カラ期間を除く。）が１年以上ある組合員（失踪の宣告を受けた組合員であった者であって、行方不明となった当時組合員であった者を含む。）が私傷病により死亡したとき。

⑤　組合員期間１年未満で公務による障害年金受給権者が私傷病で死亡したとき。

⑵　**遺族の範囲と順位**

組合員の死亡当時組合員によって生計を維持されていた者のうち、次の組合員の被扶養者とされていた者が遺族となります。また、子及び孫については婚姻(事実婚を含む)していない者とされています。(旧国共済法第2条③、同法施行令第4条)

なお、遺族の順位は、次に並べられた順位によります。

①　配偶者（事実婚を含む。）

配偶者については、死亡した組合員の資格喪失当時の年収を恒常的に上回らない者又は国家公務員災害補償法の規定による遺族補償年金の受給権を取得した者も遺族とされます。

なお、死亡した組合員又は組合員だった者が10年以上組合員期間を有していた場合の配偶者は、被扶養者の要件に該当しない場合でも、遺族とされます。

② 子（受給権発生当時に18歳未満であるか、障害年金（３級含む。）を受給できる障害の状態にある者）【注】新法では３級障害の原因となった傷病が原因で死亡した場合に限る。以下同じ。

③ 父母（養父母が実父母に優先される。）

④ 孫（受給権発生当時に18歳未満であるか、障害年金（３級含む。）を受給できる障害の状態にある者）

⑤ 祖父母（養父母の養父母、養父母の実父母、実父母の養父母、実父母の実父母の順）

(3) 遺族年金の額

[公務上による遺族年金]

公務上による遺族年金は、次の一般方式と通年方式によって計算した金額のうちいずれか多い額とされていますが、昭和61年４月１日以後における従前の一般方式による遺族年金額は自動物価スライドが適用されず、新法施行後の新方式（通年方式）による年金額が従前額を超える時から新方式による年金額に改定されます。

1 一般方式

(俸給年額×40/100）＋（俸給年額×1.5/100×20年を超える組合員期間の年数[20年限度]）

2 通年方式

(定額部分＋報酬比例部分)

① 定額部分（令和２年度価格）

732,720円×1.001＋(36,636円×1.001×20年を超える組合員期間の年数[15年限度])

【注】1.001＝（令和２年度改定率）

② 報酬比例部分（令和２年度価格）

平成16年10月以降の報酬比例部分の額は、次のア又はイのうち高い方の額が支給されます。

ア (俸給年額×19/100)＋(俸給年額×0.95/100×20年を超える組合員期間の年数[20年限度])

【注】俸給年額は厚生年金に準じた改定率を乗じた額に改定されます。

イ 平成6年水準の従前額

(俸給年額×20/100)＋（俸給年額×10/100×20年を超える組合員期間の年数[20年限度])×1.002(令和２年度従前額改定率)　【注】俸給年額は平成6年水準

[公務外による遺族年金]

公務外による遺族年金は、次の一般方式と通年方式によって計算した金額のうちいずれか多い額とされていますが、昭和61年４月１日以後における従前の一般方式による遺族年金額は自動物価スライドが適用されず、昭和61年４月１日以後の新方式（通年方式）による年金額を超える時点で、新方式による年金額に改定されます。（60国共済改正法附則第46条関係）

1 一般方式

① 組合員期間20年以上の場合

退職年金、減額退職年金受給権者、障害年金受給権者（20年未満除く。）又は退職年金の受給に必要な組合員期間を満たしている者に係る遺族年金は次によります。

{(俸給年額×40/100)＋(俸給年額×1.5/100×20年を超える組合員期間の年数)｝×1/2

【注】20年を超える組合員期間の年数は20年が限度とされ、俸給年額の70％が退職年金の限度額となるため、遺族年金（公務外）の限度額は俸給年額の35％とされています。

② 組合員期間20年未満の場合（アに該当する者を除く。）

(俸給年額×10/100)＋(俸給年額×1/100×10年を超える組合員期間の年数)

2 通年方式

① 組合員期間２０年以上の場合

退職年金、減額退職年金受給権者、障害年金受給権者（20年未満除く。）又は退職年金の受給に必要な組合員期間を満たしている者に係る遺族年金の額は次によります。

遺族年金の額＝退職年金（定額部分＋報酬比例部分）×½

ア 定額部分

平成16年10月改正後の令和２年度価格

732,720円×1.001＋(36,636円×1.001×20年を超える組合員期間の年数[15年限度])

【注】1.001＝（令和２年度改定率）

イ 報酬比例部分

報酬比例部分の額は、次のⅰ又はⅱのうち高い方が支給されます。

ⅰ 平成16年10月改正後の報酬比例部分（本来水準）

俸給年額×19/100＋俸給年額×0.95/100×20年を超える組合員期間の年数[20年限度]

【注】 俸給年額は令和2年水準額

ⅱ 平成6年水準の従前額の報酬比例部分の額

(俸給年額×20/100＋俸給年額×10/100×20年を超える組合員期間の年数[20年限度])

×1.002(令和２年度従前額改定率) 【注】 俸給年額は平成６年水準

② 組合員期間２０年未満の場合（①に該当する者を除く。）

遺族年金の額＝通算退職年金（定額部分＋報酬比例部分）×½

次の定額単価及び報酬比例部分の乗率は２分の１（遺族年金用）に見直されています。

ア 平成16年10月改正後の定額部分

183,180円×改定率＋（18,318円×改定率×10年を超える組合員期間の年数)

【注】令和２年度改定率＝1.001

イ 平成16年10月改正後の報酬比例部分

次のⅰ又はⅱのうち高い方の額が支給されます。

ⅰ 本来水準の額（令和２年度価格）

(俸給年額×4.75/100)＋(俸給年額×0.45/100×10年を超える組合員期間の年数)

【注】俸給年額は令和２年水準

ⅱ 平成６年水準の従前額の報酬比例部分の額（令和２年度価格）

{(俸給年額×5.00/100)＋(俸給年額×0.50/100×10年を超える組合員期間の年数)}×1.002

【注1】俸給年額は平成６年水準、下線部分は平成12年改正前の給付乗率

【注2】1.002＝令和２年度従前額改定率

(4) 遺族年金への加算額

① 扶養加算

遺族年金を受ける者が妻である配偶者であり、かつ、遺族である子がいるとき又は子である遺族が２人以上いるときは、次の額が加給されます。

ア 受給者が妻で子がいる場合

ⅰ 加算額（第２子まで１人につき） ……► 224,900円

ii　加算額（第３子以降１人につき）→ 75,000円

イ　受給者が子で２人以上いる場合

i　加算額（１人を除く第２子まで１人につき）→ 224,900円

ii　加算額（１人を除く第３子以降１人につき）→ 75,000円

②　寡婦加算

ア　扶養加算の対象となる子がある場合で、妻が他の制度から遺族年金や恩給法による扶助料を受けない場合に次の額が加給されます。

i　加算額（子が１人あるとき）→ 149,800円

ii　加算額（子が２人以上あるとき）→ 262,400円

イ　妻が60歳以上であり、アに該当しない場合で、妻が他の制度から遺族年金や恩給法による扶助料を受けない場合に次の額が加算されます。

加算額 → 149,800円

③　寡婦加算の支給停止

旧厚年法、旧船保法又は他の共済組合が支給する老齢（退職）年金又は障害年金の支給を受けるときは、その間寡婦加算の支給が停止されます。

⑸　最低保障額

①　公務上の通年方式による遺族年金の最低保障額

公務上による旧法遺族年金の最低保障額は、基本年金額、扶養加算額、寡婦加算額及び遺族加算額を合算した額が1,820,800円（令和２年度価格）に満たない場合に支給されます。

最低保障額は、公務等（通勤災害を含む）による遺族共済年金の最低保障額（1,039,100円）に遺族基礎年金の額（781,700円）を加えた額（1,820,800円）に設定されています。

なお、最低保障額の公務上による遺族年金には、次の扶養加給額が加算されます。

ア　受給者が妻で子がいる場合

i　加給額（第２子まで１人につき）→ 65,100円

ii　加給額（第３子以降１人につき）→ 14,400円

イ　受給者が子で２人以上いる場合

i　加給額（１人を除く第２子まで１人につき）→ 65,100円

ii　加給額（１人を除く第３子以降１人につき）→ 14,400円

②　公務外による遺族年金の最低保障額（従前額が保障される場合）

公務外による遺族年金の最低保障額は 781,700円に扶養加算額（前項⑷①）及び寡婦加算額（前項⑷②）を加算した額になります。

⑹　遺族年金の失権と転給

①　失　権

ア　死亡したとき。

イ　婚姻したとき（事実婚を含む。）。

ウ　死亡した組合員からみて三親等以内の親族の養子となったとき。

エ　死亡した組合員だった者と離縁（養子縁組の解消）によって親族関係が終了したとき。

オ　子、孫が18歳に達した日以後の最初の３月31日が終了しているとき（障害等級２級以上の状態にあるものを除く。）。

カ　障害を事由に受給権者となっている18歳に達した日以後の最初の３月31日が終了している子又

は孫が障害の状態でなくなったとき。

② 転　給

遺族年金受給権者が権利を失ったときは他の同順位者に、同順位者がいないときは次順位者に、順次転給されます。

なお、養父母は実父母に優先し、祖父母については、養父母の養父母、養父母の実父母、実父母の養父母、実父母の実父母の順となります。

【注】転給制度は平成27年10月の被用者年金制度の一元化により廃止されましたが、一元化の施行日前に転給による遺族年金を受けている受給権者はそのまま受給し，次順位者は施行日に失権します。

(7) 遺族年金の支給停止

① 若年による支給停止

妻に支給される遺族年金は、年齢に係わりなく支給されますが、夫、父母又は祖父母に対して支給される遺族年金は、60歳（当該支給事由となった組合員の死亡した日が昭和55年７月１日前にある場合は55歳）に達するまで支給が停止となります。

ただし、障害年金（障害等級３級を含む。）を受給できる程度の障害の状態にある場合は、支給開始年齢に達しなくても支給されます。

また、昭和55年７月１日以後に受給権者となる場合の支給停止は、受給権発生日に応じて、支給開始年齢の経過措置がとられています。(P. 125【資料３】参照)

なお、障害の状態（障害等級３級以上の状態にあるもの。）を事由に遺族年金の支給を受けている者が障害の状態でなくなったとき（夫、父母、祖父母等が該当したときは、支給停止となり、支給開始年齢に達すると支給停止が解除される。）も支給が停止されます。

② 受給者が１年以上所在不明のときの支給停止

遺族年金を受ける者が１年以上所在不明の場合は、その間支給を停止し他の同順位者に、同順位者がいないときは次順位者に支給されます。

したがって、遺族年金を受けるべき者が現れたときは、停止が解除されます。

③ 国家公務員災害補償法による遺族補償があるときの支給停止

ア　公務上の遺族年金のうち俸給年額の20/100に相当する額が停止されます。

イ　公務外の遺族年金のうち通勤災害により国家公務員災害補償法による遺族補償があるときは、死亡が公務としたならば受けられる公務上の遺族年金の額（20/100控除後の額）を限度として支給されます。

④ 他の制度から遺族年金が支給される場合の支給停止

組合員期間が１年以上10年未満の者が死亡した場合に支給される遺族年金の受給権者が、船保、厚年、地方、農林の共済組合又は私学共済制度から同一の支給事由に基づく長期要件の遺族年金の支給を受けることができるとき又は通算遺族年金を希望したときは、10年みなしの遺族年金ではなく組合員期間に応じた遺族年金（特例遺族年金）が支給されます。

［事例１］

在職死亡 ▽

○厚生年金保険２０年	共済５年

●10年みなしの遺族年金(共済)なし

○ 遺族年金（厚年20年分の基本年金額×1/2）
○ 特例遺族年金（共済５年分の遺族年金）【注】扶養加算及び寡婦加算なし

｝ **併給**

［事例２］

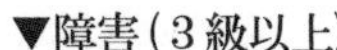

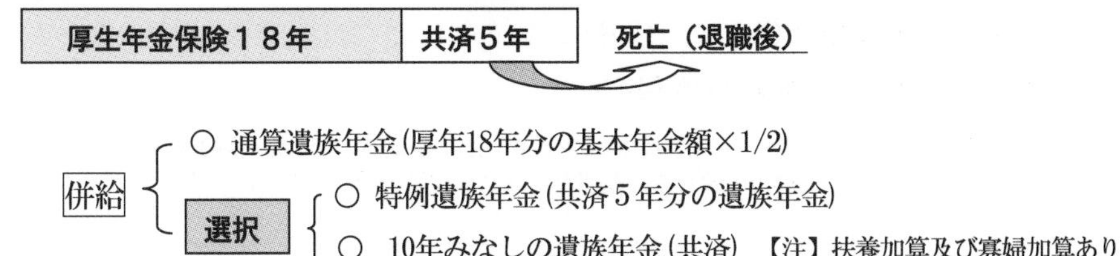

２　通算遺族年金の支給要件等

(1)　支給要件

通算退職年金の受給権者又は組合員期間が１年以上あり、通算退職年金の受給に必要な期間要件を満たしている者が死亡した場合、配偶者、子、父母、孫、祖父母の順で通算遺族年金が支給されます。

また、生計維持の要件や遺族の範囲と順位、支給停止及び失権の規定は「遺族年金」の取扱と同じになっています。

(2)　年金額

通算退職年金額を計算する例によって算出した額の２分の１となっています。

(3)　遺族年金が支給される場合の支給停止

旧厚年法、旧船保法又は他の共済組合が支給する遺族年金（老齢又は退職年金相当の期間を満たしている者が死亡したことによる遺族年金を除く。）の支給を受けられるときは、通算遺族年金の支給が停止となります。

(4)　厚年法による通算遺族年金の準用

遺族の範囲及び失権規定、配偶者から子への転給等の規定は、旧厚年法の通算遺族年金の取扱と同じになっています。

第７節　未支給（支払未済）の支給要件

１　国民年金・厚生年金の未支給年金

未支給年金は、受給権者（未請求者を含む。）が支払を受けないまま死亡した場合に、支払を受けるべき年金で、未だ支払を受けていない額について生計を同じくする遺族に支給されます。

なお、未支給年金を受けるべき者が支払を受けないまま死亡した場合は、次順位者が先順位者に代わって請求することになりますが、先順位者の相続人（死亡者と生計同一の遺族を除く。）が民法の規定に基づき請求することはできません。

【注】　未支給年金が生じる場合は、次の三通りあります。
　①　支給事由が生じた年金給付で、まだ請求手続きされていないもの。
　②　請求をしたが、まだ支給決定がされていないもの。
　③　支給決定はあったが、まだ支払われていないもの。

(1)　国民年金（国年法第19条）

受給権者と生計を同じくする次の遺族（順位も次のとおり。）に未支給年金が支給されます。

①配偶者、②子、③父母、④孫、⑤祖父母又は兄弟姉妹、⑥甥・姪、⑦子の配偶者、⑧叔父・叔母、⑨曾孫・曾祖父母、⑩その他の三親等以内の親族（③～⑨までの親族の配偶者）　**※次項【注】参照**

(2) **厚生年金保険**（厚年法第37条）

① 配偶者、子、父母、孫、祖父母、兄弟姉妹又はこれらの者以外の三親等内の親族

② その他の三親等内の親族とは、①の他に甥・姪、叔父・叔母、曾孫・曾祖父母及び子、甥・姪、叔父・叔母、曾孫・曾祖父母の配偶者）

【注】平成26年4月1日に⑥～⑩の範囲が拡大されました。改正前の受給権者（旧法該当者含む）が遺族の範囲の改正後に死亡した場合も改正後の範囲であれば未支給を受けることができます。

2 共済組合法による支払未済の年金

(1) **一元化前の共済組合**（改正前国共済法第45条）

受給権者によって生計を維持されていた次の者（①から⑤については生計維持の認定は遺族共済年金と同様に収入基準を満たしている場合に限る。）に支払未済の年金が支給されます。

なお、受給できる順位は次のとおりですが、該当者（①～⑤までの遺族）がいないときは、受給権者の相続人（民法の規定による相続人）に支給されます。

① 配偶者、② 子、 ③ 父母、④ 孫、⑤ 祖父母、⑥ その他の相続人。

(2) **一元化後の未支給年金（支払未済の年金）**

平成27年10月1日の一元化後に公務員厚年の老齢厚生年金（旧法退職年金等を含む。）の受給権者が死亡した場合は、厚生年金法第37条の規定による未支給年金の支給要件によります。

なお、一元化前に退職共済年金等の受給権者となっている者が施行日以後に死亡した場合の支払未済の取扱は、国共済関係経過措置政令第15条①の読替規定により、前頁の厚生年金法による遺族の範囲と同じになります。したがって、生計同一であれば生計維持関係（年収が850万円未満であること。）が必要なくなりましたが、改正前の遺言等により民法上の相続人が支払未済の給付を受取ることはできなくなりました。

3 共済組合法による特例死亡一時金

昭和54年の国家公務員共済組合法等の改正により退職一時金、死亡一時金等が廃止され、新たに脱退一時金（外国籍の者に支給される「脱退一時金」とは異なる。）が創設されましたが、組合員期間20年未満で退職した者が60歳未満で死亡したような場合には、脱退一時金が支給されません。

そのため、60歳に達した日以後に死亡した者と実質的に同様の事情にありながら遺族には何ら給付がされない不利な取扱を受けることになります。それを解消するため、制度改正当時在職する組合員が死亡した場合については、脱退一時金と同様の給付を特例死亡一時金として、昭和61年４月以後も遺族に支給されることになっています。（60国共済改正法附則第61条）

(1) **支給要件**

特例死亡一時金は、組合員期間（障害年金又は障害共済年金の受給権が障害の減退により消滅している場合の当該障害給付の基礎期間を除く。）が１年以上20年未満である者が退職し、施行日（昭和61年４月１日）以後に死亡した場合において、その者が昭和54年12月31日に組合員として在職していた者であるときに、その者の遺族（支払未済の場合と同じ。）に支給されます。

ただし、死亡した者の組合員期間に基づき遺族年金又は通算遺族年金あるいは遺族共済年金が支給される遺族がいるときには、特例死亡一時金が支給されません。

【表. 27】脱退一時金及び特例死亡一時金の区分				
1　組合員期間		1年以上20年未満		20年以上
2　遺族給付の有無		あり	なし	なし
60歳未満	□在職中の死亡	一時金の支給なし	一時金の支給なし	一時金の支給なし
	□退職後の死亡	一時金の支給なし	**特例死亡一時金**	一時金の支給なし
60歳以上	□在職中の死亡	一時金の支給なし	**脱退一時金**	**退職給付の支払未済**
	□退職後の死亡	一時金の支給なし	**脱退一時金**	**退職給付の支払未済**

⑵　**特例死亡一時金の額**

特例死亡一時金の額は、脱退一時金の額（俸給日額に**【表26】**に掲げる日数を乗じて得た額）と退職日の属する月の翌月から死亡日の属する月の前月までの期間に応じた利子に相当する金額との合算額になります。

特例死亡一時金の額＝（俸給日額×**【表28】**⑵欄の日数）＋（退職した月の翌月から死亡した月の前月までの利子）

【表28】脱退一時金の支給額を算定する場合に俸給日額（地共済の場合は、給料日額という。）に乗じる日数			
① 組合員期間年数	② 日 数	① 組合員期間年数	② 日 数
1年以上　2年未満	20日	11年以上　12年未満	270日
2年以上　3年未満	45日	12年以上　13年未満	295日
3年以上　4年未満	70日	13年以上　14年未満	320日
4年以上　5年未満	95日	14年以上　15年未満	350日
5年以上　6年未満	120日	15年以上　16年未満	380日
6年以上　7年未満	145日	16年以上　17年未満	410日
7年以上　8年未満	170日	17年以上　18年未満	445日
8年以上　9年未満	195日	18年以上　19年未満	480日
9年以上　10年未満	220日	19年以上　20年未満	515日
10年以上　11年未満	245日		

【注. 1】　脱退一時金の額＝（俸給日額×【表. 28】②欄の日数）＋（退職した月の翌月から60歳に到達した月の前月までの利子）

【注. 2】　【表. 27】及び【表. 28】の「脱退一時金」は短期滞在外国人に係る脱退一時金とは異なります。

4　船員保険の未支給年金

⑴　**船員保険**（昭和61年4月1日改正以後）

受給権者と生計を同じくする次の遺族（順位も次のとおり。）に未支給年金が支給されます。

①配偶者、②子、③父母、④孫、⑤祖父母又は兄弟姉妹

⑵　**旧船員保険**（旧船保法第27条の2）

受給権者によって生計を維持されていた次の者（順位も次のとおり。）に未支給年金が支給されます。（⑥は生計同一なら他人でもよく、⑦～⑩は生計が別でも身分関係があればよい。）

①配偶者(内縁関係を含む。)、②子、③父母、④孫、⑤祖父母、⑥その他の者（兄弟姉妹等）。

⑦　②以外の子、⑧　③以外の父母、⑨　④以外の孫、⑩　⑤以外の祖父母。

以上のとおりですが、受給権者が遺言等をもって支給すべき者を予め社会保険庁長官又は船舶所有者に届け出ていた場合は、その者に支給されます。ただし、配偶者に受給権があるときは配偶者以外

の者を指定できません。（旧船保法第23条の3 、第23条の4関係 ）

【経過措置】

旧法受給権者が昭和61年4月1日以後に死亡した場合未支給年金の範囲等は、旧船員保険法の規定によります。ただし、平成26年4月1日以後に死亡した場合は、改正後の厚生年金保険法第37条の規定により、次の範囲で、かつ次の順位で支給されます。

①配偶者(内縁関係を含む。)、②子、③父母、④孫、⑤祖父母又は兄弟姉妹、⑥甥・姪、⑦子の配偶者、⑧叔父・叔母、⑨曾孫・曾祖父母、⑩その他の三親等以内の親族（③～⑨までの親族の配偶者）(平成24年改正法（法律第62号）附則第24条)

【民法上の親族の範囲】

⑴ **異母兄弟、異父兄弟も親族**

半血の兄弟姉妹（異父兄弟姉妹・異母兄弟姉妹）も兄弟姉妹ですので親族です。親等も２親等で全血の兄弟姉妹と変わりません。

なお、被相続人（亡くなった人）の全血の兄弟姉妹と、半血の兄弟姉妹が共同相続人になった場合、半血の兄弟姉妹の法定相続分は全血の兄弟姉妹の法定相続分の半分になります。

⑵ **離婚して疎遠になった親子も親族**

子と離婚した両親の間の親等は、離婚前と変わらず、1親等なので、親族です。親権を持っていなくても結論は同じです。

⑶ **認知された非嫡出子も親族**

未婚の男女の間に生まれた子（非嫡出子）であっても母子関係は親族です。父子関係は、認知されている場合は親族ですが、認知されていない場合は親族ではありません。

⑷ **養子も親族**

養親と養子の関係であっても実の親子と同じく１親等で親族です。養親だけでなく、養親の血族や姻族とも規定の親等以内の関係であれば親族になります。例えば、養親に実子がいれば、その実子と養子は兄弟姉妹となり、親族（２親等の血族）です。なお、養子縁組後の親族と、養子の実の親族は、親族になりません。つまり、養親と、養子の実親や実の兄弟姉妹は、親族ではありません。

養子の子について、養子縁組前に生まれた子は、養子縁組後の養子の親族と親族になりませんが、養子縁組後に生まれた子は、養子縁組後の養子の親族と親族になります（養子の孫も同様）。

養子に出た子と実親の関係については、普通養子縁組の場合はそのまま親族ですが、特別養子縁組の場合は実の親族とは親族関係がなくなります。

⑸ **連れ子も親族**

再婚相手の連れ子も１親等の親族です。ただし、血族ではなく姻族ですが、養子縁組をすれば血族になります。なお、互いに連れ子がいた場合、連れ子同士は親族には入りません。

【留意】公的年金各法でいう配偶者には事実婚（内縁関係）も含まれますが、あくまで被保険者又は被保険者であった者の配偶者に限定されています。３親等以内の親族の事実婚の配偶者は含まれません。

その根拠は、未支給年金等の支給要件の規定では、受給権者の配偶者に限定され、子の配偶者とか親の配偶者という表現でありません。３親等以内の親族という表現であれば民法上の親族に限られるわけで、民法では事実婚の配偶者、夫、妻を親族と認めておりません。

【資料1】　旧法・老齢給付の受給資格期間要件早見表　　　　**[昭和61年４月改正前]**

年金種別／昭和61年４月１日現在の 生年月日	満年齢	老齢年金						通算老齢年金		
		旧厚生年金		旧・船員保険			国年納付及び免除期間のみ	厚生年金被保険者期間のみ	厚生年金及び共済期間のみ	国年納付・免除及びカラ期間のみ
		被保険者期間	中高齢者特例期間	被保険者期間	中高齢者特例期間	小型漁船（D船）乗船期間				
原則的に必要な期間		２０年		１５年			25年	20年		25年
明治44.4.1以前生まれ	７５歳	20年	15年	15年	11年3月	11年3月	10年	10年	10年	
明治44.4.2～明治45.4.1	７４歳	20年	15年	15年	11年3月	11年3月	10年	10年	10年	10年
明治45.4.2～大正 2.4.1	７３歳	20年	15年	15年	11年3月	11年3月	10年	10年	10年	10年
大正 2.4.2～大正 3.4.1	７２歳	20年	15年	15年	11年3月	11年3月	10年	10年	10年	10年
大正 3.4.2～大正 4.4.1	７１歳	20年	15年	15年	11年3月	11年3月	10年	10年	10年	10年
大正 4.4.2～大正 5.4.1	７０歳	20年	15年	15年	11年3月	11年3月	10年	10年	10年	10年
大正 5.4.2～大正 6.4.1	６９歳	20年	15年	15年	11年3月	11年3月	11年	11年	11年	11年
大正 6.4.2～大正 7.4.1	６８歳	20年	15年	15年	11年3月	11年3月	12年	12年	12年	12年
大正 7.4.2～大正 8.4.1	６７歳	20年	15年	15年	11年3月	11年3月	13年	13年	13年	13年
大正 8.4.2～大正 9.4.1	６６歳	20年	15年	15年	11年3月	11年3月	14年	14年	14年	14年
大正 9.4.2～大正10.4.1	６５歳	20年	15年	15年	11年3月	11年3月	15年		15年	15年
大正10.4.2～大正11.4.1	６４歳	20年	15年	15年	11年3月	11年3月	16年		16年	16年
大正11.4.2～大正12.4.1	６３歳	20年	15年	15年	11年3月	11年3月	17年		17年	17年
大正12.4.2～大正13.4.1	６２歳	20年	15年	15年	11年3月	11年3月	18年		18年	18年
大正13.4.2～大正14.4.1	６１歳	20年	15年	15年	11年3月	11年3月	19年		19年	19年
大正14.4.2～大正15.4.1	６０歳	20年	15年	15年	11年3月	11年3月	20年			20年
大正15.4.2～昭和 2.4.1	５９歳	20年	15年	15年	11年3月	11年3月	21年			21年
昭和 2.4.2～昭和 3.4.1	５８歳	20年	15年	15年	11年3月	11年3月	22年			22年
昭和 3.4.2～昭和 4.4.1	５７歳	20年	15年	15年	11年3月	11年3月	23年			23年
昭和 4.4.2～昭和 5.4.1	５６歳	20年	15年	15年	11年3月	11年3月	24年			24年
昭和 5.4.2～昭和 6.4.1	５５歳	20年	15年	15年	11年3月	11年3月	25年			25年
昭和 6.4.2 以後生まれ	５４歳	20年	15年	15年	11年3月	11年3月	25年			25年

【注.1】坑内員及び船員の期間を有する者の中高齢者の特例

① 男子は、40歳以上の被保険者期間で、一部に坑内員及び船員の被保険者期間を有する場合は施行日前の被保険者期間（実期間）を３分の４倍、施行日以後の平成３年３月31日までの期間は実期間を５分の６倍した期間が厚生年金保険の被保険者期間となります。

② 女子、坑内員及び船員の中高齢者の特例は35歳以後の被保険者期間で計算されます。

③ 坑内員及び船員は35歳以後の被保険者であった期間が11年3ヵ月以上（そのうち７年6ヵ月以上は強制被保険者期間）必要になります。

ただし、昭和61年４月から平成３年３月までの期間は10分の９倍、平成３年４月以後の期間は、４分の３倍した期間が旧坑内員（旧第三種）及び船員の被保険者期間となります。

【注.2】昭和6年4月2日以後生まれの旧法年金受給権者

施行日（昭和61年4月1日）以後に若齢老齢年金（昭和61年4月1日に廃止された制度）の受給権者となる事例は、昭和6年4月1日以前生まれの旧退職年金受給権者が老齢年金の支給開始年齢到達前に障害となって、若齢老齢年金を請求する場合に限られます。

【注.3】通算対象期間

経過措置による通算老齢年金の受給に必要な期間は、昭和36年4月1日以後の被保険者期間に限られます。

【注.4】通算老齢年金の特例

昭和44年11月1日改正で、明治44年4月1日以前生まれの者は、昭和36年４月前後の被保険者期間を合算して10年以上あればよいことになっています。（この改正は厚生年金被保険者期間のみの場合で、国民年金の保険料納付済期間等を算入する場合は昭和46年11月1日からになります。）

【注5】　期間短縮の通算老齢年金

平成29年8月1日から通算老齢年金の受給資格期間要件は生誕年に関係なく、最短10年に改正されました。なお,長期要件の遺族厚生年金は、改正前と同様の老齢年金又は通算老齢年金の受給資格期間が必要です。

【資料２】旧通算対象期間と合算対象期間の一覧

期　間　の　種　類	合算対象期間	通算対象期間
① 国民年金保険料納付済期間及び保険料免除期間	○【注1】	○
② 国民年金以外の公的年金加入期間（厚生年金・旧船員保険・共済年金）	○【注2】	○【注3】
③ ②の被用者年金加入者の配偶者期間（昭和36年4月～61年3月、20歳～59歳）	○【注4】	○
④ ②の老齢・退職給付の資格期間満了者（昭和36年4月～61年3月、60歳未満）	○	○
⑤ ②の老齢・退職給付の受給権者の期間（昭和36年4月～61年3月、60歳未満）	○	○
⑥ ④又は⑤の配偶者期間（昭和36年4月～61年3月、20歳～59歳）	○	○
⑦ ②の障害・遺族給付の受給権者期間（昭和36年4月～61年3月、20歳～59歳）	○	○【注5】
⑧ ②の障害年金受給権者の配偶者期間（昭和36年4月～61年3月、20歳～59歳）	○	○
⑨ 国会議員の適用除外期間（昭和36年4月～昭和55年3月、60歳未満）	○【注6】	×
⑩ ⑨の配偶者期間（昭和36年4月～昭和55年3月、20歳～59歳）	○	×
⑪ 国会議員の任意加入しなかった期間（昭和55年4月～昭和61年3月、60歳未満）	○【注6】	×
⑫ ⑪の配偶者期間（昭和55年4月～昭和61年3月、20歳～59歳）	○	×
⑬ 地方議会議員の期間（昭和37年12月～昭和61年3月、60歳未満）	○【注6】	×
⑭ ⑬の配偶者期間（昭和37年12月～昭和61年3月、20歳～59歳）	○	×
⑮ 脱退手当金の支給済期間（昭和36年4月～昭和61年3月、20歳未満含む。）	○【注7】	×
⑯ 退職一時金の支給済期間（昭和36年4月～昭和61年3月、20歳未満含む。）	○【注7】	○
⑰ 昼間部の学生期間（昭和36年4月～平成3年3月の期間で20歳～59歳）	○	×
⑱ 日本国籍者の海外在住期間（昭和61年4月以降も対象、20歳～59歳）	○	×
⑲ 日本国籍取得前又は永住資格取得前の在日期間（昭和36年4月～昭和56年12月）	○【注8】	×
⑳ ⑲該当者等の来日前の海外在住期間（20歳～59歳）	○	×
㉑ 国民年金任意加入者の未納期間（平成26年4月施行）（20歳～59歳）	○【注9】	×

【記号】○＝原則として該当する期間、×＝不該当期間　【注】は下記の説明をご参照下さい。

【注１】国民年金法上の合算対象期間という定義ではありませんが、当然に国民年金法第26条の受給資格期間には「保険料納付済期間（被用者年金加入期間を含む。）又は保険料免除期間」として算入されます。

【注２】厚生年金及び共済年金制度の加入期間は、老齢基礎年金の計算の基礎となる昭和36年４月以降の20歳以上60歳未満の期間を保険料納付済期間とし、20歳前や60歳以後の期間を合算対象期間としています。

【注３】昭和36年4月1日まで引続かない組合員期間又は昭和36年4月以降に公的年金の加入期間（国年未納期間を除く）がない場合の昭和36年3月以前の厚年又は旧船保期間又は通算対象期間に算入されません。

【注４】公的年金制度には含まれませんが、国会議員（昭和36年4月～昭和61年3月）地方議会議員（昭和37年12月～昭和61年３月）の配偶者期間（20歳～60歳未満）は合算対象期間となります。（⑫、⑭参照）

【注５】国民年金の障害年金受給権者期間は新旧制度とも法定免除期間です。障害年金の裁定が遅れても遡及して法定免除となります。また、障害福祉年金、母子福祉年金、準母子福祉年金受給権者も法定免除となります。（法令解釈により、障害福祉年金を障害年金とみなす。）

【注６】国会議員互助年金制度又は地方議会議員共済制度の退職年金受給者（支給停止中を除く。）は、昭和61年4月1日以後の国民年金は適用除外。任意加入しなかった60歳未満の期間は合算対象期間となります。

【注７】施行日以後に保険料納付済期間等を有すること。（20歳前の脱退手当金支給済期間を含む。）

【注８】65歳前に日本国籍を取得した者又は日本での永住者の在留資格を取得した者に限ります。（公的年金各法において、65歳前とは誕生日の前々日までをいいます。）

【注９】国民年金の任意加入被保険者期間のうち保険料未納期間（20歳から60歳未満の期間で保険料徴収権が時効消滅している期間）は、合算対象期間に算入されます。（平成26年4月施行）
なお、昭和61年4月以後では、学生又は海外在留邦人の任意加入者の未納期間が該当します。

≪共通の注意事項≫

【注10】配偶者期間（カラ期間）は、昭和36年4月1日から昭和61年3月31日までの20歳以上60歳未満の期間。
また、被用者年金加入期間は昭和36年4月前の期間も通算対象期間及び合算対象期間となる場合があります。厚生年金被保険者期間は全被保険者期間を合算して１年以上必要です。（【注3】参照）

【注11】配偶者期間はすべて国民年金に任意加入しなかった期間（昭和36年4月から昭和61年3月までの期間のうち20歳以上60歳未満の期間に限ります。また、配偶者期間は法律婚に限らず、事実婚、重婚的内縁関係（事実婚が形骸化していると認められる場合）であっても、通算対象期間に含まれます。
なお、戸籍上の配偶者期間の場合は、生計維持関係がない場合でも通算対象期間に算入されます。

【資料３】退職年金・遺族年金の支給開始年齢の特例一覧表　［昭和55年7月改正］

(1) 退職年金（一般職員）の支給開始年齢の特例

一般退職（生年月日） 勧奨退職（退職日）	支給開始年齢
昭和 3年7月1日以前生まれ 昭和55年7月1日～昭和58年6月30日	５５歳
昭和 3年7月2日～昭和 6年7月1日 昭和58年7月1日～昭和61年6月30日	５６歳
昭和 6年7月2日～昭和 9年7月1日 昭和61年7月1日～平成元年年6月30日	５７歳
昭和 9年7月2日～昭和12年7月1日 平成元年7月1日～平成4年6月30日	５８歳
昭和12年7月2日～昭和15年7月1日 平成４年7月1日～平成7年6月30日	５９歳

【注1】昭和61年4月1日以後に退職した場合は新制度の退職共済年金の経過措置（資料10参照）によります。

【注2】支給開始年齢前であっても希望すれば繰上げ支給（減額退職年金）を受給できました。

(2) 遺族年金（共済組合）の支給開始年齢の特例

受給権の発生年月日	支給開始年齢
昭和55年7月1日～昭和58年6月30日	５５歳
昭和58年7月1日～昭和61年6月30日	５６歳
昭和61年7月1日～平成元年6月30日	５７歳
平成元年7月1日～平成４年6月30日	５８歳
平成４年7月1日～平成７年6月30日	５９歳

【注1】夫、父母、祖父母が受給権者となる場合の支給開始年齢の特例（経過措置）

【注2】昭和61年4月1日以後に受給権（死亡）発生の場合は、遺族共済年金の経過措置（資料10(6)参照）によります。

【資料４】旧法厚生年金の支給開始年齢の特例一覧表　［昭和29年5月改正］

(1) 老齢年金の支給開始年齢の特例

生年月日	支給開始年齢
明治35年5月1日以前生まれ	５５歳
明治35年5月2日～明治38年5月1日	５６歳
明治38年5月2日～明治41年5月1日	５７歳
明治41年5月2日～明治44年5月1日	５８歳
明治44年5月2日～大正３年5月1日	５９歳

【注】法改正に伴う支給開始年齢の特例（経過措置）

(2) 老齢年金（坑内員）の支給開始年齢の特例

生年月日	支給開始年齢
明治40年5月1日以前生まれ	５０歳
明治40年5月2日～明治43年5月1日	５１歳
明治43年5月2日～大正２年5月1日	５２歳
大正２年5月2日～大正５年5月1日	５３歳
大正５年5月2日～大正８年5月1日	５４歳

【注】上表は坑内員（第三種）の期間のみで受給権者となる場合の特例（経過措置）

(3) 遺族年金の支給開始年齢の特例【注】

生年月日	支給開始年齢
明治35年5月1日以前生まれ	５５歳
明治35年5月2日～明治38年5月1日	５６歳
明治38年5月2日～明治41年5月1日	５７歳
明治41年5月2日～明治44年5月1日	５８歳
明治44年5月2日～大正３年5月1日	５９歳

【注】旧法期間（昭和29年5月1日以前の被保険者期間）を有する者の死亡にかかる遺族年金で、夫が受給権者である場合の支給開始年齢の特例（経過措置）

【資料５】 旧法・年金額改正経過一覧　その1

区分	項目＼年度	財政再計算時の改定額				物価スライド特例適用	
		昭和61年4月	平成元年4月	平成6年10月	平成12年4月(11年度価格)	平成16年4月	平成24年4月
	物価スライド率(改定率)	新制度発足	財政再計算	財政再計算	財政再計算	0.988	0.978
国民年金	老齢年金／月額(参考単価)	2,041	2,133	2,498	2,576	2,545	2,519
国民年金	老齢年金（５年年金）の額	329,500	344,400	386,400	415,800	410,800	406,700
国民年金	老齢年金（１０年年金）の額	387,100	404,600	454,000	488,600	482,700	477,900
国民年金	老齢福祉年金の額	326,400	340,800	382,400	412,000	407,100	402,900
国民年金	障害年金／第１級	778,500	832,500	975,000	1,005,300	993,100	983,100
国民年金	〃　／第２級	622,800	666,000	780,000	804,200	794,500	786,500
国民年金	母子・準母子年金／年金額	622,800	666,000	224,400	804,200	794,500	786,500
国民年金	（加算額）／第１子、２子	186,800	192,000	224,400	231,400	228,600	226,300
国民年金	（　〃　）／第３子以下	62,300	64,000	74,800	77,100	76,200	75,400
厚生年金保険	老齢年金／定額部分の参考単価	2,491	2,603	3,047	3,143	3,105	3,074
厚生年金保険	(障害年金と共通) 配偶者加給年金	186,800	192,000	224,400	231,400	228,600	226,300
厚生年金保険	(障害年金と共通) 第１子、２子	186,800	192,000	224,400	231,400	228,600	226,300
厚生年金保険	(障害年金と共通) 第３子以下	62,300	64,000	74,800	77,100	76,200	75,400
厚生年金保険	障害年金（最低保障額）	622,800	666,000	780,000	804,200	794,500	786,500
厚生年金保険	遺族年金（最低保障額）	622,800	666,000	780,000	804,200	794,500	786,500
厚生年金保険	寡婦加算額 (60歳以上妻のみ)	124,600	128,000	149,600	154,200	152,300	150,800
厚生年金保険	〃　(子１人のとき)	124,600	128,000	149,600	154,200	152,300	150,800
厚生年金保険	〃　(子２人以上)	218,000	224,000	261,800	269,900	266,700	264,000
船員保険	老齢年金／15年分の定額単価・参考額	597,840	624,720	731,280	754,320	745,270	737,720
船員保険	障害年金／最低保障額	622,800	666,000	780,000	804,200	794,500	786,500
船員保険	遺族年金／最低保障額	622,800	666,000	780,000	804,200	794,500	786,500
共済年金	退職年金(最低保障額)	847,400	899,800	1,053,800	1,084,600	1,071,600	1,060,700
共済年金	施行日前に再退職改定(〃)	847,400	899,800	1,053,800	1,084,600	1,071,600	1,060,700
共済年金	定額単価・組合員期間20年（参考）	597,840	624,720	731,280	754,320	745,270	737,720
共済年金	定額単価・組合員期間１年（参考）	29,892	31,236	36,564	37,716	37,263	36,886
共済年金	障害年金 公務上 最低保障額１級	4,178,500	4,402,500	5,123,000	5,281,900	5,218,500	5,165,700
共済年金	障害年金 公務上 最低保障額２級	2,722,800	2,871,000	3,342,000	3,445,600	3,404,300	3,369,800
共済年金	障害年金 公務上 最低保障額３級	1,900,000	1,995,000	2,318,000	2,389,900	2,361,200	2,337,300
共済年金	障害年金 公務外 最低保障額１級	1,035,900	1,100,700	1,287,000	1,326,900	1,311,000	1,297,700
共済年金	障害年金 公務外 最低保障額２級	847,400	899,800	1,052,000	1,084,600	1,071,600	1,060,700
共済年金	障害年金 公務外 最低保障額３級	622,800	666,000	780,000	804,200	794,500	786,500
共済年金	遺族年金 公務上 遺族加算を含む最低保障額	1,472,800	1,459,800	1,817,000	1,873,300	1,850,800	1,832,100
共済年金	遺族年金 公務上 扶養加給/子1人につき	12,000	12,300	14,400	14,800	14,600	14,500
共済年金	遺族年金 公務上 〃 /2人迄のうちの1人につき	54,000	55,500	64,900	66,900	66,100	65,400
共済年金	遺族年金 公務外／最低保障額	633,800	666,000	780,000	804,200	794,500	786,500
共済年金	遺族年金 寡婦加算額/60歳以上の妻、子が1人	124,600	128,000	149,600	154,200	152,300	150,800
共済年金	遺族年金 寡婦加算額/子が2人以上のとき	218,000	224,000	261,800	269,900	266,700	264,000

【注.１】　平成11年度迄は財政再計算年の改定額に物価変動率を乗じた額で改定し、平成13年度以降に平成12年度価格に改定率を乗じた額になっています。
なお、平成12年度価格は平成6年度価格に物価変動率（1.031）を乗じた額になっています。

【注.２】　公務上遺族年金の最低保障額は、遺族基礎年金と遺族共済年金（公務等の最低保障額）の合算額を基準に設定されています。

【資料６】旧法・年金額改正経過一覧表　その２

項目＼年度		平成12年4月（平成11年度価格）	特例水準解消後の改定額（本来水準）				
			平成16年10月（≒平成11年度価格×0.971）	平成27年度改定率＝0.999	平成29年度改定率＝0.998	平成31年度改定率＝0.999	令和２年度改定率＝1.001
	年金額の改定率	財政再計算					
国民年金	老齢年金／月額（参考単価）	2,576	2,501	2,498	2,496	2,498	2,504
国民年金	老齢年金（上限額）	804,200	780,900	780,100	779,300	780,100	781,700
国民年金	老齢年金（５年年金）の額	415,800	403,800	403,400	403,000	403,400	404,200
国民年金	老齢年金（10年年金）の額	488,600	474,400	473,900	473,500	473,900	474,900
国民年金	老齢年金（下支え）の額	412,000	400,100	399,700	399,300	399,700	400,500
国民年金	老齢福祉年金の額（全部支給）	412,000	400,100	399,700	399,300	399,700	400,500
国民年金	障害年金／第１級	1,005,300	976,100	975,100	974,125	975,125	977,125
国民年金	〃　／第２級	804,200	780,900	780,100	779,300	780,100	781,700
国民年金	母子・準母子年金／年金額	804,200	780,900	780,100	779,300	780,100	781,700
国民年金	（加算額）／第１子、２子	231,400	224,700	224,500	224,300	224,500	224,900
国民年金	（　〃　）／第３子以下	77,100	74,900	74,800	74,800	74,800	75,000
厚生年金保険	老齢年金／定額部分の参考単価	3,143	3,053	3,050	3,047	3,050	3,056
厚生年金保険	（障害年金と共通）配偶者加給年金	231,400	224,700	224,500	224,300	224,500	224,900
厚生年金保険	（障害年金と共通）第１子、２子	231,400	224,700	224,500	224,300	224,500	224,900
厚生年金保険	（障害年金と共通）第３子以下	77,100	74,900	74,800	74,800	74,800	75,000
厚生年金保険	障害年金（最低保障額）	804,200	780,900	780,100	779,300	780,100	781,700
厚生年金保険	遺族年金（最低保障額）	804,200	780,900	780,100	779,300	780,100	781,700
厚生年金保険	寡婦加算額（60歳以上妻のみ）	154,200	149,700	149,600	149,400	149,600	149,800
厚生年金保険	〃　（子１人のとき）	154,200	149,700	149,600	149,400	149,600	149,800
厚生年金保険	〃　（子２人以上）	269,900	262,100	261,800	261,600	261,800	262,400
船員保険	老齢年金／15年分の定額単価・参考額	754,320	732,720	731,990	731,250	731,990	733,450
船員保険	障害年金／最低保障額	804,200	780,900	780,100	779,300	780,100	781,700
船員保険	遺族年金／最低保障額	804,200	780,900	780,100	779,300	780,100	781,700
共済年金	退職年金（最低保障額）	1,084,600	1,053,200	1,052,100	1,051,100	1,052,100	1,054,300
共済年金	施行日前に再退職改定（〃）	1,084,600	1,053,200	1,052,100	1,051,100	1,052,100	1,054,300
共済年金	定額単価・組合員期間20年（参考）	754,320	732,720	731,990	731,250	731,990	733,450
共済年金	定額単価・組合員期間１年（参考）	37,716	36,636	36,599	36,563	36,599	36,673
共済年金	障害年金　公務上　最低保障額１級	5,281,900	5,128,900	5,123,800	5,118,600	5,123,800	5,134,000
共済年金	障害年金　公務上　最低保障額２級	3,445,600	3,345,800	3,342,500	3,339,100	3,342,500	3,349,100
共済年金	障害年金　公務上　最低保障額３級	2,801,900	2,320,700	2,318,400	2,316,100	2,318,400	2,323,000
共済年金	障害年金　公務外　最低保障額１級	1,326,900	1,288,500	1,287,200	1,285,900	1,287,200	1,289,800
共済年金	障害年金　公務外　最低保障額２級	1,084,600	1,053,200	1,052,100	1,051,100	1,052,100	1,054,300
共済年金	障害年金　公務外　最低保障額３級	804,200	780,900	780,100	779,300	780,100	781,700
共済年金	遺族年金　公務上　遺族加算を含む最低保障額	1,873,300	1,819,000	1,817,200	1,815,400	1,817,200	1,820,800
共済年金	遺族年金　公務上　扶養加給（子1人につき【注1】）	14,800	14,400	14,400	14,400	14,400	14,400
共済年金	遺族年金　公務上　〃（2人迄のうちの1人につき）	66,900	65,000	64,900	64,900	64,900	65,100
共済年金	遺族年金　公務外／最低保障額	804,200	780,900	780,100	779,300	780,100	781,700
共済年金	遺族年金　寡婦加算額/60歳以上の妻、子が1人	154,200	149,700	149,600	149,400	149,600	149,800
共済年金	遺族年金　寡婦加算額/子が2人以上のとき	269,900	262,100	261,800	261,600	261,800	262,400

【注.１】公務上遺族年金の最低保障額は、遺族基礎年金と遺族共済年金（公務等の最低保障額）の合算額を基準に設定されています。なお、扶養加給は３人目以降の子の額になります。

【注.２】障害等級（1級）は、障害等級（2級）の年金額の1.25倍になっています。

【注.３】老齢年金等の平成６年水準従前額保障改定率は、
　(1)　昭和13年4月1日以前生まれの者は、1.002（令和２年度）
　(2)　昭和13年4月2日以後生まれの者は、1.000（令和２年度）となります。

【注.４】平成16年10月の５年年金の本来水準額は、平成12年度価格×0.971＝403,700円となりますが、平成12年度価格に平成16年度物価変動改定率（0.988）及び物価スライド凍結分（1.7％＝0.983）を乗じた本来水準額は、403,800円となります。

【資料７-1】　従前額保障の年金額の計算に用いる再評価率表

厚生年金保険

	被保険者期間区分	再評価率
1	昭和33年3月以前	13.960
2	昭和33年04月～昭和34年03月	13.660
3	昭和34年04月～昭和35年04月	13.470
4	昭和35年05月～昭和36年03月	11.140
5	昭和36年04月～昭和37年03月	10.300
6	昭和37年04月～昭和38年03月	9.300
7	昭和38年04月～昭和39年03月	8.540
8	昭和39年04月～昭和40年04月	7.850
9	昭和40年05月～昭和41年03月	6.870
10	昭和41年04月～昭和42年03月	6.310
11	昭和42年04月～昭和43年03月	6.140
12	昭和43年04月～昭和44年10月	5.430
13	昭和44年11月～昭和46年10月	4.150
14	昭和46年11月～昭和48年10月	3.600
15	昭和48年11月～昭和50年03月	2.640
16	昭和50年04月～昭和51年07月	2.250
17	昭和51年08月～昭和53年03月	1.860
18	昭和53年04月～昭和54年03月	1.710
19	昭和54年04月～昭和55年09月	1.620
20	昭和55年10月～昭和57年03月	1.460
21	昭和57年04月～昭和58年03月	1.390
22	昭和58年04月～昭和59年03月	1.340
23	昭和59年04月～昭和60年09月	1.290
24	昭和60年10月～昭和62年03月	1.220
25	昭和62年04月～昭和63年03月	1.190
26	昭和63年04月～平成元年11月	1.160
27	平成元年12月～平成03年03月	1.090
28	平成03年04月～平成04年03月	1.040
29	平成04年04月～平成05年03月	1.010
30	平成05年04月～平成06年03月	0.990
31	平成06年04月～平成07年03月	0.990
32	平成07年04月～平成08年03月	0.990
33	平成08年04月～平成09年03月	0.990
34	平成09年04月～平成10年03月	0.990
35	平成10年04月～平成11年03月	0.990
36	平成11年04月～平成12年03月	0.990
37	平成12年04月～平成13年03月	0.917
38	平成13年04月～平成14年03月	0.917
39	平成14年04月～平成15年03月	0.917
40	平成15年04月～平成16年03月	0.917
41	平成16年04月～平成17年03月	0.917
42	平成17年04月～平成18年03月	0.923
43	平成18年04月～平成19年03月	0.926
44	平成19年04月～平成20年03月	0.924
45	平成20年04月～平成21年03月	0.924

厚生年金保険

	被保険者期間区分	再評価率
46	平成21年04月～平成22年03月	0.914
47	平成22年04月～平成23年03月	0.927
48	平成23年04月～平成24年04月	0.934
49	平成24年04月～平成25年03月	0.937
50	平成25年04月～平成26年03月	0.937
51	平成26年04月～平成27年03月	0.932
52	平成27年04月～平成28年03月	0.909
53	平成28年04月～平成29年03月	0.909
54	平成29年04月～平成30年03月	0.910
55	平成30年04月～平成31年03月	0.910
56	平成31年04月～令和２年03月	0.903
57	令和２年04月～令和３年03月	0.899

船員保険

	被保険者期間区分	再評価率
1	昭和33年3月以前	13.780
2	昭和33年04月～昭和34年03月	13.150
3	昭和34年04月～昭和35年03月	12.790
4	昭和35年04月～昭和36年03月	11.920
5	昭和36年04月～昭和37年03月	10.100
6	昭和37年04月～昭和38年03月	8.970
7	昭和38年04月～昭和39年03月	8.070
8	昭和39年04月～昭和40年04月	7.320
9	昭和40年05月～昭和41年03月	6.920
10	昭和41年04月～昭和42年03月	6.050
11	昭和42年04月～昭和43年03月	5.760
12	昭和43年04月～昭和44年10月	5.060
13	昭和44年11月～昭和46年09月	4.450
14	昭和46年10月～昭和48年09月	3.640
15	昭和48年10月～昭和50年03月	2.490
16	昭和50年04月～昭和51年07月	2.130
17	昭和51年08月～昭和52年12月	1.760
18	昭和53年01月～昭和54年03月	1.670
19	昭和54年04月～昭和55年09月	1.610
20	昭和55年10月～昭和57年03月	1.480
21	昭和57年04月～昭和58年03月	1.390
22	昭和58年04月～昭和59年03月	1.370
23	昭和59年04月～昭和60年09月	1.270
24	昭和60年10月～昭和61年03月	1.220

【資料７-２】昭和61年3月31日以前に退職した者に係る俸給年額改定率

生年月日＼年度	平成31年度	令和２年度
昭和 5年4月1日以前に生まれた者	1.221	1.223
昭和 5年4月2日～昭和 6年4月1日に生まれた者	1.231	1.233
昭和 6年4月2日～昭和 7年4月1日に生まれた者	1.257	1.260
昭和 7年4月2日～昭和 8年4月1日に生まれた者	1.263	1.266
昭和 8年4月2日～昭和10年4月1日に生まれた者	1.263	1.266
昭和10年4月2日～昭和11年4月1日に生まれた者	1.269	1.272
昭和11年4月2日～昭和12年4月1日に生まれた者	1.279	1.282
昭和12年4月2日～昭和13年4月1日に生まれた者	1.290	1.293
昭和13年4月2日以後に生まれた者	1.291	1.294

【注】この表は、昭和61年3月31日までに退職し，退職年金等の受給権者となっている場合で５％適正化後の本来水準による年金を受給する場合の俸給年額を算出する場合にも適用されます。

≪参考≫昭和60年国家公務員共済組合法の一部改正法附則第35条

（退職年金の額の改定）

第35条　退職年金（特例退職年金を除く。以下この条、附則第38条、第46条、第52条、第53条及び第57条において同じ。）については、施行日の属する月分以後、その額を、次に掲げる金額を合算した額に改定する。ただし、その額が施行日の前日における退職年金の最低保障の額を勘案して政令で定める金額より少ないときは、当該政令で定める金額とし、その額が当該退職年金の額の算定の基礎となっている俸給年額（旧共済法第42条第２項に規定する俸給年額又は公企体基礎俸給年額に附則別表第五の上欄に掲げる受給権者の区分に応じてそれぞれ同表の下欄に掲げる率（以下「俸給年額改定率」という。）を乗じて得た額をいい、その年金が昭和60年3月31日以前に退職した者（これに準ずる者として政令で定める者を含む。）に係るものである場合には、これらの額に、政令で定める額に当該俸給年額改定率を乗じて得た額を加えた額とする。以下同じ。）の100分の68.075に相当する金額を超えるときは当該100分の68.075に相当する金額とする。

一　次のイ又はロに掲げる場合の区分に応じ、当該イ又はロに定める金額

イ　当該退職年金の額の算定の基礎となっている組合員期間の年数（１年未満の端数がある場合は、これを切り捨てた年数。以下同じ。）が20年以下である場合

732,720円に改定率を乗じて得た金額（その金額に５円未満の端数があるときは、これを切り捨て、5円以上10円未満の端数があるときは、これを10円に切り上げるものとする。）

ロ　当該退職年金の額の算定の基礎となっている組合員期間の年数が20年を超える場合イに定める金額に当該退職年金の額の算定の基礎となっている組合員期間のうち20年を超える年数（当該年数が15年を超える場合は、15年）１年につきイに定める金額を20で除して得た金額（その金額に50銭未満の端数があるときは、これを切り捨て、50銭以上１円未満の端数があるときは、これを１円に切り上げるものとする。）を加えた金額

二　当該退職年金の額の算定の基礎となっている組合員期間の年数（当該年数が40年を超えるときは、40年）１年につき俸給年額の100分の0.95に相当する金額

2　退職年金で旧共済法第78条第2項から第４項までの規定によりその額が改定されたもの又は改正前の昭和58年法律第82号附則第18条第7項の規定によりその額が算定されたものについては、前項の規定にかかわらず、施行日の属する月分以後、その額を、旧共済法第78条第3項及び第4項の規定に準じて政令で定めるところにより算定した額に改定する。

3　前２項の場合において、これらの規定による改定後の退職年金の額が施行日の前日においてその者が受ける権利を有していた退職年金の額より少ないときは、その額をもって、これらの規定による改定後の退職年金の額とする。

4　第１項に規定する俸給年額改定率は、共済法第72条の3から第72条の6までの規定により再評価率の改定の措置が講じられる場合には、当該措置が講じられる月分以後、当該措置に準じて、政令で定めるところにより改定する。

【資料８】特別一時金の支給早見表　　　　　　　　　　　　　　　　【令和2年4月1日改正】

旧保険料納付済期間	一般保険料の場合		付加保険料の場合（改定なし）	備　考
	平成31年度価格	令和２年度価格		
1年以下	28,400円	28,500円	4,800円	
1年1ヵ月　～　2年	56,900円	57,200円	9,600円	
2年1ヵ月　～　3年	85,300円	85,700円	14,400円	
3年1ヵ月　～　4年	113,800円	114,400円	19,200円	
4年1ヵ月　～　5年	142,100円	143,000円	24,000円	
5年1ヵ月　～　6年	170,700円	171,600円	28,800円	
6年1ヵ月　～　7年	199,400円	200,400円	33,600円	
7年1ヵ月　～　8年	227,900円	229,000円	38,400円	
8年1ヵ月　～　9年	256,100円	257,500円	43,200円	
9年1ヵ月　～　10年	284,600円	286,000円	48,000円	
10年1ヵ月　～　11年	313,100円	314,700円	52,800円	
11年1ヵ月　～　12年	341,700円	343,000円	57,600円	
12年1ヵ月　～　13年	370,000円	371,900円	62,400円	
13年1ヵ月　～　14年	398,400円	400,400円	67,200円	
14年1ヵ月　～　15年	426,900円	429,000円	72,000円	
15年1ヵ月　～　16年	455,400円	457,700円	76,800円	
16年1ヵ月　～　17年	483,800円	486,200円		
17年1ヵ月　～　18年	512,300円	514,900円		
18年1ヵ月　～　19年	541,000円	543,700円		
19年1ヵ月　～　20年	569,300円	572,100円		
20年1ヵ月　～　21年	597,800円	600,800円		
21年1ヵ月　～　22年	626,300円	629,400円		
22年1ヵ月　～　23年	654,700円	658,000円		
23年1ヵ月　～　24年	683,100円	686,500円		
24年1ヵ月　～　25年	711,500円	715,100円		

【注１】この一時金は請求した時点で受給権が発生します。
【注２】付加保険料の支給額は改定がありません。

≪特別一時金の趣旨≫

昭和61年４月１日改正後の国年法では、それまで任意加入だった旧被用者年金制度の障害年金の受給権者（その配偶者を含む。）は、60歳に達するまでは強制被保険者となると同時に「一人一年金」の原則が導入されました。

そのため、厚生年金保険の障害年金受給者が国民年金に任意加入し、保険料を納付した期間や旧国民年金の障害福祉年金受給者が保険料を追納しても選択により老齢基礎年金を受けられない不合理が生じることになります。そこで、老齢になっても障害が減退する見込みのない者等を対象に、旧保険料納付済期間に応じて、特別一時金を支給する制度が創設されました。

なお、旧被用者年金制度の障害年金並びに旧国年法の拠出制障害年金を受けられる者であって、60改正法附則第31条に該当する場合は、旧被用者年金制度による障害年金と旧国年法による老齢年金が併給関係にあることや旧国民年金の障害年金と旧老齢年金は従来から選択関係にあったことを考慮し、この特別一時金の制度を適用しないことになっています。

また、障害福祉年金及び裁定替えされた障害基礎年金は、所得制限の関係で旧国年法による老齢年金が有利となる場合もありますが、裁定替えによる障害基礎年金２級の額が満額の老齢基礎年金の額と同じになり、障害が減退しない者にあっては保険料が掛捨て同様になることから特別一時金を受給できる道が開かれています。

【資料９】　条文別・障害福祉年金等の支給要件早見表

該当条文	趣旨	初診年齢	初診年月日	被保険者期間	支給要件	請求日	対象者
⑴**旧国年法第56条①**	制度発足当初、拠出制の障害年金の支給要件に該当しなかった者に支給された障害福祉年金	20歳以後	昭和36年４月１日以後	①５年以上	①　免除を除いた期間の2/3が保険料納付済期間であること。		
⑵**旧国年法第56条②**	20歳前の障害と歳以後の障害（基準障害）を併合して初めて障害等級に該当した場合に支給されるので、基準障害の納付要件が問われる。	20歳以後	昭和36年４月１日以後	②１月以上	②　初診日の前日まで引き続く期間に保険料滞納期間がないこと。		
⑶**旧国年法第56条の２**	⑴及び⑵の事後重症制度	20歳以後	昭和36年４月１日以後			65歳前	
⑷**旧国年法第57条①**	①　国民年金制度発足後に障害となった場合の20歳前障害 ②　事後重症の場合	20歳未満 〃	昭和36年４月１日前後 〃	無拠出 〃	初診日が20歳前であればよい。 〃	65歳前	
⑸**旧国年法第79条の3①**	老齢福祉年金の受給資格期間を満たしている障害者に支給する福祉年金	70歳未満	昭和36年4月1日以後に被保険者期間以外に初診日があること。	次の保険料納付済期間が必要です。 明治39. 4. 2～明治45. 4. 1（４年１ヵ月以上） 明治45. 4. 2～大正 2. 4. 1（５年１ヵ月以上） 大正 2. 4. 2～大正 3. 4. 1（６年１ヵ月以上） 大正 3. 4. 2～大正 5. 4. 1（７年１ヵ月以上）			大正15年４月１日以前生まれの者
⑹**旧国年法第79条の3②**	昭和36年4月１日以前の障害と併合して初めて障害等級に該当した場合に支給される障害福祉年金で、基準障害の納付要件が問われる。						
⑺**旧国年法第79条の3③**	⑸及び⑹の事後重症制度					70歳前	
⑻**旧国年法第81条①**	国年法施行日（昭和34年11月１日）に傷病が治癒し障害の状態にある20歳を超える者に支給される障害福祉年金		昭和34年11月１日以前	無拠出	昭和34年11月１日以前の初診日		昭和14年11月１日以前に生まれた者
⑼**旧国年法第81条②**	①昭和34年11月１日以前に初診日がある傷病が昭和39年7月31日までに治癒した場合に支給される障害福祉年金 ②昭和34年11月１日から昭和36年３月31日迄に初診日がある傷病が昭和39年７月31日迄に治癒した場合に支給される障害福祉年金		昭和36年３月31日以前				
⑽**旧国年法第81条③**	⑻、⑼の事後重症制度（昭和41年12月１日改正）	70歳未満				70歳前	
⑾**旧国年法第81条④**	明治44年4月1日以前生まれの者が昭和36年4月1日以後に初診日がある傷病で障害となった場合に支給される障害福祉年金	70歳未満	昭和36年4月1日以後	無拠出	障害認定日に70歳未満		
⑿**旧国年法第81条⑤**	⑾の事後重症制度					70歳前	
⒀**39改正法附則第６条①**	明治27年8月3日から昭和19年8月1日に生まれた者（昭和39年8月1日に20歳以上70歳未満の者）が昭和39年8月1日前に傷病が治り障害の状態が障害等級に該当する場合の障害福祉年金	70歳未満		無拠出		70歳前	明治27年８月３日から昭和19年８月１日までに生まれた者
⒁**39改正法附則第６条②**	前欄に掲げる者が昭和36年7月31日以前に初診日がある傷病が３年経過するも治らないで昭和39年8月1日に障害の状態が障害等級に該当している場合に支給される障害福祉年金（昭和39年８月１日で内部障害にも障害の範囲が拡大され未治癒障害年金も創設された。）						
⒂**60改正法附則第23条②**	⑻～⑼の未治癒障害が新年金制度発足以後に事後重症となった場合の障害基礎年金の支給要件	70歳未満		無拠出		70歳前	

【資料10】　年金コード一覧

制度	年金種別	年金コード
旧国年	旧国年(26条、76条)	0120
	老齢年金(78条)	0220
	老齢年金(旧陸軍共済)	0320
	老齢年金(5年年金)	0420
	通算老齢年金	0520
旧国年（短期）	障害年金	0620
	母子年金	0720
	準母子年金	0820
	寡婦年金	0920
	遺児年金	1020
	老齢福祉年金	2120
旧厚年	老齢年金	0130
	通算老齢年金	0230
	障害年金	0330
	遺族年金	0430
	寡婦年金	0530
	かん夫年金	0630
	遺児年金	0730
	特例老齢年金	0830
	通算遺族年金	0930
	特例遺族年金(新法含む)	1030
	障害手当金	3030
旧船保	老齢年金	0140
	通算老齢年金	0240
	障害年金	0340
	遺族年金	0440
	寡婦年金	0540
	養老年金	0640
	遺児年金	0740
	特例老齢年金	0840
	通算遺族年金	0940
	特例遺族年金(新法含む)	1040
	障害手当金	3040

制度	年金種別	年金コード
新法	老齢基礎年金、老齢厚生年金(第1号厚年)、特別支給の老齢厚生年金(第1号厚年)、老齢基礎年金	1150
	老齢厚生年金(第2号厚年)	1120
	老齢厚生年金(第3号厚年)	1130
	老齢厚生年金(第4号厚年)	1140
	障害基礎(厚生)年金(第1号厚年)	1350
	障害厚生年金(第2号厚年)	1320
	障害厚生年金(第3号厚年)	1330
	障害厚生年金(第4号厚年)	1340
	遺族基礎(厚生)年金(第1号厚年)	1450
	遺族厚生年金(第2号厚年)	1420
	遺族厚生年金(第3号厚年)	1430
	遺族厚生年金(第4号厚年)	1440
新船保	障害手当金	3050
	障害差額一時金	3050
	職務上障害年金	3350
	職務上遺族年金	3450
	遺族一時金	4050
新国年（短期）	障害基礎年金(障害福祉年金裁定替え)	2650
	遺族基礎年金(母子福祉年金裁定替え)	2750
	遺族基礎年金(準母子福祉年金裁定替え)	2850
	障害基礎年金	5350
	寡婦年金	5950
	障害基礎年金(20歳前障害)	6350
	遺族基礎年金	6450
旧共済	退職年金、減額退職年金	0160
	通算退職年金	0260
	障害年金	0360
	遺族年金	0460
	通算遺族年金	0960
新共済	退職共済年金	1170
	障害共済年金	1370
	遺族共済年金	1470

【注】短期とは、国民年金制度から単独で支給される老齢給付以外の障害又は死亡を支給事由とする年金。

【資料11】基礎年金制度導入前の主な給付の年金額の推移（昭和36年～昭和61年）　（単位；年額/円）

	昭和36年		昭和37年	昭和38年	昭和39年	昭和40年	昭和41年	昭和42年	昭和43年	昭和44年	昭和45年	昭和46年	昭和47年	昭和48年
老齢年金	24,000	24,000	24,000	24,000	24,000	24,000	60,000	60,000	60,000	60,000	96,000	96,000	96,000	240,000
障害年金（1級）	30,000	30,000	30,000	30,000	30,000	30,000	72,000	72,000	72,000	72,000	120,000	120,000	132,000	300,000
障害年金（2級）	24,000	24,000	24,000	24,000	24,000	24,000	60,000	60,000	60,000	60,000	96,000	96,000	105,600	240,000
母子年金	19,200	19,200	19,200	19,200	19,200	19,200	55,200	55,200	55,200	55,200	91,200	91,200	100,800	240,000
準母子年金	—	19,200	19,200	19,200	19,200	19,200	55,200	55,200	55,200	55,200	91,200	91,200	100,800	240,000
遺児年金	7,200	12,000	12,000	12,000	12,000	12,000	30,000	30,000	30,000	30,000	91,200	91,200	100,800	240,000
改定月等	昭和36年4月	昭和36年11月	—	—	—	—	昭和41年12月	—	—	—	昭和45年7月	—	昭和47年10月	昭和48年10月

	昭和49年	昭和50年	昭和51年	昭和52年	昭和53年	昭和54年	昭和55年	昭和56年	昭和57年	昭和58年	昭和59年	昭和60年	昭和61年
老齢年金	278,640	339,600	390,000	426,700	455,100	470,730	504,000	543,300	565,500	565,500	576,600	596,200	622,800
障害年金（1級）	348,300	495,000	495,000	541,500	577,600	597,500	627,000	675,900	703,500	703,500	717,300	741,800	778,500
障害年金（2級）	278,640	339,600	396,000	433,200	462,100	478,000	501,600	540,700	562,800	562,800	573,800	593,400	622,800
母子年金	278,640	339,600	396,000	433,200	462,100	478,000	501,600	540,700	562,800	562,800	573,800	593,400	622,800
準母子年金	278,640	339,600	396,000	433,200	462,100	478,000	501,600	540,700	562,800	562,800	573,800	593,400	622,800
遺児年金	278,640	339,600	396,000	433,200	462,100	478,000	501,600	540,700	562,800	562,800	573,800	593,400	622,800
改定月等	昭和49年9月	昭和50年9月	昭和51年9月	昭和52年7月	昭和53年7月	昭和54年7月	昭和55年7月	昭和56年7月	昭和57年8月	—	昭和59年6月	昭和60年5月	昭和61年4月
改定率	1.161	1.415	財政再計算	1.094	1.167	1.207	財政再計算	1.078	1.122	—	1.144	1.183	財政再計算（1.038）

【注1】老齢年金は保険料納付済期間が25年の場合の額です。
【注2】障害年金及び母子・準母子年金は子の加算額を含まない基本額（最低保障）です。
【注3】遺児年金は最低保障額です。
【注4】昭和49年9月より「物価スライド」により改定された年金額です。
【注5】昭和61年4月の年金額は昭和60年改正による年金額600，000円に改定率1.038を乗じて得た額です。
【注6】基礎年金制度導入（昭和61年4月）以後の年金額は、老齢基礎年金（満額）・障害基礎年金額（2級）・遺族基礎年金額の改定に準じて改定されます。

【資料12-1】本来水準・特例水準改定率改正経過（昭和60年4月〜平成15年4月）

		通常の改定率（本来水準）			物価スライド特例水準		給付乗率５%適正化従前額改定率		
改正年月	備　　考	①単年度改定率	②　通　算改定率	老齢基礎年金（満額）	③特例水準改定率	老齢基礎年金（満額）	平成27年4月から本来水準移行【注1】		物価スライド特例水準【注２】
昭和60年4月				旧法老齢年金	—	—	昭和13.4.1以前生まれ	昭和13.4.2以後生まれ	平成26年度まで特例水準改定率
昭和61年４月	財政再計算	1.026	1.000	622,800円	—	—	—		—
昭和62年４月		1.006	1.006	626,500円	—	—	—		—
昭和63年４月		1.001	1.007	627,200円	—	—	—		—
平成元年４月	財政再計算		1.000	666,000円	—	—	—		—
平成２年４月		1.023	1.023	681,300円	—	—	—		—
平成３年４月		1.031	1.055	702,000円	—	—	—		—
平成４年４月		1.033	1.090	725,300円	—	—	—		—
平成５年４月		1.016	1.107	737,300円	—	—	—		—
平成６年４月		1.013	1.121	747,300円	—	—	—		—
平成６年10月	財政再計算		1.000	780,000円	—	—	—		—
平成７年４月		1.007	1.007	785,500円	—	—	—		—
平成８年４月	▼0.1%凍結	1.000	1.007	785,500円	—	—	—		—
平成９年４月		1.000	1.007	785,500円	—	—	—		—
平成10年４月		1.018	1.025	799,500円	—	—	—		—
平成11年４月		1.006	1.031	804,200円	—	804,200円	従前額改定率		1.031×③
平成11年11月	財政再計算		1.000	804,200円	1.000	804,200円	1.031×②		1.031
平成12年４月	▼0.3%凍結	0.997	0.997	801,800円	1.000	804,200円	1.028		1.031
平成13年４月	▼0.7%凍結	0.993	0.990	796,200円	1.000	804,200円	1.021		1.031
平成14年４月	▼0.7%凍結	0.993	0.983	790,500円	1.000	804,200円	1.014		1.031
平成15年４月		0.991	0.974	783,300円	0.991	797,000円	1.004		1.022

【注】通算改定率は財政再計算年を「1」とした場合のその後の変動を積み上げたもの。

【資料12-２】本来水準・特例水準改定率改正経過（平成16年４月～令和２年４月）

		通常の改定率（本来水準）			物価スライド特例水準		報酬比例部分の給付乗率５％適正化（従前額改定率）		
							平成27年4月から本来水準移行【注1】		物価スライド特例水準【注２】
改正年月	備　　考	①平成11年度を「1」とした変動率	②平成16年度を「1」とした改定率	老齢基礎年金（満額）	③特例水準改定率	老齢基礎年金（満額）	昭和13.4.1以前生まれ	昭和13.4.2以後生まれ	平成26年度まで特例水準改定率
平成16年４月	財政再計算	0.971	1.000	780,900円	0.988	794,500円	1.031×①＝		1.031×③=
平成17年４月		0.971	1.000	780,900円	0.988	794,500円	1.001		1.019
平成18年４月		0.968	0.997	778,600円	0.985	792,100円	0.998		1.016
平成19年４月		0.968	0.997	778,600円	0.985	792,100円	0.998		1.016
平成20年４月		0.968	0.997	778,600円	0.985	792,100円	0.998		1.016
平成21年４月	財政検証	0.977	1.006	785,600円	0.985	792,100円	1.007		1.016
平成22年４月		0.963	0.992	774,700円	0.985	792,100円	0.993		1.016
平成23年４月		0.956	0.985	769,200円	0.981	788,900円	0.986		1.011
平成24年４月		0.953	0.982	766,800円	0.978	786,500円	0.983		1.008
平成25年４月		0.953	0.982	766,800円	0.978	786,500円	0.983		1.008
平成25年10月	1.0％凍結解除	0.953	0.982	766,800円	0.968	778,500円	0.983		0.998
平成26年４月	1.0％凍結解除	0.956	0.985	769,200円	0.961	772,800円	0.986	0.984	0.991
平成27年４月	0.5％凍結解除	0.970	0.999	780,100円	0.970	780,100円	1.000	0.998	1.000
平成28年４月		0.970	0.999	780,100円			1.000	0.998	
平成29年４月		0.969	0.998	779,300円			0.999	0.997	
平成30年４月		0.969	0.998	779,300円			0.999	0.997	
平成31年4月	財政検証	0.970	0.999	780,100円			1.000	0.998	
令和２年４月		0.972	1.001	781,700円			1.002	1.000	

【注１】平均標準報酬月額（平成６年水準）×10/1000×被保険者期間月数×従前額改定率（「1.031×本来水準改定率」を政令で定めたもの）

なお、昭和13年4月1日以前生まれの方と同月2日以後生まれの方の従前額改定率が異なるのは、調整率の相違による。

【注２】平均標準報酬月額（平成６年水準）×10/1000×被保険者期間月数×（1.031×特例水準改定率）

【資料13】　旧厚生年金保険及び船員保険交渉法(昭和60年5月廃止前)

（この法律の目的）

第1条　この法律は、被保険者の老齢又は死亡による保険給付に関して、厚生年金保険法（昭和29年法律第115号）による被保険者であった期間と船員保険法（昭和14年法律第73号）による被保険者であった期間とを通算することにより、これらの保険給付を受けることを容易ならしめ、もって被保険者及びその遺族の生活の安定と福祉の向上に寄与することを目的とする。

（被保険者期間の合算）

第2条　船員保険の被保険者又は船員保険の被保険者であった者が、厚生年金保険の被保険者となったときは、厚生年金保険法による老齢年金又は同法第58条第1項第1号の規定による遺族年金に関しては、その者の船員保険の被保険者であった期間（船員保険法の一部を改正する法律（昭和40年法律第105号）附則第16条第1項の規定により被保険者であった期間とみなされる期間を含む。）は、厚生年金保険の第3種被保険者であった期間とみなす。ただし、次の各号に掲げる期間は、この限りでない。

一　船員保険法による脱退手当金の支給を受けた場合におけるその脱退手当金の計算の基礎となった期間

二　国家公務員等共済組合法（昭和33年法律第128号）又は地方公務員等共済組合法（昭和37年法律第152号）による共済組合の組合員（以下単に「組合員」という。）たる船員保険の被保険者であった期間

三　組合員たる船員保険の被保険者となる前の船員保険の被保険者であった期間

2　前項の者につき厚生年金保険の被保険者期間を計算する場合においては、その者の厚生年金保険の被保険者期間と、同項の規定によって厚生年金保険の第3種被保険者であった期間とみなされる期間に係る船員保険の被保険者であった期間に3分の4を乗じて得た期間とを合算するものとする。

3　船員保険法第20条の規定による被保険者（以下「船員保険の任意継続被保険者」という。）であったことがある者（船員保険の任意継続被保険者であった期間を基礎として計算された脱退手当金の支給を受けた者を除く。以下同じ。）及び船員保険法第34条第1項第1号又は第3号に規定する期間を満たしたことによる老齢年金（以下「船員保険法による老齢年金」という。）の受給権者（以下「船員保険の受給権者」という。）については、前2項の規定は、適用しない。

第3条　厚生年金保険の被保険者又は厚生年金保険の被保険者であった者が、船員保険の被保険者（組合員たる船員保険の被保険者を除く。）となったときは、船員保険法による老齢年金又は同法第50条第1項第1号の規定による遺族年金に関しては、その者の厚生年金保険の第4種被保険者以外の被保険者であった期間（厚生年金保険法附則第4条第2項又は同法附則第28条の2の規定により第1種被保険者であった期間、第2種被保険者であった期間又は第3種被保険者であった期間とみなされる期間を含む。）は、漁船（船員保険法第34条第1項第2号に規定する漁船を除く。）以外の船舶に乗り組んだ船員保険の被保険者であった期間とみなし、厚生年金保険の第4種被保険者であった期間（厚生年金保険法附則第4条第3項の規定により第4種被保険者であった期間とみなされる期間を含む。）は、船員保険の任意継続被保険者であった期間とみなす。ただし、厚生年金保険法による脱退手当金の支給を受けた場合におけるその脱退手当金の計算の基礎となった期間は、この限りでない。

2　前項の者につき船員保険の被保険者であった期間を計算する場合においては、その者の船員保険の

被保険者であった期間と、同項の規定によって船員保険の被保険者であった期間とみなされる期間に係る厚生年金保険の被保険者期間に4分の3を乗じて得た期間とを合算するものとする。

3　厚生年金保険法による老齢年金の受給権者（以下「厚生年金保険の受給権者」という。）については、前2項の規定は、適用しない。

第3条の2　厚生年金保険の受給権者が、船員保険の被保険者（組合員たる船員保険の被保険者を除く。）となったときは、厚生年金保険法による老齢年金又は同法第58条第1項第1号の規定による遺族年金に関しては、その者の船員保険の被保険者の資格の取得及び喪失を厚生年金保険の被保険者の資格の取得及び喪失とみなすほか、第2条第1項の規定を準用する。

2　第2条第2項の規定は、前項の者につき厚生年金保険の被保険者期間を計算する場合に準用する。

第4条　船員保険の任意継続被保険者であったことがある者又は船員保険の受給権者が、厚生年金保険の被保険者となったときは、船員保険法による老齢年金又は同法第50条第1項第1号の規定による遺族年金に関しては、その者の厚生年金保険の被保険者の資格の取得及び喪失を船員保険の被保険者の資格の取得及び喪失とみなすほか、第3条第1項の規定を準用する。

2　第3条第2項の規定は、前項の者につき船員保険の被保険者であった期間を計算する場合に準用する。

第5条　船員保険の被保険者又は船員保険の被保険者であった者が、厚生年金保険の被保険者となり、その資格を喪失したときは、厚生年金保険の第4種被保険者の資格の取得及び喪失に関しては、その者の船員保険の被保険者であった期間は、厚生年金保険の第3種被保険者であった期間とみなす。但し、第2条第1項各号に掲げる期間は、この限りでない。

2　第2条第2項の規定は、前項の者につき厚生年金保険の被保険者期間を計算する旧場合に準用する。

第6条　厚生年金保険の被保険者又は厚生年金保険の被保険者であった者が、船員保険の被保険者（組合員たる船員保険の被保険者を除く。）となり、その資格を喪失したときは、船員保険の任意継続被保険者の資格の取得及び喪失に関しては、その者の厚生年金保険の被保険者であった期間（厚生年金保険法附則第4条第1項の規定により厚生年金保険の被保険者であった期間とみなされる期間を含むものとし、厚生年金保険法による脱退手当金の支給を受けた場合におけるその脱退手当金の計算の基礎となった期間を除く。）は、船員保険の被保険者であった期間とみなす。但し、男子であって、船員保険の被保険者の資格を喪失した際船員保険の被保険者であった期間が7年6箇月以上であるものについては、その者の厚生年金保険の第1種被保険者又は第4種被保険者であった期間（厚生年金保険法附則第4条第2項又は第3項の規定によりこれらの期間とみなされる期間を含む。）は、この限りでない。

2　第3条第2項の規定は、前項の者につき船員保険の被保険者であった期間を計算する場合に準用する。

（第4種被保険者又は任意継続被保険者の資格に関する特例）

第7条　厚生年金保険の被保険者の資格を喪失した者が、厚生年金保険法第15条第2項の期間内に船員保険の被保険者（組合員たる船員保険の被保険者を除く。）となったときは、その者は、同法同条第1項の規定にかかわらず、厚生年金保険の第4種被保険者となることができない。

2　厚生年金保険の第4種被保険者は、船員保険の被保険者（組合員たる船員保険の被保険者を除く。）となったときは、その日に、厚生年金保険の被保険者の資格を喪失する。

3　船員保険の被保険者の資格を喪失した者が、船員保険法第 20 条第１項の期間内に厚生年金保険の被保険者となったときは、その者は、同法同条同項の規定にかかわらず、船員保険の任意継続被保険者となることができない。

（被保険者期間の計算の特例）

第８条　船員保険の被保険者が、その資格を喪失すべき事実があった日に、さらに厚生年金保険の被保険者の資格を取得したときは、第２条第２項（第５条第２項において準用する場合を含む。）又は第４条第２項において準用する第３条第２項の規定の適用については、船員保険法第 19 条の規定にかかわらず、その者は、その日に船員保険の被保険者の資格を喪失したものとみなす。

2　厚生年金保険の被保険者が、その被保険者の資格を喪失すべき事実があった日に、さらに船員保険の被保険者の資格を取得したときは、第３条第２項（第６条第２項において準用する場合を含む。）又は第３条の２第２項において準用する第２条第２項の規定の適用については、厚生年金保険法第 14 条の規定にかかわらず、その者は、その日に厚生年金保険の被保険者の資格を喪失したものとみなす。

第９条　船員保険の被保険者の資格を取得した月にその資格を喪失し、その月にさらに厚生年金保険の被保険者の資格を取得したときは、第２条第２項（第５条第２項において準用する場合を含む。）又は第４条第２項において準用する第３条第２項の規定の適用については、船員保険法第 22 条第２項本文の規定にかかわらず、その月は、船員保険の被保険者であった期間に算入しない。

2　厚生年金保険の被保険者の資格を取得した月にその資格を喪失し、その月にさらに船員保険の被保険者の資格を取得したときは、第３条第２項（第６条第２項において準用する場合を含む。）又は第３条の２第２項において準用する第２条第２項の規定の適用については、厚生年金保険法第 19 条第２項本文の規定にかかわらず、その月は、厚生年金保険の被保険者期間に算入しない。

（標準報酬月額）

第10条　第２条第１項又は第３条の２第１項の規定により船員保険の被保険者であった期間を厚生年金保険の被保険者であった期間とみなす場合においては、その船員保険の被保険者であった期間の各月の船員保険法による標準報酬月額を、それぞれその期間の各月の厚生年金保険法による標準報酬月額とみなす。

2　第３条第１項又は第４条第１項の規定により厚生年金保険の被保険者であった期間を船員保険の被保険者であった期間とみなす場合においては、その厚生年金保険の被保険者であった期間の各月の厚生年金保険法による標準報酬月額（同法附則第６条の規定により同法によるものとみなされる標準報酬月額を含む。）を、それぞれその期間の各月の船員保険法による標準報酬月額とみなす。

（船員保険法による老齢年金の受給資格の特例）

第11条　第３条第１項又は第４条第１項の規定により厚生年金保険の被保険者であった期間が船員保険の被保険者であった期間とみなされる者については、船員保険法第 34 条中「55 歳」とあるのは、「60 歳」と読み替えるものとする。但し、左の各号に掲げる者については、この限りでない。

一　厚生年金保険の第１種被保険者又は第４種被保険者であった期間を計算に入れないで、船員保険の被保険者であった期間が 15 年以上である男子

二　厚生年金保険の第１種被保険者又は第４種被保険者であった期間を計算に入れないで、35 歳に達した月以後の船員保険の被保険者であった期間が 11 年３箇月以上（そのうち、７年６箇月以上は、船員保険の任意継続被保険者であった期間以外の期間でなければならない。）である男子

三　女子

2　第3条第1項又は第4条第1項の規定により厚生年金保険の被保険者であった期間が船員保険の被保険者であった期間とみなされる者については、船員保険法第34条第1項第3号中「35歳」とあるのは、「40歳」と読み替えるものとする。但し、前項第2号又は第3号に掲げる者については、この限りでない。

3　第3条第1項又は第4条第1項の規定により厚生年金保険の被保険者であった期間が船員保険の被保険者であった期間とみなされる者であって、左の各号の一に該当するものは、船員保険法第34条第1項第3号の規定の適用については、40歳（第2号に該当する者については、35歳）に達した月以後の同法第17条の規定による被保険者であった期間が7年6箇月以上であるものとみなす。

一　40歳に達した月以後の厚生年金保険の第1種被保険者又は第3種被保険者としての被保険者期間が7年6箇月以上である者

二　35歳に達した月以後の厚生年金保険の第2種被保険者としての被保険者期間が7年6箇月以上である者

（老齢年金の額の特例）

第11条の2　第2条第1項又は第3条の2第1項の規定により船員保険の被保険者であった期間が厚生年金保険の被保険者であった期間とみなされる者に対する厚生年金保険法による老齢年金の額は、同法第43条第1項の規定にかかわらず、次の各号に掲げる額を合算した額に加給年金額を加算した額とする。

一　厚生年金保険法第34条第1項第1号、第2項及び第3項の規定により計算した額

二　船員保険の被保険者であった期間を除外して厚生年金保険法第34条第1項第2号又は第4項本文の規定により計算した額。ただし、同法第106条に規定する厚生年金基金（以下「基金」という。）の加入員であった期間（同法第44条の2第2項各号に掲げる期間を除く。以下同じ。）があるときは、その額から当該加入員であった期間に係る同法第132条第2項第1号又は第2号に規定する額を控除した額とする。

三　船員保険の被保険者であった期間について船員保険法第35条第2号の規定により計算した額

2　厚生年金保険法第44条の2第3項及び第4項の規定は、前項の老齢年金について準用する。

第12条　第3条第1項又は第4条第1項の規定により厚生年金保険の被保険者であった期間が船員保険の被保険者であった期間とみなされる者に対する船員保険法による老齢年金の額は、同法第35条の規定にかかわらず、左の各号に掲げる額を合算した額とする。

一　船員保険法第35条第1号の規定により計算した額

二　厚生年金保険の被保険者であった期間を除外して船員保険法第35条第2号の規定により計算した額

三　厚生年金保険の被保険者であった期間について厚生年金保険法第34条第1項第2号又は第4項本文の規定により計算した額。ただし、基金の加入員であった期間があるときは、その額から当該加入員であった期間に係る同法第132条第2項第1号又は第2号に規定する額を控除した額とする。

2　厚生年金保険法第44条の2第3項及び第4項の規定は、前項の老齢年金について準用する。

第13条　船員保険の任意継続被保険者であった者であって、船員保険法第21条第2号の規定に該当するに至る前に、第3条第1項又は第4条第1項の規定により厚生年金保険の第1種被保険者又は第4

種被保険者であった期間が船員保険の被保険者であった期間とみなされるため、船員保険法第 34 条第 1項第1号又は第3号に規定する期間を満たすに至ったにもかかわらず、同法第21条第2号の規定に該当するに至るまで船員保険の任意継続被保険者であったものに支給する同法による老齢年金の額は、その者が60歳に達するまでの間は、前条の規定にかかわらず、船員保険の被保険者であった期間とみなされる厚生年金保険の第1種被保険者又は第4種被保険者であった期間を除外して船員保険法第 35 条の規定により計算した額とする。

（特別加給金）

第13条の2　第2条第1項又は第3条の2第1項の規定により船員保険の被保険者であった期間が厚生年金保険の被保険者であった期間とみなされる者に対する厚生年金保険法による老齢年金の額（加給年金額を除く。）が、厚生年金保険の被保険者であった期間に係る第1号に規定する額と、船員保険の被保険者であった期間に係る第2号に規定する額との合算額に満たないときは、その差額を、その者が60歳に達した月の翌月以降に支給する老齢年金の額に加給する。

一　その者が船員保険の被保険者であった期間を計算に入れないで厚生年金保険法第42条第1項第1号から第3号までに規定するいずれかの期間を満たしている場合には、同法第 43 条及び第 44 条の2の規定により計算した額（加給年金額を除く。）、その他の場合には、同法第 46 条の4及び第 46 条の5の規定により計算した額

二　その者が船員保険法第34条第1項各号に規定するいずれかの期間を満たしている場合には、同法第35条の規定により、その他の場合には、同法第39条ノ3の規定により計算した額

2　第3条第1項又は第4条第1項の規定により厚生年金保険の被保険者であった期間が船員保険の被保険者であった期間とみなされる者に対する船員保険法による老齢年金の額が、船員保険の被保険者であった期間に係る第1号に規定する額と、厚生年金保険の被保険者であった期間に係る第2号に規定する額との合算額に満たないときは、その差額を、その者が60歳に達した月の翌月以降に支給する老齢年金の額に加給する。

一　その者が厚生年金保険の被保険者であった期間を計算に入れないで船員保険法第34条第1項各号に規定するいずれかの期間を満たしている場合には、同法第35条の規定により、その他の場合には、同法第39条ノ3の規定により計算した額

二　その者が厚生年金保険法第42条第1項第1号から第3号までに規定するいずれかの期間を満たしている場合には、同法第 43 条及び第 44 条の2の規定により計算した額（加給年金額を除く。）、その他の場合には、同法第46条の4及び第46条の5の規定により計算した額

第14条及び第15条　削除

（船員保険法第34条第1項第2号に該当する者に支給する老齢年金の取扱い）

第16条　船員保険法第 34 条第1項第2号に該当する者に支給する老齢年金は、受給権者が厚生年金保険の被保険者である間（65歳以上でその者の標準報酬等級が第1級から第14級までの等級である間を除く。）は、その支給を停止する。ただし、受給権者が60歳以上65歳未満であるときは、その者の標準報酬等級が第1級から第 14 級までの等級である間、又は受給権者が 65 歳以上であるときは、その者の標準報酬等級が第1級から第14級までの等級以外の等級である間、老齢年金の額（加給金に相当する金額を除く。）につき厚生年金保険法第 46 条第1項又は第2項の規定を適用して計算した場合におけるその支給が停止される部分の額に相当する部分に限り支給を停止する。

２　船員保険法第 34 条第１項第２号に該当する者に支給する老齢年金の受給権は、受給権者が厚生年金保険法による老齢年金の受給権を取得したときは、消滅する。

３　厚生年金保険法第 39 条第１項の規定は、前項の場合に準用する。

（老齢年金の受給資格の喪失）

第 17 条　厚生年金保険法第 42 条第１項第１号から第３号までのいずれかに規定する被保険者期間を満たしている者が、同法による老齢年金の受給権を取得する前に船員保険の被保険者の資格を取得したときは、その者は、その老齢年金を受ける資格を失う。但し、組合員たる船員保険の被保険者の資格を取得したときは、この限りでない。

２　船員保険法第 34 条第１項第１号又は第３号に規定する期間を満たしている者が、同法による老齢年金の受給権を取得する前に厚生年金保険の被保険者の資格を取得したときは、その者は、その老齢年金を受ける資格を失う。

（老齢年金の調整）

第 18 条　第４条第１項の規定により厚生年金保険の被保険者であった期間が船員保険の被保険者であった期間とみなされる者には、厚生年金保険法による老齢年金は、支給しない。

２　第３条の２第１項の規定により船員保険の被保険者であった期間が厚生年金保険の被保険者であった期間とみなされる者には、船員保険法による老齢年金は、支給しない。同法第 34 条第１項第２号に規定する期間を満たしていることにより支給する老齢年金についても、同様とする。

（老齢年金の受給資格を有する者が組合員となった場合）

第 19 条　第２条第１項若しくは第３条の２第１項の規定により船員保険の被保険者であった期間が厚生年金保険の被保険者であった期間とみなされ、又は第３条第１項若しくは第４条第１項の規定により厚生年金保険の被保険者であった期間が船員保険の被保険者であった期間とみなされる者が、組合員たる船員保険の被保険者となった場合において、その者が組合員たる船員保険の被保険者となる前に厚生年金保険法第 42 条第１項第１号から第３号までのいずれかに規定する被保険者期間又は船員保険法第 34 条第１項第１号若しくは第３号に規定する期間を満たしているときは、船員保険法第 34 条の規定の適用については、その者は、船員保険の被保険者とならなかったものとみなす。

２　前項の者に関しては、老齢年金及び遺族年金並びに組合員たる船員保険の被保険者となる前に発した疾病又は負傷及びこれらに起因する疾病に係る障害年金及び障害手当金については、船員保険法第 15 条第１項、第２項及び第４項の規定は、適用しない。

（通算老齢年金の調整）

第 19 条の２　第２条第１項若しくは第３条の２第１項の規定により船員保険の被保険者であった期間が厚生年金保険の被保険者であった期間とみなされ、又は第３条第１項若しくは第４条第１項の規定により厚生年金保険の被保険者であった期間が船員保険の被保険者であった期間とみなされる者であって、厚生年金保険法第 42 条第１項第１号から第３号までのいずれかに規定する被保険者期間又は船員保険法第 34 条第１項第１号若しくは第３号に規定する期間を満たしたものに対しては、厚生年金保険法又は船員保険法による通算老齢年金は、支給しない。

第 19 条の３　厚生年金保法による通算老齢年金の受給権者が船員保険の被保険者（組合員たる船員保険の被保険者を除く。）となったときは、その被保険者である間（65 歳以上でその者の標準報酬の等級が第１級から第 14 級までの等級である間を除く。）は、当該通算老齢年金（受給権者が 65 歳未満でその者の標準報酬の等級が第１級から第 14 級までの等級である者であるとき、又は受給権者が 65 歳以上でその者の標準報酬の等級が第１級から第 14 級までの等級以外の等級である者であるときは、当該通算老齢年金の額につき船員保険法第 39 条ノ５第１項又は第２項の規定を適用して計算した場合におけるその支給が停止される部分の額に相当する部分に限る。）の支給を停止し、その受給権者が船員保険法第 34 条第１項第１号又は第３号に規定する期間を満たすに至ったときは、当該通算老齢年金の受給権は、消滅する。

2　船員保険法による通算老齢年金の受給権者が厚生年金保険の被保険者となったときは、その被保険者である間（65 歳以上でその者の標準報酬等級が第１級から第 14 級までの等級である間を除く。）は、当該通算老齢年金（受給権者が 65 歳未満でその者の標準報酬等級が第１級から第 14 級までの等級である者であるとき、又は受給権者が 65 歳以上でその者の標準報酬等級が第１級から第 14 級までの等級以外の等級である者であるときは、当該通算老齢年金の額につき厚生年金保険法第 46 条の７第１項又は第２項の規定を適用して計算した場合におけるその支給が停止される部分の額に相当する部分に限る。）の支給を停止し、その受給権者が厚生年金保険法第 42 条第１項第１号から第３号までのいずれかに規定する被保険者期間を満たすに至ったときは、当該通算老齢年金の受給権は、消滅する。

3　前項の規定により船員保険法による通算老齢年金がその全額につき支給を停止されている間は、当該通算老齢年金の受給権の消滅時効は、その進行を停止する。

（老齢年金と障害年金との調整）

第 20 条　厚生年金保険法による老齢年金（同法第 46 条第１項又は第３項の規定により支給を停止されている老齢年金を除く。）及び船員保険法による障害年金（同法第 23 条ノ７又は第 44 条ノ３第１項の規定により支給を停止されている障害年金を除く。）の受給権者には、その者の選択により、その一を支給し、他の支給を停止する。船員保険法による老齢年金（同法第 38 条第１項又は第３項の規定により支給を停止されている老齢年金を除く。）及び厚生年金保険法による障害年金（同法第 49 条第１項又は第 54 条第１項若しくは第２項の規定により支給を停止されている障害年金を除く。）の受給権者についても、同様とする。

2　前項前段の規定により支給を停止されるべき障害年金が職務上の事由（船員保険法第 23 条ノ７第２項に規定する通勤を含む。以下同じ。）によるものであるときは、前項の規定にかかわらず、その額のうち、同法第 41 条第１項第１号ロの額の２倍に相当する額に加給金の額を加えた額に相当する部分につき、支給を停止する。

3　第１項前段に規定する者が、同時に厚生年金保険法による障害年金若しくは遺族年金又は船員保険法による遺族年金の受給権を有するときは、同項の規定を適用しない。第１項後段に規定する者が、同時に船員保険法による障害年金若しくは遺族年金又は厚生年金保険法による遺族年金の受給権を有するときも、同様とする。

4　厚生年金保険法第 39 条第１項の規定は、第１項の場合に準用する。

（老齢年金と障害手当金との調整）

第 21 条　船員保険法による老齢年金の受給権者には、厚生年金保険法による障害手当金を支給しない。

2　厚生年金保険法による老齢年金の受給権者には、船員保険法による障害手当金を支給しない。但し、職務上の事由による障害手当金は、この限りでない。

（遺族年金の調整）

第22条　第２条第１項の規定により船員保険の被保険者であった期間が厚生年金保険の被保険者であった期間とみなされ、又は第３条第１項の規定により厚生年金保険の被保険者であった期間が船員保険の被保険者であった期間とみなされる者が死亡した場合において、その者が最後に船員保険の被保険者であったときは、その暑が死亡前に厚生年金保険法第42条第１項第１号から第３号までのいずれかに規定する被保険者期間を満たしていた場合においても、その者の遺族には、厚生年金保険法第58条第１項第１号の規定による遺族年金を支給しない。第４条第１項の規定により厚生年金保険の被保険者であった期間が船員保険の被保険者であった期間とみなされる者が死亡したときも、同様とする。

第23条　第２条第１項の規定により船員保険の被保険者であった期間が厚生年金保険の被保険者であった期間とみなされ、又は第３条第１項の規定により厚生年金保険の被保険者であった期間が船員保険の被保険者であった期間とみなされる者が死亡した場合において、その者が最後に厚生年金保険の被保険者であったときは、船員保険法第50条第１項第１号の規定による遺族年金は、その者が死亡前に船員保険の被保険者であった期間とみなされる厚生年金保険の被保険者であった期間を計算に入れないで船員保険法第34条第１項第１号又は第３号に規定する期間を満たしていた場合におけるその期間に基づくものに限り、支給する。第３条の２第１項の規定により船員保険の被保険者であった期間が厚生年金保険の被保険者であった期間とみなされる者が死亡したときも、同様とする。

２　前項の規定により支給する船員保険法第50条第１項第１号の規定による遺族年金は、同項に規定する者の遺族が厚生年金保険法第58条第１項第１号の規定による遺族年金の受給権を有する間、その支給を停止する。ただし、厚生年金保険法第58条第１項第１号の規定による遺族年金の受給権を有する遺族（その遺族が２人以上であるときは、その全員）が、その遺族年金の支給を停止されている間は、この限りでない。

３　厚生年金保険法第39条第１項の規定は、前項の場合に準用する。

第24条　第３条又は第４条の規定により船員保険の被保険者であった期間と厚生年金保険の被保険者期間とを合算した期間に基づく船員保険法第50条第１項第１号の規定による遺族年金については、同法の規定にかかわらず、厚生年金保険法第59条、第61条、第63条及び第66条から第68条までの規定を準用する。

第25条　第３条第１項又は第４条第１項の規定により厚生年金保険の被保険者であった期間が船員保険の被保険者であった期間とみなされる者が、そのみなされる期間を計算に入れないで船員保険法第34条第１項第１号又は第３号に規定する期間を満たした後に死亡した場合において、船員保険の被保険者であった期間と厚生年金保険の被保険者期間とを合算した期間に基づく船員保険法第50条第１項第１号の規定による遺族年金について、前条の規定により厚生年金保険法の遺族年金に関する規定が準用されるため、遺族年金の受給権者がないか、又は遺族年金の受給権を有する遺族（その遺族が２人以上であるときは、その全員）がその遺族年金の支給を停止されているときは、その受給権者がないか、又はその遺族年金の支給を停止されている間、その者の遺族に対し、船員保険の被保険者であった期間とみなされる厚生年金保険の被保険者であった期間を除外して計算した遺族年金を支給する。

２　厚生年金保険法第39条第１項の規定は、前項の場合に準用する。

（遺族年金の額の特例）

第25条の２　第２条第１項又は第３条の２第１項の規定により船員保険の被保険者であった期間が厚生年金保険の被保険者であった期間とみなされる者が死亡した場合において、その者が死亡前に厚生年金保険法第 42 条第 1 項第 1 号に規定する期間を満たしていたときは、その者の遺族に支給する同法による遺族年金の額は、同法第 60 条第 1 項の規定にかかわらず、第 11 条の 2 第 1 項各号（第 2 号ただし書を除く。）に掲げる額を合算した額の 2 分の 1 に相当する額（その額が 501600 円に満たないときは、501600 円）とする。ただし、妻又は子に対する遺族年金の額は、その額に加給年金額を加算した額とする。

第 26 条　第 3 条第 1 項又は第 4 条第 1 項の規定により厚生年金保険の被保険者であった期間が船員保険の被保険者であった期間とみなされる者が死亡した場合において、その者が死亡前に船員保険法第 34 条第 1 項第 1 号に規定する期間を浦たしていたときは、その者の遺族に支給する船員保険法による遺族年金の額は、同法第 50 条ノ 2 第 1 項第 1 号の規定にかかわらず、第 12 条第 1 項各号（第 3 号ただし書を除く。）に掲げる額を合算した額の 2 分の 1 に相当する額（その額が 501600 円に満たないときは、501600 円）とする。

（厚生年金保険法による遺族年金と船員保険法による遺族年金との調整）

第 27 条　厚生年金保険の被保険者若しくは厚生年金保険の被保険者であった者が船員保険の被保険者となった後に死亡し、又は船員保険の被保険者若しくは船員保険の被保険者であった者が厚生年金保険の被保険者となった後に死亡した場合において、その者の遺族が、同時に、厚生年金保険法による遺族年金及び船員保険法第 50 条第 1 項第 4 号から第 6 号までの規定による遺族年金を受けることができるとき、又は厚生年金保険法第 58 条第 1 項第 2 号、第 3 号若しくは第 4 号の規定による遺族年金及び船員保険法第 50 条第 1 項第 1 号の規定による遺族年金を受けることができるときは、その遺族には、次の区別によって、その一を支給し、他を支給しない。

一　年金の額が異なるときは、高額の年金

二　年金の額が同じであるときは、死亡した者が最後に被保険者であった保険の年金

2　前項の規定により年金の額を比較する場合においては、厚生年金保険法による遺族年金については、同法第 60 条第 1 項及び第 2 項の規定により算定した額によるものとし、船員保険法による遺族年金については、同法第 50 条ノ 3 の規定により加給すべき金額を加算した額によるものとする。

3　第 3 条第 1 項又は第 4 条第 1 項の規定により厚生年金保険の被保険者であった期間が船員保険の被保険者であった期間とみなされる者が死亡した場合において、その者の遺族が船員保険法第 50 条第 1 項第 1 号の規定による遺族年金を受けることができるときは、その遺族には、同項第 4 号から第 6 号までの規定による遺族年金を支給しない。

（通算遺族年金の調整）

第 27 条の 2　第 2 条第 1 項若しくは第 3 条の 2 第 1 項の規定により船員保険の被保険者であった期間が厚生年金保険の被保険者であった期間とみなされ、又は第 3 条第 1 項若しくは第 4 条第 1 項の規定により厚生年金保険の被保険者であった期間が船員保険の被保険者であった期間とみなされる者であって、厚生年金保険法第 42 条第 1 項第 1 号から第 3 号までのいずれかに規定する被保険者期間又は船員保険法第 34 条第 1 項第 1 号若しくは第 3 号に規定する期間を満たしたものが死亡したときは、その者の遺族に対しては、厚生年金保険法又は船員保険法による通算遺族年金は、支給しない。

（脱退手当金の調整）

第 28 条　第 2 条第 1 項若しくは第 3 条の 2 第 1 項の規定により船員保険の被保険者であった期間が厚生年金保険の被保険者であった期間とみなされ、又は第 3 条第 1 項若しくは第 4 条第 1 項の規定により

厚 生年金保険の被保険者であった期間が船員保険の被保険者であった期間とみなされる者であって、厚生年金保険法第42条第1項第1号から第3号までのいずれかに規定する被保険者期間又は船員保険法第34条第1項第1号若しくは第3号に規定する期間を満たしたものに対しては、厚生年金保険法又は船員保険法による脱退手当金は、支給しない。

第29条 厚生年金保険法による脱退手当金の受給権者が船員保険の被保険者（組合員たる船員保険の被保険者を除く。）となったとき、又は船員保険法による脱退手当金の受給権者が厚生年金保険の被保険者となったときは、その被保険者である間は、当該脱退手当金を支給せず、その受給権者が船員保険法第34条第1項第1号若しくは第3号に規定する期間又は厚生年金保険法第42条第1項第1号から第3号までのいずれかに規定する被保険者期間を満たすに至ったときは、当該脱退手当金の受給権は、消滅する。

2 前項の規定により脱退手当金を支給しない間は、当該脱退手当金の受給権の消滅時効は、その進行を停止する。

（保険給付費の負担の特例）

第30条 第2条から第4条までの規定により合算された厚生年金保険の被保険者期間及び船員保険の被保険者であった期間に基づく厚生年金保険法又は船員保険法による保険給付については、当該保険給付に要する費用は、政令の定めるところにより、厚生保険特別会計及び船員保険特別会計において負担する。

（国庫負担の特例）

第31条 第3条第1項又は第4条第1項の規定により厚生年金保険の第3種被保険者以外の被保険者であった期間が船員保険の被保険者であった期間とみなされる者に関する船員保険法による老齢年金（船員保険の被保険者である間に支給される老齢年金を除く。）及び同法第50条第1項第1号の規定による遺族年金に要する費用について国庫が負担する額は、同法第58条第1項の規定にかかわらず、保険給付に要する費用の100分の25に相当する額から、保険給付に要する費用の100分の5に相当する額に第1号に掲げる額の同号から第3号までに掲げる額の合算額に対する割合を乗じて得た額を控除した額とする。

一 厚生年金保険の第3種被保険者以外の被保険者であった期間の厚生年金保険法による平均標準報酬月額に厚生年金保険の第3種被保険者以外の被保険者としての被保険者期間の月数を乗じて得た額

二 厚生年金保険の第3種被保険者であった期間の厚生年金保険法による平均標準報酬月額に厚生年金保険の第3種被保険者としての被保険者期間の月数を乗じて得た額

三 船員保険の被保険者であった期間とみなされる厚生年金保険の被保険者であった期間を計算に入れないで、船員保険法による平均標準報酬月額に船員保険の被保険者であった期間に3分の4を乗じて得た期間の月数を乗じて得た額

（船員保険の積立金の移換の特例）

第32条 第2条第1項若しくは第3条の2第1項の規定により船員保険の被保険者であった期間が厚生年金保険の被保険者であった期間とみなされ、又は第3条第1項若しくは第4条第1項の規定により厚生年金保険の被保険者であった期間が船員保険の被保険者であった期間とみなされる者が組合員たる船員保険の被保険者となった場合において、その者が組合員たる船員保険の被保険者となる前に厚

生年金保険法第42条第1項第1号から第3号までのいずれかに規定する被保険者期間又は船員保険法第34条第1項第1号若しくは第3号に規定する期間を満たしているときは、船員保険法第15条ノ4の規定は、適用しない。

（基金又は厚生年金基金連合会が支給する年金たる給付の基準等）

第33条　第3条第1項又は第4条第1項の規定により厚生年金保険の被保険者であった期間が船員保険の被保険者であった期間とみなされる者であって、基金の加入員又は加入員であったものに対する船員保険法による老齢年金は、厚生年金保険法第9章の規定の適用については、同法による老齢年金とみなす。

附　則(抄)

1　この法律は、公布の日から施行し、昭和29年5月1日から適用する。

2　第2条から第6条まで、第8条及び第9条の規定は、昭和29年5月1日において現に厚生年金保険又は船員保険の被保険者である者については、同日前に生じた事項に関しても、適用する。

3　この法律の適用については、厚生年金保険法附則第16条第1項の規定により旧厚生年金保険法（昭和16年法律第60号）による障害年金の例によって支給する保険給付又は同条第4項の規定により支給する旧厚生年金保険法による脱退手当金は、それぞれ厚生年金保険法による障害年金又は脱退手当金とみなし、船員保険法の一部を改正する法律（昭和29年法律第116号）附則第7条の規定により従前の養老年金の例によって支給する保険給付又は同法附則第17条の規定により従前の例によって支給する脱退手当金は、それぞれ船員保険法による老齢年金又は脱退手当金とみなす。

4　昭和29年5月1日において現に厚生年金保険の被保険者であって船員保険法による養老年金の受給権を有する者又は同日において現に船員保険の被保険者であって旧厚生年金保険法による養老年金の受給権を有する者が、厚生年金保険又は船員保険の被保険者の資格を喪失したときは、その者は、船員保険法の一部を改正する法律（昭和29年法律第116号）附則第7条の規定により従前の養老年金の例によって支給する保険給付又は厚生年金保険法附則第11条第1項の規定により支給する老齢年金の受給権を失う。

5　第20条の規定は、昭和29年5月1日において現に船員保険法による養老年金及び旧厚生年金保険法による障害年金の受給権を有する者については、適用しない。

6　厚生年金保険法附則第9条の規定は、昭和29年5月1日前に船員保険の被保険者であった者について、船員保険法の一部を改正する法律（昭和29年法律第116号）附則第12条第1項の規定は、厚生年金保険法附則第4条第2項の規定により第3種被保険者であった期間とみなされる期間がある者について、それぞれ準用する。

7　厚生年金保険法附則第9条第1項（前項において準用する場合を含む。）の規定により同法第42条第1項第1号中「60歳」とあるのが「55歳」、「56歳」、「57歳」、「58歳」又は「59歳」と読み替えられる者については、この法律の第11条第1項及び第13条中「60歳」とあるのも、同じように読み替えるものとする。但し、船員保険法第34条第1項第1号に規定する期間を満たした者に限る。

8　船員保険法の一部を改正する法律（昭和29年法律第116号）附則第7条の規定により従前の養老年金の例によって支給する保険給付を受ける権利を有する者については、厚生年金保険法第42条第1項第1号中「55歳」とあるのは、「50歳」と読み替えるものとする。

9　船員保険法中改正法律（昭和20年法律第24号）附則第2条第2項又は船員保険法の一部を改正す

る法律（昭和22年法律第103号）附則第3条の規定により加算された期間がある者は、この法律の適用については、船員保険の任意継続被保険者であったことがある者とみなす。但し、その期間を基礎として計算された脱退手当金の支給を受けた者は、この限りでない。

13　第10条第1項の規定により厚生年金保険法による標準報酬月額とみなされる船員保険法による標準報酬月額については、厚生年金保険法附則第8条中「3,000円」とあるのは、「4,000円」と読み替え、第10条第2項の規定により船員保険法による標準報酬月額とみなされる厚生年金保険法による標準報酬月額については、船員保険法の一部を改正する法律（昭和29年法律第116号）附則第3条中「4,000円」とあるのは、「3,000円」と読み替えるものとする。

14　附則第9項の者に係る保険給付については、第31条第3号中「船員保険の被保険者であった期間に3分の4を乗じて得た期間」とあるのは、「船員保険の被保険者であった期間（船員保険法中改正法律（昭和20年法律第24号）附則第2条第2項又は船員保険法の一部を改正する法律（昭和22年法律第103号）附則第3条の規定により加算された期間を除く。）に3分の4を乗じて得た期間」と読み替えるものとする。

【資料 14】

通算年金通則法(昭和 36 年 11 月 1 日法律第 181 号)

(この法律の趣旨)

第１条　この法律は、各公的年金制度が支給する通算老齢年金又は通算退職年金に関して通則的事項を定めるものとする。

(通算老齢年金及び通算退職年金)

第２条　この法律において、「通算老齢年金」又は「通算退職年金」とは、各公的年金制度が、当該制度の被保険者又は組合員であった者で、当該制度において定める老齢年金又は退職年金の支給要件を満たしていないが、各公的年金制度に係る通算対象期間を合算して一定の要件に該当するか、他の公的年金制度に係る通算対象期間が、当該制度において定める老齢・退職年金給付を受けるに必要な資格期間に相当する期間以上であるか、又は他の制度における老齢・退職年金給付を受けることができるものに対して、老齢又は退職を支給事由として行なう年金たる給付をいう。

(公的年金各法又は公的年金制度)

第３条　この法律において、「公的年金各法」とは、次の各号に掲げる法律をいい、「公的年金制度」とは、これらの法律に定める年金制度をいう。これらの法律において「公的年金各法」又は「公的年金制度」というときも、同様とする。

一　国民年金法（昭和 34 年法律第 141 号）（第 10 章を除く。）

二　厚生年金保険法（昭和 29 年法律第 115 号）（第 9 章を除く。）

三　船員保険法（昭和 14 年法律第 73 号）

四　国家公務員等共済組合法（昭和 33 年法律第 128 号）

五　地方公務員等共済組合法（昭和 37 年法律第 152 号）（第 11 章を除く。）

六　私立学校教職員共済組合法（昭和 28 年法律第 245 号）

七　農林漁業団体職員共済組合法（昭和 33 年法律第 99 号）

(通算対象期間)

第４条　この法律及び公的年金各法において、「通算対象期間」とは、次の各号に掲げる期間（法令の規定により当該公的年金制度の被保険者又は組合員であった期間とみなされる期間に係るもの及び法令の規定により当該各号に掲げる期間に算入される期間を含む。）で、当該公的年金制度において定める老齢又は退職を支給事由とする給付の支給要件たる期間の計算の基礎となるものをいう。ただし、第４号から第７号までに掲げる期間については、組合員又は農林漁業団体職員共済組合の任意継続組合員が退職し又はその資格を喪失した場合におけるその退職又は資格喪失の日まで引き続く組合員期間又は組合員若しくは農林漁業団体職員共済組合の任意継続組合員であった期間で、１年に達しないものを除く。

一　国民年金の保険料納付済期間又は保険料免除期間

二　厚生年金保険の被保険者期間

三　船員保険の被保険者であった期間

四　国家公務員等共済組合の組合員期間

五　地方公務員共済組合の組合員期間

六　私立学校教職員共済組合の組合員であった期間

七　農林漁業団体職員共済組合の組合員又は任意継続組合員であった期間

2　次の各号のいずれかに該当したため国民年金法第7条第2項の規定により国民年金の被保険者とされなかった期間（同法附則第6条の規定により国民年金の被保険者となった期間を除く。）がある者については、前項の規定にかかわらず、その被保険者とされなかった期間もまた、通算対象期間とする。

一　国民年金以外の公的年金制度の被保険者又は組合員（農林漁業団体職員共済組合の任意継続組合員及び厚生年金保険法附則第 28 条に規定する共済組合の組合員を含む。）の配偶者（婚姻の届出をしていないが、事実上婚姻関係と同様の事情にある者を含む。以下同じ。）

二　次に掲げる年金たる給付のうち老齢又は退職を支給事由とする給付を受けることができる者の配偶者

イ　国民年金法以外の公的年金各法（国家公務員等共済組合法の長期給付に関する施行法（昭和 33 年法律第 129 号）及び地方公務員等共済組合法の長期給付等に関する施行法（昭和 37 年法律第 153 号）を含む。以下同じ。）に基づく年金たる給付。ただし、通算老齢年金及び通算退職年金を除く。

ロ　恩給法（大正 12 年法律第 48 号。他の法律において準用する場合を含む。）に基づく年金たる給付

ハ　地方公務員の退職年金に関する条例に基づく年金たる給付。ただし、通算退職年金を除く。

ニ　厚生年金保険法附則第 28 条に規定する共済組合が支給する年金たる給付

ホ　執行官法（昭和 41 年法律第 111 号）附則第 13 条の規定に基づく年金たる給付

ヘ　旧令による共済組合等からの年金受給者のための特別措置法（昭和 25 年法律第 256 号）に基づいて国家公務員等共済組合連合会が支給する年金たる給付

三　前号に規定する給付の受給資格要件たる期間を満たしている者の配偶者

四　第2号イからヘまでに掲げる年金たる給付のうち障害を支給事由とする給付又は戦傷病者戦没者遺族等援護法（昭和 27 年法律第 127 号）に基づく障害年金を受けることができる者及びその配偶者

五　第2号イからヘまでに掲げる年金たる給付のうち死亡を支給事由とする給付（通算遺族年金を除く。）又は戦傷病者戦没者遺族等援護法に基づく遺族年金（遺族給与金を含む。）を受けることができる者

六　未帰還者留守家族等援護法（昭和 28 年法律第 161 号）に基づく留守家族手当又は特別手当（同法附則第 45 項に規定する手当を含む。）を受けることができる者

（老齢・退職年金給付）

第5条　この法律及び公的年金各法において、「老齢・退職年金給付」とは、次に掲げる年金たる給付のうち、老齢又は退職を支給事由とする給付をいう。

一　公的年金各法に基づく年金たる給付。ただし、通算老齢年金及び通算退職年金並びに国民年金法第 78 条第1項の規定によって支給される老齢年金及び同法による老齢福祉年金を除く。

二　前条第2項第2号ロからヘまでに掲げる年金たる給付

（期間の計算）

第6条　通算老齢年金又は通算退職年金の支給に関し、第4条第1項第3号の通算対象期間を計算する場合には、船員保険法の規定によって計算した期間に3分の4を乗じて得た期間によるものとし、同条第2項の通算対象期間を計算する場合には、その計算は、国民年金の被保険者期間の計算の例によ

るものとする。

2　通算老齢年金又は通算退職年金の支給に関し、2以上の通算対象期間を合算する場合には、1年に満たない期間（船員保険の被保険者であった期間にあっては、前項の規定による乗算を行なわないで計算して1年に満たない期間とする。）は、算入しない。ただし、国民年金の保険料納付済期間と保険料免除期間とを合算する場合において、合算して1年以上となるときは、そのいずれか一方又は双方が1年に満たない場合においても、その1年に満たない保険料納付済期間又は保険料免除期間については、この限りでない。

3　通算老齢年金又は通算退職年金の支給に関し、2以上の通算対象期間を合算する場合において、同一の月が同時に2以上の通算対象期間の計算の基礎となっているときは、その月は、当該通算老齢年金又は通算退職年金の支給に関し最も有利となる一の期間についてのみ、その計算の基礎とする。

（通算対象期間の確認等）

第7条　一の公的年金制度において他の公的年金制度に係る通算対象期間に基づいて通算老齢年金又は通算退職年金を支給すべき場合には、当該通算対象期間については、当該他の公的年金制度における政府、組合その他の管掌機関（第4条第2項の通算対象期間については、国民年金の管掌者たる政府とし、以下単に「管掌機関」という。）の確認したところによる。

2　管掌機関は、前項の規定による確認を行なったときは、これを当該被保険者若しくは組合員又は被保険者若しくは組合員であった者に通知しなければならない。

3　被保険者若しくは組合員又は被保険者若しくは組合員であった者は、通算老齢年金又は通算退職年金を請求するため必要があるときは、当該管掌機関に対し、第1項の規定による確認を請求することができる。

4　第1項の規定による確認に関する処分に不服がある者は、公的年金各法の定めるところにより、当該公的年金各法に定める審査機関に審査を請求することができるものとする。

第8条　一の公的年金制度において他の制度から老齢・退職年金給付を受けることができることを要件として通算老齢年金又は通算退職年金を支給すべき場合には、その支給は、当該老齢・退職年金給付を受ける権利についての裁定又は支給決定をまって行なう。

（通算老齢年金又は通算退職年金に関する処分についての不服の理由の制限）

第9条　一の公的年金制度において他の公的年金制度に係る通算対象期間に基づいて通算老齢年金又は通算退職年金を支給すべき場合には、当該通算対象期間に係る第7条第1項の規定による確認に関する処分についての不服を、当該通算老齢年金又は通算退職年金に関する処分についての不服の理由とすることができない。

2　前項の規定は、一の公的年金制度において他の制度から老齢・退職年金給付を受けることができることを要件として通算老齢年金又は通算退職年金を支給すべき場合に準用する。この場合において、同項中「当該通算対象期間に係る第7条第1項の規定による確認に関する処分」とあるのは、「当該老齢・退職年金給付に関する処分」と読み替えるものとする。

（通算老齢年金又は通算退職年金の支払期月）

第10条　通算老齢年金又は通算退職年金は、公的年金各法の規定にかかわらず、毎年6月及び12月の2期に、それぞれ前月までの分を支払う。ただし、前支払期月に支払うべきであった年金又は権利が消滅した場合若しくは年金の支給を停止した場合におけるその期の年金は、その支払期月でない月においても、支払うものとする。

（未支給の通算老齢年金又は通算退職年金）

第11条　通算老齢年金又は通算退職年金の受給権者が死亡した場合において、その死亡した者に支給すべき年金でまだその者に支給しなかったものがあるときは、公的年金各法の規定にかかわらず、その者の配偶者、子、父母、孫、祖父母又は兄弟姉妹であって、その者の死亡の当時その者と生計を同じくしていたものは、自己の名で、その未支給の年金の支給を請求することができる。

2　前項の場合において、死亡した受給権者が死亡前にその年金を請求していなかったときは、同項に規定する者は、自己の名で、その年金を請求することができる。

3　未支給の通算老齢年金又は通算退職年金を受けるべき者の順位は、第1項に規定する順序による。

4　未支給の通算老齢年金又は通算退職年金を受けるべき同順位者が2人以上あるときは、その1人のした請求は、全員のためその全額につきしたものとみなし、その1人に対してした支給は、全員に対してしたものとみなす。

（時効）

第12条　通算老齢年金又は通算退職年金を受ける権利の消滅時効は、公的年金各法の規定にかかわらず、受給権者が公的年金制度の被保険者又は組合員若しくは農林漁業団体職員共済組合の任意継続組合員である期間は、進行しない。

（支払）

第13条　通算老齢年金又は通算退職年金の支払に関する事務は、公的年金各法の規定にかかわらず、政令の定めるところにより、政令で定める者に行なわせることができる。

附　則

（施行期日）

第1条　この法律は、公布の日から施行し、昭和36年4月1日から適用する。

（通算対象期間に関する経過措置）

第2条　昭和36年4月1日において現に国民年金以外の公的年金制度の被保険者又は組合員若しくは農林漁業団体職員共済組合の任意継続組合員でなかった者については、その者の同日前の厚生年金保険の被保険者期間（法令の規定により厚生年金保険の被保険者であった期間とみなされる期間に係るものを含む。）又は船員保険の被保険者であった期間は、第4条第1項の規定にかかわらず、通算対象期間としない。ただし、その者が同日以後国民年金以外の公的年金制度の被保険者若しくは組合員となり、又は国民年金の保険料納付済期間若しくは保険料免除期間を有するに至ったときは、この限りでない。

2　昭和36年4月1日前の第4条第1項第4号及び第6号から第8号までに掲げる期間（法令の規定により当該組合の組合員であった期間とみなされる期間に係るもの及び法令の規定により当該各号に掲げる期間に算入される期間を含む。）のうち、同日において同項第4号及び第6号から第8号までに規定する組合の組合員又は農林漁業団体職員共済組合の任意継続組合員であった者の同日まで引き続く当該組合の組合員期間又は組合員若しくは農林漁業団体職員共済組合の任意継続組合員であった期間（法令の規定により当該組合の組合員であった期間とみなされる期間に係るもの及び法令の規定によりこの期間に算入される期間を含む。）以外のものは、同項の規定にかかわらず、通算対象期間としない。

3　昭和 36 年４月１日前の第４条第２項に規定する期間及び明治 44 年４月１日以前に生まれた者（昭和 36 年４月１日において 50 歳をこえる者）の同項に規定する期間は、同項の規定にかかわらず、通算対象期間としない。

4　地方公務員等共済組合法の長期給付等に関する施行法第７条の規定により第４条第１項第５号に掲げる期間に算入された期間のうち、昭和 36 年４月１日前の期間は、同項の規定にかかわらず、通算対象期間としない。

5　地方公務員等共済組合法の長期給付等に関する施行法第 132 条の 12 の規定により第４条第１項第５号に掲げる期間に算入された期間のうち、昭和 36 年４月１日前の期間は、同項の規定にかかわらず、通算対象期間としない。

（未支給年金に関する経過措置）

第３条　この法律の施行前にさかのぼって通算老齢年金又は通算退職年金の受給権を取得したこととなる者でこの法律の施行前に死亡したものに係る未支給の年金につき第 11 条第３項の規定によりその年金を受けるべき遺族の順位を定める場合において、先順位者たるべき者（先順位者たるべき者が２人以上あるときは、そのすべての者）がこの法律の施行前に死亡しているときは、この法律の施行の際におけるその次順位者を当該未支給の年金を受けるべき遺族とする。

（地方公務員等の取扱い）

第４条　昭和 36 年４月１日から昭和 37 年 11 月 30 日までの間に、廃止前の市町村職員共済組合法の適用を受けた者については、同法及び同法に定める年金制度は、第３条の規定にかかわらず、同条に定める公的年金各法及び公的年金制度とし、通算対象期間その他この法律の適用については、なお従前の例による。

第５条　地方公務員共済組合法等の一部を改正する法律（昭和 39 年法律第 152 号）による改正前の地方公務員共済組合法附則第 71 条の規定による改正前の附則第５条第２項又は附則第６条第１項の規定により公的年金各法及び公的年金制度とみなされた退職年金条例及び当該条例に定める年金制度又は恩給法及び同法に定める年金制度は、第３条の規定にかかわらず、それぞれ同条に定める公的年金各法及び公的年金制度とし、通算対象期間その他この法律の適用については、なお従前の例による。

第６条　削除

第７条　退職年金条例の適用を受ける地方公務員又は法令の規定により恩給法に定める公務員とみなされる地方公務員の配偶者であるため国民年金法第７条第２項の規定により国民年金の被保険者とされなかった期間（同法附則第６条の規定により国民年金の被保険者となった期間を除く。）がある者については、第４条第１項の規定にかかわらず、その被保険者とされなかった期間もまた、通算対象期間とする。

2　前項の通算対象期間に係る第７条第１項の規定による確認は、国民年金の管掌者たる政府が行なう。

3　附則第２条第３項の規定は、第１項の期間について準用する。

第８条　昭和 37 年 11 月 30 日において地方公務員共済組合法等の一部を改正する法律による改正前の地方公務員共済組合法附則第 71 条の規定による改正前の附則第５条第２項の規定により公的年金各法とみなされた地方公共団体の退職年金条例以外の退職年金条例の適用を受ける地方公務員であった者で同年 12 月１日に地方公務員共済組合の組合員となったものの昭和 36 年４月１日前の当該退職年金条例に係る在職期間で地方公務員等共済組合法の長期給付等に関する施行法第７条第２項各号に掲げる

期間に該当するものは、附則第２条第４項の規定にかかわらず、この法律及び公的年金各法において通算対象期間とする。

２　昭和 37 年 11 月 30 日において地方公務員であった者で同年 12 月１日に地方公務員共済組合の組合員となったものの昭和 36 年４月１日前の厚生年金保険の被保険者期間で地方公務員等共済組合法の長期給付等に関する施行法第 64 条第１項（同条第３項において準用する場合を含む。）の規定により同法第７条第２項第３号又は第４号の期間に該当するものであったものとみなされたものに該当するものは、附則第２条第４項の規定にかかわらず、この法律及び公的年金各法において通算対象期間とする。

第９条　昭和 37 年 11 月 30 日において地方公務員であった者で同年 12 月１日に地方公務員共済組合の組合員となったものの同日前の通算対象期間のうち、地方公務員等共済組合法の長期給付等に関する施行法第７条第２項各号に掲げる期間に該当する期間及び同法第 64 条第１項（同条第３項において準用する場合を含む。）の規定により同法第７条第２項第３号又は第４号の期間に該当するものであったものとみなされたものに該当する期間に係る第７条第１項の規定による確認は、附則第４条及び附則第５条の規定による場合を除き、地方公務員共済組合が行なう。

（地方職員共済組合の団体組合員に関する経過措置）

第 10 条　昭和 39 年９月 30 日において厚生年金保険の被保険者又は地方公務員共済組合法等の一部を改正する法律による改正前の地方公務員共済組合法附則第 31 条の規定による地方公務員共済組合の組合員である団体（昭和 42 年度以後における地方公務員等共済組合法の年金の額の改定等に関する法律等の一部を改正する法律（昭和 56 年法律第 73 号。附則第 12 条の３第２項において「昭和 56 年法律第 73 号」という。）による改正前の地方公務員等共済組合法（以下附則第 12 条の３までにおいて「昭和 56 年改正前の法」という。）第 174 条第１項に規定する団体をいう。以下同じ。）の職員であった者で同年 10 月１日に昭和 56 年改正前の法第 174 条第１項の規定に基づく地方団体関係団体職員共済組合（以下「旧地方団体関係団体職員共済組合」という。）の組合員となり、引き続き昭和 57 年４月１日に地方公務員等共済組合法第 144 条の４第１項に規定する団体組合員となったものの昭和 36 年４月１日前の厚生年金保険の被保険者期間、廃止前の市町村職員共済組合法に基づく市町村職員共済組合の組合員であった期間又は地方公務員共済組合の組合員期間で、地方公務員等共済組合法の長期給付等に関する施行法第 132 条の 12 第１項第１号又は第２号イ若しくはロに掲げる期間（同条第２項の規定により同号イの期間とみなされた期間を含む。）に該当するものは、附則第２条第５項の規定にかかわらず、この法律及び公的年金各法において通算対象期間とする。

第 11 条　昭和 39 年９月 30 日において団体の職員であった者で同年 10 月１日に旧地方団体関係団体職員共済組合の組合員となり、引き続き昭和 57 年４月１日に地方公務員等共済組合法第 144 条の４第１項に規定する団体組合員となったものの同日前の通算対象期間のうち、地方公務員等共済組合法の長期給付等に関する施行法第 132 条の 12 第１項第１号又は第２号イ若しくはロに掲げる期間（同条第２項の規定により同号イの期間とみなされた期間を含む。）に該当する期間に係る第７条第１項の規定による確認は、地方職員共済組合（地方公務員等共済組合法第３条第１項第１号に規定する地方職員共済組合をいう。附則第 12 条の３第２項において同じ。）が行う。

第 12 条　前２条の規定は、昭和 46 年 10 月 31 日において団体（昭和 56 年改正前の法第 174 条第１項第

8号又は第9号に掲げるものに限る。）の職員であった者で同年 11 月1日に旧地方団体関係団体職員共済組合の組合員となり、引き続き昭和 57 年4月1日に地方公務員等共済組合法第 144 条の4第1項に規定する団体組合員となったものについて準用する。

第 12 条の2　附則第 10 条及び附則第 11 条の規定は、昭和 49 年9月 30 日において団体（昭和 56 年改正前の法第 174 条第1項第 10 号に掲げるものに限る。）の職員であった者で同年 10 月1日に旧地方団体関係団体職員共済組合の組合員となり､引き続き昭和57年4月1日に地方公務員等共済組合法第144条の4第1項に規定する団体組合員となったものについて準用する。

第 12 条の3　昭和 39 年 10 月1日から昭和 57 年3月 31 日までの間に昭和 56 年改正前の法第 12 章の規定の適用を受けた者については、昭和 56 年改正前の法（第 12 章に限る。）及び昭和 56 年改正前の法第 12 章に定める年金制度は、第3条の規定にかかわらず、同条に定める公的年金各法及び公的年金制度とし、通算対象期間その他この法律の適用については、なお従前の例による。

2　前項の規定によりその例によることとされる昭和 56 年法律第 73 号による改正前の附則第 11 条に規定する期間に係る第7条第1項の規定による確認は、地方職員共済組合が行う。

（私立学校数職員共済組合の組合員に関する経過措置）

第 13 条　昭和 49 年3月 31 日において厚生年金保険の被保険者であった者で同年4月1日に私立学校教職員共済組合の組合員となったものの昭和 36 年4月1日前の厚生年金保険の被保険者期間で、昭和 44 年度以後における私立学校教職員共済組合からの年金の額の改定に関する法律等の一部を改正する法律（昭和 48 年法律第 104 号）附則第4項の規定により私立学校教職員共済組合の組合員であった期間とみなされたものは、附則第2条第2項の規定にかかわらず、この法律及び公的年金各法において通算対象期間とする。

（農林漁業団体職鼻共済組合の組合員に関する経過措置）

第 14 条　農林漁業団体職員共済組合法第1条第2項に規定する法人の職員で同法附則第6条の2第1項に規定する適用日に農林漁業団体職員共済組合の組合員となったもの及び同法附則第6条の4第1項に規定する農林中央金庫等の職員で昭和 49 年 10 月1日に当該組合員となったものの昭和 36 年4月1日前の厚生年金保険の被保険者期間で、同法附則第6条の2第1項又は第6条の4第1項の規定により当該組合員であった期間とみなされたものは、附則第2条第2項の規定にかかわらず、この法律及び公的年金各法において通算対象期間とする。

（旧公共企業体職員等共済組合の組合員に関する経過措置）

第 15 条　昭和 31 年7月1日から昭和 59 年3月 31 日までの間に、国家公務員及び公共企業体職員に係る共済組合制度の統合等を図るための国家公務員共済組合法等の一部を改正する法律（昭和 58 年法律第 82 号）附則第2条の規定による廃止前の公共企業体職員等共済組合法（昭和 31 年法律第 134 号）の適用を受けた者については、同法及び同法に定める年金制度は、第3条の規定にかかわらず、同条に定める公的年金各法及び公的年金制度とし、通算対象期間その他この法律の適用については、なお従前の例による。

法改正経過

旧社会保険庁事業統計より抜粋

厚生年金保険

（昭 29. 5. 19 公布）

I　保険事故等

昭 17. 1. 1 ～　〔労働者年金保険法（昭 16. 3. 11 公布）〕被保険者の老齢、障害、死亡、脱退。

19. 6. 1 ～　〔厚生年金保険法（昭 19. 2. 16 公布）〕被保険者の老齢、障害、死亡、脱退、婚姻。

22. 9. 1 ～　婚姻を廃止。

29. 5. 1 ～　全文改正。（昭 29. 5. 19　法律第 115 号）。

60. 4. 1 ～　基礎年金に上乗せする報酬比例年金として再編成。（船員保険の職務外年金部門を統合）

II　適用

1. 被保険者

昭 17. 1. 1 ～　強　　制――工場法又は鉱業法の適用をうける工場又は事業場等に使用される男子労働者。ただし、船員保険被保険者、外国人、臨時使用人及び団体郵便年金の受取人で適用除外の申請をした者等を除く。

任意包括――工場法又は鉱業法の適用をうけない一定の事業に使用される労働者。ただし、事業主の同意が必要。

任意継続――14 年以上 20 年未満被保険者であったもの。

18. 4. 1 ～　強　　制――常時 5 人以上の規模の事業所に使用される労働者、5 人以上の従業員を使用する法人又は団体の事務所に使用される労働者を追加。

任意包括――強制適用以外の一切の事業所に使用される労働者に改定。

19. 6. 1 ～　強制、任意包括――一般職員、女子も適用。

任意継続――10 年以上 20 年未満に緩和。

21. 1. 24 ～　外国人にも適用。

22. 9. 1 ～　団体郵便年金の受取人の適用除外条文削除。

23. 8. 1 ～　官公吏、共済組合員等の適用除外を追加。

28. 9. 1 ～　強制――適用業態を追加。

29. 1. 1 ～　私立学校教職員共済組合の組合員となった者は適用除外。

29. 5. 1 ～　男子、女子、坑内夫及び任意継続被保険者を第一種、第二種、第三種及び第四種被保険者と改称。

30. 1. 1 ～　市町村職員共済組合の組合員となった者は適用除外。

31. 7. 1 ～　公共企業体職員等共済組合の組合員となった者は適用除外。

34. 1. 1 ～　農林漁業団体職員共済組合の組合員となった者は適用除外。

40. 6. 1 ～　厚生年金基金の加入員である被保険者を、それぞれ、特例第一種、特例第二種及び特例第三種被保険者とする。（昭 41 年政令第 323 号、昭 41. 10. 1 施行）

44. 12. 6 ～　2 以上の適用事業所の事業主が同一である場合には、社会保険庁長官の承認を受けて、当該 2 以上の事業所を 1 の適用事業所とすることができる。

第四種被保険者の申出期限を 3 か月から 6 か月以内に延長するとともに、被保険者資格取得時を、最後に被保険者の資格を喪失した日）又は申出が受理された日のうち、その者の選択する日とする。

46. 11. 1 ～　地方団体関係団体職員共済組合の組合員となった地方住宅併給公社、地方道路公社の職員を適用除外。

47. 10. 1 ～　農林漁業団体職員共済組合の組合員となった中央酪農会議、全国農業共済協会、中央畜産会の職員を適用除外。

49. 4. 1～　私立学校教職員共済組合の組合員となった者を適用除外。

49. 10. 1～　農林漁業団体職員共済組合の組合員となった農林中央金庫、農業信用保険協会の職員を適用除外。

地方団体関係団体職員共済組合の組合員となった土地開発公社の職員を適用除外。

51. 7. 1～　農林漁業団体職員共済組合の組合員となった農林年金福祉団の職員を適用除外。

61. 4. 1～　船員を被保険者とする。

サービス業など非適用業種の5人以上の法人の事業所について適用拡大。

2. 標準報酬

昭 17. 1. 1～　月額　10円～150円　15等級　変更時期は翌月。任意継続は減額することができる。

19. 6. 1～　月額　10円～200円　20等級

20. 7. 16～　変更時期は年4回。

21. 4. 1～　月額　30円～600円　20等級　変更時期は翌月。

22. 6. 1～　月額　100円～600円　6等級

23. 8. 1～　月額　300円～8,100円　27等級

24. 5. 1～　月額　2,000円～　8,000円　10等級

28. 11. 1～　月額　3,000円～　8,000円　6等級　定時決定（8. 1現在、10. 1改定)。随時決定（報酬に著しい増減があり必要と認めたとき、翌月改定)。

29. 5. 1～　月額　3,000円～18,000円　12等級

35. 5. 1～　月額　3,000円～36,000円　20等級

40. 5. 1～　月額　7,000円～60,000円　23等級

44. 11. 1～　月額　10,000円～100,000円　28等級

45. 1. 1～　標準報酬月額が10,000円未満である第四種被保険者の標準報酬月額は10,000円とする。

46. 11. 1～　月額　10,000円～134,000円　33等級

48. 11. 1～　月額　20,000円～200,000円　35等級

標準報酬月額が20,000円未満である第四種被保険者の標準報酬月額は20,000円とする。

51. 8. 1～　月額　30,000円～320,000円　36等級

標準報酬月額が30,000円未満である第四種被保険者の標準報酬月額は30,000円とする。

55. 10. 1～　月額　45,000円～410,000円　35等級

標準報酬月額が45,000円未満である第四種被保険者の標準報酬月額は、昭和55年11月1日から45,000円とする。

60. 10. 1～　月額　68,000円～470,000円　31等級

標準報酬月額が68,000円未満である第四種被保険者の標準報酬月額は、68,000円とする。

3. 被保険者期間

昭 17. 1. 1～　取得月から喪失月の前月まで、16日以後の取得、喪失はそれぞれ半月とする。取得月に喪失したときも半月とする。一定の条件に該当する場合の外、喪失後再取得したときは被保険者期間を合算する。

同一事務所に勤務する期間が6月未満のときは被保険者期間に算入しない。（移動防止）ただし、死亡、障害、業務上の解雇、労務不能による退職、召集、徴用、停年退職、同意退職、女子の婚姻退職の場合は算入する。

坑内夫については⅓を加算（ただし、3年未満及び15年を超える期間は除く)。

19. 1. 1～　坑内夫に戦時加算として⅓を加算。

19. 6. 1～　取得月に喪失したときは1月とする。

移動防止の条文削除。

20. 9. 1～　坑内夫の戦時加算打切。

22.9.1～　脱退手当金を受けた場合の外は期間を合算する。

44.11.1～　旧令の共済組合（旧陸軍、旧海軍、朝鮮総督府逓信官署、朝鮮総督府交通局、台湾総督府専売局、台湾総督府営林、台湾総督府交通局逓信及び台湾総督府交通局鉄道の各共済組合）員期間のうち、昭和17年6月～昭和20年8月までの期間がある場合において、老齢年金、通算老齢年金または老齢年金の資格期間を満たした者が死亡したことによる遺族年金の支給に関しては、被保険者であった期間とみなし、年金額の計算に当っては定額部分の基礎とする。

61.4.1～　66.3.31までの坑内員または船員としての被保険者期間の計算は5分の6倍して計算する。

Ⅲ 保険給付

1. 老齢（養老）年金・老齢厚生年金

昭17.6.1～　〔養老年金〕20年以上（坑内夫は15年以上又は継続した15年のうち12年以上）被保険者期間。55歳（坑内夫は50歳）支給開始。年金額は全期間の平均報酬年額の$\frac{25}{100}$、20年を超える1年ごとに$\frac{1}{100}$を加算、さらに同一事業所に10年以上の者10年に対し$\frac{1}{100}$加算。

19.10.1～　年金額は全期間平均報酬月額の4月分、20年を超える1年ごとに平均報酬日額の4日分を加算、さらに同一事業所に10年以上の者については、初めの10年間に平均報酬日額の4日分を、10年を超える5年ごとに4日分を加算。

22.9.1～　同一事業所の被保険者期間に対する加算は廃止。

23.8.1～　暫定保険料率の期間は標準報酬月額を300円とする。

29.5.1～　〔老齢年金〕60歳（第三種として20年以上の者及び第二種は55歳）支給開始。40歳（第二種は35歳）以後被保険者期間15年以上（うち7年6月以上は第四種以外）の者は60歳支給開始。35歳以後第三種被保険者期間15年以上の者は55歳支給開始。

年金額＝基本年金額＋加給年金額、基本年金額＝24,000円＋平均標準報酬月額×$\frac{5}{1000}$×被保険者期間の月数、加給年金額は配偶者及び18歳未満の子1人について4,800円。

ただし、基本年金額の計算の際3,000円未満の標準報酬月額は3,000円とする。

船員保険との被保険者期間通算。

35.5.1～　基本年金額中の乗率$\frac{5}{1000}$を$\frac{6}{1000}$に引上げ。

40.5.1～　基本年金額の定額部分を、250円×被保険者期間の月数（240月未満は240月とし、360月以上は360月とする）とし、報酬比例部分の乗率$\frac{6}{1000}$を$\frac{10}{1000}$とする。

40.6.1～　受給資格期間を満した65歳以上の被保険者に（在職）老齢年金を支給。年金額は基本年金額について$\frac{20}{100}$相当額を支給停止される。（被保険者資格を喪失したときは、この支給停止が解除され、さらに30日を経過したときに年金額が改定される）。

44.11.1～　基本年金額の定額部分の250円を400円とし、報酬比例部分の計算の基礎となる平均標準報酬月額に次の特例が設けられた。①標準報酬月額が10,000円未満のときは10,000円とする。②昭和32.10.1以後の被保険者期間が3年以上ある者は、昭和32.10.1以後の被保険者であった期間について平均標準報酬月額とする。③昭和32.10.1以後の被保険者期間が3年未満であり、かつ、被保険者であった期間が3年以上である者は、最近の3年間の平均標準報酬月額とする。

加給年金額を配偶者12,000円、第1子7,200円、その他の子4,800円とする。受給資格期間を満たしている者が、資格を喪失した後に疾病にかかり又は負傷し法別表第1に定める程度の障害の状態にあるときは支給開始年齢に達する以前であっても老齢年金を支給する。被保険者である受給権者が被保険者の資格を喪失し、1月を経過したときは1月を経過した日の属する月から年金額を改定する。被保険者期間の一部に厚生年金基金の加入員であった期間がある者で平均標準報酬月額の特例を受ける者については、厚生年金基金の加入員でなかったものとして計算した額から、厚生年金基金で代行する額を控除した額を年金額とする。

44. 12. 6 ～ 受給資格期間を満たしている 60 歳以上 65 歳未満の被保険者は、その者の標準報酬等級が第 1 級から第 5 級までの等級であるときは老齢年金を請求することができる。この場合請求があったときから支給されるが次のように支給停止される。被保険者の標準報酬等級区分に応じて、第 1 級第 2 級は基本年金額の $\frac{20}{100}$、第 3 級は基本年金額の $\frac{40}{100}$、第 4 級は基本年金額の $\frac{60}{100}$、第 5 級は基本年金額の $\frac{80}{100}$ に相当する額。

46. 11. 1 ～ 基本年金額中定額部分の 400 円を 460 円に引き上げた。

48. 11. 1 ～ 基本年金額について、定額部分の 460 円を 1,000 円に引上げ報酬比例部分の計算の基礎となる平均標準報酬月額は、昭和 46 年 10 月までの標準報酬月額について再評価率を乗じて得た額を各月の標準報酬月額として計算。その額が 20,000 円未満のときは 20,000 円とする。

加給年金額を配偶者 28,800 円、第 1 子及び第 2 子 9,600 円その他の子 4,800 円とする。

受給資格期間を満たしている 60 歳以上 65 歳未満の被保険者は、その者の標準報酬等級が第 12 級以下であるときは、請求により老齢年金を支給。

年金額は、被保険者の等級区分に応じて第 1 級から第 4 級までは基本年金額の $\frac{20}{100}$、第 5 級から第 7 級までは基本年金額の $\frac{40}{100}$、第 8 級から第 10 級までは基本年金額の $\frac{60}{100}$、第 11 級及び第 12 級は基本年金額の $\frac{80}{100}$ に相当する額が支給停止される。

被保険者である受給権者が 65 歳に達した後においては、その者の請求により 65 歳に達した月前の被保険者であった期間を年金額の計算の基礎とし、請求のあった日の属する月の翌月から年金額を改定する。

49. 8. 1 ～ 基本年金額を物価上昇率にあわせて 16.1%引き上げる。年金額の計算を行う場合には、昭和 48 年に改定された基本年金額を基準とするため、次のような計算方式となる。

基本年金額×物価スライド率（1. 161）、ただし、年金額の計算の基礎となった被保険者期間の全部が昭和 48 年 4 月以後の期間であるときは、報酬比例部分の物価スライドは行わない。

50. 8. 1 ～ 基本年金額を物価上昇率にあわせて 21. 8%引き上げる。年金額の計算を行う場合には、昭和 48 年に改定された基本年金額を基準とするため、次のような計算方式となる。

基本年金額×物価スライド率（1. 415）、ただし、年金額の計算の基礎となった被保険者期間に昭和 49 年 3 月以前の期間があるとき（昭和 48 年 3 月以前の被保険者期間があるときを除く）は、報酬比例部分の物価スライド率を 1. 218 とし、年金額の計算の基礎となった被保険者期間の全部が昭和 49 年 4 月以後の期間であるときは、報酬比例部分の物価スライドは行わない。

受給資格期間を満たしている 60 歳以上 65 歳未満の被保険者は、その者の標準報酬の等級が第 18 級以下であるときは、請求により老齢年金を支給。年金額は、被保険者の等級区分に応じて第 1 級から第 10 級までは基本年金額の $\frac{20}{100}$、第 11 級から第 14 級までは基本年金額の $\frac{50}{100}$、第 15 級から第 18 級までは $\frac{80}{100}$ に相当する額が支給停止される。

51. 8. 1 ～ 基本年金額について定額部分の 1,000 円を 1,650 円に引上げ、被保険者期間の上限が 360 月であるのを 420 月に延長し、報酬比例部分の計算の基礎となる平均標準報酬月額は、昭和 50 年 3 月までの標準報酬月額について再評価率（昭和 46 年 10 月以前については、48 年に設定された期間の区分ごとの率にそれぞれ 1. 65 を乗じて得た率、昭和 46 年 11 月から昭和 48 年 10 月まで 1. 65、昭和 48 年 11 月から昭和 50 年 3 月まで 1. 17）を乗じて得た額を各月の標準報酬月額として計算しその額が 30,000 円未満のときは 30,000 円とする。

加給年金額を配偶者 72,000 円、第 1 子及び第 2 子 24,000 円その他の子 4,800 円とする。

受給資格期間を満たしている 65 歳以上の被保険者で標準報酬等級が第 20 級以下の者には基本年金額の全額が支給され、標準報酬が第 21 級以上の者については基本年金額の $\frac{20}{100}$ に相当する額が支給停止される。

受給資格期間を満たしている 60 歳以上 65 歳未満の被保険者は、その者の標準報酬等級が第 20 級以下であるときは、請求により老齢年金を支給。年金額は被保険者の等級区分に応じて第 1 級から第 12 級までは基本年金額の $\frac{20}{100}$、第 13 級から第 17 級までは基本年金額の $\frac{50}{100}$、第 18 級から第 20 級までは基本年金額の $\frac{80}{100}$ に相当する額が支給停止される。

52. 6. 1～　基本年金額を物価上昇率にあわせて 9. 4%引き上げる。年金額の計算を行う場合には、昭和 51 年に改定された基本年金額を基準とするため、次のような計算方式となる。

基本年金額×物価スライド率（1. 094）、ただし、年金額の計算の基礎となった被保険者期間の全部が昭和 51 年 4 月以後の期間であるときは、報酬比例部分の物価スライドは行わない。

52. 8. 1～　受給資格期間を満たして退職している者が、法別表第 1 に定める程度の障害の状態にあるときは支給開始年齢に達する以前であっても請求により老齢年金を支給する。

53. 6. 1～　基本年金額を物価上昇率にあわせて 6. 7%引き上げる。年金額の計算を行う場合には、昭和 51 年に改定された基本年金額を基準とするため . 次のような計算方式となる。

基本年金額×物価スライド率（1. 167）、ただし、年金額の計算の基礎となった被保険者期間に昭和 52 年 3 月以前の期間があるとき（昭和 51 年 3 月以前の被保険者期間があるときを除く）は、報酬比例部分の物価スライド率を 1. 067 とし、年金額の計算の基礎となった被保険者期間の全部が昭和 52 年 4 月以後の期間であるときは、報酬比例部分の物価スライドは行わない。

受給資格期間を満たしている 60 歳以上 65 歳未満の被保険者は、その者の標準報酬等級が第 23 級以下であるときは、請求により老齢年金を支給。年金額は被保険者の等級区分に応じて第 1 級から第 15 級までは基本年金額の $\frac{20}{100}$、第 16 級から第 20 級までは基本年金額の $\frac{50}{100}$、第 21 級から第 23 級までは基本年金額の $\frac{80}{100}$ に相当する額が支給停止される。

被保険者である受給権者が 70 歳に達した後においては、その者の請求により 70 歳に達した月前の被保険者であった期間を年金額の計算の基礎とし、請求のあった日の属する月の翌月から年金額を改定する。

54. 6. 1～　基本年金額を特例的な措置として、物価上昇率にあわせて 3. 4%引き上げる。年金額の計算を行う場合には、昭和 51 年に改定された基本年金額を基準とするため、次のような計算方式となる。

基本年金額×物価スライド率（1.207）、ただし、年金額の計算の基礎となった被保険者期間に昭和 52 年 3 月以前の期間があるとき（昭和 51 年 3 月以前の被保険者期間があるときを除く）は、報酬比例部分の物価スライド率を 1. 104 とし、年金額の計算の基礎となった被保険者期間に昭和 53 年 3 月以前の期間があるとき（昭和 52 年 3 月以前の被保険者期間があるときを除く）は、報酬比例部分の物価スライド率を 1.034 とし、年金額の計算の基礎となった被保険者期間の全部が昭和 53 年 4 月以後の期間であるときは、報酬比例部分の物価スライドは行わない。

受給資格期間を満たしている 65 歳以上の被保険者で標準報酬等級が第 24 級以下の者には基本年金額の全額が支給され、標準報酬等級が第 25 級以上の者については基本年金額の $\frac{20}{100}$ に相当する額が支給停止される。

受給資格期間を満たしている 60 歳以上 65 歳未満の被保険者は、その者の標準報酬等級が第 24 級以下であるときは、請求により老齢年金を支給。年金額は被保険者の等級区分に応じて第 1 級から第 16 級までは基本年金額の $\frac{20}{100}$、第 17 級から第 21 級までは基本年金額の$\frac{50}{100}$、第22級から第24級までは基本年金額の$\frac{80}{100}$に相当する額が支給停止される。

55.6.1～ 基本年金額について定額部分の1,650円を2,050円に引上げ、報酬比例部分の計算の基礎となる平均標準報酬月額は、昭和54年3月までの標準報酬月額について再評価率（昭和50年3月以前については、51年に設定された期間の区分ごとの率にそれぞれ1.42を乗じて得た率、昭和50年4月から昭和51年7月まで1.42、昭和51年8月から昭和53年3月まで1.16、昭和53年4月から昭和54年3月まで1.06）を乗じて得た額を各月の標準報酬月額として計算しその額が45,000円未満のときは45,000円とする。

加給年金額を配偶者180,000円、第1子及び第2子60,000円その他の子24,000円とする。

受給資格期間を満たしている65歳以上の被保険者で標準報酬等級20級〔55年6月1日から同年9月30日までは改正前の等級表（以下同じ）の25級〕以下の者には基本年金額の全額が支給され、標準報酬等級が第21級以上の者については基本年金額の$\frac{20}{100}$に相当する額が支給停止される。

受給資格期間を満たしている60歳以上65歳未満の被保険者は、その者の標準報酬等級が20級（25級）以下であるときは老齢年金を支給。年金額は被保険者の等級区分に応じて第1級から第12級（17級）までは基本年金額の$\frac{20}{100}$、第13級（18級）から第17級（22級）までは基本年金額の$\frac{50}{100}$、第18級（23級）から第20級（25級）までは基本年金額の$\frac{80}{100}$に相当する額が支給停止される。

なお、それまでの受給権の発生を裁定請求時としていたのを改め、受給要件を満たした時点で受給権が発生することとし、その時点にさかのぼって支給する。

また、在職老齢年金の65歳または70歳時の改定をその請求時としていたのを改め、年齢到達時点で改定することとし、その時点にさかのぼって改定する。

56.6.1～ 基本年金額を物価上昇率にあわせて7.8%引き上げる。年金額の計算を行う場合には、昭和55年に改定された基本年金額を基準とするため、次のような計算方式となる。

基本年金額×物価スライド率（1.078）、ただし、年金額の計算の基礎となった被保険者期間の全部が昭和55年4月以後の期間であるときは、報酬比例部分の物価スライドは行わない。

57.7.1～ 基本年金額を特例的な措置として、物価上昇率にあわせて4.0%引き上げる。年金額の計算を行う場合には、昭和55年に改定された基本年金額を基準とするため、次のような計算方式となる。

基本年金額×物価スライド率（1.122）、ただし、年金額の計算の基礎となった被保険者期間に昭和56年3月以前の期間があるとき（昭和55年3月以前の被保険者期間があるときを除く）は、報酬比例部分の物価スライド率を1.040とし、年金額の計算の基礎となった被保険者期間の全部が昭和56年4月以後の期間であるときは、報酬比例部分の物価スライドは行わない。

59.4.1～ 基本年金額を特例的な措置として、公務員の給与の改定及びこれに連動した共済年金の額の改定等を考慮して2.0%引き上げる。年金額の計算を行う場合には、昭和55年に改定された基本年金額を基準とするため、次のような計算方式となる。

基本年金額×物価スライド率（1.144）ただし、年金額の計算の基礎となった被保険者期間に昭和56年3月以前の期間があるとき（昭和55年3月以前の被保険者期間があるときを除く）は、報酬比例部分の物価スライド率1.061とし、年金額の計算の基礎となった被保険者期間に昭和57年3月以前の期間があるとき（昭和56年3月以前の被保険者期間があるときを除く）は、報酬比例部分の物価スライド率を1.020とし、年金額の計算の基礎となった被保険者期間の全部が昭和57年4月以後の期間であるときは、報酬比例部分の物価スライドは行わない。

60.4.1～ 基本年金額を特例的な措置として、公務員の給与の改定及びこれに連動した共済年金の額の改定等を考慮して3.4%引き上げる。年金額の計算を行う場合には、昭和55年に改定された基本年金額を基準とするため、次のような計算方式となる。

基本年金額×物価スライド率（1.183）、ただし、年金額の計算の基礎となった被保険者期間に昭和56年3月以前の期間があるとき（昭和55年3月以前の被保険者期間があるときを除く）は、報酬比例部分の物価スライド率を1.097とし、年金額の計算の基礎となった被保険者期間に昭和57年3月以前の期間があるとき（昭和56年3月以前の被保険者期間があるときを除く）は、報酬比例部分の物価スライド率を1.055とし、年金額の計算の基礎となった被保険者期間に昭和58年3月以前の期間があるとき（昭和57年3月以前の被保険者期間があるときを除く）は、報酬比例部分の物価スライド率を1.030とし、年金額の計算の基礎となった被保険者期間に昭和59年3月以前の期間があるとき（昭和58年3月以前の被保険者期間があるときを除く）は、報酬比例部分の物価スライド率を1.011とし、年金額の計算の基礎となった被保険者期間の全部が昭和59年4月以後の期間であるときは、報酬比例部分の物価スライドは行わない。

61.4.1～　〔老齢厚生年金〕保険料納付済期間と保険料免除期間を合算した期間が25年以上の者に65歳から支給。

（老齢基礎年金に上乗せ支給）

（注）年金受給に必要な加入期間は生年月日に応じた経過措置あり。

年金額＝平均標準報酬月額× $\frac{7.5}{1000}$ ×被保険者期間＋加給年金額

（注）1）乗率（ $\frac{7.5}{1000}$ ）については生年月日に応じた経過措置あり。

2）加給年金額（被保険者期間が240月以上のときに限る。）

配偶者　186,800円（月額15,567円）

第1・2子　各186,800円（月額15,567円）

第3子以降　各62,300円（月額5,192円）

〔特別支給の老齢厚生年金〕被保険者期間が1年以上であり、老齢厚生年金の受給に必要な加入期間の要件を満たしている60歳以上65歳未満の退職者に支給。

（注）1）女子の支給開始年齢は昭和75年までに段階的に60歳に引上げ。

2）被保険者であっても標準報酬の低い者には標準報酬に応じて年金額の2割、5割、8割を支給。

年金額＝1,298円×被保険者期間（420月を超えるものは420月）＋平均標準報酬月額× $\frac{7.5}{1000}$ ×被保険者期間＋加給年金額

（注）単価（1,298円）、乗率（ $\frac{7.5}{1000}$ ）については生年月日に応じた経過措置あり。

（老齢年金）61.4.1において60歳以上の者については、60年改正前の厚生年金保険法による老齢年金、通算老齢年金の仕組が適用される。

（年金額の改定）昭和61年4月から既裁定年金については2.7%、昭和59年度価格として法律上規定されている新裁の年金については3.8%引き上げる。

2．通算老齢年金

昭36.4.1～　1年以上被保険者期間があり、通算対象期間を合算して20年以上（国民年金との合算は25年以上）、他の公的年金制度で老齢・退職年金の受給資格期間を満しているか又は他の公的年金制度から老齢・退職年金を受けている者。60歳支給開始。年金額は（24,000円＋平均標準報酬月額× $\frac{6}{1000}$ ×240）× $\frac{被保険者期間の月数}{240}$ 。

40.5.1～　基本年金額の定額部分を、250円×被保険者期間の月数とし、報酬比例部分を平均標準報酬月額× $\frac{10}{1000}$ ×被保険者期間の月数とする。

40.6.1～　受給資格期間を満した65歳以上の被保険者に老齢年金と同様に、（在職）通算老齢年金を支給。

年金額の支給停止及び改定については老齢年金に同じ。

44. 11. 1～　基本年金額の計算方法を改正（老齢年金の項を参照)。
明治44年4月1日以前に生まれた者は、通算対象期間である被保険者期間が10年以上あれば通算老齢年金を支給する。
基本年金額は老齢年金と同様とする。

44. 12. 6～　受給資格期間を満たしている60歳以上65歳未満の被保険者は、その者の標準報酬等級が第5級以下であるときは、老齢年金と同様に、通算老齢年金を請求することができる。
年金額の支給停止及び改定については老齢年金に同じ。

46. 11. 1～　基本年金額の計算方法を改正（老齢年金の項を参照)。
明治44年4月1日以前に生まれた者は、被保険者期間が1年以上あり、かつ、通算対象期間が10年以上あれば通算老齢年金を支給する。

48. 11. 1～　基本年金額の計算方法を改正（老齢年金の項を参照)。
受給資格期間を満たしている60歳以上65歳未満の被保険者は、その者の標準報酬等級が第12級以下であるときは、請求により通算老齢年金を支給。
年金額の支給停止及び改定請求については老齢年金と同じ。

49. 8. 1～　基本年金額を物価上昇率にあわせて引き上げる（老齢年金の項を参照)。

50. 8. 1～　基本年金額を物価上昇率にあわせて引き上げる（老齢年金の項を参照)。

51. 8. 1～　基本年金額の計算方法を改正（老齢年金の項を参照)。
受給資格期間を満たしている60歳以上65歳未満の被保険者は、その者の標準報酬等級が第20級以下であるときは、請求により通算老齢年金を支給。
年金額の支給停止については老齢年金と同じ。

52. 6. 1～　基本年金額を物価上昇率にあわせて引き上げる（老齢年金の項を参照)。

53. 6. 1～　基本年金額を物価上昇率にあわせて引き上げる（老齢年金の項を参照)。
受給資格期間を満たしている60歳以上65歳未満の被保険者は、その者の標準報酬等級が第23級以下であるときは、請求により通算老齢年金を支給。
年金額の支給停止及び70歳改定請求については老齢年金と同じ。

54. 6. 1～　基本年金額を、特例的な措置として、物価上昇率に応じて引き上げる（老齢年金の項を参照)。
受給資格期間を満たしている60歳以上65歳未満の被保険者は、その者の標準報酬等級が第24級以下であるときは、請求により通算老齢年金を支給。
年金額の支給停止については老齢年金と同じ。

55. 6. 1～　受給資格期間を満たしている60歳以上65歳未満の被保険者は、その者の標準報酬等級が第20級（25級）以下であるときは、通算老齢年金を支給。
年金額の支給停止については老齢年金と同じ。

56. 6. 1～　基本年金額を物価上昇率にあわせて引き上げる（老齢年金の項を参照)。

57. 7. 1～　基本年金額を、特例的な措置として、物価上昇率に応じて引き上げる（老齢年金の項を参照)。

59. 4. 1～　基本年金額を特例的な措置として、公務員の給与の改定及びこれに連動した共済年金の額の改定等を考慮して引き上げる（老齢年金の項を参照)。

60. 4. 1～　基本年金額を特例的な措置として、公務員の給与の改定及びこれに連動した共済年金の額の改定等を考慮して引き上げる（老齢年金の項を参照)。

61. 4. 1～　廃止（老齢厚生年金に吸収、老齢厚生年金の項を参照)。

3. 特例老齢年金

昭40. 6. 1～　1年以上被保険者期間があり、旧令の共済組合（旧陸軍、旧海軍、朝鮮総督府逓信官署、朝鮮総督府交通局、台湾総督府専売局、台湾総督府営林、台湾総督府交通局逓信及び台

湾総督府交通局鉄道の各共済組合）の組合員期間を合算して20年以上の者に60歳から支給。

年金額は、通算老齢年金と同じ。

44. 11. 1～　基本年金額の計算方法を改正（老齢年金の項を参照）。

44. 12. 6～　受給資格期間を満たしている60歳以上65歳未満の被保険者は、その者の標準報酬等級が第5級以下であるときは老齢年金と同様に特例老齢年金を請求することができる。

年金額の支給停止及び改定については老齢年金に同じ。

46. 11. 1～　基本年金額の計算方法を改正（老齢年金の項を参照）。

48. 11. 1～　基本年金額の計算方法を改正（老齢年金の項を参照）。

受給資格期間を満たしている60歳以上65歳未満の被保険者は、その者の標準報酬等級が第12級以下であるときは、請求により特例老齢年金を支給。

年金額の支給停止及び改定請求については老齢年金と同じ。

49. 8. 1～　基本年金額を物価上昇率にあわせて引き上げる（老齢年金の項を参照）。

50. 8. 1～　基本年金額を物価上昇率にあわせて引き上げる（老齢年金の項を参照）。

51. 8. 1～　基本年金額の計算方法を改正（老齢年金の項を参照）。

受給資格期間を満たしている60歳以上65歳未満の被保険者は、その者の標準報酬等級が第20級以下であるときは、請求により特例老齢年金を支給。

年金額の支給停止については老齢年金と同じ。

52. 6. 1～　基本年金額を物価上昇率にあわせて引き上げる（老齢年金の項を参照）。

53. 6. 1～　基本年金額を物価上昇率にあわせて引き上げる（老齢年金の項を参照）。

受給資格期間を満たしている60歳以上65歳未満の被保険者は、その者の標準報酬等級が第23級以下であるときは、請求により特例老齢年金を支給。

年金額の支給停止及び改定請求については老齢年金と同じ。

54. 6. 1～　基本年金額を、特例的な措置として、物価上昇率に応じて引き上げる（老齢年金の項を参照）。

受給資格期間を満たしている60歳以上65歳未満の被保険者は、その者の標準報酬等級が第24級以下であるときは、請求により特例老齢年金を支給。

年金額の支給停止については老齢年金と同じ。

55. 6. 1～　受給資格期間を満たしている60歳以上65歳未満の被保険者は、その者の標準報酬等級が第20級（25級）以下であるときは、特例老齢年金を支給。

年金額の支給停止については老齢年金と同じ。

56. 6. 1～　基本年金額を物価上昇率にあわせて引き上げる（老齢年金の項を参照）。

57. 7. 1～　基本年金額を、特例的な措置として、物価上昇率に応じて引き上げる（老齢年金の項を参照）。

59. 4. 1～　基本年金額を特例的な措置として、公務員の給与の改定及びこれに連動した共済年金の額の改定等を考慮して引き上げる（老齢年金の項を参照）。

60. 4. 1～　基本年金額を特例的な措置として、公務員の給与の改定及びこれに連動した共済年金の額の改定等を考慮して引き上げる（老齢年金の項を参照）。

61. 4. 1～　年金額は、特別支給の老齢厚生年金と同じ。

61. 4. 1において60歳以上の者には60年改正前の厚生年金保険法による老齢厚生年金の仕組みが適用される。

4. 障害（廃疾）年金・障害厚生年金

昭17. 6. 1～　〔廃疾年金〕療養の給付を受けることができる期間（1年）内に治ゆ又はその期間を経過した者で、定められた程度の障害となり、障害前5年間に3年以上の被保険者期間のある者。

年金額は養老年金に同じ。

19. 10. 1～　〔障害年金〕療養の給付を受けることができる期間を2年とする。業務上については資格期間廃止。

年金額は業務上については障害程度に応じて平均報酬月額の5月～8月分、業務外については平均報酬月額の4月分とし、加算については養老年金に同じ。

22. 9. 1～　業務上外を問わず単一給付とする。業務上は6年間支給停止。資格期間を障害前6月とする。年金額は発病前3月の平均報酬月額（全期間平均の方が多額のときはその額）に5月（1級）又は4月（2級）を乗じた額とし、加算については養老年金に同じ。

23. 8. 1～　1級該当者については、配偶者及び16歳未満の子1人について2,400円を加給。現に支給中の業務上の年金額を5倍に増額。

24. 5. 1～　23年引き上げ以外の年金額を5倍に増額。

26. 4. 1～　26年2月1日における受給権者で23年8月1日前の標準報酬のみに基づいて算定した年金額を2倍に引き上げる（当初の10倍）。旧法第一種障害年金受給権者は発病前3月の平均報酬月額（23年8月1日以後の分のみ）の5月分（最高30,000円）第二種障害年金受給権者は同じく4月分（最高24,000円）とする。

28. 11. 1～　療養の給付を受けることができる期間を3年とする。

29. 5. 1～　1級年金額＝基本年金額＋ 12,000円＋加給年金額、2級年金額＝基本年金額＋加給年金額、3級年金額＝基本年金額× 70%、加給年金額を4,800円に引上げ。旧法による年金額の最低保障額を27,600円とする。

子の加給金受給制限を18歳に繰下げ。

35. 5. 1～　年金額（加給年金額を除く）の最低保障額を28,320円に引上げ。

40. 5. 1～　1級年金額＝基本年金額×$\frac{125}{100}$ ＋加給年金額、2級年金額＝基本年金額＋加給年金額、3級年金額＝基本年金額×$\frac{75}{100}$。年金額の最低保障額を60,000円とする。

旧法の規定による障害年金の額（加給金を除く）を、1級＝ 84,000円、1級以外67,200円とする。

第四種被保険者である期間中に発した傷病についても給付の対象とする。

41. 2. 1～　業務上の事由による傷病について労災法による給付がなされた場合の支給停止（6年間）を撤廃。

44. 11. 1～　基本年金額の計算方法及び加給年金額を改正（老齢年金の項を参照）。

年金額（加給年金額を除く）の最低保障額を96,000円とする。

旧法の規定による障害年金の額（加給金を除く）を1級150,000円、1級以外120,000円とする。

旧法の規定による加給金を配偶者12,000円、第1子7,200円、その他の子4,800円とする。

46. 11. 1～　基本年金額の計算方法を改正（老齢年金の項を参照）。

年金額（加給年金額を除く）の最低保障額を105,600円とする。

旧法の規定による障害年金の額（加給金を除く）を1級165,000円、1級以外132,000円とする。

48. 11. 1～　基本年金額の計算方法及び加給年金額を改正（老齢年金の項を参照）。

年金額（加給年金額を除く）の最低保障額を240,000円とする。

旧法の規定による障害年金の額（加給金を除く）を1級360,000円、1級以外288,000円とする。

旧法の規定による加給金を配偶者28,800円、第1子及び第2子9,600円、その他の子4,800円とする。

障害の程度が軽くなるとすぐ失権であったものを3年間に限って支給停止することに改

定。

49. 8. 1～　基本年金額を物価上昇率にあわせて引き上げる（老齢年金の項を参照）。
旧法の規定による障害年金の額（加給年金額を除く）を1級417,960円、その他を334,368円とする。
年金額（加給年金額を除く）の最低保障額を278,640円とする。

50. 8. 1～　基本年金額を物価上昇率にあわせて引き上げる（老齢年金の項を参照）。
年金額（加給年金額を除く）の最低保障額を339,600円とする。
旧法の規定による障害年金の額（加給年金額を除く）を1級509,400円、その他を407,520円とする。

51. 8. 1～　基本年金額の計算方法及び加給年金額を改正（老齢年金の項を参照）。
年金額（加給年金額を除く）の最低保障額を396,000円とする。
旧法の規定による障害年金の額（加給年金額を除く）を1級585,000円、その他を468,000円とする。
旧法の規定による障害年金についても障害の程度が軽くなっても3年間に限って支給停止扱いとする。
旧法の規定による加給金を配偶者72,000円、第1子及び第2子24,000円、その他の子4,800円とする。

51. 10. 1～　受給資格期間を初診日前における他の公的年金制度の加入期間と厚生年金保険の被保険者期間と合算して6ヵ月以上とする。

52. 6. 1～　基本年金額を物価上昇率にあわせて引き上げる（老齢年金の項を参照）。
年金額（加給年金額を除く）の最低保障額を433,200円とする。
旧法の規定による障害年金の額（加給年金額を除く）を1級640,000円、その他を512,000円とする。

52. 8. 1～　被保険者が在職中の傷病により初診日から1年6月を経過した日（その期間内に治ったときは、その治った日）に法別表第1に定める障害の状態にあるとき支給。
障害認定日に障害年金に該当する程度の状態になかった者が、初診日から5年以内に障害となったとき、請求により障害年金を支給する。

53. 6. 1～　基本年金額を物価上昇率にあわせて引き上げる（老齢年金の項を参照）。
年金額（加給年金額を除く）の最低保障額を462,100円とする。
旧法の規定による障害年金の額（加給年金額を除く）を1級682,700円、その他を546,200円とする。

54. 6. 1～　基本年金額を、特例的な措置として、物価上昇率に応じて引き上げる（老齢年金の項を参照）。
年金額（加給年金額を除く）の最低保障額を478,000円とする。
旧法の規定による障害年金の額（加給年金額を除く）を706,100円、その他を564,900円とする。

55. 6. 1～　基本年金額の計算方法及び加給年金額を改正（老齢年金の項を参照）。
年金額（加給年金額を除く）の最低保障額を501,600円とする。
昭和55年6月1日において現に旧法の規定による障害年金の受給権を有する者については新法の規定による障害年金を支給することとし、旧法による障害年金の受給権は消滅するものとする。

56. 6. 1～　基本年金額を物価上昇率にあわせて引き上げる（老齢年金の項を参照）。
年金額（加給年金額を除く）の最低保障額を540,700円とする。

57. 7. 1～　基本年金額を、特例的な措置として、物価上昇率に応じて引き上げる（老齢年金の項を参照）。

年金額（加給年金額を除く）の最低保障額を562,800円とする。

59. 4. 1～　基本年金額を特例的な措置として、公務員の給与の改定及びこれに連動した共済年金の額の改定等を考慮して引き上げる（老齢年金の項を参照）。
年金額（加給年金額を除く）の最低保障額を573,800円とする。

60. 4. 1～　基本年金額を特例的な措置として、公務員の給与の改定及びこれに連動した共済年金の額の改定等を考慮して引き上げる（老齢年金の項を参照）。
年金額（加給年金額を除く）の最低保障額を593,400円とする。

60. 7. 1～　事後重症による障害年金について初診日から5年以内という請求期限が撤廃され、65歳に達する日の前日までであれば障害年金の請求ができるように改正。

61. 4. 1～　〔障害厚生年金〕障害基礎年金に上乗せ支給。
被保険者である間に初診日のある傷病を対象とする。
基準傷病による障害厚生年金を創設。

年金額＝1級　平均標準報酬月額× $\frac{7.5}{1000}$ ×被保険者期間×1.25＋配偶者加給年金額

2級　平均標準報酬月額× $\frac{7.5}{1000}$ ×被保険者期間＋配偶者加給年金額

3級　平均標準報酬月額 $\frac{7.5}{1000}$ ×被保険者期間（最低保障467,100円（月額38,925円））

（注1）被保険者期間については300月みなしあり。
（注2）配偶者加給年金額186,800円（月額15,567円）

5．遺族年金・遺族厚生年金

昭17. 6. 1～　20年以上被保険者であった者が死亡したとき、配偶者（男子60歳以上）、子（15歳未満）、父母（60歳以上）、孫（15歳未満）、祖父母（60歳以上）に、10年間支給。
年金額は、養老年金額の½相当額。

19. 10. 1～　20年以上被保険者であった者が業務外で死亡、業務上による障害年金受給権者が業務外で死亡、業務上により2年以内に死亡したとき支給。年金額は、(1) 養老年金受給権者及び業務外障害年金受給権者の業務外死亡は、その者の養老年金又は障害年金額の½、(2) 20年以上被保険者であった者が養老年金を受けることなく業務外で死亡したときは、受けるべき養老年金額の½、(3) 業務上障害年金受給権者が業務外で死亡したときは平均報酬月額の2.5月分、(4) 業務上により2年以内で死亡したときは、平均報酬月額の5月分。(3) 及び (4) については、20年を超える1年ごとに平均報酬日額の2日分を加算、さらに同一事業所に10年以上の者は初めの10年間に平均報酬日額の2日分を、10年を超える5年ごとに2日分を加算。遺児1人につき平均報酬日額の10日分を加算。

22. 9. 1～　20年以上被保険者であった者の死亡に限定。業務上死亡は6年間支給停止。年金額は養老年金額の½相当額。遺児1人につき平均標準報酬日額の10日分を加算。

23. 8. 1～　遺児が2人以上のときはその中1人を除いた1人につき2,400円、受給権者が配偶者のときは遺児1人につき2,400円を加算。現に支給中の年金額を5倍に増額。

26. 4. 1～　26年2月1日における受給権者で、23年8月1日前の標準報酬のみに基づいて算定した年金額を2倍に引き上げる（当初の10倍）。26年2月1日における受給権者で、23年8月1日前の標準報酬及び同日以後の標準報酬に基づいて算定した年金額は、資格喪失前3月の平均標準報酬月額の2月分とする。以上の最高額は12,000円とする。

29. 5. 1～　次の者が死亡したとき支給する。(1) 老齢年金を受けるに必要な被保険者期間を満たしている者、(2) 被保険者期間が6月以上である被保険者、(3) 被保険者期間6月以上である被保険者が傷病（第四種被保険者期間中障害を除く）の初診日から3年以内にある療養者、(4) 第1級又は第2級障害年金受給権者。遺族は次のとおり。(1) 40歳以上の妻、(2) 18歳未満の子のある妻、(3) 障害（第1級又は第2級程度）状態の妻、(4) 60歳以上の夫、父母又は祖父母、(5) 18 歳未満の子又は孫。

年金額は次のとおり。(1) 妻又は子の場合＝基本年金額×$\frac{50}{100}$＋加給年金額、(2) その他の場合＝基本年金額×$\frac{50}{100}$(配偶者以外の場合は受給権者数で割った額とする)。

35. 5. 1～　現に支給中の年金額（加給年金額を除く）の最低保障額を 14,160 円とする。

40. 5. 1～　年金額（加給年金額を除く）の最低保障額を 60,000 円とする。

第四種被保険者である期間中の死亡についても給付の対象とする。

妻の受給資格要件中、年齢に関する要件を廃止。

41. 2. 1～　業務上の事由による死亡について労災法による給付がなされた場合の支給停止（6 年間）を撤廃。

44. 11. 1～　基本年金額の計算方法及び加給年金額を改正（老齢年金の項を参照)。

年金額（加給年金額を除く）の最低保障額を 96,000 円とする。

旧法の規定による加給金及び増額金を配偶者 12,000 円、第 1 子 7,200 円、その他の子 4,800 円とする。

46. 11. 1～　基本年金額の計算方法を改正（老齢年金の項を参照)。

年金額（加給年金額を除く）の最低保障額を 105,600 円とする。

失踪宣告による死亡の場合については、死亡当時でみる受給資格要件のうち、(1)「被保険者期間が 6 月以上である被保険者が死亡したとき」とあるのを死亡したときに被保険者でなくとも行方不明となった当時被保険者であればよいこととし、(2) 生計維持の関係も行方不明となった当時あればよいこととした。

48. 11. 1～　基本年金額の計算方法及び加給年金額を改正（老齢年金の項を参照)。

年金額（加給年金額を除く）の最低保障額を 240,000 円とする。

旧法の規定による遺族年金の額（加給金及び増額金を除く）を 240,000 円とする。

旧法の規定による加給金及び増額金を配偶者 28,800 円、第 1 子及び第 2 子 9,600 円、その他の子 4,800 円とする。

49. 8. 1～　基本年金額を物価上昇率にあわせて引き上げる（老齢年金の項を参照)。

年金額（加給年金額を除く）の最低保障額を 278,640 円とする。

旧法の規定による遺族年金の額（加給金及び増額金を除く）を 278,640 円とする。

旧法の規定による遺族年金、寡婦年金、鰥夫年金又は遺児年金の併給の調整の際に用いられる基本年金額相当額を 334,368 円とする。

50. 8. 1～　基本年金額を物価上昇率にあわせて引き上げる（老齢年金の項を参照)。

年金額（加給年金額を除く）の最低保障額を 339,600 円とする。

旧法の規定による遺族年金の額（加給金及び増額金を除く）を 339,600 円とする。

旧法の規定による遺族年金、寡婦年金、鰥夫年金又は遺児年金の併給の調整の際に用いられる基本年金額相当額を 407,520 円とする。

51. 8. 1～　基本年金額の計算方法及び加給年金額を改正（老齢年金の項を参照)。

年金額（加給年金額を除く）の最低保障額を 396,000 円とする。

旧法の規定による遺族年金の額（加給金及び増額金を除く）を 396,000 円とする。

旧法の規定による加給金及び増額金を配偶者 72,000 円、第 1 子 24,000 円、その他の子 4,800 円とする。

旧法の規定による遺族年金、寡婦年金、鰥夫年金又は遺児年金を選択した者に係る他の年金給付の併給限度額を 72,000 円とする。

有子の寡婦及び高齢の寡婦には寡婦加算額を加算して遺族年金（旧法遺族年金、寡婦年金を含む）を支給する。加算する額は、18 歳未満の子または障害の子が 2 人以上の場合 60,000 円、1 人の場合 36,000 円、60 歳以上の寡婦（子がある場合を除く）24,000 円とする。

51. 10. 1～　他の公的年金の加入期間と厚生年金保険の被保険者期間とを合算して 6 か月以上ある被

保険者が死亡したとき支給。
共済組合の遺族年金と併給調整。

52. 6. 1～　基本年金額を物価上昇率にあわせて引き上げる（老齢年金の項を参照）。
年金額（加給年金額を除く）の最低保障額を 433,200 円とする。
旧法の規定による遺族年金の額（加給金及び増額金を除く）を 433,200 円とする。
旧法の規定による遺族年金、寡婦年金、鰥夫年金又は遺児年金を選択した者に係る他の年金給付の併給限度額を 78,800 円とする。

52. 8. 1～　被保険者である間に発した傷病により初診日から 5 年以内に死亡したとき支給。

53. 6. 1～　基本年金額を物価上昇率にあわせて引き上げる（老齢年金の項を参照）。
年金額（加給年金額を除く）の最低保障額を 462,100 円とする。
旧法の規定による遺族年金の額（加給年金額を除く）を 462,100 円とする。
旧法の規定による遺族年金、寡婦年金、鰥夫年金又は遺児年金を選択した者に係る他の年金給付の併給限度額を 84,100 円とする。
寡婦加算額を 18 歳未満の子または障害の子が 2 人以上の場合 72,000 円、1 人の場合 48,000 円、60 歳以上の寡婦（子がある場合を除く）36,000 円とする。

54. 6. 1～　基本年金額を、特例的な措置として、物価上昇率に応じて引き上げる（老齢年金の項を参照）。
年金額（加給年金額を除く）の最低保障額を 478,000 円とする。
旧法の規定による遺族年金、寡婦年金、鰥夫年金又は遺児年金を選択した者に係る他の年金給付の併給限度額を 86,900 円とする。
寡婦加算額を 18 歳未満の子又は障害の子が 2 人以上の場合 84,000 円、1 人の場合 60,000 円、60 歳以上の寡婦（子がある場合を除く）48,000 円とする。

55. 6. 1～　基本年金額の計算方法及び加給年金額を改正（老齢年金の項を参照）。
年金額（加給年金額を除く）の最低保障額を 501,600 円とする。
旧法の規定による遺族年金の額（加給金及び増額金を除く）を 501,600 円とする。
旧法の規定による加給金及び増額金を配偶者 180,000 円、第 1 子 60,000 円、その他の子 24,000 円とする。
旧法の規定による遺族年金、寡婦年金、鰥夫年金又は遺児年金を選択した者に係る他の年金の年金給付の併給限度額を 98,400 円とする。

55. 8. 1～　寡婦加算額を 18 歳未満の子又は障害の子が 2 人以上の場合 210,000 円、1 人の場合 120,000 円、60 歳以上の寡婦（子がある場合を除く）120,000 円。

56. 6. 1～　基本年金額を物価上昇率にあわせて引き上げる（老齢年金の項を参照）。
年金額（加給年金額を除く）の最低保障額を 540,700 円とする。旧法の規定による遺族年金の額（加給金及び増額金を除く）を 540,700 円とする。
旧法の規定による遺族年金、寡婦年金、鰥夫年金又は遺児年金を選択した者に係る他の年金給付の併給限度額を 106,100 円とする。

57. 7. 1～　基本年金額を、特例的な措置として、物価上昇率に応じて引き上げる（老齢年金の項を参照）。
年金額（加給年金額を除く）の最低保障額を 562,800 円とする。
旧法の規定による遺族年金、寡婦年金、鰥夫年金又は遺児年金を選択した者に係る他の年金給付の併給限度額を 110,400 円とする。

59. 4. 1～　基本年金額を特例的な措置として、公務員の給与の改定及びこれに連動した共済年金の額の改定等を考慮して引き上げる（老齢年金の項を参照）。
年金額（加給年金額を除く）の最低保障額を 573,800 円とする。
旧法の規定による遺族年金、寡婦年金、鰥夫年金又は遺児年金を選択した者に係る他の年金給付の併給限度額を112,600円とする。

60. 4. 1～　基本年金額を特例的な措置として、公務員の給与の改定及びこれに連動した共済年金の額の改定等を考慮して引き上げる（老齢年金の項を参照）。

年金額（加給年金額を除く）の最低保障額を593,400円とする。

旧法の規定による遺族年金、寡婦年金、鰥夫年金又は遺児年金を選択した者に係る他の年金給付の併給限度額を116,400円とする。

61. 4. 1～　〔遺族厚生年金〕子あり寡婦、子については遺族基礎年金に上乗せ支給。

年金額＝老齢厚生年金の額の4分の3

（注1）被保険者期間については300月みなしあり。

（注2）受給権取得時35歳以上の子のない寡婦等には40歳から467,100円（月額38,925円の加算あり）。

6. 通算遺族年金

昭51. 10. 1～　通算老齢年金の受給資格期間を満たした者が死亡したとき支給、受給権者は遺族年金と同じ。

年金額は通算老齢年金の½相当額。

共済組合及び船員保険の遺族年金と併給調整。

52. 6. 1～　基本年金額を物価上昇率にあわせて引き上げる（老齢年金の項を参照）。

53. 6. 1～　基本年金額を物価上昇率にあわせて引き上げる（老齢年金の項を参照）。

54. 6. 1～　基本年金額を、特例的な措置として、物価上昇率に応じて引き上げる（老齢年金の項を参照）。

55. 6. 1～　基本年金額の計算方法を改正（老齢年金の項を参照）。

56. 6. 1～　基本年金額を物価上昇率にあわせて引き上げる（老齢年金の項を参照）。

57. 7. 1～　基本年金額を、特例的な措置として、物価上昇率に応じて引き上げる（老齢年金の項を参照）。

59. 4. 1～　基本年金額を特例的な措置として、公務員の給与の改定及びこれに連動した共済年金の額の改定等を考慮して引き上げる（老齢年金の項を参照）。

60. 4. 1～　基本年金額を特例的な措置として、公務員の給与の改定及びこれに連動した共済年金の額の改定等を考慮して引き上げる（老齢年金の項を参照）。

61. 4. 1～　廃止（遺族厚生年金に吸収）。

7. 特例遺族年金

昭51. 10. 1～　特例老齢年金の受給資格期間を満たした者が死亡したとき支給、受給権者は遺族年金と同じ。

年金額は特例老齢年金の½相当額。

52. 6. 1～　基本年金額を物価上昇率にあわせて引き上げる（老齢年金の項を参照）。

53. 6. 1～　基本年金額を物価上昇率にあわせて引き上げる（老齢年金の項を参照）。

54. 6. 1～　基本年金額を、特例的な措置として、物価上昇率に応じて引き上げる（老齢年金の項を参照）。

55. 6. 1～　基本年金額の計算方法を改正（老齢年金の項を参照）。

56. 6. 1～　基本年金額を物価上昇率にあわせて引き上げる（老齢年金の項を参照）。

57. 7. 1～　基本年金額を、特例的な措置として、物価上昇率に応じて引き上げる（老齢年金の項を参照）。

59. 4. 1～　基本年金額を特例的な措置として、公務員の給与の改定及びこれに連動した共済年金の額の改定等を考慮して引き上げる（老齢年金の項を参照）。

60. 4. 1～　基本年金額を特例的な措置として、公務員の給与の改定及びこれに連動した共済年金の額の改定等を考慮して引き上げる（老齢年金の項を参照）。

61. 4. 1 ～　年金額は特別支給の老齢厚生年金の２分の１。

８. 寡婦・鰥夫・遺児年金

昭 23. 8. 1 ～　被保険者期間６月以上 20 年未満の者が死亡、資格喪失前の傷病により喪失後２年以内の者が死亡、または第１級障害年金受給権者が死亡したとき、死亡当時 50 歳以上の寡婦、16 歳未満の子のある寡婦、55 歳以上の鰥夫、または 16 歳未満の子に支給。

年金額は、平均標準報酬月額の２月分。寡婦年金受給者に子（16 歳未満）があるときは１人につき 2,400 円を、遺児年金を受くべき子２人以上のときは、1 人を除いた子について、１人につき 2,400 円を加算。

29. 5. 1 ～　遺族年金に統合。ただし、29 年５月１日現に支給中のものについては従来通り。従前の年金額の最低を 13,800 円とする（以後遺族年金に準じた改正が行われてきている）。

９. 差額一時金・遺族一時金

昭 17. 6. 1 ～　(1) 養老年金受給権者が死亡したとき、遺族年金受給権者がない場合にはその年金額の５年分（すでに受けたときはその差額）、(2) 被保険者期間 20 年未満の廃疾年金受給権者が死亡したとき、すでに受けた年金の総額が、脱退手当金と全期間平均報酬月額の７月分との合算額に満たない場合にはその差額（最高 13 月分）、(3) 被保険者期間 20 年以上の廃疾年金受給権者が死亡したとき、遺族年金受給権者がない場合にはその年金額の５年分（すでに受けたときはその差額）、(4) 遺族年金受給権者がその権利を失い、後順位者がないときには、すでに受けた年金の総額が、養老年金又は廃疾年金の５年分に満たないときはその差額。

19. 10. 1 ～　(1) 養老年金受給権者が業務外で死亡したとき、遺族年金受給権者がないときにはその年金額の６年分（すでに受けたときはその差額）、(2) 被保険者期間 20 年未満の業務外障害年金受給権者が業務外で死亡したとき、すでに受けた障害年金の総額が、脱退手当金と平均報酬月額の 10 月分との合算額（最高 22 月分）に満たないときはその差額、(3) 業務上により２年以内に死亡し、遺族年金受給権者がないとき、平均報酬月額の 36 月分。20 年を超える１年ごとに平均報酬日額の 24 日分を加算又同一事業所に 10 年以上の者は初めの 10 年間に平均報酬日額の 24 日分を、10 年を超える５年ごとに 24 日分を加算、(4) 遺族年金受給権者が業務外で死亡し、後順位者がないときには、養老年金額の６年分との差額、(5) 業務上により２年以内に死亡したことによる遺族年金受給権者が死亡したとき、後順位者がない場合には、すでに受けた総額と前記（3）の額との差額。

22. 9. 1 ～　(1) 養老年金受給権者が死亡したとき、遺族年金受給権者がないときにはその年金額の６年分（すでに受けたときはその差額）、(2) 被保険者期間 20 年以上の業務外障害年金受給権者が業務外で死亡したとき、遺族年金受給権者がない場合にはその養老年金額の６年分との差額、(3) 被保険者期間 20 年未満の業務外障害年金受給権者が業務外で死亡したとき、脱退手当金との差額、(4) 遺族年金受給権者がその権利を失い、後順位者がないときには養老年金額の６年分との差額。

23. 8. 1 ～　次を追加。寡婦、鰥夫、遺児年金の受給権者がその権利を失い遺児年金を受けることができる子がないときには、脱退手当金との差額。

29. 5. 1 ～　廃止。

１０. 障害（廃疾）手当金

昭 17. 6. 1 ～　〔廃疾手当金〕療養の給付を受けることができる期間（1 年）内に治ゆ又はその期間を経過した者で、定められた程度の障害となり、障害前５年間に３年以上の被保険者期間のある者。手当金額は全期間平均報酬月額の７月分。

19. 10. 1 ～　〔障害手当金〕療養の給付を受けることができる期間は２年となる。業務上については資格期間廃止。

手当金額は、業務上については障害程度（1 級～８級）に応じて平均報酬月額の２月～

25 月分、業務外については平均報酬月額の 10 月分。養老、障害年金の受給権者が業務上の障害となったときは、障害程度（1 級～ 8 級）に応じて平均報酬日額の 10 日～ 80 日分を一時金として支給。

22. 9. 1 ～　業務外のみとし、資格期間を障害前 6 月とする。手当金額は、発病前 3 月の平均標準報酬月額（全期間平均の方が多額のときはその額）の 10 月分。

23. 8. 1 ～　手当金額は、平均標準報酬月額の 10 月分。

28. 11. 1 ～　療養の給付を受けることができる期間を 3 年とする。

29. 5. 1 ～　被保険者期間 6 月以上の被保険者が在職中の傷病により初診の日から 3 年以内に治ゆし、定める程度以上の障害の状態にあるとき支給。手当金額は、基本年金額の $\frac{140}{100}$ 。

40. 5. 1 ～　手当金額を基本年金額の $\frac{150}{100}$ とする。
第四種被保険者である期間中に発した傷病についても給付の対象とする。

44. 11. 1 ～　手当金額の算出基礎となる基本年金額の計算方法を改正（老齢年金の項を参照）。

46. 11. 1 ～　手当金額の算出基礎となる基本年金額の計算方法を改正（老齢年金の項を参照）。

48. 11. 1 ～　手当金額の算出基礎となる基本年金額の計算方法を改正（老齢年金の項を参照）。

51. 8. 1 ～　手当金額の算出基礎となる基本年金額の計算方法を改正（老齢年金の項を参照）。

51. 10. 1 ～　受給資格期間を初診日前における他の公的年金制度の加入期間と厚生年金の被保険者期間と合算して 6 ヵ月以上とする。

52. 8. 1 ～　被保険者が在職中の傷病により初診日から 5 年以内に治ゆし、法別表第 2 に定める程度以上の障害の状態にあるとき支給。

55. 6. 1 ～　手当金額の算出基礎となる基本年金額の計算方法を改正（老齢年金の項を参照）。

61. 4. 1 ～　国民年金法等による年金の受給権者には支給しない。
手当金額は、障害厚生年金 3 級の 2 倍。最低保障は 934,200 円

11. 脱退手当金

昭 17. 6. 1 ～　被保険者期間 3 年以上 20 年未満の者が死亡又は再び被保険者とならず 1 年を経過したとき支給。手当金額は被保険者期間（17 区分）に応じて、平均報酬日額の 40 日～ 300 日分。

19. 10. 1 ～　被保険者期間 3 年以上 20 年未満の者が業務外により死亡又は再び被保険者とならず 1 年を経過したとき支給。手当金額は次の 3 種に分ける。(1) 普通の場合は、被保険者期間（17 区分）に応じて、平均報酬日額の 70 日～ 510 日分。同一事業所 10 年以上 15 年未満の者は、20 日分、15 年以上の者は 40 日分を加算、(2) 業務外の死亡のときは、被保険者期間（17 区分）に応じて、平均報酬日額の 120 日～ 660 日分、(3) 特別の場合として、被保険者期間 6 月以上 3 年未満の者が業務外で死亡したとき又は陸海軍への召集のために資格喪失したとき、50 歳以上の者が初めて被保険者となって資格を喪失したとき、女子が婚姻のため資格喪失したとき、その他厚生大臣の定める場合に資格喪失したときは、被保険者期間（3 区分）に応じて平均報酬日額の 15 日～ 50 日分。

21. 10. 29 ～　被保険者資格喪失後 1 年経過しないときにも支給。

22. 9. 1 ～　被保険者期間 6 月以上 20 年未満の者が資格喪失したとき支給。手当金額は次の 2 種に分ける。(1) 普通のときは被保険者期間（20 区分）に応じて、平均報酬日額の 15 日～ 510 日分、(2) 死亡による脱退のときは、被保険者期間（20 区分）に応じて、30 日～ 660 日分。

23. 8. 1 ～　被保険者期間 5 年以上 20 年未満の者が死亡したとき、喪失後 50 歳となったとき、50 歳以後に資格喪失したとき支給。被保険者期間 6 月以上 20 年未満の者が死亡したとき又は女子が婚姻、分娩のため資格喪失したとき支給。手当金額は、被保険者期間（20 区分）に応じて、平均標準報酬日額の 15 日～ 510 日分。

29. 5. 1 ～　第一種、第三種被保険者の場合、被保険者期間 5 年以上の者が、55 歳以後資格喪失したとき又は資格喪失後 55 歳に達したとき支給。手当金額は、被保険者期間（10 区分）に応じて、平均標準報酬月額の 1. 1 月～ 5. 4 月分。

第二種被保険者の場合、被保険者期間２年以上の者が資格喪失したとき支給。手当金額は、被保険者期間（18区分）に応じて、平均標準報酬月額の0.6月～7.2月分。

36.4.1～　被保険者期間５年以上の者が、60歳以後資格喪失したとき又は資格喪失後60歳に達したとき支給。

手当金額は、被保険者期間（15区分）に応じて、平均標準報酬月額の1.1月～5.4月分。

36.11.1～　昭和36年11月１日前に受給権を取得した者及び次のいずれかに該当する者に従前の例（第一種及び第三種被保険者は55歳、第二種被保険者は年齢制限なし）による脱退手当金を支給。

①明治44年４月１日以前に生まれた者。②昭和36年11月１日前から引き続き第二種被保険者であり、同日から５年以内に被保険者の資格を喪失した者。　③旧法による被保険者期間が５年以上ある女子で、昭和29年５月１日前に被保険者の資格を喪失し、かつ、同年４月30日において50歳未満であった者。

40.5.1～　第四種被保険者期間を手当金の計算基礎とする。

40.6.1～　昭和46年５月31日までに第二種被保険者の資格を喪失した者については年齢に関係なく手当金を支給する。

44.11.1～　平均標準報酬月額の算出にあたって10,000円未満の標準報酬月額は10,000円とする。

46.5.27～　昭和51年５月31日までに第二種被保険者の資格を喪失した者については年齢に関係なく手当金を支給する。

48.11.1～　昭和53年５月31日までに第二種被保険者の資格を喪失した者については年齢に関係なく手当金を支給する。

61.4.1～　廃止（ただし、61.4.1において45歳以上の者について経過的に存続）。

12．その他

57.10.1～　厚生年金保険法中「廃疾」を「障害」に改める。

Ⅳ　年金額の自動的改定

昭48.11.1～　物価スライド制の導入

消費者物価指数が１年度又は継続する２年度以上の期間に100分の５をこえて変動した場合は、その変動した比率を基準として、政令で定めるところにより、年金たる保険給付の額を改定する。

49.8.1～　昭和48年度平均全国消費者物価指数が前年度に比して16.1%上昇したことに伴う増額改定。

50.8.1～　昭和49年度平均全国消費者物価指数が前年度に比して21.8%上昇したことに伴う増額改定。

51.8.1～　財政再計算による年金額改定（物価スライドの基準年度を47年度から50年度に変更）。

52.6.1～　昭和51年度平均全国消費者物価指数が前年度に比して9.4%上昇したことに伴う増額改定。

53.6.1～　昭和52年度平均全国消費者物価指数が前年度に比して6.7%上昇したことに伴う増額改定。

54.6.1～　昭和53年度平均全国消費者物価の上昇率は5%を超えなかったが、54年度の特例的な措置として、物価上昇率3.4%に応じた増額改定。

55.6.1～　財政再計算による年金額改定（物価スライドの基準年度を50年度から54年度に変更）。

56.6.1～　昭和55年度平均全国消費者物価指数が前年度に比して7.8%上昇したことに伴う増額改定。

57.7.1～　昭和56年度平均全国消費者物価の上昇率は5%を超えなかったが、57年度の特例的な措置として、物価上昇率4.0%に応じた増額改定。

59. 4. 1～　昭和57年度及び昭和58年度平均全国消費者物価の累積物価上昇率は5%を超えなかったが、59年度の特例的な措置として、公務員の給与の改定及びこれに連動した共済年金の額の改定等を考慮して2. 0%を増額改定。

60. 4. 1～　昭和57年度から昭和59年度平均の全国消費者物価の累積物価上昇率から昭和59年度に実施された特例スライド（2. 0%）分を控除したものが5%を超えなかったが、60年度の特例的な措置として、公務員の給与の改定及びこれに連動した共済年金の額の改定等を考慮して3. 4%を増額改定。

61. 4. 1～　既裁定年金については2. 7%、昭和59年度価格として法律上規定されている新裁の年金については3. 8%引き上げる。

V　費用の負担

1. 保険料

昭17. 6. 1～　一般は標準報酬月額10円につき64銭、坑内夫は同10円につき80銭（半月分は半額とする)。

19. 10. 1～　一般は標準報酬月額10円につき1円10銭、坑内夫は同10円につき1円50銭。

22. 9. 1～　男子は標準報酬月額100円につき9円40銭、女子は同100円につき6円80銭、坑内夫は同100円につき12円60銭。

23. 8. 1～　男子は $\frac{94}{1000}$（$\frac{30}{1000}$）、女子は $\frac{55}{1000}$（$\frac{30}{1000}$）、坑内夫は $\frac{123}{1000}$（$\frac{35}{1000}$）（括弧内は暫定料率)。

24. 5. 1～　任意継続は $\frac{78}{1000}$（暫定料率なし)。

25. 4. 1～　任意継続の暫定料率を $\frac{26}{1000}$ とする。

29. 5. 1～　第一種、第二種及び第四種は $\frac{30}{1000}$、第三種は $\frac{35}{1000}$。

35. 5. 1～　当分の間、第一種は $\frac{35}{1000}$、第二種は $\frac{30}{1000}$、第三種は $\frac{42}{1000}$、第四種は $\frac{35}{1000}$。

40. 5. 1～　第一種は $\frac{55}{1000}$、第二種は $\frac{39}{1000}$、第三種は $\frac{67}{1000}$、第四種は $\frac{55}{1000}$。

第四種被保険者について、保険料の前納制度を設定。

40. 6. 1～　特例第一種 $\frac{31}{1000}$、特例第二種 $\frac{19}{1000}$、特例第三種 $\frac{31}{1000}$。

44. 11. 1～　第一種は $\frac{62}{1000}$、第二種は $\frac{46}{1000}$、第三種は $\frac{74}{1000}$。

特例第一種ば $\frac{36}{1000}$、特例第二種は $\frac{24}{1000}$、特例第三種は $\frac{36}{1000}$ とする。

44. 12. 27～　第四種被保険者の保険料前納期間を昭和49年10月（差額保険料は昭和46年10月）までの期間とする。

45. 1. 1～　第四種は $\frac{62}{1000}$。

46. 11. 1第一種は $\frac{64}{1000}$、第二種は $\frac{48}{1000}$、第三種は $\frac{76}{1000}$、第四種は $\frac{64}{1000}$。

特例第一種は $\frac{38}{1000}$、特例第二種は $\frac{26}{1000}$、特例第三種は $\frac{38}{1000}$。

48. 11. 1～　第一種は $\frac{76}{1000}$、第二種は $\frac{58}{1000}$、第三種は $\frac{88}{1000}$、第四種は $\frac{76}{1000}$。

特例第一種は $\frac{50}{1000}$、特例第二種は $\frac{36}{1000}$、特例第三種は $\frac{50}{1000}$。
第四種被保険者の保険料前納期間を昭和51年10月までとする。

49. 11. 1～　特例第一種は $\frac{48}{1000}$、特例第二種は $\frac{34}{1000}$、特例第三種は $\frac{48}{1000}$。

51. 8. 1～　第一種は $\frac{91}{1000}$、第二種は $\frac{73}{1000}$、第三種は $\frac{103}{1000}$、第四種は $\frac{91}{1000}$、特例第一種は $\frac{61}{1000}$、

特例第二種は $\frac{47}{1000}$ 、特例第三種は $\frac{61}{1000}$ 、第四種被保険者の保険料前納期間を昭和 54 年 7 月までとする。

55. 10. 1～　第一種は $\frac{106}{1000}$ 、第二種は $\frac{89}{1000}$ 、第三種は $\frac{118}{1000}$ 、特例第一種 $\frac{74}{1000}$ 、特例第二種 $\frac{60}{1000}$ 、特例第三種 $\frac{74}{1000}$ 。なお、第二種並びに特例第二種の保険料について昭和 56 年以後同 59 年まで毎年 $\frac{1}{1000}$ ずつ引き上げる。

55. 11. 1～　第四種は $\frac{106}{1000}$ 。
第四種被保険者の保険料前納期間を昭和 58 年 5 月（差額保険料は昭和 56 年 7 月）までの期間とする。

60. 10. 1～　第一種は $\frac{124}{1000}$ 、第二種は $\frac{113}{1000}$ 、第三種は $\frac{136}{1000}$ 、特例第一種 $\frac{92}{1000}$ 、特例第二種 $\frac{83}{1000}$ 、特例第三種 $\frac{104}{1000}$ 。なお、第二種並びに特例第二種の保険料について昭和 61 年以後同 64 年まで毎年 $\frac{1.5}{1000}$ ずつ引き上げる。
第四種は $\frac{124}{1000}$ 。

2. 国庫負担（補助）

昭 17. 6. 1～　給付費について一般被保険者期間の分の $\frac{1}{10}$ 、坑内夫被保険者期間の分の $\frac{2}{10}$ 。事務費の全額。

19. 10. 1～　坑内夫の戦時加算による増加した給付費は全額負担。

29. 5. 1～　給付費について第一種、第二種及び第四種の被保険者期間の分の $\frac{15}{100}$ 、第三種被保険者期間の分の $\frac{20}{100}$ 。
事務費の全額。

40. 5. 1～　第三種被保険者以外の被保険者期間を計算の基礎とする保険給付については $\frac{20}{100}$ 、第三種被保険者期間を計算の基礎とする保険給付については $\frac{25}{100}$ 。ただし、在職老齢年金、在職通算老齢年金及び在職特例老齢年金には国庫負担なし。

61. 4. 1～　基礎年金拠出金の 3 分の 1。

Ⅵ　その他

昭 19. 10. 1～　〔結婚手当金〕被保険者期間 3 年以上の女子が婚姻（資格喪失後 1 年以内を含む）したとき支給。手当金額は、平均報酬月額の 6 月分。

22. 9. 1～　〔結婚手当金〕廃止。

32. 7. 1～　厚生省保険局において記録事務集中処理開始。

39. 11. 1～　社会保険庁において年金給付の支払事務（神奈川県、千葉県及び埼玉県分）開始。

41. 2. 1～　社会保険庁において年金給付の支払事務（全国）実施。

41. 8. 1～　厚生年金保険給付の源泉徴収事務開始。

42. 7. 1～　厚生年金保険年金給付裁定事務の集中処理実施に伴う切替事務開始。

43. 1. 1～　厚生年金保険年金給付裁定事務の中央集中処理実施。

44. 12. 6～　二以上の年金たる保険給付（全額支給停止されている場合を除く。）の受給権者には、その者の選択によりその一を支給し、他を支給停止する。

46. 11. 1～　二以上の年金（全額支給停止されているものを除く。）のうち一が遺族年金である場合の併給調整を緩和する（遺族年金の計算の基礎となった基本年金額まで併給を認める）。

55. 6. 1～　加給年金額の支給調整規定（配偶者が自分自身の年金（老齢・障害）を受けている間は、配偶者に対する加給年金額の支給停止）を設けた。

55. 8. 1～　二以上の年金（全額支給停止されている場合を除く。）のうち一が遺族年金である場合の併給計算方法の改正〔遺族年金の計算の基礎となった基本年金額から加給年金額を除いた遺族年金額（基本年金額の半額＋寡婦加算額）を差し引いた額の範囲内で、他の年金を支給〕。

寡婦加算額の支給調整規定〔妻が他の制度から老齢（退職）年金又は障害年金を受けられる間は、寡婦加算額の支給停止〕を設けた。

61. 4. 1～　国民年金法による年金及び共済年金各法による年金との間でも原則として１年金選択。

国民年金

（昭 34. 4. 16 公布）

I　保険事故

昭 34. 11. 1 ～　　国民の老齢、障害、死亡。

昭 61. 4. 1 ～　　全国民を対象とする老齢、障害、死亡についての基礎的な給付として再編成。

II　適　　用

1. 被保険者

昭 35. 10. 1 ～　強　　制――日本国内に住所を有する 20 歳以上 60 歳未満の日本国民。ただし、被用者年金制度の適用者、公的年金（老齢、退職、障害）の受給者（受給権者）及びこれらの者の配偶者並びに学校教育法に規定する学生、生徒を除く。明治 44 年 4 月 1 日以前に生れた者は被保険者としない。（経過的特例）。

任　　意――明治 44 年 4 月 2 日以後に生れた者であって、公的年金（死亡）の受給者又は被用者年金制度の適用者及び公的年金の受給者（受給権者）の配偶者並びに学生、生徒。

明治 39 年 4 月 2 日から明治 44 年 4 月 1 日までの間に生れた者で被用者年金制度の適用者、公的年金（老齢、退職、障害）の受給者（受給権者）及びこれらの者の配偶者並びに学校教育法に規定する学生、生徒以外の者（昭和 36 年 3 月 31 日までに申出）。

明治 39 年 4 月 1 日から明治 44 年 3 月 31 日までの間に生まれた者であって、公的年金給付（死亡）の受給者又は被用者年金制度の適用者及び公的年金給付の受給者（受給権者）の配偶者並びに学生生徒。

任意脱退――被保険者となっていることのできる期間が、従前の被保険者期間と合算して、所定（25 年～ 10 年）の期間を満たさないとき。

36. 4. 1 ～　強　　制――公的年金たる給付をうけることができる者のうち、通算退職年金及び通算老齢年金の受給者及び受給資格者を除外。

任　　意――強制加入より除外された者で、被用者年金各法の被保険者又は組合員を除いたすべての者。

37. 12. 1 ～　任　　意――地方公共団体の議会の議員を加える。

38. 7. 16 ～　任　　意――任意加入被保険者（明治 39 年 4 月 2 日から明治 44 年 4 月 1 日までの間に生まれた者）であった者が被用者年金制度に加入したため、被保険者でなくなった後、当該年金制度から脱退したときは、再び被保険者となることができることとする（脱退時から 3 月以内に申出）。

45. 1. 1 ～　任　　意――明治 39 年 4 月 2 日から明治 44 年 4 月 1 日までの間に生まれた者であって、昭和 36 年 4 月 1 日において被保険者とならなかった者のうち、現に公的年金制度に加入しておらず、かつ、公的年金制度から老齢又は退職を支給事由とする年金給付（通算老齢年金、通算退職年金を除く）を受けることができる者又はその受給資格期間を満たしている者でない者。（5 年年金申出期間）昭和 45 年 6 月 30 日まで。

48. 10. 1 ～　任　　意――明治 39 年 4 月 2 日から明治 44 年 4 月 1 日までに生まれた者であって現に公的年金制度に加入しておらず、かつ、公的年金制度から老齢又は退職を支給事由とする年金給付を受けることができない者又はその受給資格期間を満たしている者でない者。ただし法律第 86 号附則第 15 条第 1 項の規定による被保険者を除く。
（再開5年年金申出期間）昭和49年3月31日まで。

51. 7. 1～　任　意――被用者年金各法の被保険者のうち船員保険法の疾病任意継続被保険者を除外。

51. 10. 1～　強　制――公的年金たる給付をうけることができる者のうち通算遺族年金の受給者を除外。

55. 4. 8～　任　意――国会議員を加える。

57. 1. 1～　強制・任意――被保険者の資格要件のうち国籍要件を撤廃し、外国人についても日本国民と同様に適用することとした。

61. 4. 1～　強　制――被用者年金制度の加入者及びその被扶養配偶者にも国民年金を適用する。被保険者は、第1号被保険者、第2号被保険者及び第3号被保険者の3種類とする。

2. 被保険者期間等

昭35. 10. 1～　資格取得――20歳に達した日、日本国民となった日、日本国内に住所を有するに至った日又は被用者年金各法の被保険者でなくなった日。

資格喪失――（1）死亡したとき、日本国民でなくなったとき、日本国内に住所を有しなくなったとき、60歳に達したとき又は被用者年金各法の被保険者となったとき、(2) 高齢任意加入者（明治44年4月1日以前に生れた者）については、資格喪失の申出が受理されたとき、保険料滞納の督促により指定期限までに納付しないとき、被保険者期間が10年に達したとき、(3) 若年任意加入者（明治44年4月2日以後に生れた者）については、被用者年金各法の被保険者の配偶者でなくなったとき、学校教育法に規定する学生、生徒でなくなったとき。

被保険者期間――取得月から喪失月の前月までの月数とし、喪失後再取得したときは期間を合算する。
取得月に喪失したときは1月とする。

42. 1. 1～　被保険者期間――旧陸軍共済組合等の組合員期間（老齢・退職給付の基礎となった期間を除く）は、保険料免除期間とみなす。

47. 5. 15～　沖縄の被保険者期間等――（1）沖縄の国民年金制度の被保険者期間、保険料納付済期間、免除期間は、特別措置により承継。
（2）昭和14年4月1日以前に生まれた沖縄の国民年金制度の被保険者であった者については、年齢に応じて1年から9年の保険料免除期間があるものとみなす。（カラ期間―ただし、昭和45年4月1日において現に沖縄の国民年金制度の被保険者であり、かつ、昭和36年4月1日から昭和45年3月31日まで引続き沖縄に居住していた者は、実期間）

61. 4. 1～　被保険者期間――昭和36年4月から昭和61年3月までの厚生年金保険・船員保険および共済組合の加入期間のうち、20歳から60歳に達するまでの期間は保険料納付済期間とみなし、20歳前と60歳以後の期間は合算対象期間とする。

Ⅲ　給　　付

○拠出制

1. 老齢年金・老齢基礎年金

昭36. 4. 1～　（1）納付済期間25年以上の者又は納付済期間10年以上で、納付済期間と免除期間とを合算した期間25年以上の者が、65歳に達したとき支給。（経過的に25年は制度発足時の加入者の年齢により10年～24年に短縮）。年金額は納付済期間10年12,000円

～40年42,000円（経過的に拠出期間10年65歳9,600円～70歳14,400円より）。

(2) 納付済期間1年以上の者で納付済期間と免除期間とを合算した期間30年以上の者が65歳に達したとき65歳～70歳までの間支給（経過的に合算期間は制度発足時の年齢により4年～29年に短縮）。年金額は納付済期間1年～4年未満5,000円、4年～7年未満7,000円、7年以上9,000円。

37. 4. 28～　(1) 納付済期間と免除期間とを合算した期間又は免除期間25年以上の者が65歳に達したとき支給（経過的に制度発足時の年齢により10年～24年までに短縮）。

年金額は納付済期間＜20年のとき（900円×納付年数）＋（350円×免除年数）

納付済期間＞20年のとき18,000円＋｛1,200円×（納付年数－20)｝＋（350円×免除年数）

70歳からの最低保障額12,000円。

(2) 大正5年4月1日以前に生まれた者であって納付済期間1年以上の者が、納付済期間と免除期間とを合算した期間7年1か月（生年月日により4年1か月まで短縮）以上で65歳に達したとき65歳～70歳までの間支給。年金額は納付済期間1年1か月～4年5,000円、4年1か月～7年7,000円、7年1か月～10年未満9,000円。

38. 7. 16～　年金額について、70歳からの最低保障額を13,200円に改正。

40. 5. 31～　年金額について、70歳からの最低保障額を15,600円に改正。

41. 6. 30～　60歳から64歳までに繰上げ支給を希望したときは、65歳から支給される年金額の4割2分から1割1分を減じた額の年金。

42. 1. 1～　年金額は（200円×納付月数）＋（200円×免除月数×⅓）に改正。70歳からの最低保障額を18,000円に改正。

43. 1. 1～　年金額について、70歳からの最低保障額を19,200円に改正。

43. 10. 1～　年金額について、70歳からの最低保障額を20,400円に改正。

45. 1. 1～　5年年金の年金額は30,000円。

45. 7. 1～　年金額は（320円×納付月数）＋（320円×免除月数×⅓に改正。ただし、資格期間短縮者については、(320円×納付月数）＋（320円×免除月数×⅓）＋｛120円×（300－被保険者期間の月数)｝$\frac{\text{納付月数＋免除月数×⅓}}{\text{被保険者期間の月数}}$。

70歳からの最低保障額を21,000円に改正。

45. 10. 1～　付加年金加入者については、180円×付加保険料納付月数を加算する。

年金額について、70歳からの最低保障額を24,000円に改正。

46. 11. 1～　年金額について、70歳からの最低保障額を27,600円に改正。

47. 5. 15～　(1) 沖縄の国民年金制度により支給されていた老齢年金の受給権は、特別措置により承継。

(2) 前記の受給権者が本土の国民年金制度に基づく保険料納付済期間又は免除期間を有しているときは、当該期間を年金額の計算の基礎として年金額を改定。

47. 10. 1～　年金額について、70歳からの最低保障額を39,600円に改正。

48. 10. 1～　年金額について、70歳からの最低保障額を60,000円に改正。

49. 1. 1～　(1) 年金額は（800円×納付月数）＋（800円×免除月数×⅓）に改正。ただし、資格期間短縮者については、(800円×納付月数)＋(800円×免除月数×⅓)＋｛300円×（300－被保険者期間の月数)｝$\frac{\text{納付月数＋免除月数×½}}{\text{被保険者期間の月数}}$。なお、付加保険料（所得比例保険料）納付者については200円×付加保険料納付月数を加算。

(2) 5年年金の年金額を96,000円に改正。

(3) 有期年金の年金額を（1,200円×納付月数）＋（1,200円×免除月数×⅓）に改正。

49. 9. 1～　(1) 年金額は｛(800円×納付月数）＋（800円×免除月数×⅓)｝×1.161にスライド改定。

ただし、資格期間短縮者については〔{(800円×納付月数)＋(800円×免除月数×⅓)}×1.161〕＋〔{300円×(300－被保険者期間の月数)}×$\frac{納付月数+免除月数\times\frac{1}{2}}{被保険者期間の月数}$×1.161〕。

70歳からの最低保障額を90,000円に改正。

(2) 5年年金の年金額を111,456円にスライド改定。

(3) 有期年金の年金額を{(1,200円×納付月数)＋(1,200円×免除月数×⅓)}×1.161にスライド改定。

50.9.1〜　(1) 年金額は{(800円×納付月数)＋(800円×免除月数×⅓)}×1.415にスライド改定。ただし、資格期間短縮者については〔{(800円×納付月数)＋(800円×免除月数×⅓}×1.415〕＋〔{300円×(300－被保険者期間の月数)}×$\frac{納付月数+免除月数\times\frac{1}{2}}{被保険者期間の月数}$×1.415〕。

70歳からの最低保障額を144,000円に改正。

(2) 5年年金の年金額を135,840円にスライド改定。

(3) 有期年金の年金額を{(1,200円×納付月数)＋(1,200円×免除月数×⅓)}×1.415にスライド改定。

50.10.1〜　(1) 5年年金の年金額を156,000円に改定。

(2) 法第78条による特例支給年金の70歳失権規定を撤廃。

70歳からの最低保障額を144,000円とする。

51.9.1〜　(1) 年金額は(1,300円×納付月数)＋(1,300円×免除月数×⅓)に改正。ただし資格期間短縮者については{(1,300円×納付月数)＋(1,300円×免除月数×⅓)}＋{500円×(300－被保険者期間の月数)$\frac{納付月数+免除月数\times\frac{1}{2}}{被保険者期間の月数}$}。

(2) 5年年金の年金額を180,000円に改正。

(3) 明治39年4月2日から明治44年4月1日までに生まれた者の法第78条による特例支給老齢年金の年金額を(1,950円×納付月数)＋(1,950円×免除月数×⅓)に改正。

51.10.1〜　70歳からの最低保障を162,000円に改正。

52.7.1〜　(1)年金額を{(1,300円×納付月数)＋(1,300円×免除月数×⅓)}×1.094にスライド改定。ただし、資格期間短縮者については〔{(1,300円×納付月数)＋(1,300円×免除月数×⅓)}×1.094〕＋〔{500円×(300－被保険者期間の月数)}×$\frac{納付月数+免除月数\times\frac{1}{2}}{被保険者期間の月数}$×1.094〕。

(2) 5年年金の年金額を196,900円にスライド改定。

(3) 明治39年4月2日から明治44年4月1日までに生まれた者の法第78条による特例支給老齢年金の年金額を{(1,950円×納付月数)＋(1,950円×免除月数×⅓)}×1.094にスライド改定。

52.8.1〜　70歳からの最低保障額を180,000円に改正。

53.7.1〜　(1)年金額を{(1,300円×納付月数)＋(1,300円×免除月数×⅓)}×1.167にスライド改定。ただし、資格期間短縮者については〔{(1,300円×納付月数)＋(1,300円×免除月数×⅓)}×1.167〕＋〔{500円×(300－被保険者期間の月数)}×$\frac{納付月数+免除月数\times\frac{1}{2}}{被保険者期間の月数}$×1.167

(2) 5年年金の年金額を210,100円にスライド改定。

(3) 明治39年4月2日から明治44年4月1日までに生まれた者の法第78条による特例

支給老齢年金の年金額を｛(1,950円×納付月数)＋(1,950円×免除月数×⅓)｝×1.167にスライド改定。

53. 8. 1～　(1) 70歳からの最低保障額を198,000円に改正。

(2) 法第78条による特例支給老齢年金と通算老齢年金の受給権を同時に取得した者については、通算老齢年金は支給しない。

54. 7. 1～　(1)年金額を｛(1,300円×納付月数)＋(1,300円×免除月数×⅓)｝×1.207にスライド改定。ただし、資格期間短縮者については〔｛(1,300円×納付月数)＋(1,300円×免除月数×⅓)｝×1.207〕＋〔｛500円×(300－被保険者期間の月数)｝×$\frac{\text{納付月数＋免除月数×½}}{\text{被保険者期間の月数}}$×1.207。

(2) 5年年金の年金額を217,300円にスライド改定。

(3) 明治39年4月2日から明治44年4月1日までに生まれた者の法第78条による特例支給老齢年金の年金額を｛(1,950円×納付月数)＋(1,950円×免除月数×⅓)｝×1.207にスライド改定。

(4) 以上の年金額のスライド改定は、54年改正法による特例スライドによるもの。

54. 8. 1～　(1) 70歳からの最低保障額を240,000円に改正。

(2) 5年年金の年金額を241,300円に改定。

55. 7. 1～　(1) 年金額は｛(1,680円×納付月数)＋(1,680円×免除月数×⅓)｝に改定。ただし、資格期間短縮者については〔｛(1,680円×納付月数)＋(1,680円×免除月数×⅓)｝＋〔｛650円×(300－被保険者期間の月数)×$\frac{\text{納付月数＋免除月数×½}}{\text{被保険者期間の月数}}$｝。

(2) 5年年金の年金額を259,200円に改正。

(3) 明治39年4月2日から明治44年4月1日までに生まれた者の法第78条による特例支給老齢年金の年金額を(2,520円×納付月数)＋(2,520円×免除月数×⅓)に改正。

55. 8. 1～　(1) 5年年金の年金額を271,200円に改正。

(2) 70歳から最低保障を270,000円に改正。

56. 7. 1～　(1) 年金額を｛(1,680円×納付月数)＋(1,680円×免除月数×⅓)｝×1.078にスライド改定。ただし、資格期間短縮者については｛(1,680円×納付月数)＋(1,680円×免除月数×⅓)｝×1.078＋〔｛650円×(300－被保険者期間の月数)｝×$\frac{\text{納付月数＋免除月数×½}}{\text{被保険者期間の月数}}$×1.078。

(2) 5年年金の年金額を292,400円にスライド改定。

(3) 明治39年4月2日から明治44年4月1日までに生まれた者の法第78条による特例支給老齢年金の年金額を｛(2,520円×納付月数)＋(2,520円×免除月数×⅓｝×1.078にスライド改定。

(4) 70歳からの最低保障を288,000円に改正。

57. 8. 1～　(1) 年金額を｛(1,680円×納付月数)＋(1,680円×免除月数×⅓)｝×1.122にスライド改定。ただし、資格期間短縮者については｛(1,680円×納付月数)＋(1,680円×免除月数×⅓)｝×1.122＋〔｛650円×(300－被保険者期間の月数)｝×$\frac{\text{納付月数＋免除月数×½}}{\text{被保険者期間の月数}}$×1.122。

(2) 5年年金の年金額を304,300円にスライド改定。

(3) 明治39年4月2日から明治44年4月1日までに生まれた者の法第78条による特例支給老齢年金の年金額を｛(2,520円×納付月数)＋(2,520円×免除月数×⅓)｝×

1. 122にスライド改定。

(4) 70歳からの最低保障を301,200円に改正。

59. 5. 1～　(1) 年金額を｛(1,680円×納付月数)＋(1,680円×免除月数×⅓)｝×1.144にスライド改定。ただし、資格期間短縮者については｛(1,680円×納付月数)＋(1,680円×免除月数×⅓)｝×1.144＋〔｛650円×(300－被保険者期間の月数)｝×$\frac{納付月数+免除月数\times\frac{1}{2}}{被保険者期間の月数}$〕×1.144。

(2) 5年年金の年金額を310,300円にスライド改定。

(3) 明治39年4月2日から明治44年4月1日までに生まれた者の法第78条による特例支給老齢年金の年金額を｛(2,520円×納付月数)＋(2,520円×免除月数×⅓)｝×1. 144にスライド改定。

59. 6. 1～　70歳からの最低保障を307,200円に改正。

60. 5. 1～　(1) 年金額を｛(1,680円×納付月数)＋(1,680円×免除月数×⅓)｝×1.183にスライド改定。ただし、資格期間短縮者については｛(1,680円×納付月数)＋(1,680円×免除月数×⅓)｝×1.183＋〔｛650円×(300－被保険者期間の月数)｝×$\frac{納付月数+免除月数\times\frac{1}{2}}{被保険者期間の月数}$〕×1.183。

(2) 5年年金の年金額を320,800円にスライド改定。

(3) 明治39年4月2日から明治44年4月1日までに生まれた者の法第78条による特例支給老齢年金の年金額を｛(2,520円×納付月数)＋(2,520円×免除月数×⅓)｝×1. 183にスライド改定。

60. 6. 1～　70歳からの最低保障を310,800円に改正。

61. 4. 1～　〔老齢基礎年金〕

(1) 老齢基礎年金は、大正15年4月2日以後に生まれた人に適用される(昭和61年3月31日に公的年金制度の老齢(退職)年金の受給権がある人を除く)。

(2) 保険料納付済期間と保険料免除期間を合算した期間が25年以上ある者に65歳から支給。

(注1) 施行日(昭和61年4月1日)において56歳以上であった人(昭和5年4月1日以前に生まれた人)は、年齢に応じて資格期間が短縮される。

(注2) 被用者年金制度の加入期間があり、施行日において30歳以上の人(昭和31年4月1日以前に生まれた人)については、年齢に応じて資格期間が短縮される。

(3) 年金額＝622,800円×$\frac{(保険料納付済月数)+(保険料免除月数)\times\frac{1}{3}}{(加入可能年数)\times 12}$

20歳から60歳になるまでの40年間保険料を納めた人に622,800円(月額51,900円)、保険料を納めた期間が40年(または上記年金額計算式の加入可能年数)に不足する場合は、その不足する期間に応じた割合だけ上記年金額計算式により622,800円から減額される。

〔老齢年金〕施行日の前日までに年金の受給権が発生した人、または、施行日において60歳以上の者については、60年改正前の国民年金法による老齢年金、通算老齢年金の仕組みが適用される。

〔年金額の改定〕昭和61年4月から既裁定年金については2.7%、昭和59年度価格として法律上規定されている新裁の年金については3. 8%引き上げる。

2. 通算老齢年金

昭36. 4. 1～　(1) 納付済期間1年以上で通算対象期間を合算して25年以上のとき、他の公的年金制度にかかる通算対象期間を合算して20年以上のとき、他の公的年金制度の老齢・退職年金の受給資格を満たしているとき、他の制度から老齢・退職年金給付を受けることができるとき、いずれも65歳に達したとき又は達したのち条件を満たした場合支給。

(2) 年金額は納付済期間＜20年のとき900円×納付年数
納付済期間＞20年のとき18,000円＋1,200円×（納付年数－20）

37.4.28～ 納付済期間1年以上を、納付済期間と免除期間とを合算した期間又は免除期間1年以上と改正。年金額は老齢年金と同じ。

42.1.1～ 年金額は（200円×納付月数）＋（200円×免除月数×⅓）に改正。

45.7.1～ 年金額は（320円×納付月数）＋（320円×免除月数×⅓）に改正。

45.10.1～ 付加年金加入者については、180円×付加保険料納付月数を加算する。

46.11.1～ 支給要件の緩和（明治44年4月1日以前に生まれた者については、昭和36年4月1日前の通算対象期間も算入）。

47.5.15～ (1) 沖縄の通算年金制度に基づく通算対象期間は、特別措置により承継。

(2) 昭和14年4月1日以前に生まれた者で、昭和45年4月1日から昭和47年5月14日までの間に沖縄に居住したことがあるものについては、年齢に応じて1年から9年の通算対象期間があるものとみなす（カラ期間）。

(3) 本土の国民年金制度の受給権者が沖縄の国民年金制度の保険料納付済期間又は免除期間を有しているときは、当該期間を年金額の計算の基礎として年金額を改定。

49.1.1～ 年金額は（800円×納付月数）＋（800円×免除月数×⅓）に改正。ただし明治39年4月2日から明治44年4月1日までに生まれた者については（1,200円×納付月数）＋（1,200円×免除月数×⅓）に改正。

なお、付加保険料（所得比例保険料）納付者については、200円×付加保険料納付月数を加算。

49.9.1～ 年金額を｛(800円×納付月数）＋（800円×免除月数×⅓)｝×1.161にスライド改定。
ただし、明治39年4月2日から明治44年4月1日までに生まれた者については、｛(1,200円×納付月数）＋（1,200円×免除月数×⅓)｝×1.161。

50.9.1～ 年金額を｛(800円×納付月数）＋（800円×免除月数×⅓)｝×1.415にスライド改定。
ただし、明治39年4月2日から明治44年4月1日までに生まれた者については、｛(1,200円×納付月数）＋（1,200円×免除月数×⅓)｝×1.415。

51.9.1～ 年金額を（1,300円×納付月数）＋（1,300円×免除月数×⅓）に改正。
ただし、明治39年4月2日から明治44年4月1日までに生まれた者については（1,950円×納付月数）＋（1,950円×免除月数×⅓）に改正。

52.7.1～ 年金額を｛(1,300円×納付月数）＋（1,300円×免除月数×⅓)｝×1.094にスライド改定。
ただし、明治39年4月2日から明治44年4月1日までに生まれた者については｛(1,950円×納付月数）＋（1,950円×免除月数×⅓)｝×1.094。

53.7.1～ 年金額を｛(1,300円×納付月数）＋（1,300円×免除月数×⅓)｝×1.167にスライド改定。
ただし、明治39年4月2日から明治44年4月1日までに生まれた者については｛(1,950円×納付月数）＋（1,950円×免除月数×⅓)｝×1.167。

54.7.1～ 年金額を｛(1,300円×納付月数）＋(1,300円×免除月数×⅓)｝×1.207に特例スライド改定。
ただし、明治39年4月2日から明治44年4月1日までに生まれた者については｛(1,950円×納付月数）＋（1,950円×免除月数×⅓)｝×1.207。

55.7.1～ 年金額を（1,680円×納付月数）＋（1,680円×免除月数×⅓）に改正。
ただし、明治39年4月2日から明治44年4月1日までに生まれた者については｛(2,520円×納付月数）＋（2,520円×免除月数×⅓)｝に改正。

56. 7. 1～　年金額を｛(1,680円×納付月数）＋（1,680円×免除月数×⅓)｝×1.078にスライド改定。ただし、明治39年4月2日から明治44年4月1日までに生まれた者については｛(2,520円×納付月数）＋（2,520円×免除月数×⅓｝×1.078。

57. 8. 1～　年金額を｛(1,680円×納付月数）＋（1,680円×免除月数×⅓)｝×1.122にスライド改定。ただし、明治39年4月2日から明治44年4月1日までに生まれた者については｛(2,520円×納付月数）＋（2,520円×免除月数×⅓)｝×1.122。

59. 5. 1～　年金額を｛(1,680円×納付月数）＋（1,680円×免除月数×⅓)｝×1.144にスライド改定。ただし、明治39年4月2日から明治44年4月1日までに生まれた者については｛(2,520円×納付月数）＋（2,520円×免除月数×⅓)｝×1.144。

60. 5. 1～　年金額を｛(1,680円×納付月数）＋（1,680円×免除月数×⅓)｝×1.183にスライド改定。ただし、明治39年4月2日から明治44年4月1日までに生まれた者については｛(2,520円×納付月数）＋（2,520円×免除月数×⅓)｝×1.183。

61. 4. 1～　廃止（老齢基礎年金に吸収、老齢基礎年金の項を参照）

3. 障害年金・障害基礎年金

昭36. 4. 1～　定められた要件に該当する者が、障害認定日において定められた程度の障害の状態にあるとき支給。年金額は初診月の前月までの被保険者期間における納付済期間に応じて算出。障害等級2級は老齢年金と同じ、1級は6,000円加算。ただし、24,000円未満は24,000円とする。

支給要件として、初診日に被保険者であった者について、初診月前の直近の基準月まで引き続く1年間被保険者でありすべて納付済期間であることを追加。

37. 4. 28～　支給要件のうち、初診日において被保険者であった者について、初診月前における直近の基準月まで引続く3年間の被保険者期間に関する条件のうち免除期間の制限を排除。年金額は初診月の前月までの被保険者期間に係る納付済期間及び免除期間につき老齢年金と同様に算出。ただし、24,000円未満は24,000円とする。

39. 8. 1～　支給対象となる障害の範囲に、結核・精神病等の内部障害を加える。

「障害認定日」を、初診日から起算して3年を経過した日に改正（3年以内に傷病がなおったときは、そのなおった日）。

40. 8. 1～　支給対象となる障害の範囲に、精神薄弱を加える。

41. 2. 1～　労働者災害補償保険法による給付がなされた場合の支給停止（6年間）を撤廃。

41. 7. 1～　国家公務員災害補償法による給付がなされた場合の支給停止（6年間）を撤廃。

41. 12. 1～　支給要件として初診日において被保険者であった者は、障害認定日における被保険者期間について最近の1年間が納付しているか又は最近の3年間が納付あるいは免除で満たされていればよいことに改正。

支給対象となる障害の範囲に、すべての障害と事後重症を加える。

42. 1. 1～　年金額の最低保障額は60,000円、1級は12,000円を加算した額に改正。

42. 8. 17～　公立学校の学校医、学校歯科医及び学校薬剤師の公務災害補償に関する法律による給付がなされた場合の支給停止（6年間）を撤廃。

45. 7. 1～　年金額の最低保障額　2級96,000円、1級は2級年金額の125%に改正。障害の程度が軽くなるとすぐ失権であったものを3年間に限って支給停止（ただし、厚生大臣が定める程度以下になった場合を除く）することに改正。

47. 5. 15～　(1) 沖縄の国民年金制度により支給されていた障害年金の受給権は、特別措置により承継。

(2) 昭和36年4月1日から昭和45年3月31日までの間引続き沖縄に居住していた者については、沖縄の拠出制国民年金制度発足（昭和45年4月1日）前の傷病に基づく障害を併合認定。

47. 7. 1～　年金額の最低保障額　105,600 円（1 級は 132,000 円）に改正。

49. 1. 1～　(1) 年金額の最低保障額 240,000 円（1 級は 300,000 円）に改正。

(2) 障害の状態に該当しなくなった場合でも 3 年間は失権させることなく支給を停止することに改正。

49. 9. 1～　年金額の最低保障額を 278,640 円（1 級は 348,300 円）にスライド改定。

50. 9. 1～　年金額の最低保障額を 339,600 円（1 級は 424,500 円）にスライド改定。

51. 9. 1～　年金額の最低保障額を 396,000 円（1 級は 495,000 円）に改正。

51. 10. 1～　(1) 受給資格期間の通算に伴い、障害認定日における被保険者期間について最近の 1 年間が保険料納付済期間で満たされているという要件から初診日前の公的年金制度の加入期間を合算して 1 年以上あり、直近の基準月前 1 年間において保険料の免除及び滞納がないことに改正。

(2) 支給額の調整として、被用者年金から障害給付が支給される場合は差額支給に改正。

52. 7. 1～　年金額の最低保障額を 433,200 円（1 級は 541,500 円）にスライド改定。

52. 8. 1～　障害認定日を初診日から 1 年 6 月を経過した日に改正。

53. 7. 1～　年金額の最低保障額を 462,100 円（1 級は 577,600 円）にスライド改定。

54. 7. 1～　年金額の最低保障額を 478,000 円（1 級は 597,500 円）に特例スライド改定。

55. 7. 1～　年金額の最低保障額を 501,600 円（1 級は 627,000 円）に改正。

56. 7. 1～　年金額の最低保障額を 540,700 円（1 級は 675,900 円）にスライド改定。

57. 8. 1～　年金額の最低保障額を 562,800 円（1 級は 703,500 円）にスライド改定。

59. 5. 1～　年金額の最低保障類を 573,800 円（1 級は 717,300 円）にスライド改定。

60. 5. 1～　年金額の最低保障額を 593,400 円（1 級は 741,800 円）にスライド改定。

61. 4. 1～　〔障害基礎年金〕

(1) 国民年金の被保険者である間に初診日のある傷病を対象とする。

(2) 60 歳で被保険者の資格を喪失したあとでも、65 歳までに初診日のある傷病については対象とする。

(3) ただし、初診日前に保険料納付済期間と保険料免除期間とが加入期間の 3 分の 2 以上であること。

(4) 年金額

1 級　778,500 円（月額 64,875 円）（2 級の 125%）

2 級　622,800 円（月額 51,900 円）

(5) 子の加算額

1 人　186,800 円（月額 15,567 円）

2 人　373,600 円（月額 31,133 円）

3 人以上のときは 1 人増すごとに　62,300 円（月額 5,192 円）を加算

(6) 従前の障害福祉年金の裁定替えによる障害基礎年金及び 20 歳前障害による障害基礎年金（以下「20 歳前障害基礎年金等」という。）受給権者が公的年金給付を受ける場合の制限の緩和（一般一併給限度額を 532,000 円から 558,000 円に引上げ）。

61. 8. 1～　20 歳前障害基礎年金等の受給権者本人の所得による支給制限の緩和（扶養親族が 0 人の場合 1,948,000 円から 2,055,000 円に引上げ）。

4. 母子年金・遺族基礎年金

昭 36. 4. 1～　夫と死別し、夫の死亡当時夫によって生計を維持した被保険者たる妻が、夫の死亡当時 18 歳（障害のときは 20 歳）未満の夫又は妻の子と生計を同じくし、定められた要件に該当するとき支給。年金額は死亡月の前月までの妻の納付済期間に応じて算出。

支給要件につき次の (1)、(2) 及び (3) を追加。(1) 死亡日に被保険者であった者については、死亡月前の直近の基準月まで引続き 1 年間被保険者であり、すべて納付済期間

であること。(2) 死亡月前までの被保険者期間につき老齢年金の受給資格が満たされていること。(3) 死亡日に被保険者でなかった者については、死亡日に65歳未満であり、死亡日の前月において老齢年金の受給資格が満たされていること。

37. 4. 28 ～　(1) 死亡日に被保険者であった者について、死亡月前における直近の基準月まで引続く3年間の被保険者期間に関する条件のうち、免除期間の制限を排除。

(2) 年金額は死亡月の前月までの被保険者期間に係る、死亡日の前日における納付済期間と免除期間につき算出。

基本年金額＝（老齢年金と同様にして算出した額）×½＋4,800円、加算額＝4,800円×（加算対象の子の数）。ただし、基本年金額は19,200円に満たないときは19,200円とする。

39. 8. 1 ～　支給要件又は加算対象となる子の範囲に、結核・精神病等の内部障害による障害の者を加える。

40. 8. 1 ～　支給要件又は加算対象となる子の範囲に精神薄弱による障害の者を加える。

41. 2. 1 ～　労働者災害補償保険法による給付がなされた場合の支給停止（6年間）を撤廃。

41. 7. 1 ～　国家公務員災害補償法による給付がなされた場合の支給停止（6年間）を撤廃。

41. 12. 1 ～　支給要件又は加算対象となる子の障害の範囲にすべての種類の障害を加える。

42. 1. 1 ～　年金額は55,200円に加算額を加えた額に改正。

42. 8. 17 ～　公立学校の学校医、学校歯科医及び学校薬剤師の公務災害補償に関する法律による給付がなされた場合の支給停止（6年間）を撤廃。

45. 7. 1 ～　年金額は、91,200円に加算額を加えた額に改正。

47. 5. 15 ～　沖縄の国民年金制度により支給されていた母子年金の受給権は、特別措置により承継。

47. 7. 1 ～　年金額は100,800円に加算額を加えた額に改正。

49. 1. 1 ～　年金額は240,000円に加算額を加えた額に改正。なお、加算額は加算の対象となる子のうち1人につい

ては4,800円から9,600円に改正。

49. 9. 1 ～　年金額を278,640円に加算額を加えた額にスライド改定。

50. 9. 1 ～　年金額を339,600円に加算額を加えた額にスライド改定。

51. 9. 1 ～　年金額を396,000円に加算額を加えた額に改正。なお、加算額は加算の対象となる子のうち1人について9,600円から24,000円に改正。

51. 10. 1 ～　支給額の調整として母子年金の額の3分の1を支給停止。3分の1の額に満たない場合は、当該公的年金給付の額を支給停止に改正。

52. 7. 1 ～　年金額を433,200円に加算額を加えた額にスライド改定。

53. 7. 1 ～　年金額を462,100円に加算額を加えた額にスライド改定。

54. 7. 1 ～　年金額を478,000円に加算額を加えた額に特例スライド改定。

55. 7. 1 ～　年金額を501,600円に加算額を加えた額に改正。なお、加算額は加算の対象となる子のうち1人については24,000円から60,000円に、またその他の子1人につき4,800円から24,000円にそれぞれ改正。

55. 8. 1 ～　夫の死亡によって、他の公的年金制度から遺族年金を受けることができる者がいないときは、母子加算として年金額に180,000円を加算する。ただし、他の公的年金制度から老齢年金または障害年金を受けられる間は支給停止。

55. 10. 31 ～　他の公的年金制度の遺族給付を受けることができるときは、母子年金の額の5分の2を支給停止。また、5分の2の額に満たないときは、当該公的年金の給付の額を支給停止に改正。

56. 7. 1 ～　年金額を540,700円に加算額及び母子加算を加えた額にスライド改定。

57. 8. 1 ～　年金額を562,800円に加算額及び母子加算を加えた額にスライド改定。

59. 5. 1～　年金額を573,800円に加算額及び母子加算を加えた額にスライド改定。

60. 5. 1～　年金額を593,400円に加算額及び母子加算を加えた額にスライド改定。

61. 4. 1～　〔遺族基礎年金〕

(1) 被保険者または老齢基礎年金の資格期間を満たした人が死亡したときに、その人によって生計を維持されていた子のある妻または子に支給される。

(2) ただし、被保険者の死亡については、死亡した日の属する月前に、死亡した人の保険料納付済期間と保険料免除期間とが、加入期間の3分の2以上であること。

(3) 年金額

① 遺族基礎年金の額は定額で、妻に支給される遺族基礎年金の額は、妻の分として622,800円に子の加算額を加算した額。子の加算額は、1人目と2人目の子はそれぞれ186,800円、3人目以降は1人につき62,300円。

② 子に支給するときは622,800円とし、子が2人のときは186,800円を、3人以上のときは186,800円に1人増すごとに62,300円を加えた額を加算した額を、年金をうける子の数で割った額。

(4) 従前の母子・準母子福祉年金の裁定替えによる遺族基礎年金の受給権者が公的年金給付を受ける場合の制限の緩和（一般―併給限度額を532,000円から558,000円に引上げ）。

5. 準母子年金・遺族基礎年金

昭36. 4. 1～　夫、男子たる子、父又は祖父が死亡した場合において、死亡当時死亡者によって生計を維持した被保険者たる女子が、18歳（障害のときは20歳）未満の孫又は弟妹と生計を同じくし、定められた要件に該当するとき支給。年金額は母子年金と同じ。

37. 4. 28～　受給要件及び年金額を母子年金と同様に改正。

39. 8. 1～　支給要件又は加算対象となる孫又は弟妹の範囲に、結核・精神病等の内部障害による障害の者を加える。

40. 8. 1～　支給要件又は加算対象となる孫又は弟妹の範囲に、精神薄弱による障害の者を加える。

41. 2. 1～　労働者災害補償保険法による給付がなされた場合の支給停止（6年間）を撤廃。

41. 7. 1～　国家公務員災害補償法による給付がなされた場合の支給停止（6年間）を撤廃。

41. 12. 1～　支給要件又は加算対象となる子の障害の範囲に、すべての種類の障害を加える。

42. 1. 1～　年金額は55,200円に加算額を加えた額に改正。

42. 8. 17～　公立学校の学校医、学校歯科医及び学校薬剤師の公務災害補償に関する法律による給付がなされた場合の支給停止（6年間）を撤廃。

45. 7. 1～　年金額は、91,200円に加算額を加えた額に改正。

47. 5. 15～　沖縄の国民年金制度により支給されていた準母子年金の受給権は、特別措置により承継。

47. 7. 1～　年金額は100,800円に加算額を加えた額に改正。

49. 1. 1～　年金額は240,000円に加算額を加えた額に改正。なお、加算額は加算の対象となる孫等のうち1人については4,800円から9,600円に改正。

49. 9. 1～　年金額を278,640円に加算額を加えた額にスライド改定。

50. 9. 1～　年金額を339,600円に加算額を加えた額にスライド改定。

51. 9. 1～　年金額を396,000円に加算額を加えた額に改正。なお、加算額は加算の対象となる子のうち1人については、9,600円から24,000円に改正。

51. 10. 1～　支給額の調整として準母子年金の額の3分の1の支給停止。3分の1の額に満たない場合は当該公的年金給付の額を支給停止に改正。

52. 7. 1～　年金額を433,200円に加算額を加えた額にスライド改定。

53. 7. 1～　年金額を462,100円に加算額を加えた額にスライド改定。

54. 7. 1～　年金額を478,000円に加算額を加えた額に特例スライド改定。

55. 7. 1 ～　年金額を 501,600 円に加算額を加えた額に改正。なお、加算額は加算の対象となる子のうち 1 人については 24,000 円から 60,000 円に、またその他の子 1 人につき 4,800 円から 24,000 円にそれぞれ改正。

55. 8. 1 ～　夫、男子たる子、父または祖父の死亡によって、他の公的年金制度から遺族年金を受けることができる者がいないときは、準母子加算として年金額に 180,000 円を加算する。ただし、他の公的年金制度から老齢年金または障害年金を受けられる間は支給停止。

55. 10. 31 ～　他の公的年金制度の遺族給付を受けることができるときは、準母子年金の額の 5 分の 2 を支給停止。また、5 分の 2 の額に満たないときは、当該公的年金の給付の額を支給停止に改正。

56. 7. 1 ～　年金額を 540,700 円に加算額及び準母子加算を加えた額にスライド改定。

57. 8. 1 ～　年金額を 562,800 円に加算額及び準母子加算を加えた額にスライド改定。

59. 5. 1 ～　年金額を 573,800 円に加算額及び準母子加算を加えた額にスライド改定。

60. 5. 1 ～　年金額を 593,400 円に加算額及び準母子加算を加えた額にスライド改定。

61. 4. 1 ～　〔遺族基礎年金〕

内容は、4. 母子年金・遺族基礎年金の 61. 4. 1 ～〔遺族基礎年金〕と同じ。

6. 遺児年金・遺族基礎年金

昭 36. 4. 1 ～　定められた要件に該当する父又は母が死亡した場合父又は母の死亡当時父又は母によって生計を維持した 18 歳（障害のときは 20 歳）未満である子に支給。ただし、生存する父又は母と生計同一関係がない場合に限る。

年金額は死亡月の前月までの被保険者期間に係る死亡日の前日における納付済期間の年数に応じて算出。支給要件を死亡日に被保険者であった者については、死亡月前の直近の基準月まで引き続き 1 年間被保険者であり、すべて納付済期間であることを追加。

37. 4. 28 ～　死亡日に被保険者であった者について、死亡月前における直近の基準月まで引き続く 3 年間の被保険者期間に関する条件のうち、免除期間の制限を排除。年金額は死亡月の前月までの被保険者期間に係る死亡日の前日における納付済期間及び免除期間につき算出。基本年金額＝（老齢年金と同様にして算出した額）× ½、加算額＝ 4,800 円×（遺児の数－ 1）。ただし、基本年金額は 12,000 円に満たないときは 12,000 円とする。

39. 8. 1 ～　支給対象となる障害の子の範囲に、結核・精神病等の内部障害の者を加える。

40. 8. 1 ～　支給対象となる障害の子の範囲に、精神薄弱の者を加える。

41. 2. 1 ～　労働者災害補償保険法による給付がなされた場合の支給停止（6 年間）を撤廃。

41. 7. 1 ～　国家公務員災害補償法による給付がなされた場合の支給停止（6 年間）を撤廃。

41. 12. 1 ～　支給要件又は加算対象となる子の障害の範囲に、すべての種類の障害を加える。

42. 1. 1 ～　年金額の最低保障額は 30,000 円に改正。

42. 8. 17 ～　公立学校の学校医、学校歯科医及び学校薬剤師の公務災害補償に関する法律による給付がなされた場合の支給停止（6 年間）を撤廃。

45. 7. 1 ～　年金額は、91,200 円に加算額を加えた額に改正。

47. 5. 15 ～　沖縄の国民年金制度により支給されていた遺児年金の受給権は、特別措置により承継。

47. 7. 1 ～　年金額は 100,800 円に加算額を加えた額に改正。

49. 1. 1 ～　年金額は 240,000 円に加算額を加えた額に改正。なお、加算額は加算の対象となる遺児のうち 1 人については 4,800 円から 9,600 円に改正。

49. 9. 1 ～　年金額を 278,640 円に加算額を加えた額にスライド改定。

50. 9. 1 ～　年金額を 339,600 円に加算額を加えた額にスライド改定。

51. 9. 1 ～　年金額を 396,000 円に加算額を加えた額に改正。なお、加算額は加算の対象となる子のうち 1 人について 9,600 円から 24,000 円に改正。

51. 10. 1 ～　受給資格期間の通算に伴い、死亡日の前日における被保険者期間について最近の 1 年間が保険料納付済期間で満たされているという要件から死亡日の前日における公的年金制度の加入期間を合算して1年以上あり、直近の基準月前1年間において保険料の免除及び滞納がないことに改正。

52. 7. 1～　年金額を433,200円に加算額を加えた額にスライド改定。

53. 7. 1～　年金額を462,100円に加算額を加えた額にスライド改定。

54. 7. 1～　年金額を478,000円に加算額を加えた額に特例スライド改定。

55. 7. 1～　年金額を501,600円に加算額を加えた額に改正。なお、加算額は、加算の対象となる子のうち1人については24,000円から60,000円に、またその他の子1人につき4,800円から24,000円にそれぞれ改正。

56. 7. 1～　年金額を540,700円に加算額を加えた額にスライド改定。

57. 8. 1～　年金額を562,800円に加算額を加えた額にスライド改定。

59. 5. 1～　年金額を573,800円に加算額を加えた額にスライド改定。

60. 5. 1～　年金額を593,400円に加算額を加えた額にスライド改定。

61. 4. 1～　〔遺族基礎年金〕
内容は、4. 母子年金・遺族基礎年金の61. 4. 1～〔遺族基礎年金〕と同じ。

7. 寡婦年金

昭36. 4. 1～　定められた要件を満たしている夫が死亡した場合、夫の死亡当時夫によって生計を維持し、夫との婚姻関係が10年以上継続した65歳以下の妻（60歳未満の妻には60歳から）に支給。年金額は死亡月の前月までの被保険者期間に係る死亡日の前日における納付済期間に応じた老齢年金の額の½。

37. 4. 28～　年金額を死亡月の前月までの被保険者期間に係る死亡日の前日における、納付済期間及び免除期間につき計算した老齢年金の額の½に改正。

41. 2. 1～　労働者災害補償保険法による給付がなされた場合の支給停止（6年間）を撤廃。

41. 7. 1～　国家公務員災害補償法による給付がなされた場合の支給停止（6年間）を撤廃。

42. 8. 17～　公立学校の学校医、学校歯科医及び学校薬剤師の公務災害補償に関する法律による給付がなされた場合の支給停止（6年間）を撤廃。

47. 5. 15～　沖縄の国民年金制度により支給されていた寡婦年金の受給権は、特別措置により承継。

51. 9. 1～　支給要件として夫が65歳未満であるという要件を老齢年金の支給を受けていなかった夫に改正。

55. 7. 1～　支給要件のうち婚姻の届出をしている者でなければならないという要件を婚姻の届出をしていないが事実上婚姻関係と同様の者でもよいことに改正。

61. 4. 1～　(1) 支給要件のうち被保険者期間につき第26条に規定する要件に該当していた夫が死亡という要件を第1号被保険者としての被保険者期間に係る保険料納付済期間と保険料免除期間とを合算した期間が25年以上である夫の死亡に改正。
(2) 年金額のうち夫がうけられたであろう老齢年金の額の2分の1を夫がうけられたであろう第1号被保険者期間に係る老齢基礎年金の額の4分の3に改正。

8. 死亡一時金

昭36. 4. 1～　死亡日の前日において、死亡月の前月までの被保険者期間に係る納付済期間3年以上ある者が、死亡した場合その遺族に支給。一時金の額は死亡月の前月までの被保険者期間に係る死亡日の前日における納付済期間に応じて3年以上5,000円～35年以上52,000円。

45. 7. 1～　保険料納付期間に応じて3年以上10,000円～35年以上52,000円に改正。

45. 10. 1～　付加年金加入者については、付加保険料納付済期間に応じて3年以上5,000円～35年以上26,000円を加算。

49. 1. 1～　保険料納付済期間に応じて3年以上17,000円～35年以上52,000円に改正。
付加年金加入者については、付加年金保険料納付済期間に応じて3年以上8,500円～35

年以上 26,000 円に改正。

51. 9. 1 ～　保険料納付済期間に応じて 3 年以上 23,000 円～ 35 年以上 52,000 円に改正。
付加年金の保険料納付済期間が 3 年以上である加入者については、8,500 円の定額に改正。

55. 10. 31 ～　母子（準母子）年金を受けられる者がいるときは、支給しないことに改正。

61. 4. 1 ～　(1) 支給要件のうち被保険者期間に係る保険料納付済期間が 3 年以上という要件を第 1 号被保険者としての保険料納付済期間が 3 年以上に改正。
(2) 死亡一時金の額を保険料納付済期間に応じて 3 年以上 100,000 円～ 35 年以上 200,000 円に改正。

○無拠出制

1. 老齢福祉年金

昭 34. 11. 1 ～　(1) 保険料免除期間又は免除期間と納付済期間とを合算した期間が 30 年（経過的に制度発足時の年齢により 4 年～ 29 年まで短縮）をこえ、老齢年金の支給要件を満たさない者が、70 歳に達したとき支給。
年金額は 12,000 円。
支給制限…①受給権者が公的年金給付を受ける場合の制限（公的年金給付との併給限度額は 12,000 円）②配偶者が 6,000 円以上の公的年金給付を受ける場合の制限（支給停止額は 6,000 円が限度）③夫婦で福祉年金を受ける場合（支給停止額は 3,000 円）④受給権者の所得による制限（支給停止の限度額 130,000 円、子、孫又は弟妹を扶養している場合の加算額は 15,000 円）⑤配偶者の所得による制限（所得税額がある場合に支給停止）⑥扶養義務者の所得による制限（所得税額が 23,600 円以上である場合に支給停止）
(2)〔老齢福祉年金の特別支給〕明治 22 年 11 月 1 日以前に生まれた者及び明治 22 年 11 月 2 日～明治 44 年 3 月 31 日までの間に生まれた者が 70 歳に達したとき支給（支給制限は（1）に同じ）。

35. 5. 1 ～　支給制限のうち扶養義務者所得制限の緩和（支給停止の限度額 23,600 円（所得税額）から 14,700 円―扶養親族 5 人の場合―に改正）。

36. 5. 1 ～　支給制限のうち本人及び扶養義務者の所得による制限の緩和（本人所得制限の子、孫又は弟妹を扶養している場合の、支給停止の限度額 130,000 円に加算する額を 15,000 円から 30,000 円に、扶養義務者所得制限の支給停止の限度額 14,700 円（所得税額）―扶養親族 5 人の場合―から 12,100 円にそれぞれ改正）。

37. 4. 28 ～　大正 5 年 4 月 1 日以前に生まれた者について免除期間又は免除期間と納付済期間とを合算した期間或いは納付済期間が 7 年（生年月により 4 年まで短縮）をこえ、老齢年金の支給要件を満たさない場合に 70 歳より支給。年金額は 12,000 円。

37. 5. 1 ～　支給制限のうち本人及び扶養義務者の所得による制限の緩和（本人所得制限の支給停止の限度額を 130,000 円から 150,000 円に、扶養義務者所得制限の支給停止の限度額 12,100 円（所得税額）―扶養親族 5 人の場合―から 8,500 円にそれぞれ改正）。

37. 10. 1 ～　支給制限のうち公的年金給付を受ける場合の制限の緩和（公的年金納付との併給限度額を 12,000 円から 24,000 円（戦争公務による場合は 70,000 円）に引上げ）。
支給制限のうち配偶者が公的年金給付を受ける場合の制限を撤廃。

38. 5. 1 ～　支給制限のうち本人及び扶養義務者の所得による制限の緩和（本人所得制限の支給停止の限度額を 150,000 円から 180,000 円に、扶養義務者所得制限の支給停止の限度額 8,500 円（所得税額）―扶養親族 5 人の場合―から 401,000 円（所得額）にそれぞれ改正）。

38. 9. 1 ～　年金額を 12,000 円から 13,200 円に増額。
支給制限のうち扶養義務者の所得による制限の緩和（支給停止の限度額を 401,000 円―扶養親族 5 人の場合―から 491,000 円に引上げ）。

39. 1. 1～　支給制限のうち公的年金給付を受ける場合の制限の緩和（公的年金給付との併給限度額を70,000円（戦争公務による場合）から80,000円に引上げ）。

39. 5. 1～　支給制限のうち本人及び扶養義務者の所得による制限の緩和（本人所得制限の支給停止の限度額を180,000円から200,000円に、扶養義務者の所得による制限の支給停止の限度額を491,000円―扶養親族5人の場合―から539,937円に引上げ）。

40. 5. 1～　支給制限のうち本人、配偶者及び扶養義務者の所得による制限の緩和（本人所得制限の支給停止の限度額を200,000円から220,000円に、子、孫又は弟妹を扶養している場合の支給停止限度額に加算する額を30,000円から40,000円に、扶養義務者所得制限の支給停止の限度額を539,937円―扶養親族5人の場合―から589,010円にそれぞれ引上げ、配偶者所得制限の支給停止の限度額は扶養義務者所得制限の支給停止の限度額と同様）。

40. 9. 1～　年金額を13,200円から15,600円に増額。

40. 10. 1～　支給制限のうち公的年金給付を受ける場合の制限の緩和（公的年金給付との併給限度額を80,000円（戦争公務による場合）から102,500円に引上げ）。

41. 5. 1～　支給制限のうち本人、配偶者及び扶養義務者の所得による制限の緩和（本人所得制限の支給停止の限度額を220,000円から240,000円に、扶養義務者所得制限の支給停止の限度額を589,010円―扶養親族5人の場合―から670,000円に、それぞれ引上げ、配偶者所得制限を扶養義務者所得制限に吸収）。

41. 7. 1～　支給要件のうち国内居住要件を廃止（日本国外居住のときは受給権なしを受給権ありとし、日本国外居住中は支給停止に改正）。

42. 1. 1～　年金額を15,600円から18,000円に増額。

支給制限のうち夫婦受給制限の一部の緩和（夫婦で老齢福祉年金と障害福祉年金を受ける場合における老齢福祉年金3,000円支給停止を撤廃）。

42. 5. 1～　支給制限のうち本人、配偶者及び扶養義務者の所得による制限の緩和（本人所得制限の支給停止の限度額を240,000円から260,000円に、子、孫又は弟妹を扶養している場合の支給停止限度額に加算する額を40,000円から60,000円に、配偶者及び扶養義務者所得制限の支給停止の限度額を670,000円―扶養親族5人の場合―から760,000円にそれぞれ引上げ）。

42. 10. 1～　支給制限のうち公的年金給付を受ける場合の制限の緩和（公的年金給付との併給限度額を102,500円（戦争公務による場合）から129,500円に引上げ）。

43. 1. 1～　年金額を18,000円から19,200円に増額。

43. 5. 1～　支給制限のうち本人、配偶者及び扶養義務者の所得による制限の緩和（本人所得制限の支給停止の限度額を260,000円から280,000円に、子、孫又は弟妹を扶養している場合の支給停止限度額に加算する額を60,000円から70,000円に、配偶者及び扶養義務者所得制限の支給停止の限度額を760,000円―扶養親族5人の場合―から845,000円にそれぞれ引上げ）。

43. 10. 1～　年金額を19,200円から20,400円に増額。

支給制限のうち公的年金給付を受ける場合の制限の緩和（公的年金給付との併給限度額を129,500円（戦争公務による場合）から135,500円に引上げ）。

44. 5. 1～　支給制限のうち本人、配偶者及び扶養義務者の所得による制限の緩和（本人所得制限の支給停止の限度額を280,000円から300,000円に、子、孫又は弟妹を扶養している場合の支給停止限度額に加算する額を70,000円から80,000円に、配偶者及び扶養義務者所得制限の支給停止の限度額を845,000円―扶養親族5人の場合―から927,500円にそれぞれ引上げ）。

44. 10. 1～　(1) 年金額を20,400円から21,600円に増額。

支給制限のうち公的年金給付を受ける場合の制限の緩和（公的年金給付との併給限度額

を 135,500 円（戦争公務による場合）から 144,800 円に引上げ）。
(2) 支給制限のうち夫婦受給制限を廃止。

45. 5. 1～　支給制限のうち本人、配偶者及び扶養義務者の所得による制限の緩和（本人所得制限の限度額を 300,000 円から 320,000 円に、子、孫又は弟妹を扶養している場合に加算する加算額を 80,000 円から 100,000 円に、配偶者及び扶養義務者所得制限の限度額を 927,500 円—扶養親族 5 人の場合—から 1,059,400 円にそれぞれ引上げ）。

45. 10. 1～　年金額を 21,600 円から 24,000 円に増額。
支給制限のうち公的年金給付を受ける場合の制限の緩和（公的年金給付との併給限度額を 144,800 円（戦争公務による場合）から 167,300 円（昭和 46 年 1 月から 170,700 円）に引上げ）。

46. 5. 1～　支給制限のうち本人、配偶者及び扶養義務者の所得による制限の緩和（本人所得制限の限度額を 320,000 円から 350,000 円に、子、孫又は弟妹を扶養している場合に加算する加算額を 100,000 円から 120,000 円に、配偶者及び扶養義務者所得制限の限度額を 1,059,400 円—扶養親族 5 人の場合—から 1,439,000 円にそれぞれ引上げ）。

46. 10. 1～　支給制限のうち公的年金給付を受ける場合の制限の緩和（公的年金給付との併給限度額を 170,700 円（戦争公務による場合）から准士官以下金額併給に改善）。
法別表に該当する程度の障害の状態にある者について、支給開始年齢を 65 歳に引下げ。

46. 11. 1～　年金額を 24,000 円から 27,600 円に増額。

47. 5. 1～　支給制限のうち、本人、配偶者及び扶養義務者の所得による制限の緩和（本人所得制限の限度額を 350,000 円—扶養親族等 0 人の場合—から 380,000 円に、控除対象配偶者等いわゆる扶養親族等を限度額の加算の対象とし、配偶者及び扶養義務者所得制限限度額を 1,439,000 円—扶養親族等 5 人の場合—から 2,058,625 円に引上げ）。

47. 5. 15～　沖縄の国民年金制度により支給されていた老齢福祉年金の受給権は、特別措置により承継。

47. 10. 1～　年金額を 27,600 円から 39,600 円に増額。
支給制限のうち公的年金給付を受ける場合の制限の緩和（一般—併給限度額を福祉年金の額から 60,000 円に引上げ。戦争公務—中尉以下全額併給）。

48. 5. 1～　支給制限のうち、本人、配偶者及び扶養義務者の所得による制限の緩和（本人所得制限の限度額を 380,000 円—扶養親族等 0 人の場合—から 430,000 円に、配偶者及び扶養義務者所得制限の限度額を 2,058,625 円—扶養親族等 5 人の場合—から 5,470,000 円に引上げ）。

48. 10. 1～　年金額を 39,600 円から 60,000 円に増額。
支給制限のうち公的年金給付を受ける場合の制限の緩和（一般—併給阻産額を 60,000 円から 100,000 円に引上げ。戦争公務—大尉以下全額併給）。

49. 5. 1～　支給制限のうち、本人、配偶者及び扶養義務者の所得による制限の緩和（本人所得制限の限度額を 430,000 円—扶養親族等 0 人の場合—から 500,000 円に、配偶者及び扶養義務者の所得制限の限度額を 5,470,000 円—扶養親族等 5 人の場合—から 6,175,000 円に引上げ）。

49. 9. 1～　年金額を 60,000 円から 90,000 円に増額。
支給制限のうち公的年金給付を受ける場合の制限の緩和（一般—併給限度額を 100,000 円から 160,000 円に引上げ）。

50. 5. 1～　支給制限のうち本人、配偶者及び扶養義務者の所得による制限の緩和（本人所得制限の限度額を 500,000 円—扶養親族等 0 人の場合—から 600,000 円に、配偶者及び扶養義務者の所得制限の限度額を 6,175,000 円—扶養親族等 5 人の場合—から 7,186,800 円に引上げ）。

50. 10. 1～　年金額を 90,000 円から 144,000 円に増額。
支給制限のうち公的年金給付を受ける場合の制限の緩和（一般—併給限度額を 160,000 円から240,000円に引上げ)。

51.5.1～ 支給制限のうち、本人、配偶者及び扶養義務者の所得による制限の改正（本人所得制限の限度額を600,000円─扶養親族等0人の場合─から700,000円に、配偶者及び扶養義務者の所得制限の限度額を7,186,800円─扶養親族等5人の場合─から6,834,000円に改正)。

51.10.1～ 年金額を144,000円から162,000円に増額。
支給制限のうち公的年金給付を受ける場合の制限の緩和（一般─併給限度額を240,000円から280,000円に引上げ)。

52.5.1～ 支給制限のうち、本人の所得による制限の緩和（本人所得制限の限度額（扶養親族等が0人の場合）を700,000円から800,000円に引上げ)。

52.8.1～ (1) 年金額を162,000円から180,000円に増額。
(2) 支給制限のうち公的年金給付を受ける場合の制限の緩和（一般─併給限度額を280,000円から330,000円に引上げ)。

52.10.1～ 支払期月の変更1・5・9の各月→4・8・12（受給権者から請求のあったときは11月）の各月に。

53.8.1～ (1) 年金額を180,000円から198,000円に増額。
(2) 支給制限のうち、本人、配偶者及び扶養義務者の所得による制限の改正（本人所得制限の限度額を800,000円─扶養親族等が0人の場合─から900,000円に、配偶者及び扶養義務者の所得制限の限度額を6,834,000円─扶養親族等が5人の場合─から6,195,000円（ただし、昭和53年度は従前の限度額を適用する）に改正)。
(3) 支給制限のうち、公的年金給付を受ける場合の制限の緩和（一般─併給限度額を330,000円から370,000円に引上げ)。

54.8.1～ (1) 年金額を198,000円から240,000円に増額。
(2) 支給制限のうち、本人、配偶者及び扶養義務者の所得による制限の改正（本人所得制限の限度額を900,000円─扶養親族等が0人の場合─から955,000円に改正。配偶者及び扶養教前者の所得制限の限度額は6,834,000円─扶養親族等が5人の場合─を据置。
(3) 支給制限のうち、公的年金給付を受ける場合の制限の緩和（一般─併給限度額を370,000円から410,000円に引上げ)。

55.8.1～ (1) 年金額を240,000円から270,000円に増額。
(2) 支給制限のうち、本人の所得による制限の緩和（本人所得制限の限度額を955,000円─扶養親族等が0人の場合─から1,014,000円に引上げ)。
(3) 支給制限のうち、公的年金給付を受ける場合の制限の緩和（一般─併給限度額を410,000円から450,000円に引上げ)。

56.8.1～ (1) 年金額を270,000円から288,000円に増額。ただし、配偶者及び扶養義務者の所得（扶養親族等5人の場合）が4,350,000円以上6,834,000円未満の場合は276,000円（月額1,000円を支給停止）とする。
(2) 支給制限のうち、本人の所得による制限の緩和（扶養親族等が0人の場合1,014,000円から1,086,000円に引上げ)。
(3) 支給制限のうち配偶者及び扶養義務者の所得による一部支給制限の限度額を新たに設定（扶養親族等が5人の場合4,350,000円以上6,834,000円未満は一部支給停止)。
(4) 支給制限のうち、公的年金給付を受ける場合の制限の緩和（一般─併給限度額を450,000円から480,000円に引上げ)。

57.1.1～ 支給要件のうち、国籍要件を撤廃し、外国人も支給対象とすることとした。

57.8.1～ 支給制限のうち、本人の所得による制限の緩和（扶養親族等が0人の場合1,086,000円から1,168,000円に引上げ)。

57. 9. 1～　(1) 年金額を288,000円から301,200円に増額。ただし、配偶者及び扶養義務者の所得（扶養親族等5人の場合）が4,350,000円以上6,834,000円未満の場合は279,600円（月額1,800円を支給停止）とする。

(2) 支給制限のうち、公的年金給付を受ける場合の制限の緩和（一般一併給限度額を480,000円から505,000円に引上げ）。

58. 8. 1～　支給制限のうち、本人の所得による制限の緩和（扶養親族等が0人の場合1,168,000円から1,235,000円に引上げ）。

59. 6. 1～　(1) 年金額を301,200円から307,200円に増額。ただし、配偶者及び扶養義務者の所得（扶養親族等5人の場合）が4,350,000円以上6,834,000円未満の場合は282,000円（月額2,100円を支給停止）とする。

(2) 支給制限のうち、公的年金給付を受ける場合の制限の緩和（一般一併給限度額を505,000円から515,000円に引上げ）。

59. 8. 1～　支給制限のうち、本人の所得による制限の緩和（扶養親族等が0人の場合1,235,000円から1,258,000円に引上げ）。

60. 6. 1～　(1) 年金額を307,200円から318,000円に増額。ただし、配偶者及び扶養義務者の所得（扶養親族等5人の場合）が4,350,000円以上6,834,000円未満の場合は285,600円（月額2,700円を支給停止）とする。

(2) 支給制限のうち、公的年金給付を受ける場合の制限の緩和（一般一併給限度額を515,000円から532,000円に引上げ）。

60. 8. 1～　支給制限のうち、本人の所得による制限の緩和（扶養親族等が0人の場合1,258,000円から1,302,000円に引上げ）。

61. 4. 1～　(1) 年金額を318,000円から326,400円に増額。ただし、配偶者及び扶養義務者の所得（扶養親族等5人の場合）が4,305,000円以上6,789,000円未満の場合は288,000円（月額3,200円を支給停止）とする。

(2) 支給制限のうち、公的年金給付を受ける場合の制限の緩和（一般一併給限度額を532,000円から558,000円に引上げ）。

61. 8. 1～　支給制限のうち、本人の所得による制限の緩和（扶養親族が0人の場合1,302,000円から1,335,000円に引上げ）。

2. 老齢特別給付金

昭49. 1. 1～　明治39年4月1日以前に生まれた者で、老齢福祉年金の受給権を有しない人に昭和49年1月1日から70歳に達するまで支給。年金額は48,000円。支給制限は老齢福祉年金に同じ。

49. 5. 1～　支給制限のうち本人、配偶者及び扶養義務者の所得による制限の緩和（内容老齢福祉年金に同じ）。

49. 9. 1～　年金額を48,000円から66,000円に増額。
支給制限のうち公的年金給付を受ける場合の制限の緩和（内容老齢福祉年金に同じ）。

50. 5. 1～　支給制限のうち本人、配偶者及び扶養義務者の所得による制限の緩和（内容老齢福祉年金に同じ）。

50. 10. 1～　年金額を66,000円から108,000円に増額。

3. 障害福祉年金・障害基礎年金

昭34. 11. 1～　(1) 障害認定日において、定められた程度の障害の状態（1級）に該当し、障害年金の支給要件を満たさない者が、定められた要件に該当したとき支給。初診日において、20歳未満である者については、20歳以後の障害の状態が1級である者とする（所得等による支給制限がある）。

(2)〔障害福祉年金の特別支給〕昭和14年11月1日以前に生まれた者が昭和34年11月

1日以前に傷病がなおったとき、初診日が昭和34年11月1日以前で同日以後なおったとき、又は初診日が同日以後昭和36年3月31日以前である傷病がなおったとき及び明治44年4月1日以前に生まれた者で初診日が昭和36年4月1日以後である傷病がなかったとき、いずれも定められた程度の障害の状態（1級）にあるとき支給（支給制限は（1）に同じ）。

(3) 年金額は18,000円。

36. 4. 1～　制度加入前障害と制度加入後障害との併合認定を採用。

36. 5. 1～　支給制限のうち、本人所得制限の緩和（内容老齢福祉年金に同じ）。

37. 4. 28～　(1) 初診日において被保険者でなかった者であって70歳未満であり、かつ、初診日の前日において法第79条の2の老齢福祉年金の支給要件に該当した者が、障害認定日に障害の程度が1級のときも支給。

(2) 初診日が昭和36年4月1日前であり、同日以後の新たな傷病に係る初診日において、70歳未満であり、その初診日の前日において法第19条の2の老齢福祉年金の支給要件に該当したもの（その初診日において被保険者でなかった者に限る）が、併合認定してその障害の程度が1級のときも支給。

37. 5. 1～　支給制限のうち、本人所得制限の緩和（内容老齢福祉年金に同じ）。

37. 10. 1～　支給制限のうち、公的年金給付を受ける場合の制限の緩和（公的年金給付との併給限度額を18,000円から24,000円（戦争公務による場合は70,000円）に引上げ）。

38. 5. 1～　支給制限のうち、本人所得制限の緩和（内容老齢福祉年金に同じ）。

38. 9. 1～　年金額を18,000円から21,600円に増額。

支給制限のうち扶養義務者の所得による制限の緩和（内容老齢福祉年金に同じ）。

39. 1. 1～　支給制限のうち公的年金給付を受ける場合の制限の緩和（内容老齢福祉年金に同じ）。

39. 5. 1～　支給制限のうち本人及び扶養義務者の所得による制限の緩和（内容老齢福祉年金に同じ）。

39. 8. 1～　支給対象となる障害の範囲に結核・精神病等の内部障害を加える。

「障害認定日」を、初診日から起算して3年を経過した日に改正（3年以内に傷病がなおったときはそのなおった日）。

40. 5. 1～　支給制限のうち本人及び扶養義務者の所得による制限の緩和（内容老齢福祉年金に同じ）。

40. 8. 1～　支給対象となる障害の範囲に、精神薄弱を加える。

40. 9. 1～　年金額を21,600円から24,000円に増額。

40. 10. 1～　支給制限のうち公的年金給付を受ける場合の制限の緩和（内容老齢福祉年金に同じ）。

41. 5. 1～　支給制限のうち本人、配偶者及び扶養義務者の所得による制限の緩和（内容老齢福祉年金に同じ）。

41. 7. 1～　支給要件のうち国内居住要件を廃止（内容老齢福祉年金に同じ）。

41. 12. 1～　支給対象となる障害の範囲を拡大し、すべての障害を対象とする。

支給要件のうち保険料拠出要件の緩和（保険料拠出要件の認定時期を初診日から障害認定日に改正）。

事後重症制度を新設（事後重症―障害認定日における障害状態が軽度でその後増悪したもの―も対象とする）。

42. 1. 1～　年金額を24,000円から26,400円に増額。

42. 5. 1～　支給制限のうち本人、配偶者及び扶養義務者の所得による制限の緩和（内容老齢福祉年金に同じ）。

42. 10. 1～　支給制限のうち公的年金給付を受ける場合の制限の緩和（内容老齢福祉年金に同じ）。

43. 1. 1～　年金額を26,400円から30,000円に増額。

43. 5. 1～　支給制限のうち本人、配偶者及び扶養義務者の所得による制限の緩和（内容老齢福祉年金に同じ）。

43. 10. 1 ～　年金額を 30,000 円から 32,400 円に増額。
支給制限のうち公的年金給付を受ける場合の制限の緩和（内容老齢福祉年金に同じ）。

44. 5. 1 ～　支給制限のうち本人、配偶者及び扶養義務者の所得による制限の緩和（内容老齢福祉年金に同じ）。

44. 10. 1 ～　年金額を 32,400 円から 34,800 円に増額。
支給制限のうち公的年金給付を受ける場合の制限の緩和（内容老齢福祉年金に同じ）。

45. 5. 1 ～　支給制限のうち本人、配偶者及び扶養義務者の所得による制限の緩和（内容老齢福祉年金に同じ）。

45. 7. 1 ～　障害の程度が軽くなるとすぐ失権であったのを 3 年間に限って支給停止することに改正。

45. 10. 1 ～　年金額を 34,800 円から 37,200 円に増額。
支給制限のうち公的年金給付を受ける場合の制限の緩和（内容老齢福祉年金に同じ）。

46. 5. 1 ～　支給制限のうち本人、配偶者及び扶養義務者の所得による制限の緩和（内容老齢福祉年金に同じ）。

46. 10. 1 ～　支給制限のうち公的年金給付を受ける場合の制限の緩和（内容老齢福祉年金に同じ）。

46. 11. 1 ～　年金額を 37,200 円から 40,800 円に増額。

47. 5. 1 ～　支給制限のうち本人、配偶者及び扶養義務者の所得による制限の緩和（内容老齢福祉年金に同じ）。

47. 5. 15 ～　(1) 沖縄の国民年金制度により支給されていた障害福祉年金の受給権は、特別措置により承継。
(2) 昭和 36 年 4 月 1 日から昭和 45 年 3 月 31 日までの間引続き沖縄に居住していた者について沖縄の拠出制国民年金制度発足（昭和 45 年 4 月 1 日）前の傷病により、定められた程度の障害の状態（1 級）になったときは、障害福祉年金を支給。

47. 10. 1 ～　年金額を 40,800 円から 60,000 円に増額。
支給制限のうち公的年金給付を受ける場合の制限の緩和（内容老齢福祉年金に同じ）。

48. 5. 1 ～　支給制限のうち本人、配偶者及び扶養義務者の所得による制限の緩和（内容老齢福祉年金に同じ）。

48. 10. 1 ～　年金額を 60,000 円から 90,000 円に増額。
支給制限のうち公的年金給付を受ける場合の制限の緩和（内容老齢福祉年金に同じ）。

49. 3. 1 ～　支給対象となる障害の範囲を拡大し、2 級障害福祉年金を創設。
年金額は 60,000 円。

49. 5. 1 ～　支給制限のうち本人、配偶者及び扶養義務者の所得による制限の緩和（内容老齢福祉年金に同じ）。

49. 9. 1 ～　年金額を 1 級の場合 90,000 円から 135,600 円に、2 級の場合 60,000 円から 90,000 円に増額。
支給制限のうち公的年金給付を受ける場合の制限の緩和（内容老齢福祉年金に同じ）。

50. 5. 1 ～　支給制限のうち本人、配偶者及び扶養義務者の所得による制限の緩和（内容老齢福祉年金に同じ）。

50. 10. 1 ～　年金額を 1 級の場合 135,000 円から 216,000 円に 2 級の場合 90,000 円から 144,000 円に増額。
支給制限のうち公的年金給付を受ける場合の制限の緩和（内容老齢福祉年金に同じ）。

51. 5. 1 ～　支給制限のうち本人、配偶者及び扶養義務者の所得による制限の改正（内容老齢福祉年金に同じ）。

51. 10. 1 ～　(1) 年金額を 1 級の場合 216,000 円から 243,600 円に、2 級の場合 144,000 円から 162,000 円に増額。
支給制限のうち公的年金給付を受ける場合の制限の緩和（内容老齢福祉年金に同じ）。
(2) 保険料拠出要件を障害認定日から初診日に改正。

52. 5. 1 ～　支給制限のうち、本人の所得による制限の緩和（内容老齢福祉年金に同じ）。

52. 8. 1～　(1) 年金額を1級243,600円から270,000円に、2級162,000円から180,000円に増額。
(2) 支給制限のうち、公的年金給付を受ける場合の制限の緩和（内容は老齢福祉年金に同じ)。
(3) 障害認定日を初診日から1年6月を経過した日に改正。

52. 10. 1～　支払期月の変更（内容老齢福祉年金に同じ)。

53. 8. 1～　(1) 年金額を1級270,000円から297,600円に、2級180,000円から198,000円に増額。
(2) 支給制限のうち、本人、配偶者及び扶養義務者の所得による制限の改正（内容老齢福祉年金に同じ)。
(3) 支給制限のうち、公的年金給付を受ける場合の制限の緩和（内容老齢福祉年金に同じ)。

54. 8. 1～　(1) 年金額を1級297,600円から360,000円に、2級198,000円から240,000円に増額。
(2) 支給制限のうち、本人、配偶者及び扶養義務者の所得による制限の改正（内容老齢福祉年金に同じ)。
(3) 支給制限のうち、公的年金給付を受ける場合の制限の緩和（内容老齢福祉年金に同じ)。

55. 8. 1～　(1) 年金額を1級360,000円から405,600円に、2級240,000円から270,000円に増額。
(2) 支給制限のうち、本人の所得による制限の緩和（内容老齢福祉年金に同じ)。
(3) 支給制限のうち、公的年金給付を受ける場合の制限の緩和（内容老齢福祉年金に同じ)。

56. 8. 1～　(1) 年金額を1級405,600円から432,000円に、2級270,000円から288,000円に増額。
(2) 支給制限のうち本人の所得による制限の緩和（本人の所得制限の限度額―扶養親族等が0人の場合1,660,000円に引上げ)。
(3) 支給制限のうち、公的年金給付を受ける場合の制限の緩和（内容老齢福祉年金と同じ)。

57. 1. 1～　支給要件のうち国籍要件を撤廃し、外国人も支給対象とすることとした。

57. 8. 1～　支給制限のうち本人の所得による制限の緩和（本人の所得制限の限度額―扶養親族等が0人の場合1,780,000円に引上げ)。

57. 9. 1～　(1) 年金額を1級432,000円から452,400円に、2級288,000円から301,200円に増額。
(2) 支給制限のうち、公的年金給付を受ける場合の制限の緩和（内容老齢福祉年金と同じ)。

58. 8. 1～　支給制限のうち、本人の所得による制限の緩和（扶養親族等が0人の場合、1,780,000円から1,891,000円に引上げ)。

59. 6. 1～　(1) 年金額を1級432,400円から460,800円に、2級301,200円から307,200円に増額。
(2) 支給制限のうち、公的年金給付を受ける場合の制限の緩和（内容老齢福祉年金と同じ)。

59. 8. 1～　支給制限のうち、本人の所得による制限の緩和（扶養親族等が0人の場合、1,891,000円から1,912,000円に引上げ)。

60. 6. 1～　(1) 年金額を1級460,800円から477,600円に、2級307,200円から318,000円に増額。
(2) 支給制限のうち、公的年金給付を受ける場合の制限の緩和（内容老齢福祉年金と同じ)。

60. 8. 1～　支給制限のうち、本人の所得による制限の緩和（扶養親族等が0人の場合、1,912,000円から1,948,000円に引上げ)。

61. 4. 1～　(1) 障害基礎年金に裁定替えし、年金額を1級477,600円から778,500円に、2級318,000円を622,800円に増額。
(2) 障害福祉年金の受給権者が障害基礎年金の受給権を得たときに、その人によって生計を維持されていた18歳未満の子または20歳未満で障害の程度が1級・2級の子があるときは、子の加算をつける。
(3) 扶養義務者等所得制限の廃止。

4. 母子福祉年金・遺族基礎年金

昭34. 11. 1～　(1) 夫と死別し、夫の死亡当時夫によって生計を維持した被保険者たる妻で母子年金の支給要件を満たさない者が、義務教育終了前の子と生計を同じくし、定められた要件に該当したとき支給（所得等による支給制限がある)。

(2)〔母子福祉年金の特別支給〕昭和 34 年 11 月 1 日前に夫と死別した昭和 14 年 11 月 1 日以前に生まれた妻、昭和 34 年 11 月 1 日～昭和 36 年 3 月 31 日の間に夫と死別した 20 歳以上 60 歳未満の妻及び昭和 36 年 4 月 1 日以後夫と死別した明治 44 年 3 月 31 日（昭 36 法律改正により明治 44 年 4 月 1 日となる）以前に生まれた妻が、夫の死亡当時夫によって生計を維持し、かつ義務教育終了前の子と生計を同じくしているとき支給（支給制限は（1）に同じ）。

(3) 年金額は 12,000 円＋ 2,400 円×（加算対象者の数）

36. 4. 1～　〔特別支給〕昭和 36 年 4 月 1 日前に夫と死別した妻の年齢要件を改正。

36. 5. 1～　支給制限のうち本人所得制限の緩和（内容老齢福祉年金に同じ）。
支給制限のうち 25 歳以上の子と生計を同じくする場合の制限を改正（全て全額支給停止であったものを扶養義務者の所得による制限と同様とした）。

37. 5. 1～　年金額の加算額を子 1 人につき 2,400 円から 4,800 円に引上げ。
年金額は 12,000 円＋ 4,800 円×（加算対象者の数）。
支給制限のうち本人所得制限の緩和（内容老齢福祉年金に同じ）。

37. 10. 1～　支給制限のうち公的年金給付を受ける場合の制限の緩和（公的年金給付との併給限度額を 12,000 円から 24,000 円（戦争公務による場合は 70,000 円）に引上げ）。

38. 5. 1～　支給制限のうち本人所得制限の緩和（内容老齢福祉年金に同じ）。

38. 8. 1～　支給要件の緩和（支給要件又は加算の対象となる子の範囲に、重度の障害状態にある 20 歳未満の子を加える）。

38. 9. 1～　年金額を 12,000 円から 15,600 円に増額。
支給制限のうち義務教育終了後の子の所得による制限の緩和（内容老齢福祉年金と同じ）。

39. 1. 1～　支給制限のうち公的年金給付を受ける場合の制限の緩和（内容老齢福祉年金に同じ）。

39. 5. 1～　支給制限のうち本人及び義務教育終了後の子の所得による制限の緩和（内容老齢福祉年金に同じ）。

39. 8. 1～　支給要件又は加算対象となる子の範囲に、結核・精神病等の内部障害による障害の者を加える。

40. 5. 1～　支給制限のうち本人及び義務教育終了後の子の所得による制限の緩和（内容老齢福祉年金に同じ）。

40. 8. 1～　支給要件又は加算対象となる子の範囲に精神薄弱による障害の者を加える。

40. 9. 1～　年金額を 15,600 円から 18,000 円に増額。

40. 10. 1～　支給制限のうち公的年金給付を受ける場合の制限の緩和（内容老齢福祉年金に同じ）。

41. 5. 1～　支給制限のうち本人及び義務教育終了後の子の所得による制限の緩和（本人所得制限の支給停止の限度額を 220,000 円から 240,000 円に、義務教育終了後の子の所得による制限の支給停止の限度額を 589,010 円―扶養親族 5 人の場合―から 670,000 円に、それぞれ引上げ）。

41. 7. 1～　支給要件のうち国内居住要件を廃止（内容老齢福祉年金に同じ）。

41. 12. 1～　支給要件又は加算対象となる障害の子の範囲を拡大（すべての障害による障害の子を加える）。

42. 1. 1～　年金額を 18,000 円から 20,400 円に増額。

42. 5. 1～　支給制限のうち本人及び義務教育終了後の子の所得による制限の緩和（内容老齢福祉年金に同じ）。

42. 10. 1～　支給制限のうち公的年金給付を受ける場合の制限の緩和（内容老齢福祉年金に同じ）。

43. 1. 1～　年金額を 20,400 円から 24,000 円に増額。

43. 5. 1～　支給制限のうち本人及び義務教育終了後の子の所得による制限の緩和（内容老齢福祉年金に同じ）。

43. 10. 1～　年金額を 24,000 円から 26,400 円に増額。
支給制限のうち公的年金給付を受ける場合の制限の緩和（内容老齢福祉年金に同じ）。

44. 5. 1～　支給制限のうち本人及び義務教育終了後の子の所得による制限の緩和（内容老齢福祉年金に同じ）。

44. 10. 1～　年金額を 26,400 円から 28,800 円に増額。
支給制限のうち公的年金給付を受ける場合の制限の緩和（内容老齢福祉年金に同じ）。

45. 5. 1～　支給制限のうち本人の所得による制限を配偶者、扶養義務者の所得による支給制限なみに緩和。
支給制限のうち義務教育終了後の子の所得による制限の緩和（内容老齢福祉年金に同じ）。

45. 10. 1～　年金額を 28,800 円から 31,200 円に増額。
支給制限のうち公的年金給付を受ける場合の制限の緩和（内容老齢福祉年金に同じ）。

46. 5. 1～　支給制限のうち本人の所得による制限を配偶者、扶養義務者の所得による支給制限なみに緩和。
支給制限のうち義務教育終了後の子の所得による制限の緩和（内容老齢福祉年金に同じ）。

46. 10. 1～　支給制限のうち公的年金給付を受ける場合の制限の緩和（内容老齢福祉年金に同じ）。

46. 11. 1～　年金額を 31,200 円から 34,800 円に増額。

47. 5. 1～　支給制限のうち本人の所得による制限の緩和（801,000 円―扶養親族等 0 人の場合―から 995,750 円に引上げ）。
支給制限のうち義務教育終了後の子の所得による制限の緩和（内容老齢福祉年金に同じ）。

47. 5. 15～　沖縄の国民年金制度により支給されていた母子福祉年金の受給権は、特別措置により承継。

47. 10. 1～　年金額を 34,800 円から 51,600 円に増額。
支給制限のうち公的年金給付を受ける場合の制限の緩和。（内容老齢福祉年金に同じ）

48. 5. 1～　支給制限のうち本人の所得による制限の緩和（995,750 円―扶養親族等 0 人の場合―から 1,204,700 円に引上げ）。
支給制限のうち義務教育終了後の子の所得による制限の緩和（内容老齢福祉年金に同じ）。

48. 10　1～　年金額を 51,600 円から 78,000 円に増額。
支給制限のうち公的年金給付を受ける場合の制限の緩和（内容老齢福祉年金に同じ）。

49. 1. 1～　加算の対象となる子がある場合の加算額を、当該子のうち 1 人については 4,800 円から 9,600 円に増額。

49. 5. 1～　支給制限のうち本人の所得による制限の緩和（1,204,700 円―扶養親族等 0 人の場合―から 1,436,000 円に引上げ）。
支給制限のうち義務教育修了後の子の所得による制限の緩和（内容老齢福祉年金に同じ）。

49. 9. 1～　年金額を 78,000 円から 117,600 円に増額。
支給要件又は加算の対象となる子の範囲拡大（20 歳未満で 2 級の障害である子も、支給要件又は加算対象とする）。
支給制限のうち公的年金給付を受ける場合の制限の緩和（内容老齢福祉年金に同じ）。

50. 5. 1～　支給制限のうち本人の所得による制限の緩和（1,436,000 円―扶養親族等 0 人の場合―から 1,632,500 円に引上げ）。
支給制限のうち義務教育終了後の子の所得による制限の緩和（内容老齢福祉年金に同じ）。

50. 10. 1～　年金額を 117,600 円から 187,200 円に増額。
支給制限のうち公的年金給付を受ける場合の制限の緩和（内容老齢福祉年金に同じ）。

51. 5. 1～　支給制限のうち本人の所得による制限の緩和（1,632,500 円―扶養親族等が 0 人の場合―から 1,662,000 円に引上げ）。
支給制限のうち義務教育終了後の子の所得による制限の改正（7,186,800 円―扶養親族等が5人の場合―から6,834,000円に改定)。

51.10.1～　(1) 年金額を187,200円から211,200円に増額。
加算の対象となる子がある場合の加算額を、当該子のうち1人については、9,600円から24,000円に増額。
(2) 支給制限のうち公的年金給付を受ける場合の制限の緩和（内容老齢福祉年金に同じ)。
(3) 支給要件又は加算の対象となる子の年齢を3年計画で段階的に18歳未満までに拡大。

52.5.1～　支給制限のうち、本人の所得による制限額の緩和（1,662,000円―扶養親族等が0人の場合―から1,850,000円に引上げ)。

52.8.1～　(1) 年金額を211,200円から234,000円に増額。
(2) 支給制限のうち、公的年金給付を受ける場合の制限の緩和（内容老齢福祉年金に同じ)。

52.10.1～　支払期月の変更（内容老齢福祉年金に同じ)。

53.8.1～　(1) 年金額を234,000円から258,000円に増額。
(2) 支給制限のうち、本人の所得による制限の緩和（1,850,000円―扶養親族等が0人の場合―から1,932,000円に引上げ)。
(3) 支給制限のうち、18歳以上の子の所得による制限の改正（6,834,000円―扶養親族等が5人の場合―6,195,000円(ただし、昭和53年度は従前の限度額を適用する)に改定)。
(4) 支給制限のうち、公的年金給付を受ける場合の制限の緩和（内容老齢福祉年金に同じ)。

54.8.1～　(1) 年金額を258,000円から312,000円に増額。
(2) 支給制限のうち、本人の所得による制限の緩和（1,932,000円―扶養親族等が0人の場合―から2,036,000円に引上げ)。
(3) 支給制限のうち、18歳以上の子の所得による制限の改正（6,834,000円―扶養親族等が5人の場合―を据置)。
(4) 支給制限のうち、公的年金給付を受ける場合の制限の緩和（内容老齢福祉年金に同じ)。

55.8.1～　(1) 年金額を312,000円から351,600円に増額。
加算の対象となる子がある場合の加算額を、当該子のうち1人については、24,000円から60,000円に、またその他の子1人につき4,800円から24,000円にそれぞれ増額。
(2) 支給制限のうち、本人の所得による制限の緩和（2,036,000円―扶養親族等が0人の場合―から2,148,000円に引上げ)。
(3) 支給制限のうち、公的年金給付を受ける場合の制限の緩和（内容老齢福祉年金に同じ)。

56.8.1～　(1) 年金額を351,600円から374,400円に増額。
(2) 支給制限のうち、公的年金給付を受ける場合の制限の緩和（内容老齢福祉年金と同じ)。

57.1.1～　支給要件のうち国籍要件を撤廃し、外国人も支給対象とすることとした。

57.9.1～　(1) 年金額を374,400円から392,400円に増額。
(2) 支給制限のうち、公的年金給付を受ける場合の制限の緩和（内容老齢福祉年金と同じ)。

59.6.1～　(1) 年金額を392,400円から399,600円に増額。
(2) 支給制限のうち、公的年金給付を受ける場合の制限の緩和（内容老齢福祉年金と同じ)。

60.6.1～　(1) 年金額を399,600円から414,000円に増額。
(2) 支給制限のうち、公的年金給付を受ける場合の制限の緩和（内容老齢福祉年金と同じ)。

60.8.1～　支給制限のうち、本人の所得による制限の緩和（扶養親族等が1人の場合、2,438,000円から2,392,000円に引下げ)。

61.4.1～　遺族基礎年金に裁定替えし、年金額を414,000円から809,600円に増額。

5. 準母子福祉年金・遺族基礎年金

昭36.4.1～　(1) 夫、男子たる子、父又は祖父が死亡し、死亡当時、死亡者によって生計を維持した被保険者たる女子で、準母子年金の支給要件を満たさない者が、義務教育終了前の孫又は弟妹と生計を同じくし、定められた要件に該当したとき支給（所得等による支給制限がある)。

(2)〔準母子福祉年金の特別支給〕昭和36年4月1日前に、夫、男子たる子、父又は祖父と死別した昭和16年4月1日以前に生まれた女子及び昭和36年4月1日以後夫、男子たる子、父又は祖父と死別した明治44年4月1日以前に生まれた女子が、死亡者の死亡当時死亡者によって生計を維持し、かつ義務教育終了前の孫又は弟妹と生計を同じくしているとき支給(支給制限は(1)に同じ)。

(3) 年金額は12,000円+2,400円×(加算対象者の数)。

37.5.1〜　年金額の加算額を母子福祉年金に準じ2,400円から4,800円に引上げ。
支給制限のうち本人の所得による制限の緩和(内容母子福祉年金に同じ)。

37.10.1〜　支給制限のうち公的年金給付を受ける場合の制限の緩和(内容母子福祉年金に同じ)。

38.5.1〜　支給制限のうち本人の所得による制限の緩和(内容母子福祉年金に同じ)。

38.8.1〜　支給要件を母子福祉年金に準じ緩和。

38.9.1〜　年金額は母子福祉年金と同様に引上げ。
支給制限のうち義務教育終了後の孫又は弟妹の所得に対する制限の緩和(内容母子福祉年金に同じ)。

39.1.1〜　支給制限のうち公的年金給付を受ける場合の制限の緩和(内容母子福祉年金に同じ)。

39.5.1〜　支給制限のうち本人及び義務教育終了後の孫又は弟妹の所得による制限の緩和(内容母子福祉年金に同じ)

39.8.1〜　支給要件又は加算対象となる孫又は弟妹の範囲に、結核・精神病等の内部障害による障害の者を加える。

40.5.1〜　支給制限のうち本人及び義務教育終了後の孫又は弟妹の所得による制限の緩和(内容母子福祉年金に同じ)。

40.8.1〜　支給要件又は加算対象となる孫又は弟妹の範囲に精神薄弱による障害の者を加える。

40.9.1〜　年金額を母子福祉年金と同様に引上げ。

40.10.1〜　支給制限のうち公的年金給付を受ける場合の制限の緩和(内容母子福祉年金に同じ)。

41.5.1〜　支給制限のうち本人及び義務教育終了後の孫又は弟妹の所得による制限の緩和(内容母子福祉年金に同じ)。

41.7.1〜　支給要件のうち国内居住要件を廃止(内容老齢福祉年金に同じ)。

41.12.1〜　支給要件又は加算対象となる障害の孫又は弟妹の範囲を拡大(すべての障害による障害の孫又は弟妹を加える)。

42.1.1〜　年金額を18,000円から20,400円に増額。

42.5.1〜　支給制限のうち本人及び義務教育終了後の孫又は弟妹の所得による制限の緩和(内容老齢福祉年金に同じ)。

42.10.1〜　支給制限のうち公的年金給付を受ける場合の制限の緩和(内容は子福祉年金に同じ)。

43.1.1〜　年金額を20,400円から24,000円に増額。

43.5.1〜　支給制限のうち本人及び義務教育終了後の孫又は弟妹の所得による制限の緩和(内容老齢福祉年金に同じ)。

43.10.1〜　年金額を24,000円から26,400円に増額。
支給制限のうち公的年金給付を受ける場合の制限の緩和(内容母子福祉年金に同じ)。

44.5.1〜　支給制限のうち本人及び義務教育終了後の孫又は弟妹の所得による制限の緩和(内容老齢福祉年金に同じ)。

44.10.1〜　年金額を26,400円から28,800円に増額。
支給制限のうち公的年金給付を受ける場合の制限の緩和(内容老齢福祉年金に同じ)。

45.5.1〜　支給制限のうち本人の所得による制限を配偶者、扶養義務者の所得による支給制限なみに緩和。

支給制限のうち義務教育終了後の孫又は弟妹の所得による制限の緩和（内容老齢福祉年金に同じ）。

45. 10. 1～　年金額を 28,800 円から 31,200 円に増額。

46. 5. 1～　支給制限のうち本人の所得による制限を配偶者、扶養義務者の所得による支給制限なみに緩和。

支給制限のうち義務教育終了後の孫又は弟妹の所得による制限の緩和（内容老齢福祉年金に同じ）。

46. 10. 1～　支給制限のうち公的年金給付を受ける場合の制限の緩和（内容老齢福祉年金に同じ）。

46. 11. 1～　年金額を 31,200 円から 34,800 円に増額。

47. 5. 1～　支給制限のうち本人の所得による制限の緩和（801,000 円—扶養親族等 0 人の場合—から 995,750 円に引上げ）。

支給制限のうち義務教育終了後の孫又は弟妹の所得による制限の緩和（内容老齢福祉年金に同じ）。

47. 5. 15～　沖縄の国民年金制度により支給されていた母子福祉年金の受給権は、特別措置により承継。

47. 10. 1～　年金額を 34,800 円から 51,600 円に増額。

支給制限のうち公的年金給付を受ける場合の制限の緩和（内容老齢福祉年金に同じ）。

48. 5. 1～　支給制限のうち本人の所得による制限の緩和（995,750 円—扶養親族等 0 人の場合—から 1,204,700 円に引上げ）。

支給制限のうち義務教育終了後の孫又は弟妹の所得による制限の緩和（内容老齢福祉年金に同じ）。

48. 10. 1～　年金額を 51,600 円から 78,000 円に増額。

支給制限のうち公的年金給付を受ける場合の制限の緩和（内容老齢福祉年金に同じ）。

49. 1. 1～　加算の対象となる孫等がある場合の加算額を当該孫等のうち 1 人については 4,800 円から 9,600 円に増額。

49. 5. 1～　支給制限のうち本人及び義務教育終了後の孫又は弟妹の所得による制限の緩和（内容母子福祉年金に同じ）。

49. 9. 1～　年金額を 78,000 円から 117,600 円に増額。

支給要件又は加算の対象となる孫又は弟妹の範囲拡大（内容母子福祉年金に同じ）。

支給制限のうち公的年金給付を受ける場合の制限の緩和（内容老齢福祉年金に同じ）。

50. 5. 1～　支給制限のうち本人及び義務教育終了後の孫又は弟妹の所得による制限の緩和（内容母子福祉年金に同じ）。

50. 10. 1～　年金額を 117,600 円から 187,200 円に増額。

支給制限のうち公的年金給付を受ける場合の制限の緩和（内容老齢福祉年金に同じ）。

51. 5. 1～　支給制限のうち本人及び義務教育終了後の孫又は弟妹の所得による制限の改正（内容母子福祉年金に同じ）。

51. 10. 1～　(1) 年金額を 187,200 円から 211,200 円に増額。

加算の対象となる孫又は弟妹がある場合の加算額を当該孫又は弟妹のうち 1 人については 9,600 円から 24,000 円に増額。

(2) 支給制限のうち公的年金給付を受ける場合の制限の緩和（内容母子福祉年金に同じ）。

(3) 支給要件となる孫又は弟妹の年齢を 3 年計画で段階的に 18 歳未満までに拡大。

52. 5. 1～　支給制限のうち、本人の所得による制限の緩和（内容母子福祉年金に同じ）。

52. 8. 1～　(1) 年金額を 211,200 円から 234,000 円に増額。

(2) 支給制限のうち、公的年金給付を受ける場合の制限の緩和（内容母子福祉年金に同じ）。

52. 10. 1～　支払期月の変更（内容老齢福祉年金に同じ）。

53. 8. 1～　(1) 年金額を234,000円から258,000円に増額。
(2) 支給制限のうち、本人の所得による制限の緩和（内容母子福祉年金に同じ）。
(3) 支給制限のうち、18歳以上の子、孫又は弟妹の所得による制限の改正（内容母子福祉年金に同じ）。
(4) 支給制限のうち、公的年金給付を受ける場合の制限の緩和（内容老齢福祉年金に同じ）。

54. 8. 1～　(1) 年金額を258,000円から312,000円に増額。
(2) 支給制限のうち、本人の所得による制限の緩和（内容母子福祉年金に同じ）。
(3) 支給制限のうち、18歳以上の子、孫又は弟妹の所得による制限の改正（内容母子福祉年金に同じ）。
(4) 支給制限のうち、公的年金給付を受ける場合の制限の緩和（内容老齢福祉年金に同じ）。

55. 8. 1～　(1) 年金額を312,000円から351,600円に増額。
加算の対象となる子がある場合の加算額を当該子のうち1人については24,000円から60,000円に、またその他の子1人につき4,800円から24,000円にそれぞれ増額。
(2) 支給制限のうち、本人の所得による制限の緩和（内容母子福祉年金に同じ）。
(3) 支給制限のうち、公的年金給付を受ける場合の制限の緩和（内容老齢福祉年金に同じ）。

56. 8. 1～　(1) 年金額を351,600円から374,400円に増額。
(2) 支給制限のうち、公的年金給付を受ける場合の制限の緩和（内容老齢福祉年金に同じ）。

57. 1. 1～　支給要件のうち国籍要件を撤廃し、外国人も支給対象とすることとした。

57. 9. 1～　(1) 年金額を374,400円から392,400円に増額。
(2) 支給制限のうち、公的年金給付を受ける場合の制限の緩和（内容老齢福祉年金に同じ）。

59. 6. 1～　(1) 年金額を392,400円から399,600円に増額。
(2) 支給制限のうち、公的年金給付を受ける場合の制限の緩和（内容老齢福祉年金に同じ）。

60. 6. 1～　(1) 年金額を399,600円から414,000円に増額。
(2) 支給制限のうち、公的年金給付を受ける場合の制限の緩和（内容老齢福祉年金に同じ）。

60. 8. 1～　支給制限のうち、本人の所得による制限の緩和（扶養親族等が0人の場合、2,438,000円から2,392,000円に引下げ）。

61. 4. 1～　遺族基礎年金に裁定替えし、年金額を414,000円から809,600円に増額。

6. その他

57. 10. 1～　国民年金法中「廃疾」を「障害」に改める。

Ⅳ　年金額の自動的改定

昭49. 1. 1～　消費者物価指数が1年度又は継続する2年度以上の期間に100分の5をこえて変動した場合は、その変動した比率を基準として、政令で定めるところにより年金たる給付（障害福祉年金、母子福祉年金、準母子福祉年金及び老齢福祉年金を除く）の額を改定する。

49. 9. 1～　昭和48年度平均全国消費者物価指数が前年度に比して16. 1%上昇したことに伴う増額改定。

50. 9. 1～　昭和49年度平均全国消費者物価指数が前年度に比して21. 8%上昇したことに伴う増額改定。

51. 9. 1～　財政再計算による年金額改定。（物価スライドの基準年度を47年度から50年度に変更）

52. 7. 1～　昭和51年度平均全国消費者物価指数が前年度に比して9. 4%上昇したことに伴う増額改定。

53. 7. 1～　昭和52年度平均全国消費者物価指数が前年度に比して6. 7%上昇したことに伴う増額改定。

54. 7. 1～　昭和53年度平均全国消費者物価の上昇率は5%をこえなかったが、54年度の特例的な措置として、物価上昇率3. 4%に応じた増額改定。

55. 7. 1 ～　財政再計算による年金額改定。（物価スライドの基準年度を 50 年度から 54 年度に変更）

56. 7. 1 ～　昭和 55 年度平均全国消費者物価指数が前年度に比して 7. 8%上昇したことに伴う増額改定。

57. 8. 1 ～　昭和 56 年度平均全国消費者物価の上昇率は 5%をこえなかったが、57 年度の特例的な措置として、物価上昇率 4.0%に応じた増減改定。

59. 5. 1 ～　昭和 57 年度及び昭和 58 年度平均の累積全国消費者物価の上昇率は 5%を超えなかったが、59 年度の特例的な措置として、2.0%の率で増額改定。

60. 5. 1 ～　昭和 57 年度から昭和 59 年度までの平均の累積全国消費者物価（59 年度に実施された特例スライド 2%分は控除）の上昇率は 5%を超えなかったが 60 年度の特例的な措置として、3. 4%の率で増額改定。

61. 4. 1 ～　既裁定年金については 2.7%、昭和 59 年度価格として法律上規定されている新裁の年金については 3.8%引き上げる。

V　費用の負担

1. 保険料

昭 36. 4. 1 ～　(1) 20 歳～ 34 歳月額 100 円、35 歳～ 59 歳月額 150 円、印紙により納付。(2) 納期限 1. 2. 3 月分 4 月末日、4. 5. 6 月分 7 月末日、7. 8. 9 月分 10 月末日、10. 11. 12 月分翌年 1 月末日まで。(3) 将来の一定期間保険料を前納することができる。(4) 一定の条件に該当する者については保険料を免除する。免除者については承認により過去 10 年以内の期間に限り追納することができる。

42. 1. 1 ～　20 歳～ 34 歳月額 200 円、35 歳～ 59 歳月額 250 円。

44. 1. 1 ～　20 歳～ 34 歳月額 250 円、35 歳～ 59 歳月額 300 円。

45. 1. 1 ～　5 年年金の被保険者月額 750 円。

45. 7. 1 ～　定額保険料　月額　450 円。

45. 10. 1 ～　所得のある被保険者は、都遺府県知事に申し出て、付加保険料を納めることができる。
付加保険料　月額　350 円。

47. 7. 1 ～　定額保険料　月額　550 円。

48. 10. 1 ～　再開 5 年年金被保険者の保険料　月額　900 円。

49. 1. 1 ～　定額保険料　月額　900 円。
5 年年金被保険者の保険料　月額　900 円。
保険料の免除を受けている者以外の者は、だれでも付加保険料を納付できるよう、納付できる者の範囲を拡大。付加保険料　月額　400 円。

50. 1. 1 ～　定額保険料　月額　1,100 円。

51. 4. 1 ～　定額保険料　月額　1,400 円。

52. 4. 1 ～　定額保険料　月額　2,200 円。

53. 4. 1 ～　定額保険料　月額　2,730 円。

54. 4. 1 ～　定額保険料　月額　3,300 円。

55. 4. 1 ～　定額保険料　月額　3,770 円。

56. 4. 1 ～　定額保険料　月額　4,500 円。

57. 4. 1 ～　定額保険料　月額　5,220 円。

58. 4. 1 ～　定額保険料　月額　5,830 円。

59. 4. 1 ～　定額保険料　月額　6,220 円。

60. 4. 1 ～　定額保険料　月額　6,740 円。

61. 4. 1 ～　定額保険料　月額　7,100 円。

2. 国庫負担

昭 36. 4. 1 ～	(1) 当該年度において納付された保険料（前納された将来の保険料を加え、還付された前納保険料を控除する）の総額の½。(2) 福祉年金の給付に要する費用の全額。(3) 事務費の全額。
37. 4. 28 ～	従前の国庫負担額の外に、当該年度の前年度に属する月の保険料で免除された保険料額の½を追加。
45. 4. 1 ～	拠出負担 一般保険料納付済期間に対する負担納付された保険料の総額×½ 給付負担時 免除期間を有する者に対する負担給付額× $\frac{\text{免除月数}\times 1/3}{(\text{免除月数}\times 1/3)+\text{納付済月数}}$ 付加年金保険料納付済期間部分に対する負担付加年金給付額×¼
49. 1. 1 ～	老齢年金の資格期間短縮者について、年金額のうち加算分の 4 分の 1 を新たに給付時国庫負担。 一般保険料納付済期間に対する国庫負担のうち、若年任意加入者に相当する部分について、拠出時負担から給付時負担に改正。
51. 9. 1 ～	国庫負担を、拠出時負担から給付時負担とし、給付費の 3 分 1 のに相当する額に改正。
58. 4. 1 ～	国民年金特別会計への国庫負担金の繰入れの平準化（昭和 58 年度から昭和 72 年度まで）。
61. 4. 1 ～	基礎年金拠出金の 3 分の 1。

Ⅵ 特 例 納 付

昭 45. 7. 1 ～	昭和 45 年 7 月 1 日前の保険料滞納期間（若年任意加入被保険者期間及び 5 年年金の被保険者期間を除く）であって、時効により保険料が納付できなくなった期間について特例納付を認める（月額 450 円、申出期間昭和 47 年 6 月 30 日まで）。
49. 1. 1 ～	昭和 48 年 4 月 1 日前の保険料滞納期間（任意加入被保険者期間及び 5 年年金の被保険者期間を除く）であって、時効により保険料が納付できなくなった期間について特例納付を認める（月額 900 円、申出期間昭和 50 年 12 月 31 日まで）。
53. 7. 1 ～	昭和 53 年 4 月 1 日前の保険料滞納期間（任意加入被保険者期間及び 5 年年金の被保険者期間を除く）であって、時効により保険料が納付できなくなった期間について特例納付を認める（月額 4,000 円、申出期間昭和 55 年 6 月 30 日まで）。

Ⅶ 国民年金基金

昭 45. 10. 1 ～	国民年金の被保険者で同種の事業又は業務に従事する被保険者は、当該事業又は業務ごとに厚生大臣の認可をうけて国民年金基金を設立することができる。給付については、所得比例制を代行し、所得比例給付を上回る給付をしなければならない。

旧法公的年金の解説　令和２年度改訂版

2011 年 5 月　6 日　第 1 版 1 刷発行
2019 年 9 月 17 日　第 1 版 2 刷発行
2020 年 9 月 16 日　第 2 版 1 刷発行

発　行　所　　健康と年金出版社
〒 231-0015
神奈川県横浜市中区尾上町 1-6
TEL：045-664-4677
FAX：045-664-4680

＊定価は表紙に表示してあります。
＊落丁・乱丁本はお取替えいたします。

印刷所　株式会社エイシン

ISBN978-4-901354-84-4